rororo

Ist es weise, daß sich das Krokodil seine Zähne als Fleischhackmaschine beim Wüstenpatentkomitee, Abteilung Küchengeräte, patentieren läßt? Wahrhaft menschliche Züge haben die Tiere, die Manfred Kyber humorvoll beschreibt. Ihre Probleme lösen sie nach Menschenart, und ganz bestimmt findet sich so mancher Leser in einem der tierischen Zeitgenossen wieder.

ro
ro
ro

Manfred Kyber, geboren 1880 in Riga, studierte Philosophie in Leipzig und zog später nach Berlin, wo er seine ersten Werke veröffentlichte. Besonders bekannt wurde er durch sein Buch »Unter Tieren«. Manfred Kyber starb 1933 in Löwenstein/ Württemberg.

Manfred Kyber

Das patentierte Krokodil

Gesammelte Tiergeschichten

Rowohlt Taschenbuch Verlag

Veröffentlicht im Rowohlt Taschenbuch Verlag GmbH,
Reinbek bei Hamburg, Juli 2003
Lizenzausgabe mit freundlicher Genehmigung
des Hesse und Becker Verlages, Berlin
Copyright © by Hesse und Becker Verlag, Berlin
Umschlaggestaltung any.way, Andreas Pufal
(Illustration: Eric Kutschke / www.kritzeltiere.de)
Gesamtherstellung Clausen & Bosse, Leck
Printed in Germany

ISBN 3 499 23452 1

Inhalt

Gesammelte Tiergeschichten

Gesammelte Märchen

Gesammelte Tiergeschichten

Tiere haben ihre Komik und ihre Tragik wie wir. Sie sind voller Ähnlichkeit und Wechselbeziehung. Die Menschen glauben meist, zwischen ihnen und den Tieren sei ein Abgrund. Es ist nur eine Stufe im Rade des Lebens. Denn alle sind wir Kinder einer Einheit. Um die Natur zu erkennen, muß man ihre Geschöpfe verstehen. Um ein Geschöpf zu verstehen, muß man in ihm den Bruder sehn.

Das patentierte Krokodil

Es war eine Wüste, und in der Wüste war ein Fluß, und in dem Fluß war ein Krokodil. Es tut mir leid, es zu sagen, aber Krokodile sind nicht beliebt. Nein. Das kommt nicht etwa daher, weil ihre Toilette meist schlammig und salopp ist oder weil sie unleugbar einen etwas unsympathischen Zug um den Mund haben; denn das sind schließlich Äußerlichkeiten. Die Unbeliebtheit kommt vom Appetit. Das ist in der ganzen Welt so: je größer der Appetit, um so kleiner die Beliebtheit. Liebe und Freundschaft gedeihen nur unter Ausschluß des Appetits, und man versteigt sich sogar so weit, die harmloseste Konversation nur einzugehen unter der engherzigen Bedingung, daß man nicht gefressen oder auch nur angeknabbert wird. Es ist gewiß einseitig, aber auch begreiflich; denn niemand will, kaum daß ein paar verbindliche Worte gewechselt sind, gleich ohne Hände oder Beine dasitzen, die er doch anderweit benötigt und die ihm schließlich auch gehören. Und so ist man bei jedem, den man verschlucken will, unbeliebt. Da nun das Krokodil auf alles Appetit hat und alles verschlucken will, so ist es auch bei allen unbeliebt. Es schluckt Missionare, Frösche, Neger, Affen und selbst die eigenen Familienangehörigen – alles aus Appetit. Es bekommt ihm auch alles – Gott sei Dank –, und es verdaut auch alles, sogar seine Verwandten.
Das Krokodil lag also in dem Fluß, der in der Wüste war, hatte Appetit und war böse. Böse war es nicht, weil es Appetit hatte, sondern weil nichts da war für den Appetit, und da ist jeder böse, nicht nur ein Krokodil, sondern auch die zarteste Dame.
»Wie schön wäre jetzt ein Weißer!« sagte das Krokodil und blinzelte in die Morgensonne. »Weiße sind zum Frühstück am besten, Neger sind besser zum Mittagessen, sie sind öliger und halten länger vor. Es ist ein Unterschied wie zwischen Huhn und Ente. Pikant sind Weinreisende, sie haben Wildgeschmack durch den Alkoholgenuß und sind meist gut im Stande.«
Das Krokodil lächelte wehmütig, wodurch sich der unangenehme Zug um den Mund noch verschärfte, so leid es mir tut, das zu sagen.

»Nicht mal einheimische Küche ist zu haben«, fuhr das Krokodil fort und schluckte heißhungrig, »ich wäre schon mit Hausmannskost zufrieden, mit einem Neffen oder einer Nichte. Aber einen Teil hab' ich gegessen, die anderen sind flußabwärts geschwommen, man hat gar kein verwandtschaftliches Gefühl mehr heutzutage. Was nützt da der Appetit?!«
Und das Krokodil bettete seinen hungrigen Magen tiefer in den nassen Schlamm, machte die Augen resigniert zu und gähnte. Dabei hielt es nicht mal die Vordertatze vor den Mund; denn der Mund ist sowieso zu groß, und dann gibt das Krokodil überhaupt nicht viel auf Manieren.
Ich werde dösen, dachte es — und es döste.
Oben auf dem Dattelbaum botanisierte emsig und leise gurrend ein kleiner Makak. Es war ein sehr fröhliches Äffchen, und es freute sich permanent darüber, daß es ein Äffchen war und daß es überhaupt da war. Dazwischen turnte es ein wenig nach der Methode »Mein System« oder »Wie bekomme ich den schönsten Schwanz, die längsten Arme und die kürzesten Beine?«. Dann setzte es sich auf einen Ast und suchte mit größter Aufmerksamkeit nach lästigen Ausländern in seinem Fell und exmittierte sie ohne Unterschied, Männer und Frauen und selbst zarte Kinder. Es war eine mühselige, aber ertragreiche und dankbare Arbeit.
»An drei Stellen zugleich kann ich mich kratzen«, sagte der kleine Makak und grinste selbstzufrieden, »mit dem Schwanz und dem einen Bein halte ich mich, was übrig ist, das kratzt. Wie weise ist doch die Natur!« Der kleine Makak war eben ein sonniges und bescheidenes Gemüt. Mitten in dieser Prüfung seiner Garderobe wurde er jedoch durch das etwas heisere Organ des Krokodils gestört. Das Krokodil hatte nach oben gesehen und das Äffchen bemerkt. »Pst, Sie«, rief es, »kommen Sie runter, ich will Sie fressen.« Es sagte »fressen«, denn das Krokodil hat keine feine Ausdrucksweise.
Der kleine Makak erschrak furchtbar. »Nein, keinesfalls!« sagte er weinerlich, und sein Fell sträubte sich vor Angst, so daß die lästigen Ausländer ganz verstört umherliefen.
»Sie wollen also nicht«, fauchte das Krokodil hämisch und pustete bösartig durch die Nasenlöcher. »Gut, ich werde warten, bis der Appetit Sie vom Baum treibt, wenn nichts mehr da ist. Alles im Leben ist Appetit. Ich weiß das.«

Der kleine Makak sagte gar nichts mehr, er nahm ein Dattelblatt und schluchzte fassungslos hinein. Wo war nun die Weisheit der Natur, was nützten einem nun die langen Arme und die kurzen Beine, die man durch »Mein System« erzielte, wenn sie verschluckt werden sollten?
»Arroganter Kerl«, knurrte das Krokodil und räusperte sich gehässig, »ziert sich, als wäre er ein besonderer Leckerbissen, dabei ist Affenfleisch ganz kommun.«
Der kleine Makak war aber gar nicht arrogant, er hatte bloß schreckliche Angst, weil er gefressen werden sollte, und er dachte an Papa und Mama und an des Makaknachbars älteste Tochter, von deren lächelndem Mäulchen er den ersten Kuß bekommen, weil er ihr galant und ritterlich das zarte Fell abgesucht hatte. Und bei solchen Gedanken ist das ganz gleich, ob es ein großer Mensch ist oder eine kleine, zitternde Affenseele – und bei vielem anderen übrigens auch. Aber es gibt etwas auf der Welt, das sich dazwischen armer, geängstigter Geschöpfe erbarmt, und es erbarmte sich auch des kleinen Äffchens. Grad als der Makak zum zweiten Dattelblatt griff und hineinheulte, war ihm, als umschlänge ihn ein Affenschwanz, und eine Stimme flüsterte ihm einen Gedanken zu – es konnte Mama oder Papa sein oder des Nachbars Älteste. Der Gedanke war so schön, daß der kleine Makak sofort aufhörte zu heulen, sein Fell legte sich wieder, und sein Frätzchen nahm den Ausdruck unsagbarer Heiterkeit an, der Heiterkeit, die so besonders hübsch ist, wenn sie ein häßliches Gesicht verklärt.
»Pst, Sie«, äffte der kleine Makak das Krokodil nach und warf ihm Dattelkerne auf den Kopf. »Sind Sie denn auch patentiert?«
Wie viele sind so! Kaum geht's ihnen gut, so schmeißen sie mit Dattelkernen. Das ist menschlich, und die Affen haben ja so etwas Menschliches.
»Wieso patentiert?« fragte das Krokodil mißtrauisch, »ich will Sie fressen, und das werde ich auch tun.«
Das Äffchen kreuzte die langen Arme über der Brust und sah überlegen auf das Krokodil herab. »Alle anständigen Leute in der Wüste werden jetzt patentiert«, sagte es, »sonst ist man nicht fair. Aber man muß was haben, was andere nicht haben.«

Dich will ich bald haben, dachte das Krokodil ärgerlich; aber die Sache ging ihm im Kopf herum, denn es wollte gern fair sein. Da ein Krokodilgehirn nicht groß ist – je größer das Maul, um so kleiner das Gehirn –, war seine Denkkraft bald erschöpft. »Wo kann man denn patentiert werden?« fragte es.
»Beim Wüstenpatentkomitee. Das ist ein Büro.«
Das Krokodil besann sich. »Wie komme ich da am besten hin?« erkundigte es sich, »vorausgesetzt, daß es nicht weit ist und daß Sie hier warten. Darauf muß ich mich verlassen können.«
»Sicher«, sagte das Äffchen und rieb sich die Hände vor Vergnügen, »das Büro ist, wie alle Büros, in der Wüste. Guten Erfolg, hoffentlich reüssieren Sie!«
Das Krokodil krabbelte ans Ufer und trottete langsam in die Wüste hinein. Nach einer Weile kam es an eine Bretterbude, da dachte das Krokodil: Aha. Wie viele haben schon »Aha« gedacht, aber es war nichts dahinter. Diesmal aber war es doch richtig, denn auf der Bude stand in großen Lettern: Wüstenpatentkomitee GmbH (Gesellschaft mit besondrer Hinterpfote). Eben verließ das Rhinozeros mit freundlichem Kopfnicken das Lokal, und das Krokodil trat ein und stand vor dem Komitee.
Das Komitee bestand aus dem Kamel, dem Marabu und dem Panther. Das Kamel hatte die Akten zu führen und sonstige Schreiberdienste zu verrichten, es ließ mit subalterner Miene die Unterlippe hängen und trug das allgemeine Wüstenehrenzeichen um den Hals, eine kleine Tretmühle in den Landesfarben. Der Marabu hatte keine Haare auf dem Kopf und war juristischer Beirat, und der Panther als Vertreter der Behörde saß an einem Tisch und manikürte seine Pfoten.
Als das Krokodil sah, daß das ganze Komitee eßbar war, klappte es vor Appetit mit den Kinnbacken.
»Hören Sie doch auf zu klappen!« schrie der Panther gereizt, »macht einen ja nervös!«
Das Krokodil ärgerte sich, aber es wollte gern ein Patent haben, und so legte es bescheiden und leise die obere Kinnlade auf die untere.
»Was wünschen Sie?« fragte das Kamel und schob die subalterne Unterlippe nach oben.
»Ich will patentiert werden.«

»Und woraufhin?«
»Das ist mir ganz egal. Auf meinen Appetit.«
»Lachhaft«, murmelte der Panther, »haben ja alle.«
»Dann auf mein großes Maul«, sagte das Krokodil eingeschüchtert und sperrte den Rachen empfehlend auf.
»Ihr pp. Maul ist recht groß, wie wir es hier in loco sehen«, meinte der Marabu als juristischer Beirat, »aber damit stehen Sie nicht allein da. Die meisten Menschen haben ein viel größeres.«
Das Krokodil weinte zwei von den bekannten Krokodilstränen und glotzte ratlos und dösig auf das eßbare Komitee. Schließlich wurde es aber böse und schlug den Schuppenschwanz erregt hin und her. »Ich will aber patentiert werden!« schnappte es asthmatisch vor Ärger.
»Ruhe! Sonst werden Sie rausgeschmissen!« brüllte der Panther und schlug mit der Pfote auf den Tisch.
»Jawohl, Ruhe!« blökte das Kamel und ließ die subalterne Unterlippe devot hängen, indem es diensteifrig nach dem Panther schielte.
»Wenn ich Ihnen einen Rat geben darf«, kakelte der Marabu höflich und beschwichtigend, »so würde ich Ihr Gebiß patentieren lassen. Soweit ich es übersehen konnte, als Sie Ihr wertes Maul öffneten, ist es von achtbaren Dimensionen und jedenfalls einzig in seiner Art. Es ließe sich als Fleischhackmaschine registrieren.«
»Also dalli«, sagte der Panther, zum Kamel gewandt, und strich sich die Schnauze, »lesen Sie das Register vor!« Das Kamel las eintönig, mit blökender Stimme, da es der Meinung war, es käme einem Unterbeamten nicht zu, ein Wort eigenmächtig besonders zu betonen. »Patent Nr. 1. Der Brillenschlange für eine Brillenzeichnung auf dem Kopfe. Abteilung optische Geräte. Patent Nr. 2. Dem Känguruh für eine Beuteltasche auf dem Magen. Abteilung Galanteriewaren. Patent Nr. 3. Dem Rhinozeros für ein Horn auf der Nase. Abteilung Bijouterie.« »Sie können nun zwischen einem englischen und einem deutschen Patent wählen«, wandte sich der Marabu an das Krokodil, »auf dem englischen steht darauf ›made in Germany‹ und auf dem deutschen ›facon de Paris‹.«
»Welches ist denn besser?« fragte das Krokodil mißtrauisch.
»Das ist lediglich Geschmackssache«, sagte der Marabu, »das

Känguruh zum Beispiel wählte das englische Patent mit Rücksicht auf die politischen und gesellschaftlichen Verhältnisse Australiens, während das Rhinozeros, das nur auf Schick etwas gibt, sich ohne Besinnen für façon de Paris entschieden hat.«

»Ich will aber beide haben«, sagte das Krokodil.

»Das geht nicht«, meinte der Marabu und zuckte bedauernd die Flügel, »aber ich würde Ihnen, da es sich um eine Fleischhackmaschine handelt, zum englischen Patent raten . . .«

»Also Schluß!« brüllte der Panther, »schreiben Sie: Patent Nr. 4. Dem Krokodil für eine Fleischhackmaschine – im Maul – äh – Abteilung Küchengeräte. Guten Morgen!«

Mit diesen Worten stand der Panther auf, nahm den Schwanz vorschriftsmäßig über die Pfoten und verließ schnurrend das Lokal; die Bürostunden waren zu Ende.

Das Kamel fertigte das Diplom aus, und der Marabu übergab es dem Krokodil mit einigen ermahnenden Worten. »Seien Sie recht vorsichtig«, sagte er, »Diplome sind etwas rein Dekoratives, sie sind auf sogenanntem autosuggestivem Wege aus dem überaus zähen und gänzlich unverdaulichen Stoff der Tradition hergestellt – ein übrigens internationales Verfahren –, also verschlucken Sie es ja nicht! Ich empfehle mich Ihnen.« Und der juristische Beirat frühstückte einen langen Wurm, den ihm seine Frau in Butterbrotpapier eingewickelt hatte. Marabus lebten in der Nähe einer europäischen Niederlassung und waren schwer kultiviert. Daher das Butterbrotpapier und die juristischen Kenntnisse.

Als das Krokodil den juristischen Beirat frühstücken sah, wurde ihm ganz schwach. Es nahm behutsam sein Diplom zwischen die Zähne und trottete eiligst ab, dem Flußufer zu, um den kleinen Makak zu fressen. Aber das Äffchen war nicht mehr da.

Wie unzuverlässig doch heutzutage die Leute sind! dachte das Krokodil, kein Wunder, daß man das Alte und Gute patentiert. Und es blies sich ganz dick auf vor Stolz und kroch mitten in den Schlamm hinein.

So lag es Stunden. Indes war es Abend geworden, und es sammelte sich viel Publikum im Fluß und an den Ufern, um Abendbrot einzufangen.

»Warum speisen Sie nichts, Herr Kollege?« fragte ein kleiner

Alligator das Krokodil im Vorbeischwimmen. Er sah satt und zufrieden aus und schluckte mit jovialer Miene an den Resten eines Angehörigen.
Das Krokodil konnte schwer sprechen. »Ich bin patentiert«, lispelte es hochmütig, »ich kann nichts essen, ich habe mein Diplom im Maul. Dafür bin ich jetzt fair.«
»Ich für mein Teil bin lieber satt«, meinte der kleine Alligator, »aber Sie sehen ja aus, als hätten Sie seit heute früh nichts mehr zu sich genommen. Das gesunde Grün Ihrer Gesichtsfarbe ist förmlich grau geworden. Legen Sie doch Ihr Diplom ans Ufer und speisen Sie zu Abend!«
Das Krokodil kämpfte innerlich – der Appetit war furchtbar. »Nein«, lispelte es schließlich mühsam, »am Ufer stehlen es mir die Affen.«
»Dann spucken Sie's einfach aus!« sagte der kleine Alligator frech, »wozu brauchen Sie denn ein Diplom? Wenn man ein Diplom nur immer im Maul haben kann, soll man lieber darauf verzichten, sonst kann man nichts mehr fressen und wird zum Schluß selbst gefressen und noch dazu ausgelacht.« Das ist eine große Lebensweisheit, aber sie bezieht sich natürlich nur auf Krokodile.
Das Krokodil blieb unbeweglich. Es behielt sein Diplom im Maul und glotzte den Vetter böse und hungrig an.
»Wenn Sie denn schon Ihr Diplom im Maul behalten«, fuhr der Alligator fort, »so gestatten Sie vielleicht, daß ich Ihre Hintertatze zum Nachtisch esse.«
Das Krokodil drehte sich vor Angst und Wut um sich selbst herum, und in dieser Angst und Wut verschluckte es sein Diplom. Da wurde ihm sehr übel, so übel, wie ihm noch nie gewesen war – und in tiefer Ohnmacht schwamm es flußabwärts, wobei es vom Alligator und anderen teilnehmenden Verwandten aufgegessen wurde. Damit endet diese traurige Geschichte.
Nur eine Familienanzeige habe ich noch hinzuzufügen: Der kleine Makak hatte sich inzwischen mit des Nachbars Ältester verlobt. Sie waren ein glückliches Brautpaar und hatten gleich am Tage darauf eine Garden-Party im Kreise der Angehörigen unternommen, natürlich begleitet von einer Ehrenäffin, denn die Affen haben etwas sehr Menschliches, wie jeder weiß. Dabei erfuhren sie den Tod des patentierten Krokodils. Ein ganz

alter Affe meldete ihn, und er sagte »ja, ja« dazu. Das sagte er immer, und darum galt er für sehr klug. Der kleine Makak freilich wußte mehr davon; denn er hatte ja das verblichene Krokodil persönlich gekannt, so persönlich, daß es ihn fast gefressen hätte. Und das ist die persönlichste Bekanntschaft, die man machen kann. Und da die Dame d'honneur gerade auf einen Dattelbaum geklettert war und fraß – sie fühlte keine Liebe mehr und fraß daher doppelt –, so erzählte der kleine Makak seiner Liebsten die ganze gräßliche Geschichte.
»Laß dich ja niemals patentieren, Makchen!« sagte die Kleine und umschlang ihn mit ihrem Schwanz.
»Nein, niemals«, sagte Makchen und suchte liebevoll und emsig im Fell seiner Braut.

Der K. d. R.

Die Regenwürmer hatten einen Kongreß einberufen.
Es war ein moderner Kongreß. Darum hieß er nicht der Kongreß der Regenwürmer, sondern der K.d.R.
Der K.d.R. tagte im Garten an einer recht staubigen Stelle. Es wurden nur Fragen der Bodenkultur erörtert. Weiter geht der Horizont der Regenwürmer nicht. Sie kriechen auf der Erde und essen Erde. Es sind arme bescheidene Leute, aber sie sind nützlich und notwendig. Die Erde würde ohne sie nicht gedeihen. Ihre Arbeit muß verrichtet werden.
Es war Abend. Die Dämmerung lag auf den Wegen, auf denen der K.d.R. zusammengekrochen war.
Ein langer alter Regenwurm hatte den Vorsitz übernommen. Er besprach Fragen lokaler Natur, die Bodenverhältnisse des Gartens, in dem man arbeitete. Es waren erfreuliche Resultate.
»Wir sind schon recht tief in die Erde eingedrungen«, sagte der Präsident des K.d.R. »Wir haben viele Erdschichten an die Oberfläche befördert, von denen niemand vorher etwas wußte. Wir haben sie zerlegt und zerkleinert. Aber die Erde scheint noch tiefer zu sein, als wir dachten. Sie scheint noch mehr zu bergen, als wir heraufgeschafft haben. Wir müssen fleißig weiter überall herumkriechen und Erde essen. Es ist eine große Aufgabe. Damit schließe ich den K.d.R.«

Er ringelte sich verbindlich.
Der offizielle Teil des K.d.R. war erledigt.
Man bildete zwanglose Gruppen mit Nachbarn und Freunden und sprach über die Praxis der Gliederbildung. Man wollte allerseits lang werden. Darin sah man den Fortschritt. Neue Methoden hierfür waren stets von Interesse.
»Die allerneueste Methode, lang zu werden«, sagte ein junger Regenwurm, »heißt ›Ringle dich mit dem Strohhalm‹. Das stärkt die Muskeln und zieht die Glieder auseinander. Sehen Sie – so!«
Er tastete nach einem Strohhalm und demonstrierte die neue Methode energisch und mit Überzeugung. Dabei stieß er an etwas an. Er fühlte, daß es rauh und haarig war.
»Nanu, was ist denn das? Das hat ja Haare und bewegt sich!«
Er ringelte sich ängstlich vom Strohhalm los.
»Verzeihen Sie, ich war so müde. Da hab ich mich auf den Strohhalm gesetzt«, sagte das Etwas mit Haaren.
»Wer sind Sie denn?« fragte der Regenwurm und kroch vorsichtig wieder näher.
»Ich bin Raupe von Beruf. Ich hätte mich gewiß nicht auf den Strohhalm gesetzt, aber ich bin so sehr müde. Ich habe einen so langen Weg hinter mir. Ich bin immer im Staub gekrochen. Nur selten fand ich etwas Grünes. Ich bin ein bißchen schwächlich, schon von Kind an. Es ist auch so angreifend, bei jedem Schritt den Rücken zu krümmen. Jetzt kann ich nicht mehr. Ich bin zu müde. Sterbensmüde.«
Die Raupe war ganz verstaubt und erschöpft. Ihre Beinstummel zitterten.
Der gesamte K.d.R. kroch teilnahmsvoll heran.
»Sie müssen sich stärken«, sagte ein Regenwurm freundlich. »Sie müssen etwas Erde zu sich nehmen.«
»Nein danke«, sagte die Raupe, »ich bin zum Essen zu müde. Mir ist überhaupt so sonderbar. Ich will nicht mehr auf der Erde kriechen.«
»Aber ich bitte Sie«, sagte der Präsident des K.d.R. »Das ist das Leben, daß man auf der Erde kriecht und Erde ißt. Wenn man das nicht mehr kann, stirbt man. Man soll aber leben und recht lang werden. Ich kann Ihnen verschiedene Methoden empfehlen. Es ist Makrobiotik.«
»Ich glaube, daß man nicht stirbt«, sagte die Raupe. »Wenn

man zu müde ist und nicht mehr auf der Erde kriechen kann, verpuppt man sich, und nachher wird man ein bunter Falter. Man fliegt im Sonnenlicht und hört die Glockenblumen läuten. Ich weiß nur nicht, wie man es macht. Ich bin auch viel zu müde, um darüber nachzudenken.«

Die Regenwürmer ringelten sich aufgeregt und ratlos durcheinander.

»Fliegen? – Sonnenlicht? – Was heißt das? – So was gibt's doch gar nicht! – Sie sind wohl krank?«

»Sie gebrauchen solche kuriosen Fremdworte«, sagte der Präsident des K.d.R. »Ihnen ist einfach nicht wohl!«

Die Raupe antwortete nicht mehr. Sie war zu müde. Sterbensmüde. Sie klammerte sich an den Strohhalm.

Dann wurde es dunkel um sie.

Aus ihr heraus aber spannen sich feine Fäden und spannen den verstaubten sterbensmüden Körper ein.

»Das ist ja eine schreckliche Krankheit«, sagten die Regenwürmer.

»Es ist ein Phänomen«, sagte der Präsident des K.d.R. »Wir wollen es beobachten.«

Einige Kapazitäten nickten zustimmend mit den Kopfringeln.

Es vergingen Wochen. Der Präsident des K.d.R. und die Kapazitäten krochen täglich an das Phänomen heran und betasteten es. Das Phänomen sah weiß aus. Es war ganz versponnen und lag regungslos am Boden.

Endlich, in der Frühe eines Morgens, regte sich das versponnene Ding. Ein kleiner bunter Falter kam heraus und sah mit erstaunten Augen um sich. Er hielt die Flügel gefaltet und verstand nicht, was er damit sollte. Denn er hatte vergessen, was er als Raupe geglaubt und gehofft hatte – und wie müde er gewesen war, sterbensmüde ...

Die Flügel aber wuchsen im Sonnenlicht. Sie wurden stark und farbenfroh.

Da breitete der Falter die Schwingen aus und flog weit über die Erde ins Sonnenlicht hinein.

Die Glockenblumen läuteten.

Unten im Staube tagte der K.d.R.

Man hatte die leere Hülle gefunden, und alle Kapazitäten waren zusammengekrochen.

»Es ist nur ein Mantel«, sagte die erste Kapazität enttäuscht.
»Die Krankheit ist allein zurückgeblieben«, sagte die zweite Kapazität.
»Der Mantel ist eben die Krankheit«, sagte die dritte Kapazität.
Hoch über ihren blinden Köpfen gaukelte der Falter in der blauen sonnigen Luft.
»Nun ist es ganz tot«, sagten die Regenwürmer.
»Resurrexit!« sangen tausend Stimmen im Licht.

Jakob Krakel-Kakel

Jakob Krakel-Kakel war schon ein alter Rabenvater. Aber — dem Himmel sei es geklagt — er machte noch immer Seitenflüge. Besonders häufig traf er sich in einer Felsengalerie mit seiner Nichte, der Nebelkrähe. Er schwärmte so für aschblonde Federn. Da saß er und schnäbelte, statt sich die Felsenbilder zu besehen, wie es ehrbare Leute tun. Denn dazu sind die Felsengalerien da, wie jeder weiß. Die Felsen blieben freilich ungerührt, aber sonst war es betrübend.
»Krah«, sagte Jakob Krakel-Kakel und ließ sich elegant auf den Rand seines Nestes niedergleiten.
»Jakob«, sagte Frau Krakel-Kakel, die häuslich auf ihren Eiern saß, »Jakob, wo sind die bestellten Regenwürmer?«
»Regenwürmer sind dieses Jahr sehr schwer zu beschaffen. Ich fand nichts als einen Engerling, den ich im Versehen verschluckte.« Jakob Krakel-Kakel hatte Übung in solchen Dingen.
»Jakob, wo warst du?« fragte Frau Krakel-Kakel.
»Ich sagte es dir schon«, sagte Jakob Krakel-Kakel, »ich habe alle Felder abgesucht. Ich bin erschöpft. Außerdem bin ich erkältet.«
»Du bist eher erhitzt«, sagte Frau Krakel-Kakel. »Jakob — hat nicht deine Nichte, die Nebelkrähe, aschblonde Federn auf der Brust?«
»Was wird sie haben«, sagte Jakob Krakel-Kakel, »sie wird schon aschblonde Federn haben.«
»Jakob«, sagte Frau Krakel-Kakel, »du hast eine aschblonde Feder auf dem Rock.«

»Ich werde eben grau«, sagte Jakob Krakel-Kakel, »es ist kein Wunder.« Er putzte sich die Feder fort.
»Jakob, kakle die Wahrheit! Du bist polygam. Pfui!«
Jakob Krakel-Kakel senkte schuldbewußt den großen Schnabel. In der Tiefe seiner Rabenseele aber war er wütend und beschloß, Rache zu nehmen – Rabenrache!
»Krah«, sagte Jakob Krakel-Kakel und flog davon.
Er flog zum Kuckuck.
»Ich habe gehört, daß Sie Ihre Eier vergeben. Ich will eins haben.«
»Mit Vergnügen«, sagte der Kuckuck.
»Mehr als einen oder höchstens zwei Regenwürmer möchte ich nicht anlegen«, sagte Jakob Krakel-Kakel, »ich bin verheiratet und kann mir keine Extravaganzen gestatten.«
»O bitte, das genügt vollkommen, ich tue es überhaupt nur aus reiner Vogelfreundlichkeit«, sagte der Kuckuck.
»Ich will das Ei dann gleich mitnehmen«, sagte Jakob Krakel-Kakel.
»Das geht nicht«, sagte der Kuckuck pfiffig. »Eierlegen ist eine produktive Tätigkeit. So was ist doch nicht vorrätig. Man braucht Stimmung dazu. Das müßte solch ein alter Vogel doch eigentlich selbst wissen.«
Jakob Krakel-Kakel tat, als wisse er das nicht.
»Wann kann ich es mir holen?« fragte er.
»Ich liefere es Ihnen loco Rabennest«, sagte der Kuckuck zuvorkommend.
»Das tun Sie lieber nicht«, sagte Jakob Krakel-Kakel, »Sie könnten da auf ungeahnte Schwierigkeiten stoßen. Ich hole es mir selbst ab.«
Nach einigen Tagen flog Jakob Krakel-Kakel von hinten auf seine Frau zu. Er hatte ein Ei im Schnabel und schob es ihr vorsichtig ins Unterrockgefieder. Dann segelte er von dannen – ruchlos krächzend.
Nach einer kurzen Weile kam er wieder und setzte sich auf den Nestrand. Er sagte nicht einmal »Krah« zur Begrüßung und kehrte seiner Frau den Rücken zu. Dann wandte er den Schnabel und sprach über die Schulter.
»Lea«, sagte er, »was ist das für ein Ei?«
»Was werden es für Eier sein«, sagte Frau Krakel-Kakel, »unsere Eier – Rabeneier.«

»Lea – kakle die Wahrheit! Du hast ein fremdes Ei im Nest!«
»Ach, du meinst das kleine, das du mir heute zugesteckt hast?« sagte Frau Krakel-Kakel. »Das hab' ich ausgetrunken. Es war doch eine Aufmerksamkeit für die bestellten Regenwürmer, die du vergessen hast? Nicht wahr?«
Jakob Krakel-Kakel war zumute, als müsse er selber Eier legen.
»Natürlich«, sagte er und sah seine Frau mit Rabenaugen an. Er tat es nicht lange. Frau Lea Krakel-Kakel hatte einen Zug um die Schnabelwinkel – einen Zug, den man niemand beschreiben kann, der ihn nicht kennt.
Jakob Krakel-Kakel wurde hundert Jahre alt. Den Zug vergaß er nie. Er hat auch auf dem tadellos schwarzen Rock nie wieder eine aschblonde Feder gehabt.
Und das heißt: Er hat sie sich stets vorher sorgsam abgeputzt.

Onkel Nuckel

Onkel Nuckel war ein Karnickel. Darum spielt auch die Geschichte von Onkel Nuckel in Karnickelkreisen, und zwar in den besseren, den gutsituierten – wir begegnen hier lauter Leuten, die satt sind, die ein soigniertes Fell haben und in komfortablen Höhlen wohnen. So war Onkel Nuckel, so war seine engere Familie und die ganze Kolonie, und all das war das Werk seiner Pfoten. Denn es war nicht immer so gewesen – o nein! Onkel Nuckel hatte ganz klein angefangen, jeder Schritt seines Lebens war mühsam erhupft, er hatte Hunger, Nässe und Kälte kennengelernt und hatte oft mit klappernden Zähnen das letzte Radieschenblatt bekümmert verschluckt. Und dazu die vielen, vielen Kinder – Tante Nuckel war so fruchtbar! Es war schwer, sehr schwer. Aber Onkel Nuckel war ein Charakter, ein hochachtbares Karnickel. Er ließ die Ohren nicht hängen, sondern stand allzeit auf den Hinterbeinen dem Schicksal gegenüber und meisterte es mit schwieliger Pfote! Onkel Nuckel ist ein Vorbild, dem man nachhupfen sollte, und darum erzähle ich diese Geschichte.
Onkel Nuckel war das Kind kleiner, ärmlicher Karnickelleute und hatte eine liebreiche, aber salatarme Jugendzeit. So kam

es, daß er auch bei seiner Heirat mehr auf Liebe als auf Salat gab. Das war groß und erhaben, denn Liebe ist groß und erhaben, Salat aber ist das nicht. Onkel Nuckel heiratete ein Kaninchen aus sehr alter, aber gänzlich mittelloser Familie. Das war Tante Nuckel – eine geborene von Döskopp. Sie hatte viel Gemüt, sehr viel, und liebte Onkel Nuckel heiß und innig, ihre Aussteuer jedoch bestand nur aus einer Haselnuß. Diese war ein altes Familienerbstück, und die Familie der Karnickelbraut tat sehr wichtig und geheimnisvoll damit, eben weil es doch ein Familienerbstück war. Es hatte eine Bewandtnis damit – man wußte freilich nicht welche, aber eine Bewandtnis ist viel wert, wenn kein wirkliches Futter vorhanden ist, und mit einer Bewandtnis kann man immerhin schon die alte Familie repräsentieren. Am Hochzeitstage sollte die Bewandtnis aufgeknackt werden, und Tante Nuckels Verwandte murmelten dabei was von einer alten vornehmen Tradition. Onkel Nuckel war die Sache peinlich, von Tradition wird selbst ein Karnickel nicht satt, und außerdem konnte niemand die Nuß aufknacken.

»Das ist das Alter, das ist vornehm«, sagten Tante Nuckels Verwandte.

Endlich bat man eine Eichkatz darum, mit der man auf nachbarlichen Pfoten stand, die man aber nicht eingeladen hatte, weil sie arg mit ihrem Schwanz kokettierte und überhaupt ihre prunkvolle Toilette empörend zur Schau trug. Sie nahm die Nuß in die Pfötchen und knackte sie im Nu, mit der routinierten Geschäftsmäßigkeit, wie sie nur der Beruf verleiht. Aber die Nuß war hohl. Bewandtnisse sind meist hohl. Man war allgemein schockiert und bewegte verlegen die Ohren.

»Das ist das Alter, das ist vornehm«, sagten Tante Nuckels Verwandte.

Tante Nuckel selbst war es furchtbar unangenehm, und sie errötete tief – auf der Schnauzenspitze natürlich, denn sonst woanders kann ein Karnickel nicht erröten.

»Es kostet einen Tannenzapfen«, sagte die Eichkatz rücksichtslos.

Tante Nuckels Vater nahm sie beiseite und bat sie, den Tannenzapfen einstweilen zu kreditieren. Bei einer so guten Familie könne sie sicher sein, daß sie den Tannenzapfen richtig erhielte.

»Ach was, gute Familie«, knurrte die Eichkatz, »ich hole mir nächstens den Tannenzapfen, und wenn ich statt des Tannenzapfens nur die gute Familie treffe, dann setzt's was um die langen Ohren!« Sie zeigte ihre Krällchen.
Das Karnickel schwieg pikiert. Was soll man sagen zu solchen Manieren, wenn man ein vornehmes Karnickel ist und einen dunklen Fleck auf dem Kopf hat, grad auf dem Gehirn! Das hatten alle Verwandten Tante Nuckels, und auch Tante Nuckel hatte ihn. Das war die Vornehmheit. Dieser dunkle Fleck auf dem Kopf wurde sehr gepflegt, denn er war das Kennzeichen der Familie von Döskopp. Darum lernten auch alle von Döskopps nichts, aus Furcht, der dunkle Fleck auf dem Kopf könne verschwinden. Einmal nämlich war dieser traurige Fall wirklich eingetreten, und zwar gerade durch die ja auch sonst so gefährliche Bildung. Dabei hatte das betreffende Karnickel der Familie von Döskopp nicht einmal viel gelernt, sondern nur grade den allerbescheidensten Anfang der gefährlichen Bildung, nämlich den Satz, daß die Welt größer ist als ein Kaninchengehege. Aber dieses verderbliche Wissen hatte schon genügt; der dunkle Fleck verschwand und kam trotz aller Versuche der verzweifelten Familie und trotz aller Pfotenmassage nicht wieder. Die Ansicht, daß das eigne Kaninchengehege die Welt ist, ist eben die unerläßliche Vorbedingung für den dunklen Fleck auf dem Kopf, was ich zur Warnung aller von Döskopps feststellen muß, auch wenn es keine Kaninchen sind. Seitdem war ein so scheußliches Familienereignis nicht wieder eingetreten; denn man kannte ja nun die Gefahr der Bildung für den dunklen Fleck auf dem Kopf und vermied sie gänzlich.
Die Eichkatz hatte inzwischen gar keine Antwort abgewartet, sondern war an einem Baum hochgegangen. Sie lachte dazu ihr eigentümlich schnalzendes Lachen, das – wir wollen gerecht sein – wirklich etwas leichtfertig klingt. Dabei glänzte ihr Fellchen in der Sonne, und ihr Schwanz sträubte sich kokett, unsagbar kokett ...
Dem Karnickel von Döskopp senior wurde blümerant. »Demimonde«, murmelte er und rieb sich den dunklen Fleck auf dem Kopf.
Das war die Hochzeit von Onkel Nuckel und Tante Nuckel.
– – –

Onkel Nuckel und Tante Nuckel gingen nun auf die Wanderschaft. »Wir gehen nach Amerika«, sagte Onkel Nuckel, »es soll allerdings Wasser und so allerlei dazwischen sein, aber Herr Schlups, der Biber, hat mir eine Empfehlung mitgegeben. Wo Wasser dazwischen ist, geht's nicht ohne Empfehlung. Die geb' ich einem Biber ab, der da lebt, wo das Wasser anfängt. Dann baut er uns ein Boot, und zwei Radieschen nehmen wir auch mit. Herr Schlups wäre selbst nach Amerika gegangen, wenn nicht eine Kleinigkeit dazwischengekommen wäre.«
Tante Nuckel seufzte. Erstens wußte sie wegen des dunklen Flecks auf dem Kopf überhaupt nicht, wo Amerika war, und zweitens bekam ihr das Wandern nicht gut. Aber sie hielt tapfer mit, Tage und Wochen, vier ganze lange Wochen, wenn sie auch heimlich wünschte, es käme auch was dazwischen, wie bei Herrn Schlups – irgendeine Kleinigkeit. Das kam auch, und es waren sogar acht Kleinigkeiten. Tante Nuckel legte sich hin und bekam acht Kinder.
Onkel Nuckel legte sich natürlich nicht hin, aber er setzte sich. Denn bei solch einem Ereignis ist es für den Vater das einzig Mögliche, sich vorläufig einmal hinzusetzen. Er setzte sich also, legte die Ohren zurück und dachte nach.
Mit acht Kindern kann ich nicht nach Amerika, dachte er, sehr richtig, also muß ich hierbleiben, und zwar dauernd, denn Tante Nuckel kriegt wieder Kinder, und diese Kinder kriegen Kinder und deren Kinder kriegen Kinder ... und zwar sehr schnell ... Oh, Onkel Nuckel wußte das. Es schwamm ihm vor den Augen, und er sah lauter kleine Ohren, die sich hin und her bewegten, immer eins grade und eins schief, so wie seine Ohren, oh, ganz genauso ... ein ganzes Feld von Ohren – aber kein Feld, von dem man ernten kann.
Doch war es nur eine Anwandlung, die viele nachfühlen werden. Onkel Nuckel war kein Karnickel, das untätig die Pfoten faltet. Er sprang mit einem Satz auf und grub eine Höhle, daß ihm der Sand um die Löffel flog. Noch bis zum Abend möblierte er sie mit weichem Moos und ähnlichen Dingen des allernötigsten Komforts, so daß die vervielfachte Familie sich nachts schon beruhigt aufs Ohr legen konnte, was für Karnickel wegen der Beschaffenheit dieses Organs besonders weich und angenehm ist. Nur Onkel Nuckel schlief nicht. Selten schlafen Väter in solchen Fällen.

So stand er morgens schon sehr zeitig auf und suchte mit übernächtigen Augen und nervös heißer Schnauze nach Lebensunterhalt. Es war ein schwerer, sorgenvoller Gang, noch dazu in fremder Gegend, wo man die Gefahren nicht kannte. Onkel Nuckels kleines Herz schlug ängstlich, er äugte nach allen Seiten und bewegte die Ohren. Oft blieb er stehen und nuckelte kummervoll vor sich hin.

Aber seine Pfoten waren schon manchen schweren Gang gehupft, und Onkel Nuckel wäre kein tapferes Self-made-Rabbit gewesen, wenn nicht das Rammlerbewußtsein die Oberpfote gewonnen hätte. So machte er noch ein paar gewaltige Sätze ins Unbekannte und befand sich plötzlich an einer großen Mauer. Er schnüffelte emsig an den bröckligen Steinen entlang und entdeckte bald ein Loch, das, ungefähr drei Ohrenlängen groß, ihn bequem durchschlüpfen ließ. Was Onkel Nuckel nun sah, durchrieselte ihn mit einem tiefen Glücksgefühl von der Nase bis ins Schwänzchen, und die nervös heiße Schnauze bekam wieder die normale kühle Temperatur, die sie als Schwammgebilde zu beanspruchen hat.

Was Onkel Nuckel sah, war wundervoll: Salat, Salat und nichts wie Salat, nur dazwischen noch einige Radieschenbeete. Essen, reichliches Essen für sich, für Tante Nuckel und seine acht Kinder und noch für viel, viel mehr Kinder, für eine ganze Kolonie kleiner nuckelnder Leute – oh, Onkel Nuckel traten die Tränen in die Augen, und er wischte sich gerührt mit der schwieligen arbeitsharten Pfote über die Nase, die schon Kummerfalten aufwies, obwohl Onkel Nuckel noch in den rüstigsten Rammlerjahren stand. Aber nun würde alles gut werden. Tante Nuckels Wochenmoosbett würde glänzend verlaufen und viele Wochenmoosbetten nach sich ziehen, und die Kinder würden Kinder kriegen, und alles würde eine große, unabsehbare, befellte Multiplikation sein! ... Und all das würde satt sein, satt und dankbar, wie Onkel Nuckel es war.

Die Dankbarkeit des Geschöpfes ist das beste Gebet, und diese Gebete sind wirkliche Religion, denn ihre Kirche ist die Natur und ihr Altar sind Gottes Himmel und Gottes Sonne. Und über all dem Salat und der Dankbarkeit des kleinen Kaninchens schien eben die Sonne, die die Sonne *aller* Geschöpfe ist. – – –

Onkel Nuckel stärkte sich erst mal etwas und nahm einen flüchtigen Lunch ein. Die Blätter waren exquisit und dabei durchaus verschieden im Aroma. Die Hauptmahlzeit wollte er erst im Kreise der Familie schlucken; denn Onkel Nuckel hatte, wie wir wissen, eine durch und durch anständige Gesinnung.

Dann prüfte er das Terrain auf seine architektonischen Werte für Tiefbau, aber es erwies sich als zu locker. Zur dauernden Wohnung ist im Überfluß der Boden stets zu locker. Auch sind das meistens Mistbeete und nicht jedermanns Geschmack. Nur harter Boden gibt sichere Heimat.

»Nein, hier ist kein Tiefbau möglich«, sagte Onkel Nuckel nachdenklich, »aber das schadet nichts. Hier ist Essen, und wenn ich fleißig hinübertrage, so kann ich einen Laden eröffnen und für Salate Terrain eintauschen. Es gibt hier gewiß viel Kaninchen, die besitzlich sind.«

Onkel Nuckel war eben reell bis in die Krallenspitzen. Er hätte sich nie widerrechtlich Boden angeeignet und nahm nach den trüben Erfahrungen seiner Jugend an, daß alles besetzt sei. Denn Onkel Nuckel stammte aus einer sehr bevölkerten Gegend, wo alles besetzt ist, wenn man sich setzen möchte. Mit menschlichem Eigentum, wie Salaten, ist das was anderes: das ist vogelfrei in der Tierwelt, weil man hier die menschliche Moral notwendig übertragen hatte.

Onkel Nuckel nahm an Salat und Radieschenblättern, soviel er tragen konnte, ins Mäulchen und hupfte beseligt nach Hause, wo acht kleine blinde Kinder eifrig an Tante Nuckels Magengegend saugten. »Wenn sie erst Augen haben«, murmelte Onkel Nuckel glücklich, »und die Sonne sehen können, so wie ich sie heut sah über den Salaten . . . oh!«

Onkel Nuckel leckte ergriffen Tante Nuckel die Stirn. Da sah er, daß der dunkle Fleck weg war. Die Not des Lebens hatte ihn fortgewischt, und die Erkenntnis, daß das Karnickelgehege derer von Döskopp nicht die Welt war. Jetzt war Tante Nuckels Stirn rein und klar, als sie Onkel Nuckel ansah, von den Salatsegnungen hörte und mit zärtlicher Mutterpfote über acht kleine Geschöpfe fuhr, die zweiunddreißig Beinchen bewegten. Als Karnickelmama lernt man zählen. Onkel Nuckel war recht froh, daß der dunkle Fleck fort war. Er hatte nie viel davon gehalten.

Es ist doch besser, man hat den dunklen Fleck nicht und weiß, was Amerika ist, dachte er, sonst wäre ich ja gar nicht hierhergekommen.
Dann aßen Nuckels mit dem gesunden Appetit, den Kaninchen haben, und besonders hungrige Karnickelleute, denen es schwer ergangen ist.
»Bleib nur im Moosbett«, sagte Onkel Nuckel später und wischte sich den Bart, »ein Salatblatt ist noch übrig, damit eröffne ich einen Laden, und abends hole ich neuen.«
»Warum willst du denn einen Laden eröffnen?« fragte Tante Nuckel und rieb sich unwillkürlich die Stelle, wo der dunkle Fleck gewesen war. Von Döskopps hatten nie gehandelt, lieber lagen sie anderen auf dem Fell. Das ist vornehm, und nicht nur bei Kaninchen.
»Ich will Terrain erwerben zu unseren Höhlen«, sagte Onkel Nuckel, »hier werden auch noch andere Karnickelherrschaften sein und sicher auch besitzliche. Ich tausche gegen Salat. Das kann ich dir nicht so erklären. Das ist merkantil. Auch greift es dich an«, schloß er stolz und liebevoll.
»Merkantil« verstand Tante Nuckel nicht. Sie dachte, es wäre was zu essen, und schlief ein.
Onkel Nuckel aber grub schnell noch eine Höhle, eine kleine mit offenem Eingang, legte das Salatblatt hinein und schrieb mit sicherer energischer Kralle in den Erdboden:

ONKEL NUCKEL
SALATE UND GEMÜSE

Dann setzte er sich davor und wartete. Er rührte das Salatblatt nicht an, obwohl es appetitanregend roch und er noch nicht ganz satt war. Schließlich setzte er sich drauf, um es nicht zu sehen. Onkel Nuckel war eben ein Charakter!
Es dauerte eine ganze Weile, aber es kam niemand.
Sollten hier wirklich keine Kaninchen sein, dachte Onkel Nuckel, dann könnte ich doch beinahe frei graben und das Salatblatt selbst essen.
Er holte zaghaft etwas unter seinen Hinterbeinen hervor. Aber er blieb standhaft. Onkel Nuckel war eben groß! Wie wenige sind so!
Endlich erschien etwas Weißes im Buschwerk. Onkel Nuckel äugte ängstlich. Ja, es war ein Kaninchen, aber ein ganz wei-

ßes. So was hatte Onkel Nuckel noch nie gesehen. Mußten das vornehme Leute sein! Er sah ganz bedrückt an seinem graubraunen Röckchen hinunter und strich es unwillkürlich mit den Vorderpfoten glatt. Am Ende war das hier ein ganz fremdes Land.

Das weiße Kaninchen hatte das Salatblatt unter Onkel Nukkels Hinterbeinen bemerkt und kam eiligst auf ihn zugelaufen. Dann setzte es sich und machte Männchen, wobei es kokett den hellen Schnurrbart mit der Pfote strich.

»Äh – gestatten«, sagte das weiße Karnickel schließlich, »M-m-m ist mein Name.«

Die Sprache ist dieselbe wie unsere, dachte Onkel Nuckel, nur schnarrte es etwas und sagte äh. Dann sagte er »Nuckel« und legte verbindlich die Ohren nach vorne.

»Welch ein schönes Salatblatt!« sagte Herr M-m-m flötend und nahm es ohne weiteres zu sich.

Onkel Nuckel stand unwillkürlich auf und sah wehmütig zu, wie das kostbare Gut, das merkantil wirken sollte, allmählich verschwand. Nun mußte er gleich den weiten Weg noch einmal laufen, und auch die Selbstbeherrschung war umsonst gewesen. Weg war es. Es hätte auch in seinem Magen sein können.

»Eigentlich wollte ich es verkaufen«, meinte er schließlich schüchtern und wies mit der Pfote auf seine Erdannonce.

»Sehr gut«, sagte Herr M-m-m, »das ist laitue.«

Herr M-m-m war ein geborenes zahmes Kaninchen und hatte menschliche Dekadenz, wie er selbst sagte. Darum unterschied er die einzelnen Salate mit französischen Namen. Richtig brauchten sie nicht zu sein.

Wenn was weg ist, ist es egal, ob es laitue hieß oder anders, dachte Onkel Nuckel. »Ich wollte Terrain dafür eintauschen«, sagte er nun fest und ruhig, denn das weiße Fell imponierte ihm nach dieser Gesinnung nicht mehr. »Also bitte bemühen Sie sich, wenn Sie hinuntergeschluckt haben! Sie werden mir wohl Auskunft geben können.«

Er trommelte drohend mit den Hinterbeinen.

Herr M-m-m wurde höflicher und schluckte schnell den Rest. Man muß immer schnell den Rest schlucken, wenn andere mit den Hinterbeinen trommeln.

»Mein bester Herr Nuckel«, sagte er und machte eine legere

Pfotenbewegung, »Terrain tauschen? Hier ist alles frei. Glauben Sie, ich würde meinen full dress hier spazierenführen, wenn das eine volkreiche Gegend wäre? Nein, nicht in die Pfote! Das hier ist eine alte Besitzung von sogenannten Menschen – eine Art Raubzeug von großen Dimensionen –; aber sie steht leer, nur das Raubtier, das die Salate züchtet, lebt darin. Daher bin ich, und darum gehe ich nicht gern in den Garten. Es ist ja alles sehr elegant, aber es bleibt doch – wie soll ich sagen? – eine Art Bevormundung. Paßt mir nicht. Auch sind die Raubtiere, die die Salate züchten, nur halb gezähmt. Man weiß nie, ob sie einen nicht plötzlich totschlagen Oh, ich weiß Geschichten.«
Onkel Nuckel schauderte. »Das ist ja schrecklich«, klagte er, »ich habe mich so gefreut, diese Salatstelle entdeckt zu haben. Ich habe Frau und Kinder.«
Herr M-m-m tupfte Onkel Nuckel nachsichtig auf die Schulter.
»Nur Mut, junger Mann«, sagte er großartig, »ich zeige Ihnen die sicheren Stellen und die richtigen Zugänge, es ist keine Schwanzbreite Gefahr dabei. Dafür geben Sie mir eine Höhle und bringen mir das Essen aufs Zimmer. Ich bin nervös und kann nicht arbeiten. Auch verträgt es der weiße Dreß nicht – äh. Eigentlich gehöre ich gar nicht hierher, aber ich will Ihnen den Gefallen tun.«
Onkel Nuckels gutes Herz schwoll in Dankbarkeit.
»Oh, wie gerne – man kann hier graben??«
»Ungeniert. Wissen Sie was? Wir gründen eine Terraingesellschaft. Das heißt, Sie graben sie, und ich gründe sie.«
Onkel Nuckel spitzte die Ohren.
»Was ist denn das, eine Terraingesellschaft?«
Herr M-m-m wiegte sich überlegen auf den Hinterbeinen.
»Das ist eine menschliche Einrichtung. Eine Terraingesellschaft ist, wenn man viele Höhlen baut und niemand hineinläßt.«
»Ja – aber dann??«
»Dann läßt man doch jemand hinein, aber nur gegen Salat.«
Aha, dachte Onkel Nuckel, das ist merkantil, und zwar im großen Stil, im Hupftempo.
»Schließlich«, fuhr Herr M-m-m fort und schnalzte mit der Zunge, »sitzen Sie so alle Tage, trommeln mit den Hinter-

beinen eine leichte Melodie und essen den Salat, den andere holen – laitue oder was Sie wollen. Das ist vornehm. Das ist Dekadenz – äh ...«

»Nein, das ist nichts für mich, ich muß meine Pfoten bewegen«, sagte Onkel Nuckel, »aber sonst ist es ja natürlich alles sehr schön.«

»Na, das können Sie halten, wie Sie wollen«, meinte Herr M-m-m gnädig, »ihr Bauern seid nun mal so. Ich kann mir das nicht leisten bei meinem weißen Dreß, wissen Sie, und bei der ganzen Dekadenz überhaupt.« Herr M-m-m blies vornehm durch die Nase. »Aber nun ans Werk! Graben Sie, und ich gründe – und abends, bitte vergessen Sie nicht, ich speise dann laitue, aber nur die zarten inneren Blätter – und nicht wahr, auf meinem Zimmer ...«

Herr M-m-m machte es sich nonchalant in der Höhle bequem, die Onkel Nuckel als Gemüseladen gedacht hatte.

Onkel Nuckel aber hüpfte eiligst zur Salatstelle, nachdem er sich den gefahrlosen Zugang hatte beschreiben lassen. Denn nun mußte man noch viel mehr laufen. Noch einer mehr war zu beköstigen, und dazu einer, der nervös war und nur die inneren Blätter aß. Aber dafür gründete er ja. Nur graben und Futter schleppen mußte Onkel Nuckel. Oh, Onkel Nuckel war so dankbar! Abends grub er schon, und bei Mondschein grub er auch noch weiter.

Onkel Nuckel war eben immer voll und ganz dabei, was er auch in die Pfote nahm.

– – –

So grub Onkel Nuckel, und so verging die Zeit.

Harte Arbeit war es, und Bau um Bau wurde angelegt mit kunstvollen Röhren, schön separat alles und doch dem Familiensinn entsprechend durch Korridore und Klubräume verbunden. Auch zahllose Vorratskammern entstanden, alles sachgemäß und nach einem sinnreichen Plan, denn Onkel Nuckel war ein Meister im Tiefbau. Besondere Sorgfalt wurde auf die Innenarchitektur verwandt, und die Fauteuils für den Winterschlaf entsprachen allen Anforderungen der Neuzeit.

Den ersten Anfang zu allem grub Onkel Nuckel allein und eigenpfötig. Nachher gruben Kinder und Kindeskinder mit. Man grub oder sammelte Vorräte für den Winter.

Nur Herr M-m-m grub nicht und sammelte nicht. Er chassierte

bloß durch die fertigen Räume, sprach von Dekadenz und laitue und kniff schäkernd die jungen Karnickelmädchen in die Löffel. Herr M-m-m war eben ein Weltmann. Das Weltmännische besteht darin, durch fertige Räume zu chassieren und von Kohl zu sprechen, wenn er nur einen französischen Namen hat. Richtig braucht er nicht zu sein.
Aber Herr M-m-m sollte noch trübe Erfahrungen machen, wie ja überhaupt die fertigen Räume immer weniger von den Arbeitenden zum Chassieren hergegeben werden. Das ist ein schreckliches Zeichen der Zeit! Wie leicht kann da die Spezies der Weltleute aussterben samt dem Chassieren und dem Kohlsprechen! Aber so weit sind wir noch nicht – ich meine natürlich in dieser Karnickelgeschichte.
Es kommt noch ganz anders, und einen gräßlichen Schicksalsschlag sollte Onkel Nuckel noch erleben, ehe er ganz auf der Höhe stand und mit ihm seine Multiplikationsfamilie.

– – –

Der Tiefbau war gerade so weit gediehen, daß ein Teil der Höhlen entbehrlich war und zum Vermieten bestimmt werden konnte. Die Höhlen wurden mit Moos möbliert, und zwar elegant und komfortabel, wie überhaupt alle Räumlichkeiten jetzt den Charakter eines gediegenen Wohlstandes trugen, der auf sicheren Pfoten stand. Herr M-m-m memorierte eine Einweihungsrede, die mit laitue anfing, und übte sich eine cäsarenhafte Pfotenbewegung ein, als der Schreckensruf erscholl, Schlangen seien in den Räumen gesehen worden. Alles stürzte wild durcheinander und brachte die Botschaft in Onkel Nuckels Privatkontor.
Onkel Nuckels Nasenspitze erbleichte vor Entsetzen. Er befahl mit energischer Rammlerstimme, sofort die Zugänge zu den Neubauten zu schließen. Dann brach er ganz in sich zusammen, zum ersten Male in seinem Leben. Die verarbeiteten Pfoten klappten wie ein Taschenmesser ein, Tante Nuckel zog sich die Ohren über die Augen und schluchzte, und alles rundherum nuckelte ratlos und kummervoll.
»Nun ist alles umsonst«, klagte Onkel Nuckel, »man soll eben keine Höhlen bauen, um andere nicht hineinzulassen. Das ist menschlich und unnatürlich. Das ist eben die Terraingesellschaft. Wie gern würde ich darauf verzichten! Aber nun müssen wir alle hinaus aus den schwer erworbenen Höhlen samt

den gesammelten Salaten. Die Schlangen werden auch hierherkommen. Leute, die so kriechen, kommen überall durch!«

Oft sagen einfache Geschöpfe, wie Onkel Nuckel, in ihrer Herzensangst große Wahrheiten.

Inzwischen war Herr M-m-m hinzugekommen. Nachdem er sich vergewissert hatte, daß die Zugänge zu den Schlangenräumen alle gut verschlossen waren, machte er die eingeübte cäsarenhafte Pfotenbewegung und sagte: »Ach was, jetzt gründe ich erst recht. Warum sollen wir denn nicht vermieten? Nun gerade. Haben *wir* darum so lange gearbeitet?? Wenn die Schlangen die möblierten Herren haben, lassen sie uns in Ruhe. Wir bleiben im Hintergrund. Bei allen Geschäften muß man im Hintergrund bleiben. Das ist menschlich.«

Da richtete sich Onkel Nuckel zu seiner ganzen Höhe auf. »Ob das menschlich oder laitue ist, ist mir gleich«, sagte er, »das ist unter meiner Karnickelwürde, und dazu gebe ich meine Pfote nicht her!«

Alles nuckelte beifällig.

Aber Herr M-m-m, der seine Mooschaiselongue und die inneren Blätter des Salates bedroht sah, schlich sich hinaus und schrieb an alle Eingänge folgende Erdannonce:

MÖBLIERTE HÖHLEN

zu vermieten. Nur an solche, die zu Tisch nicht auf Karnickel reflektieren, weil Vermieter selbst Karnickel.

ONKEL NUCKEL

Er schrieb Onkel Nuckel darunter und nicht M-m-m; denn er wußte von den Menschen her, daß man bei einer Terraingesellschaft, wenn Schlangen irgendwelcher Art darin entdeckt werden, immer einen fremden Namen darunterschreibt. Herr M-m-m hatte eben die menschliche Kultur. Dann machte er noch einige sezessionistische Schnörkel um die Erdannoncen, chassierte wohlgefällig auf und ab und wartete auf Reflektanten.

Sehr bald kam auch jemand. Es war ein Igel, der mit der charakteristischen Eile dieser Herrschaften alle Eingänge abgelaufen und alle Erdannoncen durchgelesen hatte.

»Ich bin der Direktor der Internationalen Schlappfuß-Stachel-Transportgesellschaft«, sagte er geschäftsmäßig, »ich will hier mieten.«

»Bitte sehr«, sagte Herr M-m-m und machte einige weltmännische Männchen.
»Ich will Onkel Nuckel selbst sprechen«, zischte der Direktor, »Sie sind kein Arbeitskaninchen. Sie sind ein weißer Fatzke!«
»Laitue . . .«, hauchte Herr M-m-m, aber er kam nicht weiter. Das Wort erstarb ihm auf der Schnauze.
Wie verschieden wird man doch bewertet! Es kommt immer auf den Maßstab an, und man ist stets das Karnickel des Maßstabs. Das sah Herr M-m-m in diesem furchtbaren Augenblick ein und setzte sich hin und verfärbte sich. Das können Kaninchen und andere Tiere, und das heißt Assimilation. Die Menschen verfärben sich meist jeden Tag, aber leider nicht, wenn sie die Wahrheit hören, sondern schon im voraus, um die Wahrheit nicht zu hören. Darum heißt es auch nicht Assimilation, sondern anders. Aber das gehört nicht hierher. Denn dies ist eine harmlose Karnickelgeschichte und kein Injurienlexikon.
Unterdessen war der Igel in seiner geschäftsmäßigen Eile durch eine Menge Höhlen und Röhren gepilgert und hatte sich bis zu Onkel Nuckel durchgefragt.
Onkel Nuckel war entsetzt, als er von der frivolen Erdannonce hörte.
»Ich lecke meine Pfoten in Unschuld«, sagte er, »sie sind rein von dieser Erdannonce. Das war M-m-m.«
»Schon gut«, sagte der Igel. »M-m-m sitzt oben und verfärbt sich zu einem anständigen Arbeitskarnickel. Aber ich will hier mieten, und zwar schnell – ich habe wenig Zeit.«
»Oh«, sagte Onkel Nuckel, »wenn Sie hier mieten, haben Sie bald gar keine Zeit mehr. Sie sind dann tot. Denn hier sind Schlangen! Huh! . . .«
»Also inklusive voller Beköstigung«, sagte der Direktor der Schlappfuß-Stachel-Transportgesellschaft. Er war Geschäftsmann bis in den letzten Stachel und behielt stets seine kühle Schnauze.
»Wie?« rief Onkel Nuckel, »jawohl Beköstigung, aber Beköstigung andersherum. *Sie* werden die Beköstigung sein! Oh, wie furchtbar!«
Als Beköstigung andersherum entpuppt sich vieles im Leben.
»Lieber Mann, haben Sie eine Ahnung!« sagte der Igel, »das

sind ja Delikatessen! Ach, Sie meinen wegen der Giftzähne? Delikatessen haben oft Giftzähne. Das tut nichts. Wir sind immun dagegen. Immun ist, wenn man kann, wo man möchte. Wir machen das ganz einfach: Knacks, weg mit den Giftzähnen – und was dann kommt, schlürft sich so angenehm fettig und glitschig – ah – deliziös.«
Der Direktor leckte sich die spitze Schweineschnauze. »Also, es bleibt dabei. Ich miete die Räume. Kost und Logis. Sie sollen Salat geliefert bekommen, soviel Sie wollen. Ich bin der Direktor der Internationalen Schlappfuß-Stachel-Transportgesellschaft, wissen Sie. Es geht alles furchtbar schnell« – er zeigte seine Pfote –, »das sind Schlappfüße. Es klatscht nur so, und wie das fördert! Das ist praktisch, sehen Sie. Modell der ›American Paw Society‹.«
»Die amerikanischen Society-Tatzen sind sehr schön«, sagte Onkel Nuckel höflich und fand im stillen seine Beine schöner, »ich glaube wohl auch, daß das sehr fördert. Aber viel können Sie doch auch nicht forttragen an Salat. Ich weiß, wie mühsam das ist. Oh, ich weiß das aus Erfahrung! Ich bin Ihnen ja schon sehr dankbar, wenn Sie mit den geehrten Ihrigen Delikatessen speisen und keine zu uns hereinlassen. Darum möchte ich wohl bitten. Es mag ja vielleicht sehr gut schmecken, aber wir sind einfache Karnickelleute.«
»Sie kriegen Ihren Salat«, sagte der Igel, »eine Pfote wäscht die andere. Wozu wären wir denn sonst eine Transportgesellschaft?! Wir legen uns einfach auf den Rücken und spießen den ganzen Salat auf. Das ist praktisch, wissen Sie . . .«
»Ich weiß schon«, sagte Onkel Nuckel. »American Society oder so . . .«
»Nein, diesmal nicht so. Aber ich habe gar keine Zeit«, sagte der Direktor, »also auf Wiedersehen! Ich hole die Meinigen, es sind mehrere Familien. Wir nehmen alle disponiblen Räume.«

– – –

Abends speisten die Mitglieder der Transportgesellschaft schon die sehr unangenehm überraschten Delikatessen, die Karnickelleute aßen den pünktlich gelieferten Salat, Herr M-m-m verfärbte sich weiter, und Onkel Nuckel tat einen tiefen, tiefen Atemzug.
Nun habe ich doch noch gegründet, dachte er dankbar und

gerührt, und es überkam ihn die Stimmung voll Sonne und Salat von jenem Tage nach Tante Nuckels erster Niederkunft. Jetzt bin ich auch – wie hieß es doch? – immun, denn jetzt kann ich, wo ich möchte.
Onkel Nuckel war stolz und froh, daß er immun war, und tat einen Rückblick, was man nur tun soll, wenn man schon immun ist.
Was war nicht alles erreicht in diesen Jahren! Die vielen Höhlen und der viele Komfort und die vielen, vielen Karnickel.

. . . .

. . . .

. . . .

Onkel Nuckel flimmerte es vor den Augen. Nun war das Feld von kleinen Ohren Tatsache geworden, das er damals visionär und keineswegs angenehm vor sich gesehen, als er sich zum ersten Male als Vater hingesetzt hatte.
Nun war er so weit, daß die Zahl seiner Familie im besten Fall eine Wahrscheinlichkeitsrechnung war – und das kam von der Liebe und nicht vom Salat, so nötig auch Salat ist. Denn Liebe ist groß und erhaben, Salat aber ist das nicht. Das war Onkel Nuckels Wahlspruch gewesen, und so herrlich weit hatte er ihn gebracht!
Nur die eigenen Kinder konnte er noch zählen. Das tat Onkel Nuckel auch, und schließlich wurde Tante Nuckel wieder leidend und bekam nebst einigen anderen Kindern das hundertste Kind. Murkchen wurde es genannt.
Da feierte Onkel Nuckel ein Jubiläum, und alle feierten mit. Sogar die Delikatessenkonsumenten von nebenan sandten eine Deputation, die in Gratissalat eingehüllt war. Onkel Nuckel aber thronte inmitten all seiner statistisch nicht mehr faßlichen Familie wie ein Patriarch! Ein Patriarch ist einer, vor dem alle die Ohren zurücklegen.
Das war Onkel Nuckel!
Hupft ihm nach!

Der große Augenblick

In seinem Käfig saß ein kleiner Vogel und sah mit sehnsüchtigen Augen in den Sonnenschein. Es war ein Singvogel, und es war in einem Kulturstaat – jedenfalls in einem solchen, der sich so nannte.
In blauer Ferne standen blaue Berge.
Hinter den Bergen liegt der Süden, dachte der kleine Vogel. Ich bin nur einmal den Weg dahin geflogen. Dann nicht wieder.
Die fernen Berge erschienen ihm ganz nah. Die Sehnsucht rückte sie so nah vor die Gitterstäbe.
»Sie sind so sehr nah«, sagte der kleine Vogel. »Wenn nur die Gitterstäbe nicht wären! Wenn die Tür sich nur einmal öffnete – ein einziges Mal! Dann käme der große Augenblick, und ich wäre mit ein paar Flügelschlägen hinter den blauen Bergen.«
Die Kraniche zogen. Durch die Herbstluft klang ihr klagender Schrei – klagend und lockend. Es war der Ruf nach dem Süden.
Sie verschwanden hinter den blauen Bergen.
Der kleine Vogel rannte gegen die Gitterstäbe.
Der Winter kam, und der kleine Vogel wurde still. Der Schnee fiel, und die blauen Berge waren grau geworden. Der Weg nach dem Süden lag in Kälte und Nebel.
Es kamen viele Winter und viele Sommer. Es kamen viele Jahre. Die Berge wurden blau und wurden wieder grau. Die Zugvögel kamen vom Süden und zogen nach Süden. Der kleine Vogel hinter dem Gitter wartete auf den großen Augenblick.
Dann kam ein klarer sonniger Herbsttag. Da war die Tür des Käfigs geöffnet. Man hatte sie im Versehen offen gelassen. Mit Willen tun es die Menschen nicht.
Der große Augenblick war da! Der kleine Vogel zitterte vor Freude und Erregung. Vorsichtig und scheu huschte er hinaus und flatterte auf den nächsten Baum. Alles um ihn herum verwirrte ihn. Er war es nicht mehr gewohnt.
In blauer Ferne standen blaue Berge.
Aber sie schienen jetzt sehr fern zu sein. Viel zu fern für die Flügel, die sich jahrelang nicht mehr geregt hatten hinter den

Gitterstäben. Doch es mußte sein! Der große Augenblick war da!
Der kleine Vogel nahm all seinen Mut und seine Kraft zusammen und breitete die Flügel weit, weit aus – zum Flug nach dem Süden, hinter die blauen Berge.
Aber er kam nicht weiter als bis zum nächsten Ast. Waren die Flügel verkümmert in den langen Jahren, oder war es etwas anderes, das in ihm verkümmert war? Er wußte es selbst nicht. Die blauen Berge waren fern, viel, viel zu fern für ihn.
Da flatterte er still in den Käfig zurück.
Die Kraniche zogen. Durch die Herbstluft klang ihr klagender Schrei – klagend und lockend. Es war der Ruf nach dem Süden Sie verschwanden hinter den blauen Bergen.
Da senkte der kleine Vogel den Kopf und barg ihn unter dem Flügel.
Der große Augenblick war vorüber.

Basilius Mummelpelz und Hieronymus Kragenpeter

Der Bär Basilius Mummelpelz stand vor der Wohnung seines Vetters, des Kragenbären.
»Hieronymus Kragenpeter, bist du zu Hause?« fragte er und klopfte mit der Tatze an die Höhlenwandung.
Drinnen regte sich nichts. Nur ein schwaches Brummen war hörbar. Basilius Mummelpelz klopfte energischer.
»Kragenpeter – bist du zu Hause? Hi-e-ronymus!«
»Nein, ich bin nicht zu Hause«, sagte Hieronymus Kragenpeter aus der Tiefe der Höhle und grunzte unwillig, »du weißt doch, daß ich mich nach Tisch immer hinlege.«
»Hieronymus«, sagte Basilius Mummelpelz, »wenn ich dir sage, warum ich gekommen bin, wirst du gleich zu Hause sein.«
Hieronymus Kragenpeter erschien in der Höhlenöffnung und verneigte sich viele Male. Das tun die Kragenbären, und es sieht sehr verbindlich aus. Hieronymus war aber gar nicht verbindlich; denn er murmelte was über die Störung und rieb sich mit den Tatzen den Schlaf aus den Augen.
»Du – Hieronymus, ich habe ein Honignest entdeckt, ein süßes, heimliches Honignest.«

»Wo?« sagte Hieronymus Kragenpeter und trottete auf allen vieren los.
»Warte, warte, ich zeige es dir«, sagte Basilius Mummelpelz und beeilte sich nachzukommen. »Du läufst ja in die falsche Richtung. Du mußt woanders hinlaufen!«
»Wo?« sagte Hieronymus Kragenpeter und kehrte eiligst wieder um.
»Du könntest statt ›Wo‹ auch mal ›Danke‹ sagen«, meinte Basilius Mummelpelz. »Siehst du, wie du zu Hause gewesen bist!«
Basilius Mummelpelz und Hieronymus Kragenpeter trotteten nebeneinander her, emsig und mit einwärts gekehrten Füßen, wie fette Herren, die gern zu Tisch gehen.
Das Honignest war in einem hohlen Baum, der zwei kleine Astlöcher hatte. Es duftete ungemein lieblich darin. Basilius Mummelpelz grunzte vor Vergnügen. Hieronymus Kragenpeter gurgelte vor Wonne.
»Hier sind die beiden Löcher. Dies hier scheint größer zu sein«, sagte Basilius Mummelpelz.
»Wo?« sagte Hieronymus Kragenpeter und versuchte den Kopf hindurchzustecken. »Es geht nicht. Das Loch ist zu eng. Ich habe Kragenweite 113. Basilius, du mußt es versuchen. Aber iß den Honig nicht allein auf!«
Basilius Mummelpelz schüttelte den Kopf und brummte. »Ich habe Kragenweite 119«, sagte er ergeben.
Hieronymus Kragenpeter krabbelte mit der Tatze im Loch herum.
»Auch das geht nicht«, sagte er enttäuscht. »Ich habe Tatzennummer 14. Basilius, du mußt es versuchen.«
»Ich habe Tatzennummer 16«, sagte Basilius Mummelpelz und sah erbost auf seine großen Pfoten.
»Basilius, man wird die Nase hineinstecken müssen«, sagte Hieronymus Kragenpeter. »Aber du mußt es zuerst versuchen. Du bist der Ältere.«
Basilius Mummelpelz stopfte seine Nase tief in das Astloch. Es duftete ungemein lieblich.
»Basilius«, sagte Hieronymus Kragenpeter, »was machst du für ein Gesicht? Du siehst nicht aus, als ob du Honig lecktest.«
Er bekam keine Antwort. Wie ein Geschoß fuhr die Nase des Basilius aus dem Astloch heraus. Ein Schwarm von wütenden Bienen umkreiste die beiden Vettern.

»Mein schöner Kragen«, jammerte Hieronymus Kragenpeter und schlug verzweifelt mit den Tatzen um sich. Basilius Mummelpelz nieste buchstäblich Bienen. Es war ungeheuer störend. Denn eine Biene im Nasenloch ist kein Gegenstand der Ruhe.
Zu Hause leckte Hieronymus Kragenpeter seinen Kragen und kämmte ihn mit den Krallen.
»Nun kann ich heute abend nicht zum Rendezvous gehen«, sagte er. »Die Sonne muß erst meinen Kragen bügeln. Meine Kleine gibt so viel auf gute Toilette.«
Basilius Mummelpelz kühlte seine Nase unaufhörlich in einer Wasserpfütze. Es waren zwingende innere Gründe dafür vorhanden.
»Ich wollte heute in den Biologischen Verein für Höhlenbärenforschung«, sagte er böse.
Beide ärgerten sich sehr. Einer ärgerte sich über den anderen.
»Astlöcher sind nicht für fette Herren«, sagte Basilius Mummelpelz und sah Hieronymus Kragenpeter hämisch an. »Für die süßen heimlichen Honignester darf man keine plumpen Tatzen haben. Sonst geht's einem an den Kragen. Meinst du das nicht auch, Hieronymus?«
»Andern geht es noch viel schlimmer«, sagte Hieronymus Kragenpeter. »Mancher steckt bloß die Nase in den Honig – und schon niest er Bienen!«

Professor Bohrloch

Professor Dr. Bohrloch, Ritter pp., stand mit seinem Assistenten vor dem Affenkäfig. Es war noch früh am Morgen, und im Zoologischen Garten waren nur wenige Besucher.
Professor Bohrloch hatte das mit reiflicher Überlegung so eingerichtet. Er wollte möglichst ungestört sein, besonders von solchen Leuten, die als nicht-akademisch anzusehen waren. Odi profanum vulgus!
Denn die frühe Morgenstunde sollte eines der unerhörtesten Experimente wissenschaftlicher Forschung bringen.
»Dank den profunden Resultaten der Vivisektion«, sagte Professor Bohrloch, »aus denen sich unsere herrliche Gehirnlehre von heute entwickelt hat, bin ich auf den erhabenen Gedan-

ken gekommen, diese zwei Exemplare von cynocephalus babuin nach sorgfältiger phrenologischer Untersuchung von den anderen Affen zu isolieren. Nach fleißiger Fütterung mit gehirnbildenden Nährstoffen werde ich heute in der Lage sein, nachzuweisen, daß das Gehirn des cynocephalus babuin bei entsprechender Behandlung nicht nur menschliche Ausdrücke den Begriffen nach richtig zu erfassen vermag, sondern sogar fähig ist, dieselben in adäquaten Gutturallauten sinngemäß wieder von sich zu geben.«
Der Assistent verbeugte sich stumm. Ihm war weihevoll.
»Sie haben doch fleißig mit Bananen gefüttert«, wandte sich Professor Bohrloch an den Wärter. »Ist Ihnen eine Zunahme der intellektuellen Funktionen aufgefallen?«
»So wat is mich nich uffjefallen«, sagte der Wärter.
»Dem Mann fehlt der geschulte Blick«, sagte Professor Bohrloch.
Die Paviane kamen ans Gitter.
»Wer ist denn das?« fragte der eine, und sein Fell sträubte sich.
»Ich finde ihn eigentlich ganz nett«, sagte der andere, »er erinnert mich so an meinen verstorbenen Onkel.«
Der Pavian hatte viel Familiensinn.
Professor Bohrloch kramte erregt in seinen Taschen und suchte nach seinem Notizbuch.
»Er laust sich«, sagte der erste Pavian mit Sachverständnis.
»Jetzt hat er was«, sagte der zweite voller Interesse.
»Wir müssen uns natürlich auf stark akzentuierte Gutturallaute beschränken«, sagte Professor Bohrloch; »beginnen wir mit einfachen Vokalen!«
Professor Bohrloch setzte sich in kauernder Stellung vor dem Gitter hin.
»E-e-e-Es-sen-Es-sen«, sagte er und machte schnappende Bewegungen mit den Kiefern.
»He-he«, grinsten die Affen.
»Es ist erstaunlich«, sagte Professor Bohrloch zu seinem Assistenten. »Beachten Sie bitte die Schädelbildung!«
»Sieh bloß mal dem seinen Kopf an!« sagte der eine Pavian.
Professor Bohrloch horchte aufmerksam auf die soeben erfolgten Gutturallaute und machte sich eifrig Notizen.
»Nun einen etwas komplizierten Begriff, der vom reinen In-

stinkt ins Vorstellungsvermögen übergreift. O-o-o-Vo-gel-Vo-gel-Vo-gel!«
Professor Bohrloch hob den Lodenmantel und stelzte sonderbar vor dem Käfig auf und ab. Er flatterte mit den Ärmeln und schnatterte dabei in einer noch nicht dagewesenen Weise.
Der Wärter näherte sich. Ihm schien, er wäre nötig.
»Ho-ho«, grinsten die Affen und schmissen mit Bananenschalen.
»Es ist erstaunlich«, sagte Professor Bohrloch. »Wir gehen nun zu einem Umlaut über. Ö-ö-ö-Grö-ße-menschliche Grö-ße.«
Professor Bohrloch reckte sich im Lodenmantel zu voller Höhe auf.
Die Affen hatten es satt. Der Vogel hatte ihnen noch Spaß gemacht. Das hier nicht mehr. Sie wandten sich um und zeigten dem Professor ihre Hinterseite. Es waren ansehnliche, nicht mißzuverstehende Körperteile.
»Es ist erstaunlich«, sagte Professor Bohrloch. »Das Tier verkriecht sich vor der menschlichen Größe. Das ist mehr als Verständnis. Hier liegt bereits eine psychische Reaktion vor. Wir nehmen nun zum Schluß unserer phänomenalen Untersuchung einen Doppellaut«, wandte er sich an seinen Assistenten. »Beachten Sie, bitte, die vielen kleinen Steine im Käfig! Ich habe sie aus experimentellen Gründen scheinbar achtlos verteilen lassen . . .«
Professor Bohrloch nahm einen Stein auf und preßte die Brillengläser ganz dicht ans Gitter.
»Ei-ei-ei-Stein-Stein-Stein«, sagte er.
Die Affen hatten sich am Ende des Käfigs schlafen gelegt und rührten sich nicht.
»Stein-Stein-Stein«, sagte Professor Bohrloch meckernd. Er sagte das einhundertunddreiunddreißigmal.
Da flog ihm ein Hagel von Steinen ins Gesicht!
»Es ist erstaunlich«, sagte Professor Bohrloch.
– – –
Am anderen Tage stand Professor Bohrloch auf dem Katheder.
»Wir kommen nun zum Schluß unserer interessanten Ausführungen«, sagte er, »und können mit Stolz konstatieren, daß es der menschlichen Wissenschaft gelungen ist, ihre leuchtenden Funken sogar bis in die stumpfe Tierwelt zu senden!«

Die Affen im Käfig spielten »Professor Bohrloch«. Sie stelzten sonderbar auf und ab und schnatterten in einer noch nicht dagewesenen Weise.

Die Haselmaushochzeit

An einem alten Gemäuer stand ein Haselnußstrauch. Feine Spinnwebfäden spannen sich von der alten Mauer zum Haselnußstrauch hinüber. Der Mond stand groß und silbern am Himmel. Er beschien eine kleine, befellte und gerührte Gesellschaft. Die Haselmäuse feierten Hochzeit. »Mein Haselstrauch ist auch dein Haselstrauch. Meine Haselnüsse sind auch deine Haselnüsse«, sagte eine alte Haselmaus.
Alle waren sehr ergriffen und falteten die Pfoten. Der Haselmausbräutigam bekam das Schnucken und fuhr sich über die Schnauze. Die Haselmausbraut schluchzte in ein Haselnußblatt-Taschentuch.
Dann ging man auf einer Gartenbank zu Tisch, und jeder bekam eine Haselnuß in die Pfote serviert. Man knabberte und unterhielt sich höflich piepsend. Es sah überaus manierlich aus. Haselmäuse sind bescheiden und sehr sittsam.
Nach dem Diner tanzte die Haselmausjugend den Haselhupfer.
Man pfiff zweistimmig dazu.
»So haben wir auch einmal gepfiffen«, sagte die Haselmausgroßmutter zum Haselmausgroßvater und strich sich mit altmodischer Koketterie über das diesjährige Fellkleid.
Der Haselmausgroßvater kraulte sich behaglich die weiße Kehlkrawatte und wippte den Takt des Haselhupfers mit der Hinterpfote.
»Ja, wenn man so dran denkt . . .«, sagte er. Er dachte aber an Nüsse.
Das Haselmausbrautpaar hatte sich auf einen einsamen Ast zurückgezogen. Hier war die neue Wohnung, ein kugeliges kleines Nest. Die Verwandten hatten Moos und Blätter beigesteuert und sogar weiche Magenhaare, die sie sich ausgerupft hatten. Man tat schon ein übriges, wenn Hochzeit war.
Die Haselmausbraut hielt das Haselnußblatt-Taschentuch geballt in der Pfote. Es war feucht von Tränen. Der Haselmaus-

bräutigam saß neben ihr und hielt sie umpfotet. Er küßte sie auf die Schnauze und hinter die Ohren. Die Ohren waren sehr klein. Es war ein schönes Haselmausmädchen. Der Mond schien hell. Die Spinnwebfäden spannen sich silbern von der alten Mauer zum Haselnußgeäst.
Von ferne hörte man den Haselhupfer pfeifen. Die jungen Haselmäuse chassierten graziös aneinander vorbei und trugen dabei den Schwanz über die Pfote gelegt. Es sah sehr zierlich aus. Aber das Haselmausbrautpaar achtete nicht darauf. Es saß in sich versunken da – Pfote in Pfote. Keines piepste ein Wort.
Da geschah etwas Entsetzliches. Der Haselmausbräutigam hatte so intensiv hinter den Ohren geküßt, daß er das Gleichgewicht verlor und rückwärts umkippte. Bei der Liebe verliert man so leicht das Gleichgewicht! Ein schriller, piepsender Schrei – dann verschwand er in der Tiefe. Die Haselmausbraut preßte das Haselnuß-Taschentuch vor die Augen.
»Wo bist du?« piepste sie. »Krabble hoch! Hast du dir am Ende weh getan?«
Unten raschelte es angstvoll.
»Ich bin in eine Grube gefallen«, piepste es gedämpft herauf. »Sie ist ganz glatt. Ich kann nicht mehr hinauf. Lebe wohl!«
Man hörte kleine Pfoten verzweifelt an den Grubenwänden trommeln.
»Gibt es denn gar keinen Aufstieg?« rief die Haselmausbraut fassungslos. »Versuche es nur! Du hast doch erst neulich die grüne Nuß im Preisklettern errungen!«
Das Trommeln verstummte.
»Die Grube verbreitert sich nach unten. Es muß eine Art Falle sein. Es ist aussichtslos. Vergiß mich nicht! Lebe ewig wohl! Ich muß hier sterben. Es ist furchtbar. Wirf mir dein Haselnußblatt-Taschentuch herunter! Ich will mich darin einwickeln, wenn meine Stunde kommt. Oh!« Das Haselnußblatt-Taschentuch flog in die Tiefe.
Dein Haselstrauch ist auch mein Haselstrauch, dachte die Haselmausbraut. Ist dann nicht auch deine Grube meine Grube? Es war ein großer Kampf in einem kleinen Geschöpf.
Es dauerte nicht lange. Da nahm die kleine Haselmaus ihr Herz fest in beide Pfoten und sprang in die Grube nach.
Nun saßen beide Haselmäuse in der Grube und schluchzten beide in das Haselnußblatt-Taschentuch.

Als das Blatt ganz naß war und es keinen Zweck mehr hatte, zu weinen, hörten sie beide auf und sahen sich um im Gefängnis ihres gemeinsamen Todes. Da sahen sie einen großen Zweig, der sich quer in die Grube gelegt hatte, von oben nach unten. Die Haselmausbraut mußte ihn mitgerissen haben beim Sprung in die Tiefe, obgleich er eigentlich viel zu groß war, als daß ihn eine Haselmaus hätte mitreißen können. Er mußte wohl schon vorher gelockert gewesen sein. Aber auch dann war es wunderbar. Man konnte dran hochkrabbeln, wie auf einer Treppe, wenn man eine Haselmaus war. Das taten die beiden Haselmäuse und piepsten voller Dankbarkeit aus ganzer Haselmausseele. Nur das Haselnußblatt-Taschentuch blieb unten liegen – ein nasses Wahrzeichen der Liebe.
Auf leisen Sohlen gingen die beiden in ihre Wohnung aus Blättern, Moos und Magenhaaren.
»Es ist eigentlich ein Wunder«, sagte die Haselmausbraut, »ich kann den Zweig unmöglich allein abgerissen haben. Es ist, als hätten uns unsichtbare Pfoten geholfen.«
Feine Fäden spannen sich herüber von dem alten Gemäuer – Franziskus von Assisi hatte einstmals darin gelebt.

Lups

Herr Lups war ein Spatz. Seine Frau hieß Frau Lups. Denn dem Namen nach richten sich die Frauen nach ihren Männern.
Es war Frühling, und Frau Lups saß auf ihren Eiern. Herr Lups hatte Futter herangeschleppt. Jetzt saß er auf dem Nestrand und blinzelte in die Sonne.
Die Menschen sagen immer, daß Spatzen frech und zänkisch sind, dachte Frau Lups, womit sie natürlich nur die Männchen meinen. Ich kann es von meinem Mann eigentlich nicht finden. Ein fertiger Ehespatz ist er zwar noch nicht, aber er macht sich.
Herrn Lups wurde es langweilig.
»Ich möchte mich auch mal auf die Eier setzen.«
»Nein«, sagte Frau Lups – nicht aus Eigensinn, rein aus pädagogischem Empfinden.
»Piep!« sagte Herr Lups empört, »es sind auch meine Eier.«
»Nein«, sagte Frau Lups – wieder nur aus pädagogischem Empfinden.

Herr Lups schlug erregt mit den Flügeln.
»Ich habe das Recht, auf den Eiern zu sitzen, ich bin der Vater«, schrie er.
»Schlag nicht so mit den Flügeln«, sagte Frau Lups, »es ist unschicklich, wenigstens hier im Nest. Außerdem macht es mich nervös. Ihr Männer müßt immer gleich mit den Flügeln schlagen. Nimm dir ein Beispiel an mir! Ich bin stets ruhig. Gewiß sind es deine Eier. Aber es sind mehr meine Eier als deine Eier. Das habe ich gleich gesagt. Denke dran, daß du verheiratet bist!«
»Daran denke ich unaufhörlich«, sagte Herr Lups. »Aber du hast es vorhin anders gesagt. Das ist unlogisch.«
»Stör mich nicht mit deiner Logik«, sagte Frau Lups, »wir sind verheiratet und nicht logisch.«
»So«, machte Herr Lups und klappte arrogant mit dem Schnabel.
»Findest du das etwa nicht????«
Herr Lups hörte auf zu klappen.
»Ja, ja, meine Liebe«, sagte er.
Er macht sich, dachte Frau Lups.
»Ich werde jetzt in den Klub gehen«, sagte Herr Lups und putzte sich die Flügel.
»Du könntest dich auch mal auf die Eier setzen«, sagte Frau Lups vorwurfsvoll, »ich sitze schon den ganzen Vormittag darauf. Glaubst du, daß es ein Vergnügen ist? Dabei sind es deine Eier.«
Herr Lups dachte, die Sonne müsse aufhören zu scheinen. Aber sie schien weiter.
»Mir steht der Schnabel still!« schrie er. »Eben wollte ich auf den Eiern sitzen, da waren es deine Eier. Jetzt will ich in den Klub gehen, da sind es meine Eier. Wessen Eier sind es nun endlich?!«
»Schrei nicht so«, sagte Frau Lups, »natürlich sind es deine Eier. Ich habe es dir doch schon vorhin gesagt.«
Herrn Lups wurde schwindlig.
»Du irrst dich«, sagte er matt.
»Frauen irren sich nie«, sagte Frau Lups.
»Ja, ja, meine Liebe«, sagte Herr Lups und setzte sich auf die Eier, die nicht seine Eier und doch seine Eier waren.
»Männer sind so wenig rücksichtsvoll«, sagte Frau Lups mit

sanftem Tadel, »du hast eben auch die weibliche Hand in deinem Leben zu wenig gefühlt.«
»O doch«, sagte Herr Lups und blickte auf die Krällchen seiner Gemahlin.
Frau Lups horchte aufmerksam an den Eiern.
»Eins piepst sogar schon im Ei«, sagte sie glücklich.
»Dann wird es ein Weibchen«, sagte Herr Lups.
Frau Lups sah ihren Gatten scharf an.
»Gewiß«, sagte sie, »es wird ein Weibchen. Die Intelligenz regt sich am frühesten.«
Herr Lups ärgerte sich sehr und brütete.
»Aber das erste, das herauskommt, wird ein Männchen!« sagte er patzig.
Frau Lups blieb ganz ruhig.
»Das, was zuerst piepst, kommt auch zuerst heraus«, sagte sie, »es wird also ein Weibchen. Im übrigen laß mich jetzt auf die Eier! Es wird kritisch. Das verstehen Frauen besser. Außerdem sind es meine Eier.«
»Ja, ja, meine Liebe«, sagte Herr Lups.
Nach kurzer Zeit kam das Erste aus dem Ei.
Es war ein Männchen.
Herr Lups plusterte sich und zwitscherte schadenfroh.
»Siehst du«, sagte Frau Lups, »ich habe es dir gleich gesagt. Es wird ein Männchen. Aber ihr müßt eben alles besser wissen.«
Herr Lups sperrte den Schnabel so weit auf wie noch nie. Eine Steigerung war anatomisch undenkbar.
Aber er kriegte keinen Ton heraus.
Da klappte er den Schnabel zu.
Endgültig.
Jetzt ist er ganz entwickelt, es wird eine glückliche Ehe, dachte Frau Lups und half den anderen Kleinen behutsam aus der Schale. »Nun mußt du in den Klub gehen, liebes Männchen«, flötete sie, »du mußt dich etwas zerstreuen. Ich bat dich schon so lange darum. Auf dem Rückweg bringst du Futter mit.«
»Ja, ja, meine Liebe«, sagte Herr Lups.
— — —
Herr Lups hielt eine Rede im Klub.
»Wir sind Männer! Taten müssen wir sehen, Taten!!« schrie er und gestikulierte mit den Flügeln.

– – –

Frau Lups wärmte ihre Kleinen im Nest.
»Seinen Namen werdet ihr tragen, alle werdet ihr Lups heißen«, piepste sie zärtlich.
Denn dem Namen nach richten sich die Frauen nach ihren Männern.

Stumme Bitten

Die Schafherde drängte sich aufgeregt zusammen.
Ein altes Schaf erzählte.
»Meine Großmutter hat es selbst gesehen«, sagte es, »es ist etwas Fabelhaftes, Grauenvolles. Man weiß nicht, was es ist. Sie sah auch nicht alles. Sie kam dran vorüber, als sie zur Weide ging. Es war ein Tor, das in einen dunklen Raum führte. Es roch nach Blut am Tor des dunklen Raumes. Zu sehen war nichts. Aber sie hörte den Schrei eines Hammels darin, einen gräßlichen Schrei. Da lief sie zitternd zur Herde zurück.«
Alles schauderte.
»Man weiß nichts Gewisses«, sagte das Schaf, »aber es muß etwas Wahres daran sein. Jedenfalls ist es furchtbar.«
»Deine Großmutter lebt nicht mehr?« fragte ein junger Hammel.
»Ich weiß es nicht«, sagte das Schaf, »es ist schon lange her – da wurde sie abgeholt.«
»Das soll der Anfang sein, man kommt dann nie wieder«, sagten einige.
Der Schäferhund bellte kläffend und trieb die Herde dem anderen Ende der Weide zu.
Da stand der Schäfer und sprach mit einem fremden Mann, der nicht aussah wie ein Hirt. Sie handelten miteinander. Dann ging der fremde Mann mit festen Schritten in die Herde hinein und prüfte die einzelnen Stücke mit kundigen Augen. Es waren nicht die Augen eines Hirten. Jetzt griff seine Hand nach dem jungen Hammel, der vorhin gefragt hatte. Das Tier überlief es kalt. Die Hand fühlte sich anders an als die Hand des Hirten.
Der Hammel bekam eine Leine um den Hals.

»Den nehme ich«, sagte der fremde Mann und zog einen schmutzigen Beutel mit Geld aus der Tasche. Er bezahlte. Das lebendige Leben gehörte ihm. Er hatte es gekauft.
Er ergriff die Leine und zerrte den Hammel von der Weide fort auf die Landstraße. Die Herde sah dem Davongehenden erschrocken und verständnislos nach. Der Hammel wandte den Kopf. Seine Augen suchten die Verwandten und Spielgenossen. Etwas in ihm krampfte sich zusammen – etwas in ihm rief ihm zu, sich loszureißen und zurückzulaufen.
Das ist der Anfang, man wird abgeholt, dachte er. Aber er wehrte sich nicht. Er war hilflos. Was hätte es genützt? »Es braucht ja nicht das Schreckliche zu sein«, tröstete er sich, »es gibt noch andere Weiden. Dahin werde ich vielleicht geführt.«
Es war das Vertrauen, das Tiere haben, die zahm gehalten worden sind.
Jetzt bogen sie um die Ecke. Die Herde war nicht mehr zu sehen. Die Weide verschwand. Nur von ferne hörte man den Schäferhund bellen und die Töne der Hirtenpfeife. Der Wind verwehte sie.
Es war ein weiter Weg. Der fremde Mann ging schnell. Er hatte es eilig.
»Ich bin müde, ich möchte mich etwas erholen«, bat der Hammel.
Es war eine stumme Bitte.
Sie gingen weiter. Es war heiß und staubig.
»Ich bitte um etwas Wasser«, sagte der Hammel.
Es war eine stumme Bitte.
Endlich kamen sie in eine kleine Stadt. Sie gingen durch enge, krumme Straßen, in denen es keine Weiden gab. Diese Hoffnung also hatte sich nicht erfüllt.
Sie hielten vor einem Tore, das in einen dunklen Raum führte. Ein häßlicher Dunst schlug dem Tier entgegen. Der Hammel wandte den Kopf und blökte klagend. Er scheute vor dem Dunst zurück und vor dem dunklen Eingang. Eine Angst wurde in ihm wach, im Unterbewußtsein, eine grenzenlose Angst.
»Ich möchte nach Hause«, sagte der Hammel und sah den fremden Mann an.
Es war eine stumme Bitte. Stumme Bitten werden nicht gehört.

Der Mann schlang die Leine mit einem geschickten Griff um die Hinterbeine des Tieres und zog es vorwärts. Die Schnur schnitt ein.
»Ja, ja, ich komme schon«, sagte der Hammel erschrocken. Die müden steifen Beine beeilten sich.
Es waren nur wenige Augenblicke, aber sie schienen sehr lang. Dann war er in einem dunklen Raum. Es roch erstickend nach Blut und Abfällen – nach Leichen von seinesgleichen.
Man hält es nicht für nötig, das vorher fortzuschaffen. Es ist ja Vieh – Schlachtvieh.
Da packte den Hammel ein hilfloses, lähmendes Entsetzen. Ein Entsetzen, das alle stummen Bitten vorher vergessen ließ. Ein Entsetzen, das ganz allein herrschte.
Der Hammel zitterte am ganzen Körper.
Jetzt kommt das Fabelhafte – das Grauen, dachte er. Und es kam.

– – –

Die Welt ist voll von stummen Bitten, die nicht gehört werden. Es sind Menschen, die sie nicht hören. Es scheint unmöglich, diese stummen Bitten zu zählen. So viele sind es. Aber sie werden alle gezählt. Sie werden gebucht im Buche des Lebens.
Groß und fragend sehen die Augen des Gautama Buddha auf die europäische Kultur.

Auf freiem Felde

Der Schnee lag kalt und weiß auf freiem Felde.
Ein Hase und seine Frau suchten Futter. Die Pfoten froren. Es war ein mühsamer Weg, und der Wind pfiff über die Fläche. Die Ausbeute war kümmerlich. Man mußte erst den Schnee fortkratzen, um etwas Essen zu finden. Die Pfoten wurden so leicht wund dabei. Man mußte sie dazwischen immer wieder ablecken. Auch war die Frau des Hasen leidend. Ein Bein war ihr zerschossen worden. Sie humpelte hilflos und gebrechlich über den Schnee.
»Es ist recht schwer, wenn man so behindert ist«, klagte sie. »Wie wird es erst im Frühling werden! Ich kann mit dem kranken Bein doch keine Kinder warten.«

Der Hase tröstete sie.
»Es wird schon gehen«, sagte er und leckte ihr beruhigend die Ohren. »Du brauchst erst eine Kur an der Quelle. Sie ist so kalkhaltig und hat schon vielen geholfen.«
»Ach, diese schrecklichen Jagden!« seufzte die Häsin. »Wenn sie einen wenigstens gleich töten wollten! Aber jagen darf jeder, und so schießen sie einen krank. Die Menschen sind offenbar immer hungrig, daß sie einen so verfolgen.«
»Das war früher. Früher war es auch ein Kampf gegen wilde Tiere«, sagte der Hase. »Jetzt ist es gefahrlos, und darum ist es ein Vergnügen. Es ist sogar ein vornehmes Vergnügen. So haben es wenigstens die getauft, die sich selbst vornehm nennen. Vermutlich, weil andre sie nicht vornehm nennen würden. Da tun sie es lieber gleich selbst.«
Die Häsin war empört. »Töten ist doch kein Vergnügen! Sogar Wölfe reißen aus Hunger, nicht aus Lust am Töten.«
»Es sind eben keine Wölfe, sondern Menschen – die von sich selbst so getauften vornehmen«, sagte der Hase. »Sie genießen die Natur nur, wenn sie ihr ins brechende Auge sehen. Das ist ihre Freude an der Schöpfung. Aber du wirst durch die Kur wieder ganz gesund werden. Die Quelle ist ein ganz berühmtes Bad.«
»Es ist unfaßlich«, sagte die Häsin und verspeiste nachdenklich etwas vertrocknetes Moos.
»Es gibt bei den vornehmen Leuten noch viel vornehmere Dinge«, fuhr der Hase fort. »Sie zähmen sich die Tiere erst, um sie dann zu Tode zu hetzen. Das ist das Allervornehmste!«
»Aber das ist ja Mittelalter! Wir leben doch in der Neuzeit?« rief die Häsin entrüstet. Sie war historisch sehr gebildet. Die Hasen haben eine lange und traurige Geschichte, die sorgsam überliefert wird.
»Wir sind noch sehr tief im Mittelalter drin«, sagte der Hase bedrückt und kummervoll. »Aber die neue Zeit wird bald kommen. Es stehen starke Geister auf, die das Mittelalter nicht fürchten. Es sind keine armen Hasen, denn sie führen scharfe Waffen. Der Gott der Schöpfung hat sie ihnen gegeben, damit sie den Wehrlosen helfen. Man spricht davon im Wald und auf freiem Felde.«
»Es ist gewiß an der Zeit«, sagte die Häsin seufzend, »aber erst muß ich meine Kur brauchen.«

Oben in der Luft kreisten zwei Raubvögel.
»Du«, sagte der Habicht zu seiner Frau, »da unten ist ein kranker Hase. Den wollen wir fressen. Ich habe Hunger. Der andere ist gesund. Der würde uns entwischen.« Er stieß pfeilschnell auf die Häsin nieder. Der Hase sprang entsetzt hinter ein Gebüsch. Aber der Habicht konnte seine Beute nicht entführen. Ein Schuß traf ihn. Er breitete die Schwingen auseinander. Sein Blut färbte den Schnee.
»Jetzt ist meine Frau gerettet!« jubelte der Hase. »Das ist gewiß einer von den starken Geistern, die helfen kommen.«
Es war kein starker Geist.
Die Häsin richtete sich auf, um fortzueilen. Da traf sie ein Kolbenschlag auf den Kopf. Sie reckte den verstümmelten Körper. Die Augen überzogen sich mit einem matten Schein und erloschen. Der vornehme Mann hatte seine Freude an der Natur.
Im verschneiten Gebüsch saß frierend und jammernd ein kleines Geschöpf mit struppigem Fell.
Hoch in der Luft kreiste ein einsamer Vogel.
Die Blutspuren auf dem Schnee bildeten seltsame Zeichen.
Die Zeit ist sehr nah, wo man sie lesen lernen wird.
Und erlöse uns von dem Übel!

Die leichtsinnige Maus

Es war eine Maus, die war leichtsinnig! Sie tanzte Walzer auf dem Schinken, und wenn sie eine Falle sah, so pfiff sie ein Couplet durch die Zähne. Speck hielt sie für gewöhnlich, mit Kartoffeln spielte sie Kegel, ihre Pfoten wusch sie in Suppe, und ihre Krällchen polierte sie mit Butter. Es war traurig, traurig!
Oft hatte ihre Tante, eine geborene Feldmaus, die ihr Leben lang von einfacher Rohkost gelebt, sie ermahnt, indem sie kummervoll die Pfoten faltete. »Kind«, sagte sie, »du bist leichtsinnig! Du tanzest auf Nahrhaftem, pfeifst auf Gefährliches, hältst Gutes für gewöhnlich, spielst Kegel mit Bekömmlichem, wäschst deine Pfoten in der flüssigen Grundlage des Familienlebens und polierst deine Krallen in Delikatessen! Wo bleibt da die Moral? Schlüpfrig sind die Brote, die mit

Butter bestrichen sind, glatt die Wege, auf denen der Speck rutscht. Glaube es mir, der geborenen Feldmaus, es ist besser, mit wenigen Körnern in der Pfote zu leben, als in Bratensoße zu sterben.« Und dann wischte sie sich eine Träne mit der Pfote ab. Es war eine Tantenträne. Auch Mäuse weinen sie.

Die Maus aber, die leichtsinnig war, nahm kokett ihren Schwanz mit der Vorderpfote auf, lächelte und sagte:

»Liebe Tante, geborene Feldmaus, ich piepse auf alles, und ich will noch ganz was anderes tun. Ich will heute nacht auf Samt schlafen!«

Die Mausetante setzte sich bei diesen Worten auf einen scharfen Rettich und barg die Schnauze in den Pfoten. Wie furchtbar ist es, frivole Nichten zu haben, wenn man selbst eine geborene Feldmaus ist!

Die kleine Maus pfiff bedeutsam.

»Tante Feldmaus«, sagte sie, »hast du schon das Neueste in der Speisekammer gesehen?«

Die Tante bekam eine scharfe Entrüstungsfalte an der Nase.

»Wie sollte ich? Ich lebe bescheiden im Garten und Keller und nähre mich von Mohrrüben und Kartoffeln, wie es meine seligen Eltern schon getan haben. Die Speisekammer ist sündhaft. Alles, was gefährlich ist, ist sündhaft. Das ist Moral!

Aber die junge Generation fragt nach Butter und nicht nach Moral! Oh!«

»Butter ist auch besser«, sagte die leichtsinnige Maus frech, »aber in der Speisekammer ist ganz was Besonderes. Ich hab' es gestern zum Souper gespeist – Aspik. Das ist das Letzte der Saison, le dernier cri, wie meine Kusine sagt. Meine Kusine ist in einer Schachtel geboren, wo Paris draufstand. Du weißt doch.«

»Ich weiß«, sagte die Tante Feldmaus, »ein sträflicher Leichtsinn – schon in der Wiege.«

»Aspik ist schön«, sagte die Nichte flötend, »das solltest du essen, Tante Feldmaus.«

»Aspik ist gewiß etwas Unmoralisches!«

»Aspik ist das, was quabbelt.«

»Siehst du!« sagte die Tante Feldmaus.

Wenn die Leute was nicht kapieren, sagen sie »siehst du« und halten es für unmoralisch. Ich weiß das aus eigener Erfahrung.

Die kleine Maus sang ein Couplet, das ich nicht wiedergeben kann, da es von Aspik und lockerer Gesinnung handelte.
»Pfui, die Welt ist verderbt!« sagte die Tante Feldmaus und hustete entrüstet.
Die leichtsinnige Maus aber rief:
»Jetzt schlafe ich auf Samt!« und tanzte die Kellertreppe hinauf. Sie tanzte in einer so unerhörten Weise, daß es sicherlich verboten worden wäre, wenn es sich um eine öffentliche Aufführung gehandelt hätte, denn die leichtsinnige Maus lebte im zwanzigsten Jahrhundert. Das ist bekanntlich ein sehr sittliches Jahrhundert, und man muß sich sehr wundern, daß es überhaupt noch leichtsinnige Mäuse gibt und sie nicht alle schon aus dem letzten Loch pfeifen. Aber wir wollen dem zwanzigsten Jahrhundert vertrauen und das Beste hoffen!
Die leichtsinnige Maus tanzte ins Zimmer und sprang gerade in ein Samtkleid hinein, so daß sie mit den Pfötchen drin versank. Es war ein unsagbar weicher Samt! Samt kann nämlich sehr verschieden sein, wie jeder weiß, der sich etwas damit beschäftigt hat.
»Jetzt werde ich also auf Samt schlafen. Huh, ist das mollig!« sagte die kleine Maus, legte sich auf die rosa Ohren und seufzte behaglich. So seufzt man nur auf Samt. Dabei lächelte die kleine Maus süffisant und dachte an die Tante Feldmaus, die nun im Keller auf einem scharfen Rettich saß und Kartoffeln mit Moral zu sich nahm. Die Maus war eben leichtsinnig! Leider – leider!
Plötzlich packten sie scharfe Krallen und hielten sie fest.
Die Maus erschrak. Nanu, was ist denn das? Samt hat doch keine Krallen, dachte sie.
Sie war eben noch sehr jung und unerfahren. Sonst hätte sie gewußt, daß Samt oft Krallen hat.
Die Krallen ließen auch nach, gleich darauf aber faßten sie wieder fester zu, so daß es schmerzhaft wurde. Zugleich erschienen im Dunkeln zwei feurige Augen, kreisrund und greulich anzusehen.
Es sind Automobillaternen, dachte die Maus, denn sie hatte häufig Sportblätter angeknabbert. Zudem war sie materialistisch und suchte jede Erklärung in Technik und Wissenschaft zu finden. Das tun heute sehr viele, auch dann noch, wenn sie die Katze am Kragen hat. Die Katze bleibt aber trotz aller

Wissenschaft eine Katze, und die Krallen bleiben Krallen, auch im zwanzigsten Jahrhundert.

»Sie, Herr Samt«, sagte die Maus dreist, »Sie haben nicht die geringste technische Berechtigung, sich zu bewegen und Krallen zu haben. Das ist wissenschaftlich unhaltbar. Verstehen Sie! Die letzten Forschungen haben das zur Evidenz bewiesen. Richten Sie sich doch nach der Naturwissenschaft!«

Das Leuchten der Augen wechselte zwischen Grün und Gelb. Es waren keine sympathischen und keine beruhigenden Farbtöne, und der leichtsinnigen Maus wurde bänglich zumute.

Der Samt bekam jetzt eine Stimme. Er sprach laut und deutlich, in mauenden Tönen.

»Nach meiner Lebenserfahrung hat die Natur sich noch nie nach der Naturwissenschaft gerichtet. Wenn ich etwas verschlucke, ist es mir auch gleich, ob es wissenschaftlich erwiesen ist oder nicht. Die Hauptsache ist, daß es gut schmeckt. Aber Sie schmecken sicher nicht gut.« Die Augen kamen näher, und ein gewaltiger Schnurrbart strich tastend über den Körper der entsetzten Maus.

Nun sah sie ein, daß es lebensgefährlich war. In diesem Samt steckte etwas Furchtbares, Ungeahntes, denn er sprach von Verschlucken, und das hieß, daß sie ihm das war, was ihr Aspik war. Wenn man für jemand Aspik ist, dauert es nie lange – dann ist man weg. Das ist wirkliche Naturwissenschaft, aber keine angenehme. Oh, es war furchtbar – furchtbar! Die leichtsinnige kleine Maus faltete die Pfoten und weinte bittere Tränen – keine Tantentränen, sondern Tränen der Angst und Reue, und sie gelobte, sich bis in den Grund ihrer Mauseseele zu bessern, wenn sie den Tatzen dieses mauenden Samts entschlüpfen würde. – Oh, Tante Feldmaus, wie wahr sind deine Worte, und wie verrucht bin ich gewesen und meine Kusine aus der Schachtel, wo Paris draufstand!

»Nein, Sie schmecken nicht gut«, fuhr der Samt fort. »Ich könnte Sie ja totbeißen«, meinte er höflich erklärend, »aber das ist Knabensport. Ich kenne Mäuse zur Genüge. Ich bin Wirkl. Geheimer Mausrat, Exzellenz, und erhaben über Kindereien. Wenn Sie noch eben geboren wären, könnte man Sie ja zur Not schlucken, doch auch nur zur Morgenmilch. Aber so – nein. Ich habe mich von der Welt zurückgezogen und bin moralisch. Also gehen Sie und gehen Sie in sich!«

Die Maus lief, so schnell sie konnte, und preßte die Vorderpfote auf das kleine, klopfende Herz. In der Küche ging sie schon in sich, auf der Kellertreppe noch mehr, und beim scharfen Rettich, wo die Tante saß, war sie schon ganz in sich gegangen. Wenn man in sich geht, bleibt meist nicht viel von einem übrig. So war es auch bei der Maus. »Oh, Tante Feldmaus!« rief sie schluchzend, »ich habe etwas Furchtbares erlebt! Ich habe auf Samt gelegen, der Augen und Krallen hatte und in mauenden Tönen sprach. Der Samt konnte mich verschlucken, aber er hat es nicht getan, weil er eine Exzellenz und moralisch war, und darum bin ich in mich gegangen und werde nun auch moralisch werden!«
Die Tante Feldmaus verstand das alles nicht, aber gerade darum war sie doppelt ergriffen. Sie erhob sich von ihrem scharfen Rettich und umpfotete ihre reuige Nichte in tiefster Rührung. Es war eine Tantenrührung. Auch Mäuse haben sie. Und weil das alles eigentlich Blödsinn war, so sagte sie, es wäre ein Wunder, und gründete einen Verein zur Rettung leichtsinniger Mäuse. Die leichtsinnige Maus aber und ihre Kusine aus der Schachtel, wo Paris draufstand, nahmen den Spinnwebschleier und leisteten das Kartoffelgelübde. Und alles war voll des Lobes über den moralischen Samt, der sich von der Welt zurückgezogen hatte.
Dies war ein Irrtum. Samt ist nie moralisch. Krallen hat er und Augen auch, oft recht schöne Augen. Aber moralisch ist er nicht. Das ist etwas, was ich ganz genau weiß.
Auch der Wirkl. Geheime Mausrat hatten sich nicht so ganz von der Welt zurückgezogen. Exzellenz schlichen gleich darauf auf leisen Sohlen in die Speisekammer, schoben mit geübter Pfote einige Teller beiseite und speisten eine Schüssel voll zarter Krabben mit tiefem und geschultem Verständnis.
Viele ziehen sich in dieser Weise von der Welt zurück und fressen heimlich die zartesten Krabben. Von solchen Leuten stammt dann die Moral im Keller.

Die fünfte, sogenannte feuchte Sinfonie

Auf dem Teich ruderten elf kleine Entchen mit ihrer Entenmama. Zusammen war's also ein Dutzend, ein richtiges Dutzend. Es war eine Familienflotte. Und nicht nur das. Es war eine Flotte der Gefräßigkeit.

»Das Leben besteht aus der Familie und dem Fressen«, sagte die Entenmutter.

»Ja, Mama«, sagten die Kleinen und fraßen den ganzen Tag.

In einer verschwiegenen Ecke des Teiches hatten sich Frösche versammelt.

Es war der philharmonische Chor, der sich zu einer Generalprobe eingefunden hatte. Die fünfte, sogenannte feuchte Sinfonie wurde einstudiert. Die Aufführung des gewaltigen Chorwerkes sollte an einem der nächsten Abende stattfinden.

Zu beiden Seiten des Dirigenten, eines dicken, echauffierten Frosches, hatten der Damenchor und der Herrenchor Aufstellung genommen. In der Mitte war nichts, denn der Dirigent konnte wohl vorzüglich nach beiden Seiten zugleich sehen, aber nicht geradeaus. Seine Augen waren mal so eingerichtet, und man nahm Rücksicht darauf, denn es war ein sehr berühmter Dirigent. Das Wasser klatschte nur so, wenn er dirigierte. So berühmt war er.

Die fünfte, sogenannte feuchte Sinfonie begann.

Der Dirigent klopfte mit dem grünen Finger auf ein Blatt.

»Zuerst das Andante«, sagte er. »Die Damen und Herren singen gemeinsam. Bitte piano, pianissimo. Mit halber Kehlblase.«

»Die Rosen ruhen im Wasser.
Quabblig wird mein Sinn.
Mein Bräutigam, mein nasser,
Quakt vor sich hin.«

»Sehr gut«, sagte der Dirigent, »nur ›quabblig‹ bitte ganz amoroso. Bedenken Sie, daß es sich um eine mädchenhafte Regung handelt! Nun das Scherzo. Ich bitte die Damen, mit den Füßen leise im Wasser zu klatschen, staccato in lappigen Lauten. Die Damen singen allein. Die Herren bitte ich dringend, unterdessen keine Fliegen zu fangen. Die schnappenden Töne stören in einer Sinfonie ganz ungemein.«

»Nun plätschert er, nun kreucht er,
Nun hupft er auf den Sand.
Mein Bräutigam, mein feuchter,
Winkt mit grüner Hand.«

»Bitte, ›winkt mit grüner Hand‹ etwas neckischer«, sagte der Dirigent. »Er spritzt mit der grünen Hand beim Winken. Es ist gleichsam symbolisch, die ersten Tropfen, verstehen Sie. Nun die Herren allein das Allegro. Ich bitte die Damen, unterdessen keine Fliegen zu fangen. Die Herren bitte ich, sich crescendo aufzublasen.«

»Nun wird er kühn und kühner.
Dahin ist meine Ruh.
Mein Bräutigam, mein grüner,
Krabbelt auf mich zu.«

»Sehr gut«, sagte der Dirigent, »nur ›krabbelt auf mich zu‹ etwas mehr passionato. Nun, bitte, die Damen und Herren zusammen das Finale. Forte, fortissimo. Mit vollen Kehlblasen.«

»Die Rosen schwanken im Wasser.
Die Augen quellen so groß.
Mein Bräutigam, mein nasser,
Quakt in meinem Schoß!«

Mit mörderischem Geschnatter fuhr die Flotte der Gefräßigkeit mitten in das Finale der fünften, sogenannten feuchten Sinfonie. Sie schnappten voll Appetit nach den Beinen der Philharmoniker.
»Familie und Fressen!« rief die Entenmutter triumphierend.
»Ja, Mama«, schrien die Kleinen und durchstöberten das ganze Schilf.
Aber sie fanden nichts mehr. Die Philharmoniker hatten sich gerettet. Sie saßen tief aufatmend an einer sicheren Stelle und schluckten Fliegen.
»Es ist ein wahres Glück«, sagte der Dirigent, »daß die Flotten der Gefräßigkeit stets vorher ein so mörderisches Geschnatter erheben. Da kann man sich vorsehen. Sie würden sonst alle Philharmoniker einfach auffressen, und wo bliebe dann die fünfte, sogenannte feuchte Sinfonie?!«

Der Mann mit dem schwarzen Gesicht

Der Mann mit dem schwarzen Gesicht ist Boxer. Ich bin sehr befreundet mit ihm, und so beschloß ich eines Tages, ihn zu interviewen. Man kann doch allerlei dabei lernen, dachte ich, ein Einblick in die Verschiedenheit der Natur ist immer wertvoll, und vielleicht gibt der Mann mit dem schwarzen Gesicht mir interessante Streiflichter aus der Hundeperspektive – aus der wirklichen natürlich, nicht aus der, welche die Menschen darunter verstehen.

Der Mann mit dem schwarzen Gesicht benagte gerade einen respektablen Knochen, den er in den Küchenräumen eingefordert hatte. Es ist das so, als ob wir nach Tisch eine Zigarre rauchen.

»Hol dir auch einen Knochen aus der Küche!« sagte er gönnerhaft. Wir duzen uns nämlich.

Ich wehrte dankend ab. »Ich wollte dich heute einiges fragen. Ich schreibe ein Buch. Da brauch' ich deine Ansichten. Über die Menschen, zum Beispiel.«

Der Knochen splitterte.

»Über die nackten Zweibeiner also. Das ist ein sehr knorpeliges Thema.«

Er knurrte leise.

Ich war einigermaßen verblüfft. »Wie meintest du? Nackte Zweibeiner? Ich meinte über uns.«

»Ja, so heißt ihr«, sagte der Mann mit dem schwarzen Gesicht ruhig, »die Bezeichnung ist sehr treffend. Findest du nicht auch?«

Ich fand es also auch.

»Darüber gebe ich eigentlich nicht gerne Auskunft«, sagte er, »das Thema ist wie ein Stück Fleisch. Auf einer Stelle gut, auf der anderen kann man sich die Zähne dran zerbeißen, so sehnig ist es.«

»Aber etwas könntest du mir doch sagen. Nur einige allgemeine Gesichtspunkte. Man hat doch über sich selbst nicht das Urteil.«

Der Mann mit dem schwarzen Gesicht begann den Knochen von der anderen Seite.

»Schön«, sagte er wohlwollend. »Aber mehr als das bißchen, das wir so als junge Hunde lernen, kann ich dir nicht sagen.

Das geht nicht. Auch kann ich mich nur ganz objektiv äußern – und auch nur in der Form der Unterhaltung. Weißt du, ich halte gerade Nachmittagsruhe.« Er wies mit der Pfote auf den Knochen.
»Natürlich. Es ist nur ein Interview. Bloß so. Laß dich ja nicht stören! Also was lernt ihr – pädagogisch betrachtet – als junge Hunde über die nackten Zweibeiner?«
»Nur das Nötigste. Das andere ergibt sich von selbst und ist auch zu verschieden. In erster Linie ist der Wert der nackten Zweibeiner ein rein wirtschaftlicher. Je näher der Küche, desto besser. Ausnahmen gibt es natürlich. Naturwissenschaftlich wäre folgendes zu sagen: Die nackten Zweibeiner haben in der Urzeit offenbar eine Art Räude gehabt; denn sie haben alles Fell verloren bis auf die geringe und geradezu albern wirkende Behaarung auf dem Kopf. Beim weiblichen Geschlecht ist diese stärker, dafür setzen die männlichen nackten Zweibeiner in der Schnauzengegend einige Haare an, die sie sehr pflegen, obwohl das keinen Sinn hat. Von einem eigentlichen Fell kann man nicht sprechen. Ihr Gang ist sehr merkwürdig und ähnelt dem eines Storches. Sie stellen sich auf die Hinterbeine und gehen mit gravitätischen Schritten von grotesker Komik verhältnismäßig langsam vorwärts, während sie die Vorderpfoten hängenlassen oder in der Luft schlenkern. Das alles sieht, besonders von weitem und wenn sie in größeren Mengen herumspazieren, sehr sonderbar aus. Dazwischen verneigen sie sich und nicken mit den Köpfen oder sie stoßen ein merkwürdiges Lachen aus, das dem Wiehern eines jungen Pferdes sehr nahekommt. Aber ich möchte nicht taktlos sein. Am Ende kränkt es dich?«
»Oh, gar nicht, ich habe ja selbst darum gebeten.«
Im stillen war ich wohl etwas gedrückt.
Der Mann mit dem schwarzen Gesicht hatte meine Stimmung bemerkt.
»Die nackten Zweibeiner«, lenkte er gutmütig ein, »würden ja gar nicht so unsagbar komisch wirken, wenn sie sich nicht so wichtig vorkämen. Sie laufen mit einem Gesicht herum, als röchen sie alles. Dabei haben sie eine miserable Nase und finden beinahe nie eine Spur, nicht mal die allereinfachste.«
»Ja, mit dem wichtigen Ausdruck hast du recht«, sagte ich seufzend und dachte an sehr viele Leute dabei. »Das andere

ist mir allerdings etwas neu und überraschend. Du verstehst.«

Er sah diskret weg und knabberte an seinem Knochen.

»Die nackten Zweibeiner«, fuhr er fort, »haben also kein Fell bis auf die wenigen Haare, die zudem bei älteren Exemplaren ausfallen oder grau werden. Die Jungen – selten mehr als eins – kommen ebenfalls nackt zur Welt und sind sehr lange unbeholfen. Um nicht zu frieren, hüllen sich die nackten Zweibeiner in Lappen von verschiedenen Farben. Es sieht sehr häßlich aus; aber die hilflosen Geschöpfe können schließlich nicht anders, sie kämen ja um vor Frost.«

Ich schwieg dazu. Ich hatte keine Lust, ihn über unsere sittlichen Grundsätze aufzuklären, die den Körper für etwas Unanständiges halten.

»Das Gesicht und die Vorderpfoten bleiben frei«, erklärte der Mann mit dem schwarzen Gesicht weiter. »Nur wenn die nackten Zweibeiner große Versammlungen haben und sich verneigen und mit dem Kopf nicken, dann verdecken sie meist auch die Vorderpfoten. Warum, weiß ich nicht.«

Ich wußte es auch nicht.

»Ihre Zähne sind schwach, obwohl sie viel und gerne fressen. Aber eine richtige Beißerei habe ich nie gesehen. Im Gegenteil, oft habe ich bemerkt, daß, wenn zwei nackte Zweibeiner besonders wütend aufeinander waren, sie sich doppelt so oft voreinander verneigten und sich allerlei Angenehmes sagten. Die Vorderpfoten sind ungemein entwickelt, und sie sind äußerst geschickt damit, wie die Affen, mit denen sie überhaupt die meiste Ähnlichkeit haben. Der Schwanz fehlt bei allen Exemplaren; daher können sie nicht wedeln. Sie zeigen die Zähne, wenn sie vergnügt sind. Auch reißen sie sich gegenseitig an den Vorderpfoten, wenn sie sich begrüßen und verabschieden. Flöhen können sie nicht. Kannst du flöhen?«

»Nein«, sagte ich verlegen, »leider nicht. Ich hatte keine Gelegenheit dazu.«

Der Mann mit dem schwarzen Gesicht schluckte mißbilligend.

»Auch in anderen Dingen sind die nackten Zweibeiner recht sonderbar«, fuhr er fort, »weiße glatte Gesichter zum Beispiel halten sie für schön. Was würden wir sagen, wenn die Boxerdamen nicht den samtnen schwarzen Teint hätten und die vielen pikanten Falten? Ganz merkwürdig ist auch die Vorliebe der nackten Zweibeiner für ein gewisses schmutziges Metall. Sie laufen den ganzen Tag herum und arbeiten, um es zu bekommen. Auch geben sie es ungern wieder her. Wenn man das schmutzige Metall hat, kriegt man die schönsten Dinge, und wer am meisten davon hat, vor dem wedeln alle anderen – wenn man von Wedeln sprechen kann bei dieser trüben Schwanzlosigkeit.«

Der Mann mit dem schwarzen Gesicht hatte seinen Knochen beendet. »Mehr kann ich dir nicht sagen. Ich weiß noch eine ganze Menge; aber das geht über das hinaus, was ich sagen darf. Das sind persönliche Dinge, über die ich nachgedacht habe, und ich bin Philosoph. Philosophen sagen nie alles. Schon damit ihnen kein Maulkorb umgebunden wird.«

»Das ist bei uns auch so«, sagte ich.

»Siehst du. Das bißchen kannst du aber ruhig erzählen. Es ist nur Junge-Hunde-Weisheit. Viele werden auch das nicht verstehen.«

»Davon bin ich überzeugt«, sagte ich.

»Im übrigen«, schloß er, »laß die Ohren nicht hängen, wenn du auch nur ein nackter Zweibeiner bist! Seele können alle haben, nackte Zweibeiner und befellte Vierbeiner. Auf Wiedersehen!«

Der Mann mit dem schwarzen Gesicht gab Pfote.

Ich verabschiedete mich. Mir war hundsmiserabel.

»Du möchtest also jedenfalls kein nackter Zweibeiner sein?«

Der Mann mit dem schwarzen Gesicht fletschte die Zähne: »Rrrrrrrrrrr!«

Das Faultier

Das Faultier hing an einem Ast und duselte vor sich hin.

»A-i«, sagte das Faultier und seufzte.

Es seufzte herzbeweglich. Seufzen hielt es für schlafbefördernd.

Unten am Stamme des Baumes saß ein kleines Pinseläffchen und las in einem Buch. Das Buch war auf Baumrinde geschrieben und in Lianengeflecht gebunden. Den Entwurf dazu hatte eine Giftspinne gezeichnet – eigenbeinig. Darum war der Ein-

band giftgrün geworden. Das Buch hieß: »Wie werde ich energisch?« Solches hatte das Äffchen sehr nötig. Denn Pinseläffchen sind zarte und schüchterne Geschöpfe.
Das Faultier seufzte herzbeweglich.
»Was fehlt Ihnen denn eigentlich?« fragte das Äffchen teilnehmend und guckte nach oben. »Ist Ihnen nicht wohl?«
»A-i«, sagte das Faultier und seufzte.
»Sie sind gewiß krank«, sagte das Äffchen und kletterte hilfsbereit nach oben.
Das Faultier rührte sich nicht.
»Ich bin hungrig«, sagte es und seufzte.
»Aber dicht über Ihnen hängen ja die schönsten Früchte und Blätter«, sagte das Äffchen erstaunt.
Das Faultier blinzelte nach oben.
»Ich bin zu faul«, sagte es und seufzte.
»Sie müssen das Buch lesen ›Wie werde ich energisch?‹«, sagte das Äffchen eifrig und zeigte auf den giftgrünen Einband. »Eine Tante von mir hat das Buch gelesen und ist so energisch geworden, daß kein Affe mehr mit ihr leben kann. Meine Tante fletscht die Zähne und schmeißt mit Steinen. So energisch ist sie geworden.«
»Daß ich ein Buch lese, ist vollständig ausgeschlossen«, sagte das Faultier.
»Ja, was machen wir denn da?« sagte das Äffchen ratlos. »Sie können doch nicht einfach verhungern vor den reifen Früchten!«
»A-i«, sagte das Faultier und seufzte.
Das Pinseläffchen hatte ein sehr weiches Herz. Es konnte das Seufzen nicht mehr anhören. Es nahm ein Bündel Blätter und stopfte es dem Faultier ins Maul. Das Faultier kaute schwer und mühsam, mit geschlossenen Augen. Das Äffchen stopfte und half mit den Füßen nach.
»So geht es aber nicht weiter«, sagte das Pinseläffchen nach dem eingestopften Diner. »Sie müssen energisch werden. Ich werde Ihnen das Buch ›Wie werde ich energisch?‹ vorlesen, da Sie schon zu faul sind, es selbst zu lesen. Aber Sie müssen aufmerksam zuhören.«
Daß ich zuhöre, wenn ein Buch vorgelesen wird, ist vollständig ausgeschlossen, dachte das Faultier. Es sagte das aber nicht mehr. Es war zu faul dazu.

Das Äffchen setzte sich neben das Faultier und nahm den giftgrünen Einband zur Hand. Es las das ganze Buch mit lauter Stimme von Anfang bis zu Ende.
»Sind Sie nun energisch geworden?« fragte das Äffchen und sah das Faultier erwartungsvoll an.
Das Faultier rührte sich nicht. Es war eingeschlafen.
Da nahm das zarte Pinseläffchen das Buch »Wie werde ich energisch?« und warf es dem Faultier wütend an den Kopf. So energisch war es geworden – beinahe wie seine Tante, die mit Steinen schmiß und die Zähne fletschte.
»A-i«, sagte das Faultier und seufzte.
– – –
Man sagt, daß die Faultiere aussterben. Das glaube ich nicht. Wenn sie aber wirklich aussterben, so sind sie der beste Beweis für die Seelenwanderung.

Unter uns Ungeziefer

Eine dicke Wanze, Frau Oberbettrat Krabbelbein, geborene Saugesanft, hatte zu einem Rout in ihre Villa, eine alte Matratze, eingeladen. Aber nur Ungeziefer im allerstrengsten Sinn des Wortes. Man wollte ganz unter sich sein. Keiner, der nicht matratzenfähig war, sollte zugelassen werden. Die Kammerwanze hatte strengste Weisung. Frau Oberbettrat Krabbelbein hielt auf Standesgefühl. Außerdem sollte der Rout einen politischen Charakter tragen. Es sollte eine Resolution gefaßt werden. Das mußte streng intern bleiben. Deshalb war auch ihre Villa der richtige Ort. Denn wo kann es interner sein als in einer alten Matratze?
Zuerst kamen die Wanzen, die zur engeren Familie gehörten. Einige alte Onkel und Tanten mit durch und durch verwanzten Grundsätzen und vornehm glänzenden Rückenschalen. Sie krochen langsam und würdig und dufteten intensiv nach peau de punaises – mit einem Wort, alte Familie. Auch setzten sie die Füße noch in den altmodischen zierlichen Pas, wie sie es in der ersten Krabbelstunde gelernt hatten. Denn die Wanze ist konservativ. Daher bleibt sie auch, solange sie irgend kann, in der alten Matratze – wenn nicht ausgeklopft wird.

Nach verbindlichem Bewegen der Fühlhörner gruppierte man sich um die Dame des Hauses.
Gleich darauf kam auch die Jugend. Einige Flöhe aus den allerbesten Kreisen. Darunter der Champion im Hochsprung und der Champion im Weitsprung. Überhaupt Sportsleute, jeunesse dorée. Der Führer der Gesellschaft war ein elegant gebauter, vielgereister Floh mit lässigen Beinbewegungen. Sein Wahlspruch war: »Toujours en dessous«, und man sagte ihm nach, er sei frivol und blasiert. Aber da er sein Ungezieferblut nie verleugnet hatte, so sah man ihm das nach und entschuldigte es mit den weiten Reisen, die ja bekanntlich das Gemüt verderben und es leicht von der alten angestammten Matratze ablenken zu Dessous und ähnlichen unsoliden Gegenständen.
Auch Läuse kamen, Kopfläuse. Sie hatten ihre Handarbeit mitgebracht, einige Haare, an denen sie emsig häkelten. Läuse sind so tätig.
Alles kroch an der Dame des Hauses vorbei, die ihr rechtes Fühlhorn graziös zum Kuß reichte. Es herrschte strenge Matratzenetikette. Es roch förmlich nach Tradition und peau de punaises.
Nachher lagerte man sich zwanglos. Man war ja unter sich. Nur die Schaben durften an dem Defiliergekrieche nicht teilnehmen und auch das Fühlhorn von Frau Oberbettrat Krabbelbein nicht küssen. Sie galten als Küchenpersonal, und so was hat unter lauter echtem Ungeziefer abseits zu stehen. Es ist nicht standesgemäß. So saßen die Küchenschaben bescheiden am Ende der Matratze. Hinter ihnen, als noch minderwertiger, waren die Bücherläuse postiert, die grau und unscheinbar aussahen.
Frau Oberbettrat Krabbelbein faltete die Fühler und sagte: »Liebe Gesinnungsgenossen! Ich heiße Sie alle von ganzem Wanzenherzen mit beiden Fühlern willkommen. Ein ernster Zweck hat uns vereint. So laßt uns beginnen! Baron Plattmagen hat das Wort.«
Baron Plattmagen, ein schon altersbrauner Wanzerich, erhob sich. »Meine Damen und Herren, sowie auch Küchenschaben und Bücherläuse« – er trennte die Anrede –, »unsere hochverehrte Frau Oberbettrat Krabbelbein hat recht gesprochen. Es ist ein ernster Zweck, der uns hergeführt hat. Unsere vital-

sten Interessen stehn auf dem Spiel. Der ehrwürdige Boden, auf dem wir fußen, beginnt zu wanken. Es ist eine schlimme Zeit. Eine Zeit, in der alte Matratzen ausgeklopft werden.«
Baron Plattmagen bewegte ergriffen die Beine. Frau Oberbettrat Krabbelbein blickte tränenden Auges auf ein Loch in ihrer Villa. Ein beifälliges Krabbeln ging durch die ganze Gesellschaft.
»Ich danke Ihnen für Ihre Zustimmung«, sagte Baron Plattmagen, »sie ermutigt mich fortzufahren. Wenn wir unsere Interessen verteidigen, so verteidigen wir eine große Vergangenheit. Was haben wir alles geleistet! Solange man denken kann, haben Wanzen und Flöhe Menschen und Tiere ausgesogen. Wir haben auch sonst unendlich viel für die Kultur geleistet. Ja, wir leisten es noch heute. Sehen Sie um sich! Wo ist der Champion im Hochsprung? Wo ist der Champion im Weitsprung? Unter uns sind sie! Unter den Besten der Unseren. Gehen wir vom Geschichtlichen ab! Welch einen Hausfleiß entwickeln unsere stillen, sanften Verwandten, die Läuse! Sehen wir von der Gesellschaft ab! Selbst die Niederen unter uns, die Küchenschaben, entwickeln Fleiß und Ausdauer, getreu unserem leuchtenden Beispiel! Gehen wir noch tiefer! Betrachten wir die Bücherläuse! Sie zerstören in der Literatur, was sie können. Leider immer noch nicht genug und nicht am richtigen Platze. Sie fressen zu wahllos. Ich will ihrer Tätigkeit unser Wohlwollen nicht vorenthalten. Aber von durchgreifendem Nutzen kann sie nur sein unter unserer Leitung, wenn sie streng in unserem Sinne, durchaus ungeziefergemäß ausgeübt wird.«
Die Bücherläuse schwiegen bedrückt und sahen ergeben auf Baron Plattmagen. Sie hatten wirklich getan, was sie konnten. Ihnen war schon ganz wüst im Kopf vom vielen Bücherzerfressen, und zum Verdauen war überhaupt keine Zeit mehr.
»Richten Sie Ihr Augenmerk vor allem auf die Tagespresse!« rief Baron Plattmagen. »Hier liegt die Gefahr. In Büchern ist Kunst und solch ein Kram dabei, darum liest das kein Mensch. Aber die Zeitung liest jeder, weil er wissen will, was er denken soll. Die Presse ist unser ärgster Feind. Jeden Tag stehen die aufreizendsten Annoncen in der Zeitung, wie man Ungeziefer vertilgen kann. Das muß das Publikum verderben. Fressen Sie die Presse, wenn Ihnen unsere Interessen heilig

sind und wenn Sie würdig bleiben wollen, in den Reihen des Ungeziefers zu stehen! Wir alle aber, meine verehrten Damen und Herren sowie auch Küchenschaben und Bücherläuse, wir wollen uns wenden gegen diese verwerfliche Hetze und abscheuliche« – der Redner stockte –, »diese abscheuliche – es steht im Konversationslexikon unter I . . .«
»Intelligenz«, warf eine Bücherlaus hilfreich und bescheiden ein.
»Ach was, halten Sie die Beißzange!« schrie Baron Plattmagen echauffiert, »abscheuliche Infamie, wollte ich sagen.«
»Unter uns Ungeziefer ist das doch ganz egal«, meinte der elegante Floh mit dem Wahlspruch »Toujours en dessous«.
Man überging es taktvoll. Man wußte ja, er war frivol. Das kam von den weiten Reisen, wo das Gemüt verdorben wird.
Baron Plattmagen erhob beide Fühler.
»So fassen wir denn«, rief er, »so fassen wir denn alles zusammen, was uns teuer ist. So fassen wir denn eine Resolution und fassen wir sie zusammen in die Worte: Schützet eure alten Matratzen!«
Nicht enden wollendes Bravorufen und Beineklatschen folgte dem Schluß der Rede. Schützet eure alten Matratzen!
Man fühlte, daß in diesen Worten wirklich alles erschöpft war, was dem Ungeziefer heilig ist.
– – –
Der Rout von Frau Oberbettrat Krabbelbein, geborener Saugesanft, war zu Ende.
Es juckt einen förmlich.

Der Pilger mit dem schleppenden Hinterbein

Ein kleiner Käfer krabbelte mühsam auf steinigem Weg. Es waren viele Hindernisse auf seiner Straße. Strohhalme und sonstige schwer zu bewältigende Gegenstände. Es war recht anstrengend. Fliegen konnte er nicht. Es war ein Krabbelkäfer. Zudem war sein linkes Hinterbein verkümmert – schon von Geburt an. Er schleppte es nach. Es war ein trauriger Fall. Aber er pilgerte tapfer weiter. Käfer gehen nicht und wandern nicht. Sie pilgern. Das ist ein großer Unterschied.
»Gehen Sie doch aus dem Wege!« schrie eine Hummel, namens

Summser, den Pilger an und brummte böse. »Strolcht so was auf der Straße herum und stört achtbare Damen, die sich auf den Blumenmarkt begeben!«
»Entschuldigen Sie«, sagte der Pilger mit dem schleppenden Hinterbein, »ich muß pilgern, ich bin ein Krüppel.« Er wies mit dem Fühlhorn auf das verkümmerte Hinterbein.
»So, so«, sagte Frau Summser mitleidig, »dann ist es etwas anderes. Das habe ich nicht gesehen. Ich war so eilig. Wenn man heutzutage nicht sehr zeitig an die Blumen kommt, ist alles vergriffen. Die Konkurrenz ist so sehr groß. Aber warum müssen Sie denn pilgern? Wäre es mit Ihrem Bein nicht besser, zu Hause zu bleiben? Sie müßten heiraten. Dann haben Sie wenigstens Ihre regelmäßigen Mahlzeiten.«
»Nein, ich muß pilgern«, sagte der Pilger mit dem schleppenden Hinterbein. »Ein alter Käfer, den ich meines Leidens wegen konsultierte, sagte mir das. Er sprach von der Religion des heiligen Skarabäus und sagte, ich müsse das Rad des Lebens suchen. Das ist ein sehr alter Glaube und ein großer Trost für arme Krabbelkäfer.«
»Und was hat man davon?« fragte Frau Summser. »Es ist doch gewiß viel vernünftiger, rechtzeitig auf den Markt zu kommen.«
Der kleine Käfer zog das verkrüppelte Bein mit einer zuckenden Bewegung an den Körper, so daß es nicht mehr zu sehen war. »Man kann ein Rosenkäfer werden«, sagte er geheimnisvoll.
»Ist das ein lohnender Beruf?« fragte Frau Summser.
Sie war eine überaus praktische Hausfrau. Ihre Honigtöpfe waren unübertroffen und bekannt im ganzen Umkreis eines Insektenfluges.
»Man glänzt dann wie flüssiges Gold, und man kann fliegen. Man ruht in den Rosen und atmet ihren Duft.«
Frau Summser wurde hierdurch an ihren Markt erinnert. »Jetzt muß ich mich wirklich beeilen«, sagte sie, »die Konkurrenz ist eine zu große heutzutage. Jedenfalls wünsche ich Ihnen alles Gute.«
Der Pilger mit dem schleppenden Hinterbein pilgerte weiter. Über den Weg kam ein Wagen gefahren.
Das ist das Rad des Lebens, dachte der Pilger mit dem schleppenden Hinterbein und hastete darauf zu.

Das Rad ging über ihn hinweg.
Auf dem Wege war nichts als eine formlose Masse.
– – –
– – –
Zur selben Stunde kroch im sonnigen Süden ein kleiner Rosenkäfer aus dem Ei. Ganz zuerst betastete er mit dem Fühlhorn sein linkes Hinterbein. Er wußte selbst nicht, warum er es tat. Das linke Hinterbein war gesund und kräftig und glänzte wie flüssiges Gold. Es war fast noch schöner und glänzender als die anderen Beine.
Die Rosen dufteten.
Das Rad des Lebens ging weiter.

Jeremias Kugelkopf

Jeremias Kugelkopf war ein Seehund. Er war ein friedfertiges Geschöpf. Er war innerlich, wie er äußerlich war: rund, kugelig und ohne Ecken. So war Jeremias Kugelkopf.
Er lebte weit draußen im Weltmeer, und die Wellen des Weltmeeres trugen ihn wie in einer Wiege. Er wußte, daß das Weltmeer sehr wild sein konnte, und er wußte, daß es sehr still sein konnte. Er wußte auch, daß das Weltmeer sehr groß war und das er sehr klein war. Darum war Jeremias Kugelkopf still und bescheiden.
Mittags aß er Fische. Aber damit waren seine Interessen nicht erschöpft.
Jeremias Kugelkopf hatte auch höhere Interessen. Wenn die Glocken läuteten an der Küste von Feuerland, hob er den Kopf aus dem Wasser, klappte die Ohren weit auf und hörte andächtig zu. Dann kamen Tränen aus seinen Augen, tatsächlich Tränen.
Eigentlich wäre es doch sehr schön, ganz an der Küste von Feuerland zu leben, dachte Jeremias Kugelkopf, dann höre ich die Glocken ganz nah und brauche die Ohren nicht so weit aufzuklappen. Es kommt so leicht was hinein. Mit den Ohren muß man sehr vorsichtig sein.
Jeremias Kugelkopf klappte die Ohren sorgsam zu, bürstete den Schnurrbart mit der Flosse und schwamm an die Küste von Feuerland.

Das Abendrot legte sich über das Weltmeer. Es wurde kühl in den Wellen. Jeremias Kugelkopf störte das nicht. Er hatte eine Speckschicht. Seine Garderobe war so eingerichtet. Sie war seetüchtig in jeder Beziehung.
Am Ufer tat Jeremias Kugelkopf einen gewaltigen Satz und schnellte sich hinauf. Dann rutschte er weiter und sah sich mit den großen Augen um, so wie jemand, der Wohnung sucht und gespannt ist, was er finden wird.
Was Jeremias Kugelkopf fand, war sonderbar.
Auf dem Ufer saßen Scharen von Pinguinen. Sie wedelten mit den Flügeln, die wie Talare auf weißen Vorhemden aussahen.
Das sind sehr komische Vögel, dachte Jeremias Kugelkopf, solche Vögel habe ich noch nicht gesehn. Es sind auch so viele und sie sprechen alle durcheinander. Es ist so geräuschvoll. Ich glaube, es ist nichts für mich.
Die sonderbaren Vögel kakelten und verbeugten sich dabei unentwegt. Es sah sehr possierlich aus.
Es scheinen höfliche Leute zu sein, dachte Jeremias Kugelkopf und rutschte näher.
Ein Vogel watschelte auf ihn zu. Er war groß und dick, eine kegelförmige Figur.
»Sie wollen wohl unsere Eier besichtigen?« fragte er verbindlich. »Wir legen sehr viele Eier. Viele Touristen aus dem Weltmeer kommen sie besichtigen. Es ist eine Sehenswürdigkeit. Aber Sie dürfen sie nicht näher untersuchen. Das erlauben wir nicht.«
»Nein«, sagte Jeremias Kugelkopf kleinlaut, »die Eier, die Sie legen, wollte ich eigentlich nicht sehen. Ich wollte die Glocken von Feuerland läuten hören. Die Glocken läuten hier oben doch jeden Abend? Oder habe ich mich geirrt?«
Der dicke Vogel zuckte pikiert mit den verkümmerten Flügeln.
»Natürlich läuten die Glocken«, sagte er ärgerlich, »aber die Hauptsache sind doch die Eier, die wir legen!«
Jeremias Kugelkopf verstand nicht gleich. Er war ein bißchen tranig.
Da läuteten die Glocken von Feuerland, und Jeremias Kugelkopf freute sich.
In demselben Augenblick aber fuhren die sonderbaren Vögel aufeinander los. Sie verneigten sich nicht mehr. Sie wedelten

wütend mit den Talaren, kreischten entsetzlich und zankten sich um die Eier. Man hörte das tiefe Weltmeer nicht mehr ans Ufer branden, und die Glocken von Feuerland erstickten im Geschrei.
Jeremias Kugelkopf klappte voller Schrecken die Ohren zu und sprang mit einem Satz ins tiefe Weltmeer zurück.
Er ruderte ganz verstört mit den Flossen und schwamm weit, weit von der Küste fort.
Auf einer kleinen einsamen Insel ruhte er sich aus.
Bis hierher drang das Geschrei der sonderbaren Vögel nicht mehr um die Eier, die sie gelegt hatten. Aber durch die klare, reine Luft trug der Wind die Glockentöne von Feuerland über das tiefe Weltmeer.
Da war Jeremias Kugelkopf dankbar und froh und blieb immer auf seiner einsamen Insel.
Jeden Abend hörte er die Glocken läuten.
Dann war Jeremias Kugelkopf gerührt und weinte.
Die Tränen fielen ins Weltmeer.

Alräunchen

Alräunchens Geburt

Es war ein trüber Regentag, als Alräunchen geboren wurde.
Es war kein Landregen, von dem man Gutes erhofft. Es war ein nasser kalter Nebel, der alle Farben löscht und alle Konturen verwischt. Es war im Februar und Karnevalszeit, und durch den Nebel huschten Masken.
Alräunchen lag in den Kissen, wimmerte und sah scheußlich aus. Drei Ärzte standen dabei und sprachen lateinisch. Zum Schluß meinten sie einstimmig, das Kind wäre ein »Fall« und für die Lebensfähigkeit könnten sie nicht garantieren.
Die Eltern waren sehr betrübt. Es ist nicht angenehm, einen »Fall« zum Kind zu haben. Kinder sollen hübsch normal sein. Nur tut man meistens nichts dazu im eigenen Leben. Man schließt Ehen standesgemäß und portemonnaiegemäß und nennt das Gottes Willen. Die Natur hat sich danach zu richten. Das tut sie aber nicht. Deshalb ist die Natur auch nicht anständig, und man verhüllt sie, wo es irgend angeht. Das

Verhüllen nennt man Sittlichkeit. Aus dem, was man Gottes Willen nennt, und aus dem, was man Sittlichkeit nennt, baut man das menschliche Leben auf. Es hält auch wunderschön, wenn alles hübsch normal ist. Nur, wenn die unanständige Natur sich meldet, reißt der Damm. Woraus man zu ersehen hat, daß alles schön normal sein soll, daß man die Natur als unanständig auszuschließen hat und alles so zu sein hat, wie es getauft ist.

Alräunchen war also nicht normal, und darum wußte man auch nicht recht, wie man ihn taufen sollte. Ich sage »ihn«, denn Alräunchen war ein Knabe, vorausgesetzt, daß er am Leben blieb, was die Ärzte mit lateinischen Worten lebhaft in Zweifel zogen.

Die Verwandten standen auch herum und trösteten mit der bekannten großen und innigen Verwandtenliebe, die daher kommen soll, daß man denselben Namen trägt, und sagten, es könne doch noch etwas daraus werden. Man könne nie wissen und es hätte schon Fälle gegeben, wo ... Sie erzählten die Fälle.

Es war sehr liebevoll von ihnen; denn im stillen waren sie froh, daß ihnen der »Fall« nicht passiert war.

Schließlich faßte man sich allerseits und gab Alräunchen auch einen Namen. Aber der kommt für uns nicht in Frage. Wir wollen ihn so nennen, wie er den Leuten erschien, als Alräunchen.

Alräunchen ist ein Wechselbalg, ein Wurzelmännchen, das ganz tief in der Erde wurzelt und zum Wechselbalg wird, wenn man die Wurzeln aus der Erde herausreißt.

Dann zogen feinfühlige Verwandte den Vorhang der Wiege rücksichtsvoll zu, und Alräunchen blieb im Dämmerlicht seiner ersten Lebensstunde.

Draußen regnete es, und die Masken huschten durch den Regen. Drinnen war es still. Die Uhr tickte leise, und ein großer Kater schnurrte am Ofen.

Schließlich stand der Kater auf, schlich leise zur Wiege und schob den Vorhang behutsam mit der Pfote beiseite. Sein Schnurrbart sträubte sich tastend nach vorne, und er beäugte und beschnüffelte das Etwas in den Kissen mit genauester Sachkenntnis.

»Nein, das ist kein Mensch«, sagte er anerkennend, »das ist

so etwas von uns, aber doch nicht ganz. Es ist sehr merkwürdig. Ich will mal sehen, was daraus wird.«
Da griff die Kinderhand nach der Pfote des Katers und hielt sie fest.
Das war Alräunchens erste Freundschaft.

Die Ansichten des Nußknackers

»Die Hauptsache im Leben ist, daß man alles zerbeißt und immer sauber zwei Schalen und einen Kern ausspuckt«, sagte der Nußknacker und sah Alräunchen aus seinen wasserblauen Augen herausfordernd an.
Alräunchen war kein Baby mehr, sondern ein kleiner Knabe, und hatte den Nußknacker zu Weihnachten bekommen. Er hatte mitten unter dem Lichterglanz der Tanne gestanden, hatte eine bunte Uniform und einen Zopf gehabt und ausnehmend grimmig ausgesehen. Seine Uniform, der lange Zopf und die Grimmigkeit nahmen seine ganze kleine Person immer völlig in Anspruch.
Alräunchen liebte ihn in seiner Weise, wie alles, was seiner Obhut anvertraut war. Aber die Uniform und der Zopf gefielen ihm nicht, und die hölzerne Würde fand er komisch.
Alräunchen war eben kein normales Kind. Noch immer nicht, wie die Verwandten sagten.
»Jawohl«, sagte der Nußknacker und knackte ordentlich mit der Kinnlade, »immer zerbeißen und ausspucken. Dann weiß man, woran man ist. Du bist natürlich wieder anderer Ansicht«, schloß er vorwurfsvoll.
»Alles kann man nicht zerbeißen«, sagte Alräunchen nachdenklich.
Der Nußknacker griff empört an seinen Zopf.
»Natürlich kann man das«, schrie er, »ich kann es wenigstens und alle, die eine Uniform und einen Zopf haben und solch einen Mund wie ich!«
Alräunchen schüttelte den Kopf. Er dachte an die Nächte, in denen er mit wachen Augen dagelegen und Dinge gesehn hatte, die nicht greifbar waren. Denn Alräunchen sah die Seelen der Dinge und hörte lautlose Stimmen flüstern. Oh, die Kommode hatte neulich so schön aus der Großmutterzeit erzählt und so komische Gesten dazu gemacht mit den zier-

lichen Rokokobeinchen, und der Teekessel hatte immer die große Schnauze auf- und zugeklappt und hatte dazwischengesprochen, bis die Kommode pikiert geschwiegen hatte. Später hatten dann Schatten im Zimmer gesessen, schwache, kaum wahrnehmbare Gestalten mit Kleidern wie aus Spinnweb, und hatten ganz so ausgesehen, wie die Kommode es geschildert hatte. Sie hatten auf die alte Standuhr gezeigt und sich zugenickt ... Oh, soviel hatte Alräunchen gesehen, wenn er es auch noch nicht verstehen konnte.

Es sind traurige Augen, die das sehen. Es sind Alräunchenaugen. Sie sind selten, wie die Alräunchen selten sind. Das ist ein großes Glück; denn wo blieben sonst die Uniformen und die Zöpfe, die normale Sittlichkeit und all das, was die Menschen Gottes Willen nennen – wenn viele mit den traurigen Augen hinter die Dinge sehen würden?

»Nein, alles ist nicht greifbar«, sagte Alräunchen, »es gibt viel, viel mehr als das, was man greifen kann. Das Greifbare ist nur so nebenbei. Es ist nicht das Eigentliche.«

»Das ist Unsinn!« schrie der Nußknacker und wurde noch röter, als er sonst war. »Was nicht greifbar ist, kann man nicht zerbeißen und ausspucken, also ist es gar nicht da. Das ist die einzig wahre Weisheit. Das ist exakt.«

Er spuckte zwei Nußschalen und einen Kern aus, gerade vor Alräunchens Füße. Es war wie ein ausgespuckter Beweis.

Alräunchen schob die Schalen beiseite und aß den Kern auf.

»Was war im Kern?« fragte er.

»Wie soll ich das wissen, wenn du ihn verschluckt hast?« brüllte der Nußknacker wütend, »du bist ein dummer Junge!«

Das war auch ein Beweis und sogar ein sehr üblicher und beliebter. Alräunchen hatte ihn schon oft von anderen gehört, in der Schule und zu Hause, wenn er nach solchen Dingen fragte.

Der Nußknacker sah ein, daß er zu weit gegangen war. Er kriegte so viele Nüsse von Alräunchen und wurde abends immer sorgsam in ein kleines Bett gelegt, in dem er behaglich die hölzernen Beine ausstrecken konnte. Das war nötig. Denn es ist viel ermüdender, auf hölzernen Beinen zu stehen als auf beweglichen.

Er beschloß also, einzulenken.

»Es würde dir überhaupt viel besser gehen«, sagte er, »und du würdest nicht überall anstoßen und dir Beulen holen, wenn du hübsch und hölzern wie ich auf einem Fleck stehenbleiben würdest, statt dich auf allerlei Gebieten herumzutreiben. Man muß immer auf einem Fleck stehen. Dann passiert einem nichts. Man stört niemand und wird nicht gestört, weil alle wissen: auf dem Fleck steht der Nußknacker, da gehe ich nicht hin, sonst trete ich ihn, und er brüllt mich an. Das ist ganz einfach.«
»Wenn ich aber doch drauf trete – auf dich natürlich nicht – aber zum Beispiel überall dahin, wo sonst Nußknacker sind?«
»Das tut niemand, der vernünftig ist. Denn wer vernünftig ist, sitzt auf einem Fleck und rührt sich nicht.«
»Ich tu's aber«, sagte Alräunchen eigensinnig, »was dann?«
»Dann schnappen alle Nußknacker nach dir.«
Alräunchen lachte selig.
»Huh – muß das komisch aussehen!«
»Sei nicht frech, weißt du«, sagte der Nußknacker, »das geht über den Zopf, verstehst du, das ist Revolution.«
Alräunchen wußte nicht, was Revolution war. Er dachte, es könne nicht schlimm sein, wenn es nur an den Zopf geht. Alräunchen war ein Kind und wußte nicht, wie fest die Köpfe an den Zöpfen hängen und daß es oft Blut kostet, wenn die Zöpfe abgeschnitten werden.
»Nein, das ist nichts«, fuhr der Nußknacker fort, »du mußt immer auf dem Fleck bleiben, wo man dich hingestellt hat. Das ist die einzig wahre Weisheit.«
»Ich möchte in die Ferne«, sagte Alräunchen und sah mit den traurigen Alräunchenaugen in die Abenddämmerung.
»Was ist das – Ferne?« sagte der Nußknacker mißbilligend. »Kannst du die Ferne greifen? Nein. Also ist sie nicht da. Nur der Fleck ist da, auf dem du mit den hölzernen Beinen stehst.«
»Ich sehe die Ferne«, sagte Alräunchen, »ich sehe viele, viele Fernen – ich möchte zu allen hin. Es muß schön sein. Ich möchte wissen, was dahinter ist ...«
»Was nützt das?« sagte der Nußknacker, »kannst du das zerbeißen und ausspucken?«
»Nein«, sagte Alräunchen etwas kleinlaut.

Denn die Fernen waren sehr, sehr fern, wie ihm schien. Es mußte ein weiter Weg sein, viel weiter, zum Beispiel, als bis zur Stadt, wo Jahrmarkt war zur Johannisnacht. Da konnte man schon nicht zu Fuß hingehen. Jedenfalls war es nicht glaublich. Aber die Fernen, die lagen noch weiter, viel, viel weiter ...
»Siehst du«, sagte der Nußknacker befriedigt, »bleibe nur immer hübsch auf demselben Fleck! Eine Uniform mußt du auch tragen und einen Zopf, dann siehst du aus wie alle anderen Leute, und keiner tritt dich. Das ist die einzig wahre Weisheit.«
»Aber sind denn alle auf der Welt Nußknacker?« fragte Alräunchen.
»Natürlich. Was denn sonst?« sagte der Nußknacker und stellte sich besonders gewaltig auf die steifen hölzernen Beine. »Natürlich. Wenigstens die Vernünftigen. Die anderen kommen gar nicht in Frage. Das ist ein großes Glück. Man müßte ja sonst immer weiter vorwärtsgehen und würde geschubst werden. Ich danke! Man müßte ja vom Fleck gehen, und der Fleck ist so warm, wenn man immer drauf ist.«
Er spuckte die Nußschalen nur so um sich.
»Ich will aber nicht«, dachte Alräunchen und sah in die Abenddämmerung, bis dahinaus, wo sie sich in unbestimmten Linien verlor – in der Ferne ...

Müffchen

Alräunchen saß beim Kater in der Sonne.
Die beiden hatten sich sehr lieb und waren immer zusammen, wenn der Kater nicht auf Mausefang oder sonst beruflich verhindert war.
Er hatte auch Alräunchen in alle Geheimnisse der Tierwelt eingeweiht, soweit er sie kannte und soweit er diese Kenntnis Alräunchen zu vermitteln für richtig hielt. Denn obwohl Alräunchen ein halbes Tier war, so war er doch auch ein Mensch und entwickelte sich mit menschlicher Langsamkeit. Also mußte das alles mit behutsamer Pfote geschehen, und eine solche hatte der Kater. Er war überaus klug und selbst unter diesen philosophischen Tieren ein Philosoph. Vor allem aber hatte er Alräunchen lieb, und Liebe führt noch sicherer und besser als Philosophie.

»Ich fühle mich fremd hier«, sagte Alräunchen traurig und kraulte den Kater hinter dem Ohr.
Der Kater blinzelte mit zugekniffenen Augen in die Sonne. »Du wirst immer fremd sein«, sagte er mitleidig, »du siehst die Natur anders als die Menschen. Du fühlst dich eins mit ihr. Die Menschen glauben, sie stünden drüber. Sie müssen doch zurück zu ihr. Irgendwo führen alle Mäuselöcher ins Freie, wenn sie noch so kunstvoll und verzweigt sind. Es ist sportsmäßig ausgedrückt, entschuldige! Aber es ist ganz ähnlich.«
Alräunchen sah sehr traurig aus.
»Du mußt dich deswegen nicht grämen«, fuhr der Kater fort und schnurrte beruhigend, »du bist ja kein richtiger Mensch.«
»Was bin ich denn?« fragte Alräunchen.
»Das weiß ich nicht«, sagte der Kater, »wahrscheinlich bist du ein Alräunchen. Ich weiß auch nicht alles. Nur die Menschen denken, daß sie alles wissen.«
»Ich möchte in die Ferne«, sagte Alräunchen, »da würde ich es gewiß erfahren. Aber der Nußknacker sagt, es gäbe gar keine Ferne.«
»Der Nußknacker ist ein Stück Holz«, sagte der Kater.
»Aber er spricht doch und schimpft sogar. Er sagt ›dummer Junge‹. Er zerbeißt Nüsse und spuckt sie aus. Darauf ist er sehr stolz. Er hat eine Uniform«, wandte Alräunchen ein.
»Viele Holzstücke haben Uniform«, sagte der Kater.
Alräunchen gab weitere Details. »Er streckt die Beine, wenn ich ihn ins Bett stopfe. Es knackt dann. Ich habe es deutlich gehört. Ganz gewiß. Er lebt also. Nicht wahr?«
»Was man Leben nennt, ja«, sagte der Kater, »aber es ist eben ein Nußknacker, weiter nichts. Ein Stück Holz, aus dem man eine Figur geschnitzt hat.«
»Der Lehrer in der Schule macht es aber ganz ebenso«, sagte Alräunchen, »er sagt auch: Das gibt's, und das gibt's nicht. Wenn man mehr fragt, sagt er auch: Dummer Junge! Der ist aber doch kein Nußknacker? Er ist auch nicht von Holz.«
Der Kater machte ein arrogantes Gesicht, so arrogant, wie es nur Katzen machen können.
»Man braucht nicht von Holz zu sein, um ein Nußknacker zu sein.«
Alräunchen dachte nach.

Seine traurigen Augen waren weit und sehnsüchtig geöffnet. Er faßte die beiden Vorderpfoten des Katers und sah ihm gerade ins Gesicht.
»Ich habe dich immer sehr lieb gehabt, solange ich denken kann«, sagte er. »Bist du in der Ferne gewesen? Dann sage mir, wie man in die Ferne kommt!«
Da verlor sich das Grasegrün in des Katers Augen. Die kleinen Augenschlitze erweiterten sich, und die Pupillen wurden dunkel und tief, als lägen lauter Rätsel dahinter. Er setzte sich groß und dick vor Alräunchen hin und sagte in feierlich mauendem Ton: »Ich wußte, daß du mich danach fragen würdest. Ich werde es dir sagen. Denn du mußt den Weg in die Ferne gehen, weil deine Augen sie suchen. Man sieht das immer an den Augen – bei meiner Übung natürlich. Bis jetzt durfte ich es dir nicht sagen. Du warst noch nicht reif dazu.«
»Ich bin ja auch jetzt noch ein Kind«, sagte Alräunchen zweifelnd.
»Kinder finden es oft leichter als Erwachsene«, sagte der Kater, »man findet es, wenn man danach sucht. Man ist reif, wenn man danach fragt.«
Ein verklärtes Lächeln ging über Alräunchens Gesicht, das blaß war vom Nachdenken.
»In die Ferne kann ich dich nicht führen, die muß man selber suchen«, fuhr der Kater fort, »nur den Eingang kennen wir. Es ist ein großes Geheimnis. Die Menschen haben es gewußt. Jetzt haben sie es verlernt. Aber früher, weißt du, in den Isistempeln, als sie uns noch heilig hielten und in allen Geschöpfen den Bruder sahen – da, wo die Pyramiden auf dem gelben Sand stehen und die Palmen in der Sonnenglut – es war ein heiliges Land –, da kannten sie das Geheimnis.«
»Von dem Land hast du mir erzählt«, nickte Alräunchen.
»Jetzt wissen es nur wenige. Die Menschen sagen jetzt, sie stünden drüber. Sie sind Nußknacker. Aber ich weiß es. Ich war auch in dem Land – durch den Eingang, verstehst du. Das Land sieht jetzt anders aus. Aber die Spuren sind noch da, welche die bronzenen Menschen in den Wüstensand gruben, die die Katzen liebten und das Geheimnis kannten.«
Alräunchen schauderte zusammen.
»Dann lehre mich das Geheimnis!« bat er und sah in die klugen Tieraugen wie in einen Tempel.

»Du mußt dich nicht so aufregen«, sagte der Kater freundlich, »es ist ganz natürlich. Die Rätsel liegen nicht darin, sondern dahinter. Wir kennen sie nicht. Das ist das Menschliche in dir, das sich so aufregt. Das gibt sich. Die Menschen sind entwöhnt von allem, was Natur ist. Sie haben sich von ihr getrennt und klammern sich an das, was sie selbst ausgedacht haben. Sie hören die Stimme in sich nicht mehr.«
»Ich weiß es«, sagte Alräunchen, »aber bitte, sage mir das Geheimnis!«
»Sei nicht ungeduldig! Wenn du es kennst, brauchst du noch viel mehr Geduld. Du weißt doch, was Müffchen ist?«
»Ja«, sagte Alräunchen etwas enttäuscht, »wenn ihr euch so hinlegt, daß ihr ausseht wie eine Badewanne, und die Pfoten vorn so zusammenlegt, daß es aussieht wie ein Muff. Das ist Katzensitte, das hab' ich von dir gelernt. Aber was soll das? Das sieht niedlich aus. Aber das ist doch kein Geheimnis. Das seh' ich jeden Tag.«
»Alle Geheimnisse sind alltäglich. Man weiß es nur nicht. Das Geheimnis ist Müffchen. Die Menschen im Heiligen Lande nannten es Meditation. Du mußt also Müffchen machen – Müffchen.« Der Kater zeigte die Müffchenstellung, obwohl Alräunchen sie kannte. »Das andere kommt von selbst«, erklärte er.
»Ich kann aber nicht richtig Müffchen machen«, sagte Alräunchen und versuchte es vergeblich.
»Es muß nur so ähnlich sein«, tröstete der Kater, »du brauchst bloß deine Pfoten zu falten, wie du es tust, wenn du abends dein Gebet hersagst.«
»Ja, das kann ich«, sagte Alräunchen, »und das andere kommt dann von selbst? Dann komme ich also in die Ferne?«
»Nur zum Eingang«, belehrte der Kater, »heute abend versuchen wir es beide, wenn du zu Bett gegangen bist. Den Nußknacker mußt du aber in den Schrank einschließen.«
Alräunchen war sehr froh.
»Wohin gehen wir zuerst? Ins Heilige Land mit den Isistempeln?«
»Nein«, sagte der Kater, »ich kann gar keine Verantwortung übernehmen. Erst gehen wir zum Eingang. Das Weitere sagt uns Habakuk.«
»Wer ist Habakuk?«

»Ein Waldkauz, mit dem ich befreundet bin, aber nur müffchenweise.«
»Also gehen wir zu Habakuk«, sagte Alräunchen, »hat er auch solche Laternenaugen wie die Eule im Tierbilderbuch?«
»Ja, die hat er.«
»Ich freue mich so, und ich danke dir«, sagte Alräunchen.
»Du brauchst mir nicht zu danken. Du hast mich lieb gehabt. Auf Wiedersehen am Abend! Ich habe jetzt noch beruflich zu tun.«
Der Kater schlich in eine Hecke, wo er etwas rascheln hörte.
– – –
Es war eine ganz stille Nacht in Alräunchens Schlafzimmer. Nur die Atemzüge eines Tieres und eines Menschenkindes waren hörbar, das kein richtiges Menschenkind war. Beider Atemzüge waren schwach und leise. Es war, als atmeten sie nur wie Pflanzen in nächtlicher Schwüle. Ihre Seelen waren fern.
Der Mond sah mit blassem Gesicht zum Fenster hinein. Er sah, was er schon vor abertausend Jahren gesehn: Meditation – Müffchen . . .

Habakuk

Alräunchen schlief nicht. Aber es war sehr ähnlich, als ob er einschlafen wollte. Ihm war es, als drehe sich ein Rad um ihn, ein großes Rad mit vielen, vielen Speichen. Immer schneller drehte es sich, man konnte schwindlig werden dabei.
Dann stand es still.
Alräunchen war es, als löse sich etwas von ihm los, das frei war, und als bliebe etwas von ihm zurück, das nicht frei war. Aber das, was frei war, war das Eigentliche.
Alräunchen ging auf grünem Waldboden. Er fühlte das weiche Moos deutlich unter seinen Füßen. Die Farnblätter raschelten. Ihre seltsamen Formen regten sich im Winde. Es war dunkel im Walde, und doch war es hell. Es war, als leuchteten alle Gegenstände in sich und hätte jeder sein eigenes Licht. Es war sanft und schwach; aber doch sah man alles deutlicher als im Licht, das von außen auf die Dinge fällt.
Alräunchen sah um sich.
Neben ihm ging der Kater.

Sie kamen an einem Nest vorbei. Kleine Flügel lagen reglos im Schlaf unter den Flügeln der Mutter.
»Jetzt sind wir gleich bei Habakuk«, sagte der Kater und blieb an einem hohlen Baumstamm stehen.
»Ist Habakuk zu Hause?« fragte er eine Kröte, die am Fuße des Baumes saß.
»Jawohl«, sagte die Kröte und kokettierte mit den Augen. Kröten sind voller Warzen, aber sie haben sehr schöne Augen.
»Bitte, melden Sie uns!« sagte der Kater von oben herab. Er hielt nichts von quabbeligen Leuten.
Die Kröte, die sich ihrerseits aus alten Katern nichts machte, kokettierte mit Alräunchen. Dann unkte sie etwas in den hohlen Baumstamm hinein. Es war eine Art Haustelefon; denn gleich darauf erschien Habakuk oben in einem Loch.
Er sah aus wie ein Paket aus Federn, dem man Augen eingesetzt hat. Die Augen glühten.
»Guten Abend«, sagte der Kater, »erlaube, daß ich vorstelle: Alräunchen – Habakuk.« Er machte eine vollendete Pfotenbewegung. Das Paket verbeugte sich.
»Alräunchen möchte in die Ferne«, sagte der Kater, »er will dich fragen, wie man das am besten macht. Du bist so sehr klug.«
Das Paket räusperte sich krächzend.
»Ja, ich möchte in die Ferne«, sagte Alräunchen, »ich will auch gerne weit gehen, wenn ich nur weiß, wohin ich gehen soll.«
Habakuk sah ihn mit seinen großen Augen lange an.
»So weit, wie du willst, bin ich niemals gewesen. So weit, wie du willst, wirst du auch kaum gehen können«, sagte er.
»Nimm's mir nicht übel, lieber Habakuk«, sagte der Kater, »das sind Eulenrufe. Wir glauben auch gar nicht, daß du mit deinen rheumatischen Krallen sehr weit gelaufen bist. Wir wollen Anhaltspunkte, wo man sich einhaken kann. Verstehst du – mau!«
Habakuk warf Alräunchen ein grünes Blatt vor die Füße. »Was ihr wollt, steht auf allen Blättern zu lesen, den grünen und den verwelkten.«
»Ach, bitte, lies es mir vor!« bat Alräunchen.
Habakuk kniff die Augen zusammen.
»Eigentlich vorlesen läßt sich das nicht. Der Weg beginnt bei den Schlafenden, steht drauf.«

»Er beginnt bei den Schlafenden«, wiederholte Alräunchen, »was heißt das?«
»Das weiß ich nicht«, sagte Habakuk, »dann führt er zu den Wachenden, und von den Wachenden führt er in die Ferne.«
»Das verstehe ich nicht«, sagte Alräunchen.
»Glaubst du, daß ich es verstehe?« schrie Habakuk empört. »Sonst wäre es doch kein Geheimnis! Sei froh, daß du das weißt! Was brauchst du mehr zu wissen als eine Eule? So was muß man glauben! Du bist ein dummer Junge!« Das Paket verschwand wütend.
»Siehst du, er sagt dasselbe, was mir immer gesagt wird«, sagte Alräunchen gedrückt.
»Es ist ein unhöflicher Patron«, sagte der Kater, »er meint es nicht so. Er hat Rheumatismus.«
»Nun werde ich niemals die Ferne finden«, sagte Alräunchen traurig.
»Ja, da hilft nun weiter nichts«, tröstete der Kater, »es wird schon irgendwie gehen. Wir müssen eben suchen.«
»Ja, wir wollen suchen«, sagte Alräunchen.
Die Morgendämmerung spann ihre ersten Fäden ins Dunkel. Die Kröte hatte sich verkrochen. Im Vogelnest regten die Kleinen ihre Flügel unter den Flügeln der Mutter.
»Suchet, so werdet ihr finden«, sagte Alräunchen vor sich hin. Er hatte es in der Schule gelernt, aber er hatte es nicht verstanden. Es war wohl auch ein Geheimnis.
Es war sonderbar, daß es ihm nun so plötzlich einfiel. Am Ende war es das Geheimnis, das in die Ferne führte? . . . Hatte er es überhaupt gesagt? Ihm war, als sei es nicht seine eigene Stimme gewesen.
Er blickte sich scheu nach allen Seiten um. Es war niemand da.
Nur der Kater trottete neben ihm durch den Morgentau und hob vorsichtig die Pfoten. Es sah sehr komisch aus, und Alräunchen mußte lachen.
So glitt Alräunchen ins Menschenleben zurück.
Er wachte in seinem Bett auf.
Die Sonne schien ins Zimmer.
Der Kater saß und leckte sich die Pfoten.

Das Rad drehte sich wieder. Dann stand es still.
Alräunchen war ganz klein geworden. Er war mitten in der Erde. Dazu muß man erst ganz klein werden, sonst kann man nicht hinein. Drinnen konnte man ganz schön sehen, obgleich es in der Erde war. Es war ähnlich wie in der Nacht bei Habakuk. Die Dinge leuchteten in sich. Es war, als ob sie aus buntem Glas wären und von innen erleuchtet würden.
Alräunchen stand an einem Stein. Es war ein durchsichtiger Kristall von bläulicher Farbe.
»Mir ist es hier zu tief«, sagte der Kater und schnupperte, »ich möchte an die Oberfläche. Da müßten Feldmäuse sein.«
Sein Schnurrbart sträubte sich.
Alräunchen hörte nicht hin. Er sah etwas, was er noch nie gesehen hatte. Der Stein bewegte sich. Kaum merklich erst. Jetzt ging es schneller. Der Stein wuchs. Er setzte lauter bläuliche durchsichtige Kristalle an. Einer war dem anderen so gleich, als wären sie in eine Form hineingewachsen, die nicht da war. Alräunchen wollte die Form suchen. Aber er fand sie nicht. Die neuen Kristalle regten sich wieder. Es war, als ob sie atmeten. Alräunchen kletterte an ihnen hoch. Der Kater folgte. Es dauerte eine ganze Weile, bis sie oben waren. Sie waren ja jetzt so klein geworden. Dabei war das Ganze nicht größer als der Stein in einem Ring.
Auf den Kristallen lag Erde. Sie war weich und warm. Der Kater scharrte darin mit den Pfoten. Er fand nichts als ein Samenkorn.
»Ich gehe jetzt an die Oberfläche«, sagte er, »die Sache mit dem Stein war ja sehr nett. Aber ich glaube, oben sind Feldmäuse. Ich höre da so leise trommelnde Schritte. Schade, daß ich hier nur in Meditation bin.«
Der Kater verschwand.
Das Trommeln kam aber nicht von oben. Es war hier unten im Samenkorn. Alräunchen hörte es deutlich. Es klopfte leise von innen an die Hülle. Die Hülle spaltete sich, und ein schwaches Flämmchen lohte auf. Alräunchen faßte sich ein Herz und tauchte hinein. Er hatte vollauf Platz darin. Er war ja so klein geworden. Das Flämmchen hatte seltsame Formen. Es war eine ganz richtige Zeichnung darin.

Jetzt krochen feine Wurzeln draus hervor und klammerten sich um den Kristall wie schwächliche Ärmchen. Nun hatten sie ihn eingesponnen und hielten sich daran fest.
Alräunchen freute sich. Er fand es sehr praktisch.
Mit einem Male wurde er emporgezogen. Er saß wie in einer engen Röhre, durch die noch viele tausend kleine Röhren liefen. Es arbeitete unaufhörlich darin wie in einer großen Wasserleitung. Alräunchen fühlte, wie er selbst immer stärker und dicker wurde und wie er immer höher gehoben wurde. Es war sehr schön – so, als ob man ganz tief aufatmet und der Druck um einen immer schwächer wird. Nur zog es so sonderbar in den Gliedern.
Dann war er wieder in lauter feine Tücher eingewickelt, die kühl waren und nach Rosen dufteten. Alräunchen wunderte sich. Aber er konnte keinen klaren Gedanken fassen. Er lebte und lebte doch nicht. Er sah auch nichts mehr. Er fühlte nur, daß er da war und daß es ruhig und erholend war.
Da falteten sich die kühlen feinen Tücher auseinander. Die Sonne schien herein, und Alräunchen rieb sich die Augen.
Ich habe geschlafen und geträumt, dachte er.
Alräunchen lag in einer Rose, die sich schaukelte.
Unten am Stamm saß der Kater und schnurrte.
»Ich habe keine Feldmäuse gefunden«, sagte er. »Ich habe mich wohl versehen. Das, was auf so leisen Sohlen ging, war nicht oben, sondern unten.«
Alräunchen kletterte vorsichtig auf den Boden hinab. »Es war alles sehr merkwürdig«, sagte er. »Wir wollen nach Hause gehen. Aber es war eigentlich ein recht kurzer Spaziergang.«
»Es ist ein sehr weiter Weg«, sagte eine Stimme neben ihm, »er scheint dir nur so kurz, weil du in die Ferne siehst.« Es war dieselbe Stimme, die sprach, als sie von Habakuk gingen in der Dämmerung. War es seine – war es eines anderen Stimme? Alräunchen wußte es nicht.
Da sah er jemand neben sich gehen. Es war ein stiller, ernster Mann mit guten, traurigen Augen, die in die Ferne sahen. Er war sehr einfach gekleidet. Um seinen Kopf war ein Schein von Licht. Alräunchen erschrak gar nicht. Es kam ihm sehr selbstverständlich vor. Er kannte den stillen Begleiter. Er wußte nur nicht, wann er ihn schon gesehen hatte. Einmal vielleicht, als er in die Ferne gesehn ...

»Es war der Gang zu den Schlafenden«, sagte der stille Begleiter freundlich. »Sie schlafen. Aber sie träumen schon.«
Alräunchen nickte und sah zu dem stillen Begleiter auf. Es war sonderbar. Der Mann bewegte die Lippen nicht, wenn er redete. Und doch redete er.
Es war ein Reden in der Stille. Das hatte Alräunchen noch nie gehört. Nun wußte er, daß es das gab.
Er konnte es sich nicht erklären. Aber es beglückte ihn.

Alräunchens Gang zu den Wachenden

Das Rad drehte sich wieder. Dann stand es still.
»Es ist das Rad des Lebens«, sagte der stille Begleiter.
Alräunchen sah ihn vor seinem Bett stehen und freute sich.
»Das ist schön, daß du kommst«, sagte er, »ich will es gleich dem Kater sagen.«
»Den Kater wollen wir heute in Ruhe lassen«, sagte der stille Begleiter und strich dem schlafenden Tier behutsam über das feine Fell. »Heute müssen wir allein gehen. Für deinen Kater ist der Gang zu weit.«
»Es ist gewiß der Gang zu den Wachenden, von denen Habakuk erzählte, bevor er wütend wurde«, sagte Alräunchen und war sehr neugierig. »Für mich wird es auch gewiß nicht zu weit sein«, schloß er eifrig, »denn ich will ja in die Ferne.«
Der stille Begleiter lächelte. Es war ein trauriges Lächeln. »Für dich ist der Weg auch zu weit«, sagte er, »wenigstens heute. Ich werde dich nur zum Anfang führen. Später gehst du ihn allein weiter. Er ist sehr mühsam. Stufe um Stufe. Am Ende ist die Ferne. Komm!«
Er nahm Alräunchen bei der Hand.
»Dann werde ich die Ferne doch noch sehen?« fragte Alräunchen glücklich.
Der stille Begleiter nickte mit dem Kopf. Es war ein Lichtschein um ihn.
»Einmal wirst du sie sehen«, sagte er.
Sie gingen nebeneinander. Es war Wildnis um sie. Es waren Blutspuren in der Wildnis.
Alräunchen freute sich nicht mehr, daß er mitgegangen war.
Ein Raubtier strich an ihnen vorbei. Alräunchen konnte es nicht erkennen. Es war groß und stark und leckte sich hungrig

die Schnauze. Seine Augen flatterten. Es schlich leise auf federnden Sohlen nach Beute. Dann schrie etwas auf, gellend und voller Entsetzen. Das Raubtier heulte siegesfroh im Dickicht.
Alräunchen schauderte und griff nach der Hand dessen, der mit ihm ging.
»Muß das sein?« fragte er angstvoll.
Der stille Begleiter sah zur Seite.
»Es folgt den Blutspuren, die andere vor ihm hinterlassen haben. Es ist eine Stufe. Der Weg, den wir gehen, hat lauter Stufen. Darum ist er so mühsam.«
»Ich glaube, mir ist der Weg zu weit«, sagte Alräunchen kleinlaut.
Der stille Begleiter faßte die Hand des Kindes ganz fest. »Du mußt ihn doch gehen, wenn du in die Ferne willst«, sagte er. »Aber heute führe ich dich nicht mehr weit. Sonst wirst du zu müde. Man darf nicht müde werden, wenn man den Weg geht.«
»Ich will auch nicht müde werden«, versprach Alräunchen tapfer, »denn ich will in die Ferne.«
Die Wildnis lichtete sich. Sie kamen auf einen Weg. Andere Wege kreuzten ihn. Es standen wenig Blumen am Wegrand. Die Gleise in den Wegen aber waren sehr tief. In den Gleisen kroch ein Lastwagen. Die Räder knirschten im Sande. Jetzt stockte die Last. Der Führer trieb die müden Klepper an. Sie keuchten und legten sich von neuem ins Joch. Von der anderen Seite her trieb man eine Kuh zum Schlachthof. Sie brüllte klagend nach ihrem Kalb. Das Kalb hörte sie nicht mehr. Es war weit. Das Schlachthaus stand groß und grau in der dicken Nebelluft.
Alräunchen war müde und weinerlich.
»Ich will nach Hause«, sagte er.
»Sie fahren immer dieselben Gleise«, sagte der stille Begleiter, »sie fahren in den Gleisen, die andere vor ihnen gefahren sind. Die Gleise sind schon zu tief. Es ist eine Stufe.«
Sie gingen weiter. Im Straßengraben saß ein alter Mann. Er hatte einen ganz gekrümmten Rücken. Man sah es deutlich, denn er hatte den Kasten abgenommen, den er sonst auf dem krummen Rücken schleppte. Es war Tand im Kasten. Der alte Mann handelte damit. Er zählte das Geld nach, das er ein-

genommen hatte. Es war wenig. Aber heute konnte er nicht mehr weiter mit dem Kasten. Es war zu schwer. Der Mann beugte den Rücken noch mehr und hustete. So wie alte Leute husten – schleppend und qualvoll.
»Es sind so wenig Blumen am Wegrand, wo der alte Mann sitzt«, sagte Alräunchen.
»Es sind mehr Blumen da«, sagte der stille Begleiter freundlich. »Du siehst sie noch nicht. Du wirst sie sehen lernen.«
»Sieht der alte Mann sie auch nicht?«
»Er wird sie bald sehen«, sagte der stille Begleiter.
»Die Wege gehen so durcheinander«, sagte Alräunchen, »ich wüßte nicht, welchen ich gehn sollte. Es war schöner bei den Schlafenden als bei den Wachenden.«
»Sie wachen. Aber sie sehen noch nicht. Darum gehn ihre Wege durcheinander. Es sind Irrwege. Sie drehn sich im Kreise um sich selbst in den alten Gleisen. Die Wege führen alle auf eine große Straße. Wenige finden sie.«
»Es ist auch zu dunkel«, sagte Alräunchen.
»Man muß im Dunkel gehn, um die Sterne zu sehen«, sagte der stille Begleiter.
»Ich will die Straße finden«, sagte Alräunchen.
Der Schein um das Haupt des stillen Begleiters wurde ganz hell und licht.
»Du wirst sie finden«, sagte er, »dies ist nur der Anfang. Weiter mußt du allein gehen.«
Alräunchen wurde es schwindlig.
Das Rad des Lebens drehte sich wirr und wild.

– – –

– – –

Als Alräunchen am Morgen erwachte, war er müde. So müde, wie er noch nie gewesen war.

Ein Ende, das nur ein Anfang ist

Alräunchen war vom Lande in die Stadt gekommen. Er sollte eine höhere Schule besuchen. Es war die Stadt, wo zum Johannisfest Jahrmarkt war. Alräunchen kam es vor, als sei immer Jahrmarkt in der Stadt, bunt und laut und lärmend. Er sehnte sich nach dem Kater.
Eines Tages teilte man ihm mit, daß der Kater gestorben wäre.

Man sagte es schonend und vorsichtig. Man wußte nun schon, daß Alräunchen kein normales Menschenkind war. Alräunchen ging auf sein Zimmer und weinte. Er weinte bitterlich, denn es war der erste große Schmerz seines Lebens, und Alräunchen war ein Kind.

Alräunchen wußte damals noch nicht, daß er immer ein Kind bleiben würde. Sonst hätte er noch viel bitterlicher geweint.

Alräunchen weinte. Der Jahrmarkt des Lebens versank vor ihm, und es war still um ihn wie früher, als er Müffchen machte mit dem Geschöpf, um das er weinte. Es war ganz still. Nur sein Herz schlug hörbar.

»Ich möchte noch einmal meinen Kater sehn«, sagte Alräunchen. Aber er sagte es lautlos. Es war ein Reden in der Stille. Das konnte er nun. Es ist sehr viel, wenn man das kann.

Da stand der stille Begleiter neben ihm und legte ihm die Hand auf die Augen.

Alräunchen war es, als sähe er die ganze Erde umsponnen mit einem Netz von Wegen. Es waren die Irrwege. Er kannte sie deutlich wieder. So viele irrten in dem Netz, es war nicht zu übersehen. Mitten hindurch aber zog sich eine breite Straße, so klar und deutlich, daß man sich sehr wundern mußte, daß niemand sie sah. Es waren nur wenige auf der Straße.

»Das ist die Straße des Erbarmens«, sagte der stille Begleiter, »nun siehst du in die Ferne, weil du durch Tränen gesehen hast.«

Jetzt sah Alräunchen den Kater auf der großen Straße gehen. Er erkannte ihn genau. Nur sein Fell erschien ihm lichter, und es war ein fremder Schein um ihn.

Am Ende der Straße stand eine Brücke. Die war das Schönste, was Alräunchen je gesehn hatte. Aber man konnte nicht erkennen, wohin sie führte. Sie verschwand im Licht.

Alräunchen sah den Kater auf der Brücke. Dann sah er ihn nicht mehr. Das Licht hatte ihn aufgenommen.

Da begriff Alräunchen, was er bisher nur geahnt hatte – die Heiligkeit des Geschöpfes.

Und er wußte, welche Straße er gehen würde. Er wußte auch, daß er sehr, sehr einsam sein würde auf diesem Weg.

Denn die Straße des Erbarmens ist menschenarm.

Alräunchen barg den Kopf in den Händen. Ihm graute vor seinem Leben.

»Du wirst doch nie ganz allein sein«, sagte der stille Begleiter.
Es ist kein Ende.
Es ist nur ein Anfang.
Es ist ein kleiner Anfang.
Aber es ist ein Aufstieg.
In der Ferne des Weges steht die Brücke im Licht.

Ambrosius Dauerspeck und Mariechen Knusperkorn

Der Hamster Ambrosius Dauerspeck war in seinen Bau gerutscht, hatte sorgsam die vollen Backentaschen geleert und die kostbare Getreideladung zu den anderen Vorräten verstaut. Fünf große Speicher hatte er kunstgerecht angelegt und alle fünf bis an den Rand mit Getreide, mit Erbsen und Puffbohnen gefüllt. Es war kaum noch etwas unterzubringen, und mühsam stopfte er mit der Tatze die letzte Beute hinein. Den Rest steckte er unter sein Ruhebett aus weichen Halmen. Es kann einem mal flau werden, dachte er, dann hat man stets eine Kleinigkeit bei der Pfote. Es ist auch gut gegen Schlaflosigkeit, dazwischen etwas zu sich zu nehmen, wenn man im Bett liegt. Dann kroch er nochmals in alle Zugangsröhren seiner Speicher und schnupperte befriedigt in jeden einzelnen hinein.
»Es wird reichen, es wird reichen«, murmelte er und rieb sich die weißen Pfoten, »auch wenn es ein harter Winter wird, ich werde nicht sehr abzunehmen brauchen, ich bin versorgt und werde gut imstande bleiben. Eine schöne Ernte war das dieses Jahr, gar kein Hagel, Regen zur rechten Zeit, Sonne zur rechten Zeit – eine schöne Ernte.«
Ambrosius Dauerspeck hatte recht. Drei Hamster hätten davon satt werden können. Aber er lebte hier allein, Gott sei Dank, ja, ganz allein, und alle Vorräte würde er allein aufessen können.
Er setzte sich auf sein Ruhebett, streckte wohlig die kleinen Glieder und erholte sich ein wenig. Was muß man sich abrackern, um fett zu bleiben, dachte er, wenn die Leute ahnten, wie schwer Fett verdient ist!

Dann begann er eifrig und behutsam den Boden seiner Wohnung mit den Tatzen zu fegen. Es mußte alles sehr sauber sein; denn Ambrosius Dauerspeck war ein ordnungsliebendes Geschöpf.
Plötzlich stutzte er und spitzte die Ohren. Pfiff da nicht jemand draußen, ganz nahe vor dem Bau? Ambrosius Dauerspeck richtete sich auf den Hinterbeinen auf und ließ die Vorderpfoten spaßhaft hängen, eine etwas tiefer als die andere, knurrte tief und hohl und knirschte unsympathisch mit den Zähnen. Solche Störungen konnten ihn unbeschreiblich ärgern. Überhaupt, er ärgerte sich leicht, obwohl er so fett war. Wieder pfiff es, ganz deutlich und in einer ziemlich unverschämten Weise. Ambrosius Dauerspeck schnupperte besorgt in der Luft, lief zum Eingang, fand ihn in Ordnung, lief wieder zurück, kroch die schräge Ausgangsröhre empor und spähte vorsichtig hinaus.
»So eine Frechheit – Mariechen Knusperkorn!« schrie er erbost, »was fällt denn Ihnen ein, meine wirtschaftliche Tätigkeit durch Ihre albernen Gassenhauer zu stören?«
Jenseits des kleinen Baches, auf einem moosbewachsenen Stein, saß die Feldmaus Mariechen Knusperkorn und pfiff.
»Wenn nicht der dumme Bach zwischen uns wäre«, sagte Ambrosius Dauerspeck giftig, »dann würden Sie nicht einen Augenblick mehr zu leben haben. Aber mich ekelt's vor dem Wasser, und meine weißen Handschuhe tun mir leid.«
»Das weiß ich, ach, das weiß ich«, sagte Mariechen Knusperkorn und verbeugte sich mehrfach, »wenn der Bach nicht wäre – es ist ein tiefer Bach, lieber Herr Dauerspeck, ein sehr tiefer Bach – nie hätte ich sonst gewagt, mich so nahe vor die Nase Euer Gnaden zu setzen. Ach, ich arme Maus! Alles verfolgt mich, und man will doch auch leben – ach, ich arme Maus!« klagte sie und wischte sich ein paar Tränen aus den Augen mit dem Schnauzentuch aus einem Wegerichblatt.
»Das ist kein Grund zum Heulen«, schrie Ambrosius Dauerspeck, »ich habe noch ganz andere Sorgen. Warum setzen Sie sich hierher und pfeifen frivole Melodien? Arbeiten Sie lieber!«
»Frivole Melodien?« jammerte die Maus, »mir ist nicht nach frivolen Melodien zumute, ich kenne auch gar keine, nur einige alte trostreiche Lieder für diese kummervolle Zeit. Ich

pfeife bloß aus Hunger, lieber Herr Dauerspeck, aus reinem Hunger – ach, ich arme Maus, ich arme Maus!« Das Schnauzentuch trat erneut in Tätigkeit. Die will noch betteln, dachte Ambrosius Dauerspeck und zog sich unwillkürlich etwas zurück. »Ja, ja, wer hat heute nicht zu klagen? Schlechte Zeiten, schlechte Zeiten«, murmelte er und kratzte sich sorgenvoll den Kopf mit der Tatze.
»Ach, lieber Herr Dauerspeck«, sagte Mariechen Knusperkorn und faltete beweglich die Pfoten, »ich bin so sehr hungrig, der Herbst ist da, und die Felder sind leer. Unterstützen Sie mich und schenken Sie mir ein paar Getreidekörner aus Ihren vollen Speichern!«
»Was?« schrie Ambrosius Dauerspeck wütend, »volle Speicher? Bei mir? Sie sind wohl um Ihr bißchen Mausverstand gekommen, Mariechen Knusperkorn? Ich habe selbst nichts im Hause, nicht ein Korn, nicht eine Erbse, nicht eine einzige Puffbohne. Ich kann den Winter einfach verhungern und an den Pfoten schnullen! Noch nie gab es eine so schlechte Ernte wie dieses Jahr, alles ist verhagelt, alles!«
»Ach, ich arme Maus, ich arme Maus!« klagte Mariechen Knusperkorn.
»Warum haben Sie denn nicht selbst Vorräte gesammelt, Sie törichte Person?« fauchte Ambrosius Dauerspeck sie an.
»Ich kann doch nicht so viel forttragen wie Sie, mein lieber Herr Dauerspeck«, sagte Mariechen Knusperkorn, »ich kann doch nur mühsam eine Kornähre mit den Pfoten fassen, und auf dem Heimweg geht über die Hälfte der Körner verloren. Sie haben doch die schönen Backentaschen, wo so viel hineingeht. Sie haben doch zwei richtige Markttaschen im Gesicht.«
»Schöne Markttaschen«, knurrte Ambrosius Dauerspeck, »das sind keine Markttaschen, mein liebes Mariechen Knusperkorn. Das sind eingefallene Wangen, jawohl, weil ich seit Wochen nichts Kräftiges mehr gegessen habe. Mein ganzes Fell hängt in Falten an mir herunter!« Er strich sich klagend mit der Tatze über den dicken Magen und hüstelte kummervoll in die hohle Pfote.
»Sie sehen gar nicht so mager aus«, sagte Mariechen Knusperkorn, »außerdem sagten Sie doch eben, daß die Ernte verhagelt sei. Wie sollte ich dann Vorräte sammeln?«

»Ach, Unsinn, Mausgeschwätz«, schrie Ambrosius Dauerspeck, »nichts ist verhagelt, es gab noch nie eine so schöne Ernte wie dieses Jahr.«
»Aber dann sind Ihre Speicher doch sicher ganz gefüllt, und Sie könnten mir ein paar armselige Körner schenken, wenn es doch eine so schöne Ernte war.«
»Schöne Ernte«, brummte Ambrosius Dauerspeck, »bei anderen war es eine schöne Ernte, aber nicht bei mir. Auf meinen Feldern ist gar nichts gewachsen. Ein Landwirt hat nie eine schöne Ernte. Wenn das Getreide Sonne braucht, regnet es, und wenn die Puffbohnen Regen brauchen, scheint die Sonne, und sie verdorren. Bei mir ist alles verdorrt, was nicht verregnet ist, und alles verregnet, was nicht verdorrt ist, und was nicht verregnet und nicht verdorrt ist, das ist verhagelt! Machen Sie, daß Sie fortkommen, Mariechen Knusperkorn, bei mir ist nichts zu holen!«
»Ach, ich arme Maus, ich arme Maus!« klagte Mariechen Knusperkorn und schluchzte beweglich durch die Schnauze Jeden hätte es erbarmt, nur nicht Ambrosius Dauerspeck, denn bei ihm waren alle solchen Regungen verdorrt, verregnet und verhagelt.
»Übrigens«, sagte er bedenklich und richtete sich mißtrauisch auf den Hinterbeinen auf, die eine Vorderpfote etwas höher als die andere, »es raschelt da so eigentümlich um Sie herum. Sind Sie am Ende nicht allein? Es kommt mir was verdächtig vor bei Ihnen, Mariechen Knusperkorn.«
Die Maus legte beteuernd die Pfote an die Brust. »Ich – ich bin ganz allein«, sagte sie, »wie sollte ich wohl nicht allein sein? Ich habe niemand, der sich um mich kümmert, keine Familie, gar nichts – ach, ich arme Maus, ich arme Maus!«
»Sie haben keine Familie?« sagte Ambrosius Dauerspeck, »das ist doch eine geradezu fellsträubende Behauptung! Sie haben eine so zahlreiche Familie, daß Sie sich selbst nicht mehr durchfinden können. Sie tun doch nichts anderes als sich vermehren, es ist ja scheußlich, nur zuzusehen, wie Sie alle paar Wochen neue Kinder kriegen. Ein anständiges Geschöpf wie ich kriegt seine Kinder im Frühling, und dann ist Schluß – dann zieht man sich auf sich selbst zurück und kümmert sich um seine Wirtschaft. Kein Wunder, daß euch alle fressen, wo ihr euch so vermehrt.«

»Ach, lieber Herr Dauerspeck«, klagte die Feldmaus, »das ist doch bloß Familiensinn, daß wir uns vermehren; denn wenn wir uns nicht so vermehren würden, gäbe es bald keine Mäuse mehr.«
»Das wäre ein großes Glück«, schrie Ambrosius Dauerspeck, »Mäuse schmecken zwar gut, aber sie fressen einem auch das Getreide und die Puffbohnen fort, die ganze schöne Ernte, die nur für die Hamster da ist.«
»Es war doch gar keine schöne Ernte«, meinte Mariechen Knusperkorn, »und außerdem finde ich – es ist eine Taktlosigkeit, jemand zu sagen, daß er gut schmeckt, wenn man sich friedlich mit ihm unterhält. Doch ich will nicht nachtragend sein, und ich will auch nichts geschenkt haben. Wenn Sie mir aber eine Puffbohne geben, sage ich Ihnen, wo noch ein ungemähtes Getreidefeld ist.«
Ambrosius Dauerspeck fuhr ruckartig in die Höhe.
»Ist das auch wahr?« fragte er und zog die Nase in mißtrauische Falten. »Es raschelt übrigens schon wieder so sonderbar um Sie herum.«
»Natürlich ist es wahr«, beteuerte Mariechen Knusperkorn, »ich wäre selbst schon lange hingegangen, aber für eine arme schwache Maus ist der Weg zu weit, es ist eine gute Stunde von hier, und das halten meine kleinen Pfoten nicht aus. Darum und aus reiner Nächstenliebe verrate ich Ihnen die kostbare Stelle, bloß für eine Puffbohne, weil ich so hungrig bin.«
»Das hätten Sie auch gleich sagen können, ohne mich so lange aufzuhalten«, meinte Ambrosius Dauerspeck und tauchte in seiner Behausung unter.
Mariechen Knusperkorn pfiff leise durch die Zähne, und um sie herum raschelte es von lauter Mäusen.
Ambrosius Dauerspeck erschien baldigst wieder, mit einer Puffbohne in der Tatze. »Wo ist die Stelle?« fragte er vorsichtig.
Mariechen Knusperkorn wies mit der Pfote den Weg.
»Hier links hinunter, immer am Bach entlang, immer gerade weiter, dann rechts, dann gerade, dann wieder links, dann rechts, dann links – wo die vielen Birken stehen, dort ist das Feld, lauter dicke schwere Körner. Aber Sie müssen immer links vom Bache bleiben, ja nicht rechts, wo die Brücke von

Steinen ist, die auf meine Seite über den Bach hinüberführt, das wäre eine ganz falsche Richtung, in der Sie nur in die Irre gehen. Kehren Sie auch nicht zu zeitig um, eine gute Stunde müssen Sie schon auf den Weg rechnen.«
Ambrosius Dauerspeck warf Mariechen Knusperkorn die versprochene Puffbohne zu. »Ich werde das Feld schon finden – es raschelt aber doch wieder so sonderbar um Sie herum«, murmelte er und verschwand im Dickicht.

– – –

Bald darauf setzten unzählige Mäuse der Familie Knusperkorn auf der Brücke von Steinen über den Bach und eilten in Ambrosius Dauerspecks fünf gefüllte Speicher. Fast eine Stunde brauchten sie, um ihre Beute fortzuschleppen. Nur wenig blieb verstreut am Boden liegen.
»Eine schöne Ernte war das dieses Jahr«, sagte Mariechen Knusperkorn, »gar kein Hagel, Regen zur rechten Zeit, Sonne zur rechten Zeit – eine schöne Ernte.«
Ambrosius Dauerspeck gebrauchte diesen Winter eine unfreiwillige Entfettungskur, die ihm gesundheitlich vorzüglich bekam, aber seine Gesinnung ganz verdarb. Denn er hatte seitdem nur noch den einen Gedanken, Mariechen Knusperkorn aufzufressen. Doch Mariechen Knusperkorn war umgezogen – unbekannt wohin.

Mutter

In einem Heukorb oben auf der Dachkammer lag eine Katzenmutter mit zwei Katzenkindern. Die Kinder waren erst vor wenigen Tagen zur Welt gekommen, und sie waren noch sehr hilflos – kleine Pfoten hatten sie, die immer ausrutschten, und unverhältnismäßig große Köpfe mit blinden Augen, die sich suchend im Magenfell der Mutter vergruben. Sehr sonderbar sahen sie aus. Aber die Katze fand sie über die Maßen schön, denn es waren ja ihre Kinder – das eine grau und schwarz getigert, wie sie selbst, eine Schönheit also, wie man wohl ohne falsche Bescheidenheit sagen durfte – das andere ganz der Vater, der bunt war, mit eleganten weißen Hosen und weißen Handschuhen und einem Tupf auf der Nase, und der so gefühlvoll sang. Wie hatten sie beide so herrlich zusammen gesungen an den ersten Märzabenden im Garten, zweistimmig, viele hübsche Lieder ... Sehr begreiflich, daß diese Kinder mit den kleinen rutschenden Pfoten und den großen Köpfen so prachtvolle Geschöpfe geworden waren, nicht nur Katzen, was an sich schon der Gipfelpunkt ist, wie jeder weiß, nein, Katzenkinder, wie sie die Erde noch nicht gesehen! Stolz reckte sich die Katzenmutter in die Höhe und betrachtete liebevoll schnurrend die kleinen Wunder ihrer Welt.

Hier diese angenehme Bodenkammer schien übrigens in jeder Hinsicht der richtige Ort zu sein, still und ungestört. Ein weicher heugefüllter Korb, warm und überaus geeignet für die ersten Kletterversuche, viel Gerümpel ringsherum, voller Spannungen und Entdeckungsmöglichkeiten, freundlich vom Maimond beleuchtet, der durch die Fenster lugte, weite Flächen zum Spielen, und dann – welch ein berühmtes Mausrevier, welch ein weites Gebiet zur sachgemäßen Ausbildung der beruflichen Fähigkeiten!

»Ich sollte doch selbst mal ein wenig nach Mäusen sehen«, sagte die Katze, »die Kleinen schlafen, und eine Ablenkung würde mir guttun, Kinderpflege ist angreifend, und mir ist auch so, als hätte ich einen beachtenswerten Appetit.«

Die Katze erhob sich vom Heulager, beleckte schnell noch einmal ihre Kinder und strich dann auf leisen Sohlen, schnuppernd, an Kisten und Körben entlang. Es hatte doch, auch wenn man allmählich etwas in die Jahre gekommen war, immer noch etwas angenehm Aufregendes, so nach Mäusen zu schnüffeln. Und jetzt – raschelte da nicht jemand? Roch es nicht so erbaulich nach Mäusen? War das nicht der feine Duft, unverkennbar für eine kätzliche Nase? Noch einige vorsichtige Schritte, auf Samtpantoffeln – niemand machte ihr das nach –, und dann stand sie vor einem Mäusenest, in dem zwei kleine nackte Junge lagen.

Bloß Junge? dachte die Katze, da wären die Samtpantoffeln überflüssig gewesen, die können weder laufen noch sehen. Es lohnt überhaupt kaum, zwei kleine Bissen, weiter nichts. Aber man kann ja immerhin, zur Stärkung sozusagen ...

Sie wollte zupacken. Aber etwas in ihr redete.

»Sie können weder laufen noch sehen, ganz wie deine Kinder. Sie sind völlig hilflos, und die Mutter wird wohl tot sein. Sie sind so hilflos wie deine Kinder, wenn du nicht da bist. Es ist wahr, daß es Mäuse sind, aber es sind kleine Mäuse, sehr kleine, es sind Kinder – nicht wahr, du weißt es, was Kinder sind?«

Es war die Mutterliebe, die redete, und in ihr redete die Allliebe, ihr künftiger Geist. Er kann nur reden in einer Mutterliebe, die sehr groß ist, so groß wie die Mutterliebe einer Katze, denn sie ist eine der größten.

»Nicht wahr, du weißt es, was Kinder sind?« fragte die Stimme.

Die Katze beugte sich herab, faßte die eine kleine Maus vorsichtig mit den Zähnen und trug sie in ihren Heukorb. Dann ging sie zurück und holte das andere Junge. Sie nahm beide an die Brust und säugte sie, mit ihren zwei Katzenkindern zusammen.

Die kleinen Mäuse waren schon halb erstarrt, aber sie erwärmten sich sehr bald im Magenfell der Katze. Sie waren halb verhungert, aber sie sättigten sich bald an der Brust der Katze. Sie fühlten sich völlig geborgen bei einer Mutter und ahnten es nicht, daß diese Mutter eine Katzenmutter war. Wie sollten sie das wissen? Sie waren blind und hilflos. Über ihnen lag schützend die krallenlose, weiche, samtene Katzenpfote.

Die Katzenkinder wuchsen, und die Mäusekinder wuchsen, beide öffneten die Augen, und das erste, was beide sahen, war die gleiche Mutter und die gleiche große Mutterliebe.

Sie waren Kinder, und sie spielten miteinander, und die Maisonne sah zum Fenster herein und spielte mit. Und sie wob einen goldenen Schein um den Kopf der Katzenmutter.

Es ist dies eine wahre Geschichte. Sie ist nur klein, und doch ist sie sehr groß. Es ward eine neue Welt in ihr geboren von einem kleinen Geschöpf und in einer ärmlichen Dachkammer. Es wird auch nicht immer so sein, noch lange nicht; aber es ist ein großes Ereignis, daß dies geschehen ist. Die Gesetze der alten Welt sind stark und schwer, aber sie werden überwunden, Stufe um Stufe, denn die Alliebe ist eine lebendige Kraft in der Seele dieser Erde. Langsam, sehr langsam wird die neue Welt aus der alten geboren, und das geschah schon oft in einer ärmlichen Dachkammer, und die Menschen wußten nichts davon. Die Menschen wissen so wenig, und am wenigsten wissen die, welche am meisten zu wissen meinen. Sie wissen auch nicht, ob Tiere beten. Aber ich glaube, daß auch Tiere in ihrer Not eine Macht anrufen, die über ihnen ist – und wenn die Katze bitten würde, die Mutter Gottes würde sie vor allen anderen erhören. Die Maisonne wußte, was die Menschen nicht wissen. Denn sie wob einen goldenen Schein um den Kopf der Katzenmutter.

Die Eintagsfliege

Die Eintagsfliege entschlüpfte dem Wasser, kroch langsam ans Ufer und reckte die feinen Flügel in der Junisonne. Eine Lebensform war beendet, eine andere begann. Wie ein ferner Traum verblaßte in ihr das Dasein als Larve, ein Dasein voll Raubgier und Hunger, beschwert und gefesselt durch die Dichtigkeit des Wassers. Etwas Neues begann, etwas immer Erahntes und doch erst heute Wirkliches. Leichtigkeit und Licht waren die ersten Frohgefühle dieser Wandlung, und Sinn des Lebens waren nun die blitzenden Schwingen in blauer Luft und goldenem Sonnenschein. Frei von dem, was sie einst selber war, lockte sie das neue Dasein zum Sylphentanz im Äther für ein ganzes, langes Leben von Morgen, Mittag und Abend – und flugfroh zitterten ihre Flügel, bereit zum Aufstieg in die durchsonnte Unendlichkeit.

An einer sumpfigen Stelle des Wassers, dem die Eintagsfliege zu neuem Leben entstiegen war, hockte ein dicker grüner Frosch und sah mit erheblichen Augen und völlig andersgearteten Gefühlen auf das seltsame Geschöpf.

Das ist eine fette Person, die muß ich unbedingt aufessen, dachte er, und sein reichlich bemessener Mund klappte appetitvoll auf und zu. Langsam und vorsichtig schwamm er näher, mit der Übung des beruflich Ausgebildeten.

Die Eintagsfliege dehnte wieder die Flügel und streckte die Glieder. Irgendeine Schwere war noch zu überwinden, schien es ihr, und plötzlich, einem unbewußten Willen folgend, kroch sie aus sich heraus, häutete sich und stand nun, neugeboren in jedem einzelnen Glied bis auf die federnden Schwingen, vor ihrer eigenen Maske, dem Abguß dessen, was sie gewesen und nun nicht mehr war.

»Nanu?« sagte der Frosch, »jetzt hat sich die fette Person verdoppelt. Das ist ja unerhört. Am Ende werden es noch drei?

Welche ist fetter? Welche esse ich?« murmelte er und blieb unbeweglich sitzen, mit der ganzen Geduld des reifen und erfahrenen Frosches.
Am Uferrand pilgerten eine Ameise und ein Käfer. Es wanderten auch sonst noch an diesem schönen Junitage viele mehrbeinige Leute umher; aber diese beiden hatten sich zu einer zwanglosen Unterhaltung zusammengefunden. Natürlich hatte die Ameise sich vorher genau vergewissert, daß der Käfer Vegetarier war. Man weiß ja bei dieser vielfältigen und beinreichen Familie nie, ob es nicht gerade jemand ist, der Ameisen verspeist – die Fühler zittern einem, wenn man es nur ausspricht –, und unterhalten kann man sich überhaupt erst in Ruhe, wenn man sorgsam geprüft hat, wer wen frißt. Aber dies hier war ein harmloser Pilger in einfachem, braunem Kleide, ein wohlwollender Getreidekäfer.
»Ich muß immer so viel denken, wenn ich pilgere«, sagte der Käfer, »geht es Ihnen nicht auch so? Es ist alles so merkwürdig.«
»Das ist eine ganz ungesunde Lebensauffassung«, meinte die Ameise, die mühsam einen Strohhalm mit sich schleppte, »man muß tätig sein und immer das Staatswohl im Auge haben, das rein Praktische, wissen Sie.«
»Es kommt aber doch auf gewisse Punkte an«, sagte der Käfer, »diese Punkte sind eben das, worüber man unbedingt nachdenken muß. Ich bin, zum Beispiel, sehr bescheiden gekleidet, wie Sie gewiß bemerkt haben; aber ich habe auch Punkte auf meinen braunen Flügeln, sehen Sie, hier – und hier – drei Punkte.«
Er zeigte mit dem einen Vorderbein rückwärts auf seine Flügeldecken.
Dem Frosch quollen die Augen. Sollte da neue Nahrung angekrochen kommen? Was verschluckt man nun? Wie ist das Leben doch verwickelt!
»Schauen Sie bloß«, sagte die Ameise und zeigte mit dem Fühler auf die Eintagsfliege und ihre zurückgelassene Haut, »da sitzt jemand und sitzt noch einmal da! So etwas ist mir noch nicht vorgekommen.«
»Erstaunlich, sehr erstaunlich«, sagte der Käfer, »man wird die Punkte suchen müssen, die hier aufzuklären sind. Es muß doch einen Punkt geben, von dem aus man . . .«

»Ach, hören Sie auf mit Ihren Punkten«, sagte die Ameise, »das muß man praktisch betrachten, volkswirtschaftlich. Das eine muß die Person sein, das andre die Garderobe. Die Garderobe bewegt sich auch gar nicht, und die Person wackelt mit den Flügeln. Es muß eine leichtsinnige Person sein, so bewegt man die Flügel nicht in anständiger Gesellschaft. Aber diese Ähnlichkeit, welche die Garderobe mit der Person hat! Nein, so etwas ist mir doch noch nicht vorgekommen, und dabei habe ich den staatlichen Eierkursus durchgemacht und bin geprüfte Larvenpflegerin.«
Im kleinen Käfer regte sich eine große Ahnung. Hatte er nicht auch einmal so in der Enge einer Larve gesessen, und dann war er frei geworden, frei, mehrbeinig und mit Punkten? Wie war das bloß gewesen?
»Mir ist doch so, aber ich weiß nicht, wie – mir ist aber wirklich so, nur kann ich mich nicht darauf besinnen«, sagte er und kratzte sich nachdenklich den Kopf mit dem Fühler.
»Das muß ich ergründen«, sagte die Ameise energisch, »ich gehe schnell mal hinüber, bewachen Sie solange mein Beingepäck!«
Die Ameise lief eilig zur Eintagsfliege.
Dem dicken Frosch, der noch immer zusah, traten die Augen sozusagen aus ihren Ufern.
»Sie interessieren mich volkswirtschaftlich«, sagte die Ameise, »sind Sie das hier noch einmal, oder ist das Ihre Garderobe?«
»Ich weiß nicht«, sagte die Eintagsfliege, »es ist etwas von mir, was unwesentlich war. Was ich selbst bin, fliegt in ein Leben von Sonnenschein.«
»Machen Sie nicht solche Phrasen«, sagte die Ameise, »es handelt sich hier um eine volkswirtschaftliche Frage, die sich vielleicht unseren staatlichen Prinzipien nutzbar machen läßt. Wovon leben Sie?«
»Von Luft, Licht und Sonne«, sagte die Eintagsfliege.
»Das ist Schwindel«, sagte die Ameise, »davon kann man einen Tag leben, nicht länger.«
»Ich lebe auch nur einen Tag«, sagte die Eintagsfliege, »einen Morgen, einen Mittag und einen Abend. Das ist endlos, gar nicht auszudenken, nicht wahr?«
»Ein anständiges Geschöpf lebt Jahre«, sagte die Ameise, »Frühling, Sommer, Herbst und Winter.«

»Ich weiß nicht, was das ist«, sagte die Eintagsfliege, »vielleicht gebrauchen Sie nur andere Ausdrücke. Alles Leben ist doch nur Morgen, Mittag und Abend. Ich kann mir nichts anderes vorstellen.«
»Sie sind eben nicht volkswirtschaftlich und staatlich gebildet«, sagte die Ameise.
»Haben Sie den Punkt gefunden?« rief der Käfer hinüber.
»Ach, Sie mit Ihrem Punkt!« sagte die Ameise, »bewachen Sie lieber mein Beingepäck, das ist der einzige Punkt, um den Sie sich eben zu kümmern haben. Wenn ich wiederkomme und ich finde mein Beingepäck nicht mehr, dann trommle ich Ihnen auf Ihren drei Punkten herum, daß Sie alle anderen Punkte vergessen.«
»Ich sitze auf Ihrem Beingepäck«, sagte der Käfer, »mehr kann man wahrhaftig nicht tun – aber es muß doch einen Punkt geben ...«
Der Frosch konnte sich jetzt nicht mehr beherrschen. Er sprang mit einem Satz auf die Hülle der Eintagsfliege zu. Diese von den beiden fetten Personen schien ihm am fettesten. Die Eintagsfliege spannte die Flügel weit aus und flog in Licht, Luft und Sonne hinein, und hinter ihr blieb, wesenlos und unwesentlich, das, worin sie einmal war – ihr Kleid. Ein neues Dasein begann – Morgen, Mittag und Abend.
»Das ist ja gar keine Person, sondern ein Futteral«, quakte der Frosch wütend und setzte erbost ins Wasser zurück.
Die Ameise war zum Käfer zurückgeeilt und nahm ihr Beingepäck wieder in Empfang, ohne sich zu bedanken. »Die Person sagt, sie lebt von Luft und Sonne«, erzählte sie, »sie lebt nur einen Tag, sagt sie, Morgen, Mittag und Abend. Es ist eine Schwindlerin. Ich dachte es mir gleich, als sie so mit den Flügeln wackelte, es ist eine leichtsinnige Person.«
»Morgen, Mittag und Abend«, sagte der Käfer und rieb sich den Kopf mit dem Fühler. »Man muß aber doch einen Punkt finden können, irgendeinen Punkt ...«
Mehrbeinig und mühsam pilgerten beide weiter. Der Frosch saß dick und grün im Sumpf und hatte eine geschwollene Kehle vor lauter Ärger. Die Eintagsfliege gaukelte mit blitzenden Schwingen im Lichterglanz eines neuen Daseins – für einen Tag, für Morgen, Mittag und Abend.
Aber was ist ein Tag? Ein Augenblick und tausend Jahre sind

gleich flüchtig und wandelbar – man muß doch wohl den einen Punkt finden, wie der kleine, pilgernde Käfer sagte, irgendeinen Punkt ...
Sind wir nicht alle Eintagsfliegen, lassen wir nicht auch Larven zurück, die uns gleichen, und haben damit doch nur Erde und Sumpf verlassen, um unsere Schwingen zu spannen im blauen Äther durchsonnter Ewigkeit? Jede Gegenwart trägt ihr rätselvolles Zeichen des Künftigen, und in allem Dasein atmet die große Ahnung kleiner Käfer: Alles Leben ist Morgen, Mittag und Abend und, über Nacht, das Frührot einer neuen Sonne – alles Leben ist ewige Ostern.

Die Badekur

Ein alter Affe saß auf einem Kokosbaum und brummte böse. Er war sehr verstimmt, denn er hatte Rheumatismus in den Beinen. Es war kein gewöhnlicher Affe, sondern das Haupt einer zahlreichen Familie, ein Affenbürgermeister. Wenn ein gewöhnlicher Affe Rheumatismus hat, so ist das nur störend für ihn selbst; wenn aber ein hochgestellter Affe Rheumatismus hat, so ist das nicht nur ihm selber unangenehm, sondern auch überaus peinvoll für seine Umgebung.
Alle Affen dieser Familie empfanden das; denn wenn jemand dem alten Affen »Guten Morgen, Euer Fellgeboren!« sagte, so fletschte er die Zähne, und wenn ihn jemand nach seinem Befinden fragte, so gab er dem Teilnahmsvollen eine Ohrfeige oder trat nach ihm mit dem rheumatischen Bein. Es war eben ein hochgestellter Affe.
Man sah allerdings ein, daß das so nicht weitergehen konnte, und beschloß im engeren Affenrat, diesen hochgestellten Rheumatismus zu heilen. So kam man überein, zwei alte Marabus zu konsultieren, berühmte Ärzte und Autoritäten auf ihrem Gebiet. Die beiden Marabus kamen bereitwillig, sie waren wohlwollende Herren, und der Fall interessierte sie sachlich, denn ein hochgestellter Rheumatismus ist nichts Alltägliches.
Der eine Marabu hatte noch ein wenig Federflaum auf dem Kopfe, er war Medizinalrat, der andere hatte einen ganz kahlen Kopf und war Geheimer Medizinalrat. Beide gingen auf hohen dünnen Stelzen und hatten einen großen Schnabel.

Der alte Affe war knurrend vom Baum gestiegen und zeigte mürrisch seine Beine. Die Marabus verbeugten sich weltmännisch und plusterten sich vor Sachverständnis. Sie fühlten dem alten Affen mit der Kralle den Puls und betasteten und beäugten die rheumatischen Beine.
»Äußert sich Ihr Rheumatismus in sehr hinderlicher Weise?« fragte der Medizinalrat und sah den alten Affen von einer Seite an.
»Beim Klettern, rein beruflich, hindert er mich eigentlich weniger«, sagte der alte Affe, dem die beiden Medizinalräte sehr imponierten, »aber in Familienangelegenheiten wirkt er überaus störend. Wenn ich, zum Beispiel, einen meiner Angehörigen trete, so merke ich deutlich, daß dies nicht mehr mit der gewohnten jugendlichen Schwungkraft und für mich selbst nicht schmerzlos vor sich geht. Ich habe schon in letzter Zeit auf diese mir liebe Gewohnheit verzichten müssen und mich mit Ohrfeigen begnügt. Auf die Dauer aber ist mir das nicht bekömmlich, und es untergräbt auch meine Autorität.«
»Begreiflich, sehr begreiflich«, sagte der Geheime Medizinalrat, »also eine Störung der familiären, als auch der sozialen Tätigkeit von bedenklicher Wirkung.«
»Es scheint mir Muskelrheumatismus zu sein«, sagte der Medizinalrat und kratzte sich mit der Kralle den Flaum auf dem Kopf, »rheumatismus musculorum.«
»Es könnte auch Gicht sein«, sagte der Geheime Medizinalrat und hüstelte durch den Schnabel, »arthritis urica mit der Prädilektionsstelle des großen Zehs. Die klinischen Untersuchungen hierüber sind noch nicht abgeschlossen.«
»Ich trete meine Angehörigen mit der Fußsohle und nicht mit dem großen Zeh«, sagte der Affe.
»Ein wertvoller Hinweis«, sagte der Medizinalrat, »ein sehr wertvoller Hinweis von großer Tragweite. Ich möchte mich doch für rheumatismus musculorum aussprechen, Herr Kollege. Wie wäre es mit der autosuggestiven Methode? Sagen Sie einmal deutlich und vernehmbar vor sich hin, mit innerer Überzeugung: Ich habe keinen Rheumatismus mehr, es geht mir mit jedem Tage besser.«
»Es geht mir mit jedem Tage besser«, sagte der alte Affe, »ich habe keinen Rheumatismus mehr.«
»Sagen Sie weiter«, riet der Geheime Medizinalrat, »sagen

Sie: Ich trete meine Angehörigen bequem und schmerzlos, es gibt überhaupt keinen Rheumatismus.«
»Ich trete meine Angehörigen bequem und schmerzlos«, wiederholte der alte Affe, »es geht mir mit jedem Tage besser, es gibt überhaupt keinen Rheumatismus – ach, wie's mich jetzt wieder reißt!«
»Die autosuggestive Methode scheint sich in diesem speziellen Falle nicht zu bewähren«, sagte der Geheime Medizinalrat, »die klinischen Untersuchungen hierüber sind noch nicht abgeschlossen.«
»Es ist ein hartnäckiger Fall«, sagte der Medizinalrat, »rheumatismus musculorum chronicus. Ich würde eine Badekur in Vorschlag bringen, Schlammbäder, balnea limosa.«
»Baden tue ich auf keinen Fall«, sagte der alte Affe, »ich will zu Hause bleiben – bleibe auf deinem Baum und nähre dich redlich!«
»Begreiflich, sehr begreiflich«, sagte der Geheime Medizinalrat, »vielleicht versuchen wir es noch mit der Psychoanalyse. Haben Sie nicht einen dunklen Punkt in Ihrem Leben? Denken Sie scharf nach, sehr scharf, und seien Sie ganz offen gegen sich selbst und gegen uns – vielleicht kommen wir dann der Ursache dieses rheumatismus musculorum auf die Spur.«
»Wenn ich offen sein soll«, sagte der alte Affe, »so wünschte ich, diese beiden kakelnden Marabus ließen mich in Ruhe, und dunkle Punkte habe ich keine gehabt außer Flöhen, und die konnten mir keinen Rheumatismus übertragen, sie haben selbst keinen, denn es sind sehr bewegliche Leute.«
»Ich bin doch für die Badekur«, sagte der Medizinalrat.
»Ich will wieder auf meinen Baum«, sagte der alte Affe und ruderte mit seinen langen Armen auf eine Kokospalme zu. Aber die Familie lief hinter ihm her und hing sich an seinen Schwanz. Alles redete schnatternd auf ihn ein, er möge doch diese wunderbare Badekur versuchen und die Marabus wären wirkliche Kapazitäten.
»Es ist ganz nahe von hier«, sagte der Medizinalrat, »ein vornehmes und sehr komfortables Bad. Die Badefrau ist eine gute Bekannte von mir, eine würdige und zuverlässige Dame, über hundert Jahre alt, es ist alle Bequemlichkeit vorhanden, und die Badeeinrichtungen sind nach europäischem Muster.«
Beide Medizinalräte nahmen den alten Affen in ihre Mitte

und führten ihn nach dem Badeort. Sie stelzten hochbeinig und würdevoll, sie gestikulierten mit Flügeln und redeten eifrig über den rheumatismus musculorum. Die ganze Affenschar folgte ihnen schnatternd und voller Erwartung.
Bald waren sie angelangt. Es war ein sehr vornehmer Badeort, am Ufer des Nils, wirklich ganz europäisch und voller Schlamm. Auf den Bäumen am Ufer saßen die Papageien, einer bunter als der andere, und schwatzten über die neuesten Nachrichten. Der Badestrand war frei und wurde gerade von einem Rhinozeros glattgetrampelt.
»Ist das die Badefrau, mit zwei Hörnern auf der Nase?« fragte der alte Affe besorgt.
»Nein, das ist die Obrigkeit dieses Badeortes«, erklärten die Marabus, »sie trampelt alles zusammen, damit es einheitlich aussieht. Es ist überhaupt ein ganz europäischer Ort.«
Das Rhinozeros trampelte emsig, schnüffelte mit der Nase in allem herum und steckte sein Horn in Dinge, die es nichts angingen. Wenn es etwas ganz Zweckloses fand, dann grunzte es vor Vergnügen.
»Muß die Obrigkeit so sein?« fragte der alte Affe.
»Über das Wesen der Behörden sind die klinischen Untersuchungen noch nicht abgeschlossen«, sagte der Geheime Medizinalrat.
»Hier der große dicke Herr ist der Bademeister«, sagte der Medizinalrat und zeigte mit dem Flügel auf einen Elefanten, der den langen Rüssel hin und her bewegte. »Er spritzt Sie nach dem Bade mit einem Schlauch ab. Er tut das aus lauter Gefälligkeit, es ist ein sehr wertvolles therapeutisches Mittel. Dazwischen trompetet er, um die Badekapelle zu ersetzen. Eine solche haben wir noch nicht, wir stehen aber mit einigen Hyänen in Verhandlung, die regelmäßig jeden Abend Wüstencouplets singen sollen. Leider verlangen sie, für ihre Mühe jemand aufzufressen, und solange wir noch nicht viel Badegäste haben, ist uns das zu kostspielig. Hier diese kleinen Äffchen hausieren; Sie sehen, es ist ein richtiges Modebad.« Die drei kleinen Affen tanzten eifrig um den alten Affen herum.
»Fellkratzen, Frisieren, Flöhe fangen, Läuse suchen — kostet eine Banane — im Abonnement billiger!« rief der eine.
»Ach was«, knurrte der alte Affe, »mein Grundsatz ist: Lause zu Hause! Ich wollte, ich wäre auf meinem Baum.«

Die beiden anderen Äffchen näherten sich.
»Trockene Blätter zum Frottieren gefällig? Eine Dattel das Stück, schöne trockne Frottierblätter!«
»Kokosschalen, Schilfringe, hübsche Andenken gefällig?«
»Ich werde auch so an dieses Bad denken, solange ich lebe«, sagte der alte Affe.
»Hier ist die Badestelle«, sagte der Geheime Medizinalrat, »Sie brauchen nur die Beine mit dem rheumatismus musculorum hineinzustecken, wenn es Ihnen unangenehm sein sollte, ganz unterzutauchen. Wenn die Beine drin sind, zieht das Blut nach unten.«
»Und die Flöhe nach oben«, sagte der alte Affe.
Aus dem Flusse klang ein schreckliches Schnarchen, Grunzen und Gurgeln, und ein gewaltiges Nilpferd tauchte auf.
»Die Badefrau!« rief der Medizinalrat erfreut und winkte mit der Kralle, »dieser Patient will ein Schlammbad nehmen, balnea limosa, er leidet an rheumatismus musculorum.«
»Das ist die Badefrau?!« schrie der alte Affe, »ich will nach Hause! Ich will auf meinen Baum!«
Die Badefrau lächelte mit einem Mund von einigen Metern und machte sich daran, das Schlammbad aufzuwühlen, was ihr vorzüglich gelang, denn es war eine sehr erfahrene und tüchtige Person.
»Ich will nach Hause!« schrie der alte Affe und schob die dünnen Stelzen der beiden Medizinalräte beiseite.
»Hinein mit Ihnen!« kommandierte das Rhinozeros, »machen Sie keine Umstände, andere wollen auch noch baden, und ich selbst will hinein!«
»Bitte, bitte, nach Ihnen, nach Ihnen«, sagte der alte Affe, aber schon fühlte er das obrigkeitliche Horn der Nase im Rükken und fiel kopfüber ins Wasser, beinahe in die Arme der Badefrau.
In einer Sekunde war er wieder draußen, grün und unkenntlich vor Schlamm. In diesem Augenblick spritzte der Bademeister mit seinem Rüssel, und dem alten Affen war es, als sause der rheumatismus musculorum aus den Beinen in die Hände, aus den Händen in den Kopf, aus dem Kopf in den Schwanz und aus dem Schwanz heraus. Denn der Elefant war ein Meister der Dusche. Die Marabus kakelten beifällig, die Badefrau lächelte freundlich, und die Affenfamilie johlte vor Vergnügen.

Neben der Badefrau aber tauchte ein Krokodil auf, grünlich und mit blitzenden Augen.
»Massage gefällig?« fragte es und zeigte empfehlend die Tatzen, »Massage gefällig?«
Der alte Affe sprang mit einem unwahrscheinlich großen Satz vom Badestrand fort in einen sicheren Hintergrund.
»Wie denken Sie über den Fall, Herr Kollege?« fragte der Geheime Medizinalrat, »ist dies eine geprüfte Masseuse?«
»Mir scheint, dies ist mehr eine Masseuse, die andere geprüft hat«, sagte der Medizinalrat.
»Über die Zweckmäßigkeit der Massage mit Krokodilstatzen sind die klinischen Untersuchungen noch nicht abgeschlossen«, sagte der Geheime Medizinalrat.
»Ich kenne diese Masseuse«, sagte der Medizinalrat, »sie hat einmal einen Patienten massiert, der ebenfalls an rheumatismus musculorum litt. Der Rheumatismus verlor sich bei der Massage, aber der Patient auch. Ich habe seitdem die Masseuse nicht mehr empfehlen können, Herr Kollege.«
»Begreiflich, sehr begreiflich, Herr Kollege«, sagte der Geheime Medizinalrat, »es stehen immer noch manche Ärzte auf dem Standpunkt, daß die Beseitigung der Krankheit nicht unbedingt mit der gleichzeitigen Beseitigung des Patienten erfolgen müsse. Aber auch hierüber sind die klinischen Untersuchungen noch nicht abgeschlossen.«
Beide sahen sich nach dem alten Affen um. Aber der war verschwunden und die ganze Affenfamilie mit ihm. Sie hatten den Anblick der Masseuse nicht ertragen können.

— — —

Am anderen Tage machten sich die beiden Medizinalräte auf den Weg, um dem alten Affen einen Krankenbesuch abzustatten.
Sie kamen aber nicht weit. Der alte Affe saß auf seinem Baum und schmiß mit Kokosnüssen.
Die eine Kokosnuß traf den Medizinalrat auf den Kopf, so daß er eine Beule davontrug, die erheblich anschwoll. »Ich muß diese Beule kühlen, Herr Kollege«, sagte der Medizinalrat, »auch habe ich den unbestimmten Eindruck, als ob wir von dem geplanten Krankenbesuch lieber absehen sollten.«
»Begreiflich, sehr begreiflich, Herr Kollege«, sagte der Geheime Medizinalrat, und beide zogen sich an einen Bach zurück.

Hier kühlte der Medizinalrat seine Beule, und der Geheime Medizinalrat trug das Ergebnis der Badekur sorgsam in sein Krankenbuch aus Palmenblättern ein.
Er buchte mit wissenschaftlicher Genauigkeit:
»Patient ein hochgestellter Affe – rheumatismus musculorum in den Beinen – autosuggestive Methode und Psychoanalyse vergeblich – Badekur, Schlammbad, balnea limosa – Patient geheilt, schmeißt jedoch mit Kokosnüssen, jactatio nucis – bis zur Beulenbildung beim behandelnden Medizinalrat, Kopfbeule, tumor capitis. – Ob jactatio nucis Folgeerscheinung von balnea limosa oder Nachkrankheit von rheumatismus musculorum, darüber sind die klinischen Untersuchungen noch nicht abgeschlossen.«

Welträtsel

Das Huhn Dorothea Silberbein trat aus der Scheune und begrüßte leise gackernd den Morgen. Der Torbogen spannte sich hoch und weit über ihm – ein Riesenrahmen, der, wie so oft im Leben, in keinem Verhältnis stand zur Kleinheit seines Darstellungsobjekts. Das Huhn merkte nichts davon. Es sah sich friedlich und freundlich nach allen Seiten um, voller Wohlwollen gegen alle Welt und voller Befriedigung über das eigene, eiererfüllte Dasein. Dann ging es langsam einige Schritte, kratzte mit dem linken Fuß, kratzte mit dem rechten Fuß, trat vorsichtig zurück und betrachtete das Feld der Untersuchungen mit seitlich gebeugtem Kopf und einem Auge. Denn es ist so eingerichtet. Oft fand es ein Korn, oft fand es keines. Beides nahm das Huhn ergeben und freundlich hin. Dann reckte es den Hals. »Ach, was hab' ich zu tun – ach, ach, ach, was hab' ich zu tun«, sagte das Huhn.
Auf dem Misthaufen stand der Hahn Arminius Silberbein und blickte verachtungsvoll auf alles herab, was nicht auf dem Misthaufen stand.
»Ach, was hab' ich zu tun – ach, ach, ach, was hab' ich zu tun!« gackerte Dorothea Silberbein.
»Du hast gar nichts zu tun«, sagte Arminius Silberbein und schlug großartig mit den Flügeln.
»Ich habe nichts zu tun?« sagte Dorothea Silberbein gekränkt,

»wer legt denn die Eier, wenn nicht ich? Erst heute früh hab' ich ein Ei gelegt. Die Welt weiß noch gar nicht genug, ein wie schönes Ei ich heute gelegt habe – ach, was für ein Ei – ach, ach, ach, was für ein großes Ei!«

»Als ob Eierlegen eine Tätigkeit wäre!« sagte Arminius Silberbein und kratzte hochmütig auf dem Misthaufen.

Unten auf der breiten Straße des dörflichen Lebens wackelte eine Ente. Sie hieß Emilie Schlapperfuß, hatte meist nasse Füße, was bei ihr naturgemäß war, und kleine freundliche Augen. Ferner hatte sie, und das vor allem anderen, als Hauptsache ihres Daseins, einen ganz erheblich von Gott gesegneten Appetit, und zwar einen dauernden, man kann beinahe sagen, pausenlosen Appetit. So rutschte und torkelte sie, eine friedvolle und schwankende Masse von Fett und Federn, umher und schaufelte rastlos und freudig Nahrung in sich hinein.

»Was ist sonst eine Tätigkeit, wenn Eierlegen keine ist?« fragte Dorothea Silberbein und sah den Hahn mit einem Auge an. »Eine Tätigkeit ist, wenn man auf dem Misthaufen steht und kräht, hoch erhaben über alle Erde«, sagte Arminius Silberbein würdevoll und krähte laut und sieggewohnt, so daß Emilie Schlapperfuß erschrocken zusammenfuhr.

»Wo wärst denn du selbst, wenn die Eier nicht wären?« sagte Dorothea Silberbein, »du hast doch auch mal in der Schale gesessen und bist mühsam ausgebrütet worden. Als du auskrochst, hast du nicht mehr als Piep sagen können, und jetzt hockst du auf dem Misthaufen und krähst große Töne!«

»Ich weiß nichts von Eiern«, sagte der Hahn, »man weiß nur etwas, wenn das Selbstbewußtsein beginnt, und das begann bei mir, als ich das erstemal den Misthaufen bestieg und krähte. Von dann ab lebe ich, von dann ab war ich da – der Mann, der hoch über der Welt auf seinem Misthaufen steht und kräht. Nur Hühner reden von Eiern. Der Hahn ist da, wie der Misthaufen da ist. Der Hahn und der Misthaufen sind Gipfel, als solche unerreicht und unerklärlich, sie sind die Welträtsel an sich!«

»Wie meinten Sie, bitte?« sagte Emilie Schlapperfuß und sah den Hahn mit ihren kleinen Augen an, freundlich und mit einem vollständig problemlosen Gesichtsausdruck.

»Ich habe dich doch selber ausgebrütet, mein Jungchen«, sagte Dorothea Silberbein, »alles ist Ei – ach, was für ein Ei – ach, ach, ach, was für ein Ei – ach, ach, ach, was für ein Ei!«

»Hör auf mit deiner Gackelei!« sagte Arminius Silberbein; aber er kratzte nachdenklich auf seinem Misthaufen und überlegte besorgt: Sollten am Ende die Frauen anfangen zu denken, und es käme eine neue Zeit? Wo bliebe dann der überlieferte Misthaufen und die Hähne als Herren der Welt, weil sie krähen? Denn, ehrlich gestanden, mehr als krähen können wir eigentlich nicht.

Ob eine neue Zeit kam, ist hier nicht zu entscheiden. Aber ein Sturm zog heran, schnell, dunkel und drohend. Dorothea Silberbein bemerkte das. Ein Huhn ist einem Orkan sozusagen unkongenial. Das Huhn sah das ein und verzog sich eilig in den Hühnerstall. »Ach, was hab' ich zu tun – ach, ach, ach, was hab' ich zu tun!« sagte es seufzend und verschwand in seiner Behausung zu Eiern, Eiern und abermals Eiern. Denn heute abend wollte Dorothea Silberbein anfangen zu brüten – kleine Küken, Hühner, die wieder Eier legen würden, und Hähne, die stolz auf dem Misthaufen stehen würden und krähen!

»Wie meinten Sie, bitte?« sagte Emilie Schlapperfuß, als der erste Windstoß über die Straße fegte. Auch eine Ente ist einem Orkan gegenüber sozusagen unkongenial. Aber Emilie Schlapperfuß war das nicht klar ins Bewußtsein getreten. Sie legte sich nur platt auf den Bauch und überließ alles Weitere der Anziehungskraft der Erde. Diese Kraft kümmert sich durchaus um solche Dinge. Sie wirkt wohltätig in zahlreichen Fällen und sorgt dafür, daß Hühner, Gänse und Enten nicht in den Himmel fliegen. Sie bewahrte auch Emilie Schlapperfuß. Der Sturmwind drehte sich bloß einmal herum, so daß sie um die eigene Achse glitschte und dann erfreut und unbekümmert ihre Nahrung statt westlich östlich in sich schaufelte.

Nur der Hahn Arminius Silberbein war standhaft auf dem Misthaufen geblieben. »Die Frauen fangen an zu denken, und ein Sturm kommt. Das ist die neue Zeit. Ich will sie empfangen und sieghaft überstehen«, krähte er großartig und stellte sich mit gespreizten Flügeln dem Sturm entgegen.

In einem einzigen Augenblick war er nach unten gefegt, und der überlieferte Misthaufen war regellos durcheinandergeworfen, nur oberflächlich natürlich, denn ein richtig angelegter und überlieferter Misthaufen ist ein sehr festgefügtes Ding und nicht so leicht in seiner Innerlichkeit zu erschüttern. Ar-

minius Silberbein aber sah scheußlich aus, mit zerzausten Federn saß er auf der Straße und besah sich den Misthaufen von unten – eine gestürzte Größe. Sollte am Ende doch eine neue Zeit gekommen sein?
Abends im Hühnerhaus brütete Dorothea Silberbein über Eiern und Arminius Silberbein über Problemen. Hoch über dem Misthaufen draußen, dem Throne aller Hähne, standen ewig funkelnde Sterne, Welten und Welträtsel. In den Eiern regte sich leise neues Leben, Welten und Welträtsel im kleinen, den Sternen und allem Ewigen verwandt.
»Das mit den Eiern ist natürlich Unsinn«, sagte Arminius Silberbein, »das Welträtsel beginnt, wo das Selbstbewußtsein beginnt, also beginnt es beim Hahn, wenn er auf dem Misthaufen steht und kräht. Aber es kam heute eine neue Zeit und warf mich vom Misthaufen herunter. Es gibt also noch größere Welträtsel als den Misthaufen und mich selbst. Die Federn plustern sich, wenn man nur daran denkt! Welträtsel gibt es, hörst du, Dorothea, Welträtsel.« Er stieß Dorothea Silberbein mit dem Flügel an. Aber das Huhn schlief und brütete. »Ach, was hab' ich zu tun – ach, ach, ach, was hab' ich zu tun!« gackerte es leise im Schlaf.
»Die Frauen denken doch nicht«, sagte Arminius Silberbein beruhigt, »sie sitzen bloß auf den Eiern und brüten. Aber es gibt trotzdem Welträtsel. Ich werde mich morgen wieder auf den Misthaufen stellen und sie ergründen – alle, alle Welträtsel!« schrie er.
Dorothea Silberbein schlief weiter; nur Emilie Schlapperfuß fuhr einen Augenblick erschrocken aus Fett und Federn auf.
»Vom überlieferten Misthaufen aus!« schrie Arminius Silberbein, »alle Welträtsel, alle Welträtsel!«
»Wie meinten Sie, bitte?« sagte die Ente und sah den Hahn aus ihren kleinen Augen an, sehr freundlich und mit einem vollständig problemlosen Gesichtsausdruck.

Freundschaft

Am Ufer des Zuger Sees saß ein armer Korbflechter und flocht seine Körbe. Er konnte sonst nichts weiter als diese Körbe flechten und sein kleines Haus betreuen, in dem er einsam mit seinem Hund lebte – es war ein grauer Spitz, unscheinbar wie sein Herr, aber voller Aufmerksamkeit für dessen Arbeit und immer freundlich und geneigt zur Unterhaltung. Denn der Korbflechter unterhielt sich mit seinem Hunde und sprach mit ihm, wie man mit einem Menschen spricht. Die Leute fanden das sonderbar und sagten, daß der Mann ein wenig einfältig wäre. Vielleicht war er das, vielleicht aber war er sehr klug, denn mit den Menschen sprach er fast gar nicht. Es hätte auch keinen Zweck gehabt; denn die anderen Leute waren alle so überaus vernünftig, und darum glaubten sie es nicht, was der Korbflechter erzählte. Denn er sah vieles, was die anderen nicht sehen konnten. Einige meinten, er wäre hellsichtig, aber sie lachten darüber. Es war besser mit dem Spitz zu reden, der verstand immer, was der Korbflechter sagte, und er war auch immer der gleichen Meinung. Sie waren sehr gute Freunde, und einer hielt viel vom anderen. Auch darüber lachten die Leute. Die Körbe aber kauften sie, denn es war gute und sehr sorgsame Arbeit und oft überaus kunstvoll geflochten. Nur war es seltsam, daß der Korbflechter nur immer die gleichen Muster flechten konnte, und daß diese Muster stets an die Zeichnungen der Pfahlbauzeit erinnerten, das war noch seltsamer. Man kannte ja diese Zeichnungen aus dem Museum in Zürich. Der Korbflechter freilich hatte sie niemals gesehen; denn er war nicht in Zürich gewesen und hatte seine kleine Heimatstadt nie verlassen. Wenn aber jemand ein anderes Muster von ihm haben wollte, dann schüttelte er den Kopf und flocht doch wieder die alten. Und so gewöhnte man sich daran.

Es war am Nordufer des Sees, wo man die starren Häupter von Rigi und Pilatus sieht und in der blauen Ferne die Schneekronen der Berner Berge. In der Nähe des Korbflechters arbeiteten einige Archäologen an einer Ausgrabung, wie sie der See schon mehrfach aus seinem geheimnisvollen Schoß herausgegeben hatte. Sonst war es still und menschenleer, auch die Vögel schwiegen in den Bäumen, unbeweglich lag der klare Wasserspiegel, und vom Zuger Zeitturm schlug die Mittagsstunde.

Zwölf Uhr mittags ist eine geheimnisvolle Stunde. Es ist, als wäre etwas Altes abgelaufen, als stehe die Zeit still und warte auf etwas Neues, auf irgendein Wunder, das auf schimmernden Schwingen durch den stillen Sonnenfrieden gleiten müs-

se. Es war ein Warten in allem, was lebt, ein Warten auf etwas, das man nicht kennt, das aber sehr schön und sehr wunderbar sein muß und anders, ganz anders als das ganze andere Leben. Es ist eine sehr geheimnisvolle Stunde, man muß nur in ihr lesen können. Das können nur sehr wenige Menschen, und wer es kann, über den lachen die Leute. Es ist schade drum, die Welt wäre besser und glücklicher, wenn die Menschen in der Mittagsstunde lesen könnten.
Der Korbflechter ließ seine Arbeit sinken und sah weit hinaus auf den klaren Wasserspiegel, der in der Sonne blitzte. Wob die Sonne nicht Bilder im Wasserdunst, trug der leise, kaum merkbare Wind nicht Worte herüber aus einer alten Zeit? War es überhaupt heute, war es nicht gestern, war es nicht viele tausend Jahre her, daß dieses Gestern war? Der Korbflechter sah weit hinaus, mit fernen, erdfremden Augen, und seine Hand flocht das gewohnte Muster, das alte, immer geübte, mit sehr einfachen Zeichen. Eine seltsame Sehnsucht sang in seiner Seele.
»Siehst du, Spitz, wie der Kahn geschwommen kommt über den stillen See? Siehst du, wer darin sitzt? Das sind du und ich. Es ist ein Einbaum, aus einem Stamm gehöhlt mit Feuerbränden und mit einem Stein. Es ist ein schöner Nachen, und es sitzt noch jemand drin, erkennst du sie, die Frau mit den langen, nachtdunklen Haaren? Wir gehörten zusammen, aber sie ist nun woanders. Ich habe sie nie gesehn in diesem Leben, aber meine Seele sucht sie. Nur wir beide sind zusammengeblieben, nicht wahr, Spitz? Kannst du sehen, wie sie den Kahn langsam vorwärtstreibt? Du bist in der Mitte, und ich sitze unten und flechte einen Korb zum Fischfang. Das konnte ich damals schon – es sind auch dieselben Muster darin wie heute. Du hattest rauhere Haare, Spitz, und warst ein wenig größer.«
Der Spitz wedelte und sah sehr klug zu seinem Herrn auf. Natürlich war er der gleichen Meinung.
»Der Kahn treibt vorwärts, er kommt in eine Strömung, wir sind nun gleich zu Hause. Siehst du, dort ist unser Haus, auf den großen Pfählen, wo jetzt die klugen Gelehrten stehen und suchen. Aber sie sehen das Haus nicht, und dabei ist es doch Mittag, und man kann drin lesen, wenn's Mittag ist. Es ist ein schönes Haus und so viel Frieden darin und ringsum die Wälder und Berge. Die Sonne scheint auf die nackten Glieder, es

ist so herrlich zu leben, viel schöner, als es heute ist. Wie das Wasser leise an den Kahn schlägt, als sänge es etwas – jetzt winken und rufen sie vom Hause . . .«
Der Spitz stand auf und schmiegte sich unruhig an.
»Aber was rufen sie? Es ist vorbei mit dem Frieden, Spitz. Sie zeigen auf den Wald, es blitzt von Waffen auf, und die, welche kommen, sind anders als wir. Sie haben glänzende Äxte und Schwerter, und wir haben nichts als Waffen von Stein. Es ist eine neue Zeit, und die Mittagsstunde ist vorüber. Sieh nicht mehr hin, Spitz, sie erschlagen uns alle, es ist gräßlich. Ach, die arme schöne Frau mit den nachtdunklen Haaren! Nun sind wir die Letzten, Spitz, du und ich, aus unserem zerstörten Hause. Aber lassen wir nicht voneinander, wir stehen zusammen und wir sterben zusammen, wir sind ja Freunde.«
Der Hund knurrte und stellte sich mit gesträubten Haaren vor seinen Herrn.
»Der Stoß galt dir, Spitz, aber ich habe ihn aufgefangen. Der Schlag galt mir, aber du hast dich vor mich geworfen. Nun sterben wir beide, Spitz. Ach, es ist lange her, und wir waren damals glücklicher als heute. Aber wir sind auch heute noch zusammen, und wir sind wieder hier, wo wir damals waren, ist das nicht sonderbar, Spitz? Aber es ist gut so, daß wir zusammen sind, wir bleiben auch hier wieder, was wir einmal waren. Nun ist es aus, und die Mittagsstunde ist vorüber, wie sie damals vorüber war, als unser Haus ganz zerstört wurde.«
Der Korbflechter legte den Arm um den Hund und streichelte ihn. Der See lag reglos in der Mittagsglut, Rigi und Pilatus reckten die starren Häupter in die blaue, klare Luft, und von ferne leuchteten die weißen Kronen der Berner Berge – wie vor vielen tausend Jahren.
Die Archäologen am Ufer waren sich klargeworden.
»Es ist eine interessante Berührungsfläche der neolithischen Periode mit der ersten Bronzezeit, offenbar durch einen Überfall verursacht«, sagte der eine, »besonders wertvoll hier sind auch die Knochen des Torfhundes, canis familiaris palustris, der hier bereits als Gefährte des Menschen festgestellt werden kann. In dieser Vereinzelung weist er, scheint es, auf seine Zugehörigkeit zur zerstörten Niederlassung des primitiveren Volksstammes hin. Ein großes Stück Kulturgeschichte auf einem kleinen Raum . . .«

»Hörst du, Spitz, was sie erzählen?« sagte der Korbflechter zu seinem Hunde, »es ist ein großes Stück Kulturgeschichte, meinen sie, und sie werden es wissen, denn es sind ja gelehrte Herren. So wird es wohl ein Stück Kulturgeschichte sein – aber nicht wahr, Spitz, wir wissen es besser, es ist noch mehr als das, es ist die Geschichte einer Freundschaft!«

Karlchen Krake

Im Mittelländischen Meer, in einem Felsenloch nahe der Küste, lebte der Tintenfisch Karlchen Krake. Karlchen Krake hatte Augen wie Operngläser, einen sehr bedeutenden Mund und acht Fangarme mit Saugnäpfen, die sich wie Schlangen ringelten und nach Beute suchten. Karlchen Krake war weißgrau, wurde jedoch, wenn er sich ärgerte, abwechselnd braun, rot und gelb und bekam zudem eine Anzahl Warzen auf der Haut. Wenn man das alles bedenkt, muß man sagen: Karlchen Krake war unappetitlich. Karlchen Krake sammelte mit seinen Saugnäpfen kleine Steine und baute sich einen Krater, einen Krakenkrater. In diesen Krakenkrater setzte sich Karlchen Krake und lauerte in einer sehr unsympathischen Weise. Im Felsenloch gegenüber wohnte der Schwamm Isidor Schluckigel. »Karlchen«, sagte Isidor Schluckigel, »Karlchen Krake, mit Ihnen wird es noch einmal ein schlechtes Ende nehmen. Sie lauern den ganzen Tag mit Ihren Opernglasaugen auf Beute und können nie genug kriegen. Besonders scheußlich finde ich es, daß Sie dabei alles, was Sie so verspeisen, mit der Tinte aus Ihrem unangenehmen Tintenbeutel verdunkeln. Nachher sitzen Sie da und tun, als hätten Sie nichts gegessen, und es weiß niemand, was Sie inzwischen alles verschluckt haben. Das ist nicht anständig, Karlchen Krake.«
Karlchen Krake ärgerte sich, wurde braun, rot und gelb und bekam lauter Warzen auf seiner Haut.
»Regen Sie sich nicht auf, Karlchen Krake«, sagte Isidor Schluckigel, »es schadet Ihrem Teint, und Sie bekommen lauter Warzen auf der Haut, wodurch Sie nicht einnehmender wirken. Sie essen auch viel zu große Portionen. Sie haben acht Fangarme mit acht Saugnäpfen. Ich würde nichts sagen, wenn es einer wäre. So essen Sie achtmal zu Mittag, wenn ein an-

derer einmal zu Mittag ißt. Das kann Ihnen nicht bekommen, Karlchen Krake. Das ist eine übertriebene Nahrungsaufnahme. Ich kannte einen Aal, der war auch so gefräßig, und er hat sich schließlich im Versehen selber angefressen. Dieser Aal sah so ähnlich aus wie einer Ihrer Fangarme, und Sie sind gleichsam achtmal das, was dieser Aal war. Überlegen Sie sich das einmal, Karlchen Krake!«
»Dieser Aal geht mich gar nichts an«, sagte Karlchen Krake.
»Dieser Aal hieß Longinus Schlüpferig«, sagte Isidor Schluckigel, »und er mußte eine Kur brauchen, bis das wieder nachwuchs, was er von sich selbst aufgefressen hatte.«
»Es ist mir einerlei, wie dieser Aal hieß«, sagte Karlchen Krake.
»Sie haben eben keinen historischen Sinn, Karlchen Krake«, sagte Isidor Schluckigel, »es ist an sich gewiß nicht wichtig, wie dieser Aal hieß, aber er hieß Longinus Schlüpferig, meine chronikale Genauigkeit verlangt es, das festzustellen.«
»Sie sollten lieber den Mund halten«, sagte Karlchen Krake, »ein Geschöpf, das festgewachsen ist und das noch nicht einmal weiß, ob es Tier oder Pflanze sein soll!«
»Das ist wahr«, sagte Isidor Schluckigel ruhig, »ich überlege es mir eben noch, wie ich mich am besten weiterentwickele. Ich habe Zeit, und ich will vorläufig die Beziehungen nach keiner Seite hin abbrechen. Wenn man festgewachsen ist, ist man auch nicht so gefräßig wie Sie, man wartet alles behäbig ab und läßt die Ereignisse in einer chronikalen Folge an sich vorüberziehen. Das ist sehr bildend, und Sie sollten sich ein Beispiel daran nehmen, Karlchen Krake.«
Durchs blaue Wasser kam mit eleganten Ruderschlägen die Sardelle Flora Flossenfroh, im bräunlich-blauen Kleide und weiß eingelegter Vorderseite und mit golden glänzenden Schuppen am Kopf, eine unleugbar hübsche Person. Karlchen Krakes Opernglasaugen wurden noch größer, als sie schon waren, und seine Fangarme regten sich appetitvoll.
Flora Flossenfroh wandte sich an Isidor Schluckigel.
»Ach, bitte, können Sie mir nicht sagen, wie komme ich hier am besten nach dem Atlantischen Ozean?«
»Kommen Sie in meine Arme, Fräulein!« sagte Karlchen Krake und breitete verbindlich sein unappetitliches Geringel aus. Dabei winkte er mit seinen Saugnäpfen und tropfte Tinte aus seinem Tintenbeutel. Es sah scheußlich aus.

»Pfui, wer ist denn das?« fragte Flora Flossenfroh und rümpfte die Kiemen.
»Das ist Karlchen Krake«, sagte Isidor Schluckigel, »wenn Sie zu Karlchen Krake gehen, kommen Sie in die Tinte und nicht in den Atlantischen Ozean.«
Dann sah er die junge Sardelle durchdringend aus allen seinen Poren an.
»Flora«, sagte er, »Flora Flossenfroh, warum wollen Sie in den Atlantischen Ozean? Dazu sind Sie viel zu klein. Bleiben Sie in Ihren heimischen Familienschwärmen!«
»Ein junges Mädchen muß sich heute emanzipieren«, sagte die Sardelle schnippisch, »es muß frei und selbständig werden, und außerdem leide ich an der großen Sehnsucht nach dem Weltmeer, nach dem Unendlichen . . .«
»Nach was für einem Essen haben Sie Sehnsucht?« fragte Karlchen Krake.
»Wenn Sie schon durchaus in die Unendlichkeit wollen«, sagte Isidor Schluckigel, »so bewahren Sie sich wenigstens wie ich einen gewisen chronikalen Sinn für Ihre Erlebnisse! Nach dem Atlantischen Ozean schwimmen Sie immer geradeaus und dann die erste Querstraße rechts, die Straße von Gibraltar, und dann wieder geradeaus durch die Säulen des Herkules. Schwimmen Sie glücklich, Flora Flossenfroh!«
Die Sardelle bedankte sich und entschwamm.
Karlchen Krake sah ihr mit Opernglasaugen nach: Aber schon hatte etwas Neues seine Aufmerksamkeit erregt. Ein Taschenkrebs kroch langsam näher, er ging seitwärts, und auf seinem Rücken hatten sich Algen und allerlei Pflanzen angesiedelt. Es war dies eine Art von Gemüsegarten, und der Taschenkrebs griff dazwischen rückwärts mit seiner Schere in diesen Garten und stärkte sich bei der Wanderung. Als der Herr mit dem Gemüsegarten Karlchen Krake sah, machte er bedenkliche Stielaugen.
»Pfui, wer ist denn das?« fragte er, und die Stielaugen wuchsen ihm förmlich aus der Kruste seines Kopfes.
»Das ist Karlchen Krake«, sagte Isidor Schluckigel mit chronikaler Genauigkeit.
Aber Karlchen Krake hatte diesmal nicht gewartet. Mit scheußlicher Geschwindigkeit schossen seine Fangarme aus dem Krakenkrater auf den Herrn, der seitwärts pilgerte und seinen

Gemüsegarten bei sich trug. Doch Karlchen Krake war allzu gierig gewesen, er vergriff sich und erwischte nur eine Alge, die ihm abscheulich schmeckte. Der Taschenkrebs verkroch sich unter einen Stein.
»Wie gut«, sagte der Taschenkrebs, »wenn man einen Gemüsegarten auf dem Rücken trägt! Dann kriegen die Leute nur die Gemüse, wenn sie einen rupfen wollen.«
»Mir scheint, dies ist so etwas wie eine Lebensweisheit«, sagte Isidor Schluckigel.
Karlchen Krake wurde braun, rot und gelb und bekam Warzen auf der Haut vor lauter Ärger.
»Ach, bitte«, sagte die Sardelle, die wieder angekommen war, »ach, bitte, können Sie mir nicht sagen, wie hieß die Straße, wo ich am besten nach dem Atlantischen Ozean . . .?«
»Flora«, sagte Isidor Schluckigel, »Flora Flossenfroh, die Straße heißt die Straße von Gibraltar, Gi-bral-tar, aber ich verstehe nicht, wie Sie sich emanzipieren wollen, wenn Sie nicht einmal eine Straße behalten können.«
Die Sardelle bedankte sich und entschwamm; aber schon nach wenigen Flossenschlägen stieß sie beinahe mit einer Flunder zusammen. Die Flunder war ganz flach, und ihre Augen waren beide auf der rechten Seite, das linke war einfach nach rechts gerutscht, weil ihr das so bequemer war. Vielleicht war es auch eine Übungssache. Karlchen Krake war begeistert. Dies Mittagessen endlich schien ihm gewiß zu sein; er hüpfte in seinem Krakenkrater auf und ab und schoß mit den Fangarmen nach allen Seiten.
»Pfui«, sagte die Flunder, »wer ist denn das?« Und dabei verzog sie den Mund, der an sich schon schief war. »Das ist Karlchen Krake«, sagte Isidor Schluckigel mit chronikaler Genauigkeit.
»Mich kriegt man nicht so leicht«, sagte die Flunder, »bei mir heißt es: Augen rechts und so flach wie möglich! So kommt man überall durch.« Und schon entschwand sie.
»Mir scheint, dies ist so etwas wie eine Lebensweisheit«, sagte Isidor Schluckigel.
»Lebensweisheiten kann ich nicht essen«, sagte Karlchen Krake, verfärbte sich mehrfach und bekam wieder Warzen auf der Haut.
»Regen Sie sich nicht auf, Karlchen Krake«, sagte Isidor

Schluckigel, »ich habe es Ihnen schon einmal gesagt, daß es Ihrem Teint schadet.«
»Ach, bitte«, sagte die Sardelle, die wieder angekommen war, »ach, bitte, können Sie mir nicht sagen, wie hieß der Herr, durch dessen Säulen ich, wie Sie sagten, nach dem Atlantischen Ozean . . .?«
»Flora«, sagte Isidor Schluckigel, »Flora Flossenfroh, wie wollen Sie denn in die Unendlichkeit kommen, wenn Sie nicht einmal die Säulen des Herkules behalten können? Her-ku-les. Es ist auch kein Herr, denn er ist schon lange tot – und mit diesen mangelhaften Kenntnissen wollen Sie sich emanzipieren!«
Die Sardelle bedankte sich und entschwamm.
Durchs Wasser aber sauste mit einer geradezu wahnsinnigen Geschwindigkeit eine Seenadel, und Karlchen Krake vergaß alles Lauern und stürzte sich mit Saugnäpfen, Opernglasaugen und Tintenbeutel aus dem Krakenkrater heraus, um die Seenadel zu fressen. Aber sosehr er auch mit den unappetitlichen Fangarmen schlingerte, sosehr er die Opernglasaugen nach allen Seiten wandte und Tinte aus seinem Tintenbeutel spritzte – die Seenadel war nicht zu erreichen.
»Diese Person«, sagte Isidor Schluckigel, »diese Person leidet an Störungen; ich habe das schon des öfteren mit chronikaler Genauigkeit festgestellt. Es überkommt sie plötzlich der Wahn, das Meer sei zerrissen und sie müsse es nähen, sonst ginge alles aus den Fugen. Es ist dies ein spezifisch akademischer Wahn, aus der eigenen sonderbaren Beschaffenheit auf die Beschaffenheit der Welt zu schließen. Es ist sonst eine harmlose Person.«
»Was nützt das mir, daß es ein akademischer Wahn ist«, schrie Karlchen Krake voller Warzen, »für mich sind solche Leute ungenießbar.«
»Für andre auch«, sagte Isidor Schluckigel.
»Ach, bitte«, sagte die Sardelle, die schon wieder angekommen war, »ach, bitte, können Sie mir nicht sagen, komme ich so, wie Sie sagten, auch bestimmt nach dem Atlantischen Ozean?«
Der Schwamm sperrte alle Poren auf.
»Flora«, sagte er, »Flora Flossenfroh, wenn Sie immer wiederkommen, werden Sie niemals den Atlantischen Ozean er-

reichen, und wenn ich Ihnen etwas sage, dann ist es richtig, denn ich bin für die chronikale Genauigkeit. Schwimmen Sie ab, Flora Flossenfroh!«

Die Sardelle bedankte sich und entschwamm.

Isidor Schluckigel aber hatte genug von allen chronikalen Ereignissen. Er schloß die Poren und schlief ein. Unterdessen begab sich mit Karlchen Krake etwas Scheußliches. Karlchen Krake wurde braun, rot und gelb, Karlchen Krake bekam Warzen auf der Haut vor lauter Wut, daß ihm jedes Mittagessen entschlüpft war, und Karlchen Krake entleerte seinen Tintenbeutel bis auf den letzten Rest. Und in der eigenen Tinte fraß Karlchen Krake sich selbst auf. Er schmeckte sich selbst ausgezeichnet; nur ein unklares Gefühl überkam ihn, als ob da etwas nicht in Ordnung sei. Aber dann war es schon zu spät.

Als Isidor Schluckigel die Poren wieder öffnete, sah er, was geschehen war, und nahm es zur chronikalen Kenntnis.

»Karlchen«, sagte er, »Karlchen Krake, ich habe es Ihnen immer gesagt, es wird noch einmal ein schlechtes Ende mit Ihnen nehmen.« Dies war die Grabrede Isidor Schluckigels auf Karlchen Krake.

Flora Flossenfroh war inzwischen im Atlantischen Ozean gelandet. Nun war die Emanzipation der Frau vollzogen, nun war sie frei, groß und selbständig – eine Sardelle im Atlantischen Ozean! Das ist nicht viel – aber vielleicht war sie doch etwas mehr, wie sie, ein kleiner schimmernder Fisch, ins Abendgold des Weltmeeres schwamm. Sie hatte die Unendlichkeit gesucht und gefunden, und so war sie, so klein sie auch war, doch größer als die Flunder, als der Herr mit dem eigenen Gemüsegarten und die akademische Seenadel, und sicherlich größer als ein behäbiger Schwamm und als Karlchen Krake.

Balduin Brummsel

Der Käfer Balduin Brummsel und seine Frau Susummse Brummsel hatten sich zur Nachtruhe im Kelch einer Tulpe niedergelassen. Es war eine rote Tulpe; denn andersfarbige Tulpen und besonders gelbe konnten Frau Susummse Brummsels Nerven nicht vertragen. An sich schien das eben belang-

los; denn es war dunkel geworden, und man konnte von Farben nicht mehr viel sehen. Aber es war nichts belanglos, was Frau Susummse Brummsel betraf.
Balduin Brummsel hatte seine sechs Beine unter dem Leib gesammelt und beschloß einzuschlafen.
»Balduin«, sagte Frau Susummse Brummsel, »es ist sehr dunkel geworden. Weißt du es auch bestimmt, daß es eine rote Tulpe ist, in der wir nächtigen?«
»Ja, es ist eine rote Tulpe«, sagte Balduin Brummsel.
»Du weißt es doch, daß meine Nerven es nicht vertragen, in einer gelben Tulpe zu schlafen?« sagte Frau Susummse Brummsel.
»Ja, ich weiß es«, sagte Balduin Brummsel.
»Gelbe Tulpen sind abscheulich, warum gibt es überhaupt gelbe Tulpen?« fragte Frau Susummse Brummsel.
»Ich weiß es nicht«, sagte Balduin Brummsel.
Pause. Balduin Brummsel war nahe am Einschlafen.
»Balduin«, sagte Frau Susummse Brummsel, »Balduin, weißt du es auch gewiß, daß die Tulpe sich geschlossen hat, so daß wir gesichert schlafen können?«
»Ja, ich weiß es«, sagte Balduin Brummsel.
»Balduin«, sagte Frau Susummse Brummsel, »willst du nicht lieber noch einmal nachsehen, ob die Tulpe sich wirklich geschlossen hat?«
Balduin Brummsel kroch nach oben und kroch wieder nach unten.
»Ja, die Tulpe ist geschlossen«, sagte er, sammelte seine sechs Beine unter dem Leibe und beschloß einzuschlafen.
Pause.
»Balduin«, sagte Frau Susummse Brummsel, »hast du es bemerkt, daß die Hummel Barbara Blütenbär einen dicken Pelz trug, obwohl es ein ganz heißer Tag war?«
»Ja, ich habe es bemerkt«, sagte Balduin Brummsel.
»Ist es nicht ein Unsinn, einen dicken Pelz zu tragen, wenn es ein so heißer Tag ist?« sagte Frau Susummse Brummsel und machte eine predigende Bewegung mit den Fühlern, »warum trägt diese dumme Hummel bloß einen dicken Pelz?«
»Ich weiß es nicht«, sagte Balduin Brummsel.
»Balduin, glaubst du, daß solch ein dicker Pelz mir stehen würde?« fragte Frau Susummse Brummsel.

»Es kann sein, ich weiß es nicht«, sagte Balduin Brummsel.
Pause. Balduin Brummsel war nahe am Einschlafen.
»Balduin«, sagte Frau Susummse Brummsel, »du weißt es doch bestimmt, daß die Tulpe sich geschlossen hat?«
»Ja, ich weiß es«, sagte Balduin Brummsel.
»Balduin«, sagte Frau Susummse Brummsel, »sieh doch lieber noch einmal nach, ob die Tulpe sich wirklich geschlossen hat!«
Balduin Brummsel kroch nach oben und kroch wieder nach unten.
»Ja, die Tulpe ist geschlossen«, sagte er, sammelte seine sechs Beine unter dem Leibe und beschloß einzuschlafen.
Pause.
»Balduin«, sagte Frau Susummse Brummsel, »hast du es bemerkt, daß die Biene Melitta Emsig bloß einen leichten Jumper trug, obwohl es doch ein kühler Tag war?«
»Ja, ich habe es bemerkt«, sagte Balduin Brummsel, »aber sagtest du nicht eben, daß es ein sehr heißer Tag gewesen wäre?«
»Wie kann ich sagen, daß es ein heißer Tag war, wenn es ein ganz kühler Tag gewesen ist?« sagte Frau Susummse Brummsel und machte eine predigende Bewegung mit den Fühlern, »ist es nicht ein Unsinn, bloß einen leichten Jumper zu tragen, wenn es ein so kühler Tag ist? Warum trägt diese dumme Biene bloß einen so leichten Jumper?«
»Ich weiß es nicht«, sagte Balduin Brummsel.
»Balduin, glaubst du, daß solch ein leichter Jumper mir stehen würde?« fragte Frau Susummse Brummsel.
»Es kann sein, ich weiß es nicht«, sagte Balduin Brummsel.
Pause. Balduin Brummsel war nahe am Einschlafen.
»Balduin«, sagte Frau Susummse Brummsel, »die Tulpe wird sich am Ende doch nicht wieder geöffnet haben?«
»Nein, das wird sie nicht«, sagte Balduin Brummsel.
»Balduin«, sagte Frau Susummse Brummsel, »sieh doch lieber noch einmal nach, ob die Tulpe sich nicht am Ende doch wieder geöffnet hat!«
Balduin Brummsel kroch nach oben und kroch wieder nach unten.
»Nein, die Tulpe hat sich nicht wieder geöffnet«, sagte er, sammelte seine sechs Beine unter dem Leibe und beschloß einzuschlafen.

Pause.
»Balduin«, sagte Frau Susummse Brummsel, »warum frißt dein Vetter, der Maikäfer Zacharias Zange, so viele Blätter an einem Tage?«
»Ich weiß es nicht, wahrscheinlich hat er Appetit«, sagte Balduin Brummsel.
»Balduin«, sagte Frau Susummse Brummsel und machte eine predigende Bewegung mit den Fühlern, »du mußt das wissen, Balduin, es ist doch eine Familienangelegenheit, und ich finde, es ist peinlich, Verwandte zu haben, die so unmäßig fressen.«
Balduin Brummsel überkam eine tiefe Erschöpfung.
»Balduin«, sagte Frau Susummse Brummsel, »glaubst du vielleicht, daß es mir bekommen würde, wenn ich soviel fressen würde wie dein Vetter Zacharias Zange?«
»Es kann sein, ich weiß es nicht«, sagte Balduin Brummsel.
Pause. Balduin Brummsel war nahe am Einschlafen.
»Balduin«, sagte Frau Susummse Brummsel, »du weißt es doch ganz gewiß, daß die Tulpe sich nicht am Ende wieder geöffnet hat?«
»Ja, ich weiß es«, sagte Balduin Brummsel.
»Balduin«, sagte Frau Susummse Brummsel, »willst du nicht lieber doch noch einmal nachsehen, ob die Tulpe sich nicht ...«
»Nein, das werde ich nicht tun«, schrie Balduin Brummsel, »ich weiß es genau, daß die Tulpe sich nicht wieder geöffnet hat, denn sie hatte sich gar nicht geschlossen. Es ist auch gar keine rote Tulpe, sondern eine ganz gelbe. Ein dicker Pelz und ein leichter Jumper würden dir nicht stehen, und wenn du soviel fressen würdest wie Zacharias Zange, so würdest du noch mehr fragen, als du es jetzt schon tust!«
Balduin Brummsel schlief diese Nacht, zum erstenmal in seiner Ehe, ausgezeichnet. Frau Susummse Brummsel tat, zum erstenmal in ihrer Ehe, kein Auge zu. Sie schwieg zwar, auch zum erstenmal in ihrer Ehe, aber sie machte die ganze Nacht unaufhörlich und ohne eine einzige Pause predigende Bewegungen mit den Fühlern.

Heldentum

Vor dem Hühnerhause des Gutshofes standen zwei Hähne und zankten sich. Der Park dahinter träumte in Sommerstille, im Rauschen alter, hundertjähriger Bäume, in denen leise Vogelstimmen sangen. Aber die Hähne merkten nichts vom Frieden alter Baumkronen und nichts von der Heiligkeit durchsonnter Sommerstille. Sie standen da, starrten sich an und zankten sich. Es war auf dem Futterplatz, dem Ort, wo sich die meisten zankenden Hähne zusammenfinden. Man nennt das wirtschaftliche Ursachen, aber es sind eigentlich ganz andere.

»Es ist mein Korn!« sagte der eine Hahn.

»Nein, es ist mein Korn!« sagte der andere.

Es waren übergenug Körner auf der Tenne, genug, um viele Hähne satt zu machen.

Aber es mußte eben gerade dieses eine Korn sein, nur dieses eine, einzige Korn.

»Ich habe das Korn zuerst gesehen!« sagte der eine Hahn und plusterte sich bösartig.

»Nein, ich habe es zuerst bemerkt!« sagte der andere.

»Aber es ist für mich bestimmt gewesen!« sagte der eine.

»Nein, es war für mich ausgesucht!« sagte der andere.

Beide fuhren aufeinander los, erhoben sich unbehilflich ein wenig in die Luft, schlugen aufgeregt mit den Flügeln und sperrten den Schnabel weit und wütend auf. Die Hähne nennen das Heldentum, und es sieht sehr possierlich aus.

»Mir gehört das Korn«, schrie der eine Hahn, »denn ich stamme von einer besseren Rasse ab.«

»Nein, ich habe die bessere Rasse!« schrie der andere.

»Ich bin aus älterer Familie!« krähte der eine.

»Nein, ich!« krähte der andere.

»Ich bin aus einem braunen Ei gekrochen!«

»Und ich aus einem weißen!«

»Braun ist vornehmer!«

»Nein, Weiß ist vornehmer!«

»Ich habe recht!«

»Nein, ich!«

»Recht hat, wer stärker ist!« kreischten beide.

Sie flatterten wütend, tanzten sonderbar halb auf der Erde, halb in der Luft umher, in sehr albernen und grotesken Sprün-

gen, schlugen mit den Krallen um sich und hackten giftig aufeinander los. Man nennt das Krieg und hält das für eine Notwendigkeit – um ein Korn oder auch um gar nichts. Es ist eigentlich Unsinn; aber wie soll man das einem richtigen Hahn klarmachen?
»Zankt euch nicht!« sagte eine alte Henne, die ihre kleinen gelben Küken im Park spazierenführte, unter den alten Baumkronen in durchsonnter Sommerstille.
Die Hähne fuhren wieder wütend aufeinander los, zerzauste Federn flogen nach allen Seiten, und das Korn, das, wie man es nennt, eine wirtschaftliche Ursache gewesen, war längst in den Schmutz getreten.
Oben in blauer Höhe kreiste ein Habicht. Langsam sank er tiefer und tiefer. Dann stieß er plötzlich auf das Hühnerhaus herab. Alle Hühner flohen eiligst in ihr Haus, zuallererst die beiden zankenden Hähne – denn der Stärkere hatte eben recht.
Nur die Henne konnte das Haus nicht mehr erreichen; ihre kleinen Küken konnten so schnell den weiten Weg aus dem Park nicht zurücklegen mit den schwachen und unbeholfenen Beinen. Darum blieb sie auch, lockte angstvoll die Kinder an sich heran und erwartete den entsetzlichen Feind mit klopfendem Herzen. Die Singvögel in den Baumkronen schwiegen, es war eine atemlose, beklemmende, furchtbare Stille. Nur das Herz der armen Henne schlug hörbar.
Der Habicht senkte sich schwebend bis nahe an die Erde und glitt mit unheimlichem, drohendem Rauschen seiner schweren Schwingen auf die Henne und ihre kleinen Küken zu. Eines von ihnen würde er greifen, es mit dem schrecklichen Schnabel zerreißen und mit sich fortschleppen vom grünen Rasen des Lebens, fort vom Mutterherzen, hoch in die ferne blaue Luft und in den Tod – eines von den kleinen, hilflosen, piepsenden Geschöpfen, das sie ausgebrütet, das sie betreut und geführt hatte, eines ihrer Kinder!
Einen klagenden Laut furchtbaren Jammers stieß die Henne aus. Dann geschah etwas Unerwartetes, Ungeheures, etwas, was der stolze Raubvogel noch niemals erlebt hatte. Die Henne sprang auf ihn los, sie hackte und biß nach ihm, so wütend, so mutig und so verzweifelt, daß er sich wehren mußte.
Es war ein ungleicher Kampf. Der Habicht blutete, aber die

Henne blutete noch mehr. Nicht lange konnte dieser Kampf dauern. Da schrak der Habicht zusammen, wurde unsicher, erhob sich in die Luft und begann unruhig zu flattern.
Vom Gutshaus kamen die Mägde gelaufen, herbeigerufen durch das verzweifelte Geschrei der Henne, und verjagten den Habicht.
Enttäuscht und grimmig stieg der Raubvogel höher und höher, bis er, eine schwache Silhouette auf bläulichem Glas, in der klaren nordischen Sommerluft verschwand – zum ersten Male ein Geschlagener und Besiegter.
Die Henne blutete, aber noch waren es keine schweren Verletzungen gewesen, die sie erhalten. Und unter den wunden Flügeln der Mutter wanderten die kleinen, gelben, hilflosen Küken in ihr Hühnerhaus zurück. Es fehlte nicht eines von ihnen.

– – –

Dies ist eine Geschichte, die sich wirklich begeben hat. Sie geschah vor vielen Jahren auf dem alten Gutshof von Paltemal, der die Heimat meiner Kindheit war. Die Henne ist niemals getötet worden, sie erhielt ihr Futter bis an ihr natürliches Lebensende, und jeder achtete sie hoch. Ich selbst habe sie als Knabe gekannt, und ich habe den Hut vor ihr abgenommen, sicher mit weit mehr Sinn und Recht als vor den meisten Menschen.
Zankende Hähne haben seitdem nie wieder einen Eindruck auf mich gemacht. Zankende Hähne gab es immer und gibt es heute noch – mehr als genug. Manche von ihnen werden sogar mit tönenden Namen genannt in der Weltgeschichte, so wie wir sie lernen. Es sind keine Helden.
Die wirklichen Helden aber – und es sind viele unter ihnen, welche die Weltgeschichte, wie wir sie lernen, gar nicht kennt –, die nahmen die Henne in ihre unsterblichen Reihen auf.

Josua Kragenkropf und Jesaja Krallenbein

Der Geier Josua Kragenkopf saß in einer Felsenspalte und frühstückte mit ersichtlichem Behagen. Sein langer Hals reckte sich nackt aus dem gesträubten Kragen heraus, und mit dem

Schnabel säbelte er dicke Fetzen aus einem Stück angefaulten Fleisches, das er so nach und nach appetitvoll und voller Andacht hinunterwürgte. Dieser angenehme haut-goût – es schmeckte ihm wirklich ganz ausgezeichnet.
Dunkel und drohend starrte die Bergmasse des Schwarzmönchs ihm gegenüber, und hoch über ihm blitzte das Silberhorn der Jungfrau im ewigen Schnee.
Josua Kragenkropf aber war landschaftlich ganz unbeteiligt. Das alles sah er nicht, denn er frühstückte, und es schmeckte ihm vorzüglich, eben gerade, weil das Fleisch etwas angefault war und diesen angenehmen haut-goût hatte, den er überaus schätzte und den man in seinem richtigen Entwicklungsgrade nicht immer so glückhaft antraf wie heute.
Am Eingang der Felsspalte ertönte ein mehrfaches Flügelschlagen, nach der Etikette der Geier das Zeichen, daß jemand einzutreten wünschte. Josua Kragenkropf schluckte eifrig an einem besonders großen Bissen und versteckte den sehr ansehnlichen Rest seines Frühstücks in einem Felsenloch, vor das er sorgsam einen Stein mit der Kralle schob. Er tat das stets, wenn sich Gäste zeigten.
»Ist es erlaubt, einzutreten, mein lieber Kollege Kragenkropf?« sagte eine heisere Stimme, und in der Felsenspalte erschien der Geier Jesaja Krallenbein.
»Angenehm, angenehm«, sagte Josua Kragenkropf und würgte in seinem Halse, daß er Falten darin bekam, »sehr angenehm, mein lieber Kollege Krallenbein. Erfreut, sehr erfreut, Sie nach so langer Zeit wiederzusehen.«
Jesaja Krallenbein war etwas größer als Josua Kragenkropf, sein Hals war noch länger und nackter, und seine Kragenkrause sah aus, als wären die Motten hineingekommen. Er klappte den Schnabel auf und zu und roch voller Interesse in der Luft herum.
»Ein schöner Morgen, lieber Kollege, ein schöner Morgen«, sagte er, »aber etwas kühl, ja erheblich kühl, muß man sagen, besonders wenn man, wie ich, noch nichts gefrühstückt hat, lieber Kollege.«
»Unstreitig etwas kühl«, sagte Josua Kragenkropf und dachte voller Besorgnis an sein verstecktes Frühstück. Es war ja sorgfältig und sachgemäß verwahrt; aber am Ende duftete es und stieg Jesaja Krallenbein in den Schnabel. »Etwas kühl, mein

lieber Kollege Krallenbein; aber wir haben ja unsere warmen, dicken Daunenhosen.«
»Ich habe auf dem Magen keine Daunenhosen«, sagte Jesaja Krallenbein und sah Josua Kragenkropf in unangenehmer Weise von der Seite an. »Aber was ich sagen wollte, mein lieber Kollege Kragenkropf, haben Sie schon gefrühstückt? Sie machen einen so satten Eindruck.«
»Ich habe nichts gefrühstückt, wie sollte ich?« sagte Josua Kragenkropf und ließ die Flügel ermattet hängen, »aber nehmen Sie doch bitte Platz, mein lieber Kollege! Hier auf dem Felsrand ist eine bequeme Krallenstütze, wollen Sie sich bitte bedienen! Sie sitzen so unbehaglich. Die Krallenstütze ist dort, mehr dem Ausgang zu, mein lieber Kollege. Sie haben dort auch die herrliche Aussicht auf das Silberhorn.«
Josua Kragenkropf bekam plötzlich Sinn für landschaftliche Reize.
»Ich sitze hier sehr gut, mein lieber Kragenkropf«, sagte Jesaja Krallenbein und rutschte noch ein Stück weiter in die Höhle hinein, auf die Stelle zu, wo das duftende Frühstück von Josua Kragenkropf verschwunden war.
Josua Kragenkropf wurde es unbehaglich.
»Gibt es etwas Neues auf dem Gebiete der Aviatik, mein lieber Kollege Krallenbein?« fragte Josua Kragenkropf und streckte den nackten Hals voller Besorgnis nach Jesaja Krallenbein aus. »Sie wissen ja, daß mir die wissenschaftlichen Interessen unserer Zivilisation über alles gehen.«
»Wer dächte nicht so wie Sie, mein lieber Kragenkropf?« sagte Jesaja Krallenbein, rutschte noch einmal und saß jetzt richtig auf dem Stein, hinter dem sich das Frühstück verbarg. »Ja, es gibt allerlei, es gibt allerlei. Wie gesagt, die Wissenschaft über alles. Aber sollten Sie nicht doch bereits gefrühstückt haben? Es duftet hier so angenehm nach haut-goût – ein ganz wunderbarer Geruch, mein lieber Kollege.«
»Leider, leider ist nichts von meinem Frühstück übriggeblieben, mein lieber Krallenbein«, sagte Josua Kragenkropf und zuckte bedauernd mit den Flügeln. »Ich selbst habe nur eine Kleinigkeit zu mir genommen, und mir ist immer noch flau. Sonst wäre es mir ein Vergnügen, Ihnen etwas anzubieten. Aber die Zeiten sind schlecht, und man findet wenig in dieser unwirtlichen Gegend, die ja dafür landschaftlich wirklich sehr

reizvoll ist. Sehen Sie nur, wie das Silberhorn eben wieder aufleuchtet! Aber Sie müssen etwas mehr nach vorne rücken, dem Ausgang zu. Von dort, wo Sie eben sitzen, können Sie nichts sehen.«

»Ich sehe genug und rieche genug, mein lieber Kollege Kragenkropf. Sollte nicht doch am Ende ein Stück übriggeblieben sein und der angenehm faulige Duft sich davon herleiten lassen? Sollten Sie es nicht vielleicht vergessen haben, mein lieber Kragenkropf?«

»Nein, nein, ich bin ja von einer geradezu wissenschaftlichen Genauigkeit in allem, mein lieber Kollege«, sagte Josua Kragenkropf und sperrte den Schnabel böse auf. »Ich selbst bin sehr hungrig und wollte Sie gerade fragen, ob Sie nicht etwas Genießbares wüßten. Ich friere vor Hunger, und wenn ich, wie gesagt, nicht die warmen dicken Daunenhosen hätte – aber wollten Sie mir nicht eben von der Aviatik berichten? Ich interessiere mich so sehr für jede neue Methode und überhaupt für unsere ganze Zivilisation.«

Jesaja Krallenbein sah Josua Kragenkropf erst mit dem einen, dann mit dem anderen Auge an, beide Male in einer sehr beunruhigenden Art. Auch sah er sich einige Male nach dem Stein um, auf dem er saß.

Josua Kragenkropf wurde es heiß, aber ganz unabhängig und unbeeinflußt von den Daunenhosen. Diese beängstigende Hitze kam vom Magen, vom Organ seines Appetits, und auf diesem trug er keine Daunenhosen.

»Ja, mein lieber Kollege Kragenkropf«, sagte Jesaja Krallenbein und gurgelte dabei sehr sonderbar in seinem Schlund, »was soll ich Ihnen sagen? Die Menschen fliegen.«

»Die Menschen fliegen? Ein kriechendes Geschlecht, das sich bis zu unserer Höhe erheben will?« krächzte Josua Kragenkropf erbost und schielte sehr erregt nach dem Stein des Frühstücks, den nunmehr Jesaja Krallenbeins Daunenhosen völlig zudeckten. »Wie machen sie denn das, ohne Flügel? Das ist ja kaum glaublich, mein lieber Kollege.«

»Es ist ein erschreckliches Zeichen der Zeit«, sagte Jesaja Krallenbein, »aber ich habe es selbst gesehen, und meine Schwanzfedern sträubten sich, wie Sie mir gerne glauben werden. Natürlich fliegen sie nicht mit Flügeln, mein lieber Kollege. Wie sollten sie, wenn sie keine solchen haben, das wäre ja ganz

unwissenschaftlich. Sie fliegen mit Maschinen, mein bester Kragenkropf, mit einem metallenen Gerippe.«
»Hä, hä«, krächzte Josua Kragenkropf und wackelte mit dem nackten Halse, »mit toten Dingern? Wie kann denn ein toter Gegenstand fliegen? Mein lieber Kollege Krallenbein, Ihre Kenntnisse in allen Ehren, aber sollte das nicht am Ende doch eine Hypothese des Morgennebels sein, sozusagen aus Ihrem nüchternen Magen entstanden, aus dem Frost heraus? Denn wie ich eben bemerke, sind auch Ihre Daunenhosen erheblich dünn geworden mit dem Alter, ein wenig fadenscheinig, mein lieber Krallenbein. Sie müssen unbedingt mehr in die warme Sonne rücken, dem Ausgang zu, hier, wo Sie auch die bequeme Krallenstütze haben.«
Du wirst bald sehen, wie tote Gegenstände fliegen, dachte Jesaja Krallenbein und klappte höhnisch mit dem Schnabel, ich werde dir meine fadenscheinigen Daunenhosen schon eintränken, du alter Ekel.
»Mein lieber Kollege Kragenkropf«, sagte er sodann, »hier ist nichts von einer Hypothese und nichts von Morgennebel, wenn sich auch mein nüchterner Magen noch nicht durch ein Frühstück, das Sie mir angeboten hätten, erholt hat. Aber Sie scheinen mir nicht ganz auf dem Posten zu sein, nicht ganz denkklar, nicht exakt genug. Wohl noch etwas von der letzten Mauser nachgeblieben, eine kleine Schwäche, so hoch ich sonst natürlich Ihre Kenntnisse stelle, mein lieber Kollege Kragenkropf.«
Josua Kragenkropf sah Jesaja Krallenbein voller Gift und Bosheit an. »Solange Sie nicht den krallengreiflichen Beweis erbringen, werter Kollege . . .«
»Da fliegt einer!« krächzte Jesaja Krallenbein und zeigte mit der Kralle nach dem Ausgang der Felsenhöhle.
Josua Kragenkropf vergaß alle Kränkungen von Schwäche und Mauser und das duftende Frühstück und eilte hinaus. An ihm vorüber in elegantem Gleitflug segelte Jesaja Krallenbein mit Josua Kragenkropfs duftendem Frühstück im Schnabel. Sonst war nichts zu sehen.
»Tote Gegenstände fliegen, im Schnabel, mein lieber Kollege, und bald in meinem Magen, das ist der krallengreifliche Beweis«, gurgelte er sehr unangenehm und verschwand in der Ferne.

Josua Kragenkropf war nach anderen krallengreiflichen Beweisen zumute, die er dem Kollegen gerne beigebracht hätte; aber Jesaja Krallenbein war der Stärkere, und das ist überall eine überzeugende Logik. Dafür flog Josua Kragenkropf nach der Felsspalte Jesaja Krallenbeins und holte sich Jesaja Krallenbeins Frühstück. Es verriet sich durch einen angenehm fauligen Duft, durch diesen selten schönen haut-goût, der keineswegs immer so vorzüglich anzutreffen ist. Das Frühstück war sorgsam hinter einem Stein verschlossen, in durchaus gleicher Weise, wie Josua Kragenkropf das seinige verwahrt hatte.
»Welch ein Segen liegt in der Zivilisation und ihrer stets gleichen wissenschaftlichen Methodik!« sagte Josua Kragenkropf, und es schmeckte ihm vorzüglich. »Aber sollten die Menschen wirklich fliegen können? Am Ende werden sie noch Geier werden?« Ihn schauderte vor dieser Vorstellung. Er zog den nackten Hals fröstelnd in den Federkragen ein und plusterte die dicken Daunenhosen auf.
Ach, mein verehrter Josua Kragenkropf, die Menschen brauchen nicht erst Geier zu werden. Sie genießen voller Behagen den Duft einer verfaulten Zivilisation, sie reden von einer Wissenschaft, die ständig in der Mauser ist – mein lieber Kollege Kragenkropf, mein lieber Kollege Krallenbein –, und fressen sich gegenseitig das Frühstück weg.

Der Oberaffe

Indiens Morgenhimmel blaute über Indiens Gefilden und tauchte alle Wunder des Daseins in das Licht des jungen Tages unter Brahmas Sonnensegen.
»Sehr weise und sehr lichtvoll ist diese Welt«, sagte der Elefant Nalagiri Lappenhaut, erhob sich vom Schlaf und stellte sich auf seine Säulenbeine, um nachzudenken, das breite Haupt nach Osten gewendet, denn er war voller Erfahrung, und seine Seele war stille und klar wie Indiens Morgenhimmel.
Um ihn herum aber war es nicht stille. Im Geäst der Bäume regte sich vielfältig ein Gewimmel von Köpfen, Beinen, Händen und Schwänzen. Eine Affenversammlung wählte ihren Oberaffen. Wo sich Affen versammeln, wählen sie immer

einen Oberaffen; sonst gäbe es kein richtiges Affentheater, und das wollen die Affen überall haben, in Indien und in der ganzen Welt, wo es nur immer richtige Affen gibt – und es gibt sehr viele. Zum Oberaffen wird immer der Affe gewählt, der das größte Maul und das stärkste Gebiß hat, und eine solche Wahl ist, wie alle Wahlen in der ganzen Welt, wo Affen wohnen, ein Ereignis mit sehr lebhaften Begleiterscheinungen. Zuerst erhebt sich ein entsetzliches Geschnatter, so daß keiner mehr verstehen kann, was der andere sagt, denn das ist bei der Wahl auch gar nicht nötig. Dann fangen sie an sich zu beißen, zu prügeln und zu Knäueln zu ballen, bis sich Knäuel um Knäuel löst und aus dem letzten Knäuel, der sich aus allen Knäueln herausgebissen hat, der also gewählte Oberaffe aufsteigt.
So war es auch dieses Mal, und der Oberaffe des jungen Tages hieß Krakelius Kreckeckeck. Er setzte sich auf die allerhöchste Baumspitze und fletschte die Zähne, wobei er vielfache Falten auf der Nase bekam, was einen überaus unverbindlichen Eindruck machte. Dafür war er der Oberaffe.
»Sehr geräuschvoll sind viele Geschöpfe dieser Erde«, sagte der Elefant Nalagiri Lappenhaut, schloß peinvoll und ergeben die großen Ohren und wechselte die Stellung seiner Säulenbeine, um nachzudenken, das breite Haupt nach Osten gewendet.
»Ich übernehme jetzt die Regierung«, sagte Krakelius Krekkeckeck und fletschte nochmals die Zähne. »Eine Regierung besteht darin, daß sie anderen Beschränkungen auferlegt, vor allem also ...«
»Wir wollen keine Beschränkungen, wir wollen Freiheit!« brüllten die Affen.
»Maul halten!« sagte Krakelius Kreckeckeck, »es gibt keine Freiheit für Affen und auch nicht für eine richtige Affenregierung. Es muß alles beschränkt sein. Ihr müßt beschränkt werden, und ich bin schon beschränkt, weil ich amtlich beschränkt bin. Dafür bin ich der Oberaffe!«
Großes Geschnatter.
»Vor allem brauchen die kleinen Affen nicht immer in den Mutterarmen herumzuliegen und verhätschelt zu werden. Das verzärtelt das kommende Geschlecht; wir aber brauchen standhafte und mutige Affen, wie ich einer bin.«
»Was weißt denn du von Kindererziehung?« grinsten die

Affenmütter, »wir lassen uns unsere süßen Kleinen nicht nehmen.«
»Ich weiß sehr viel von Kindererziehung, weil ich eine Regierung bin«, sagte Krakelius Kreckeckeck, »ich weiß von allem etwas, denn ich weiß es amtlich. Dafür bin ich der Oberaffe!«
»Du weißt von allem etwas und weißt gar nichts«, sagte eine junge Affenmutter und zeigte die Zähne.
»Ferner«, sagte Krakelius Kreckeckeck, »sollen sich die jungen Leute nicht soviel untereinander kratzen. Das schickt sich nicht. Sie sollen lieber Beinübungen machen; das schafft die Jugend, die wir brauchen. Unsere Zukunft liegt in den Beinen.«
Großes Geschnatter.
»Wir kratzen uns, wenn es uns juckt«, schrien die jungen Mädchen und jungen Männer, »du kratzt dich ja auch.«
»Das ist etwas anderes«, sagte Krakelius Kreckeckeck, »wenn es mich juckt, so juckt es mich amtlich, und wenn ich mich kratze, so kratze ich mich amtlich. Dafür bin ich der Oberaffe!«
Dabei juckte es ihn, und er kratzte sich amtlich.
»Ferner sollen alle Affen nicht herumlungern, sondern fleißig Früchte sammeln. Das sind unsere Vorräte für die Zeiten der Not, und das ist eine Maßnahme der Regierung.«
»Wir wollen fressen und nicht sammeln«, schrien die Affen.
»Das könnte euch passen«, sagte Krakelius Kreckeckeck, »nur immer so von der Pfote in die Schnauze zu leben; aber das kann eine Regierung nicht dulden. Ihr sollt sammeln, und was ihr sammelt, sollt ihr mir bringen. Eine richtige Affenregierung steckt alle Früchte ein, die andere sammeln.«
»Um sie selbst zu fressen!« brüllten die Affen.
»Jawohl«, schrie Krakelius Kreckeckeck, »und wenn ich alles selber fresse, so fresse ich es amtlich. Dafür bin ich der Oberaffe!«
Großes zunehmendes Geschnatter sämtlicher Affen und Äffinnen. Es war kein Wort mehr zu verstehen.
Plötzlich verstummte das Geschnatter.
Aus dem Dickicht heraus trat im elegant gestreiften Fellkleid und mit sehr erbostem Gesichtsausdruck die Tigerin, Frau Miesimissa Pfotenpuff. Alles verkroch sich eiligst höher auf

die Bäume; denn ein Tiger hat für Leute, die keine Tiger sind, sehr leicht etwas Unbehagliches.
»Was ist das für ein scheußlicher Lärm?« fauchte Frau Miesimissa Pfotenpuff, »meine süßen Kinder, die kleinen Pfotenpuffs, können nicht schlafen vor eurem dummen Geschnatter.«
»Wir müssen soviel schnattern, weil wir eine Regierung und einen Oberaffen haben«, sagte ein kleiner Affe, ein noch ganz unschuldiges Geschöpf.
»Wo ist euer Oberaffe?« fragte Frau Pfotenpuff und schlug mit der Tatze bedenklich auf einen Baumstamm.
»Der Oberaffe, der Oberaffe«, schrien die Affen ängstlich und liefen suchend durcheinander, »der Oberaffe soll uns verteidigen, er soll mit Frau Pfotenpuff reden. Wo ist der Oberaffe?«
Aber der Oberaffe war nicht mehr da.
Endlich entdeckte man in einem Baumloch ein Hinterbein, das einsam und angstvoll herausragte. An diesem amtlichen Hinterbein zog man Krakelius Kreckeckeck aus dem Loch hervor und stellte ihn auf seine schlotternden Glieder. Er strebte wieder ins Loch zurück und ruderte heftig mit Armen und Beinen; aber die anderen Affen hielten ihn fest.
»Bist du der Oberaffe?« fragte Frau Miesimissa Pfotenpuff und leckte sich in einer sehr unangenehmen Weise die Schnauze.
Krakelius Kreckeckeck reckte eine Hand und ein Bein in die Höhe, eine Schwurhand und ein Schwurbein.
»Nie bin ich Oberaffe gewesen«, beteuerte er, »niemals. Wie sollte ich Oberaffe werden? Ich bin viel zu schwach und kränklich. Mein Fleisch ist auch nicht gesund, und ich bin ganz mager. Ja, nicht einmal mein Fell ist etwas wert, die Motten sind hineingekommen. Nein, um mich lohnt es sich wirklich nicht, daß Sie sich bemühen. Sie sahen ja, wie man mich aus dem Baumloch herausgezogen hat, ich war vor Schwäche hineingefallen, vor lauter Schwäche.«
»Hast du nicht eben über Kindererziehung geredet? Hast du nicht eben gesagt, daß du standhaft und mutig bist?« fragte Miesimissa Pfotenpuff.
»Wie sollte ich? Ich verstehe ja nichts von Kindererziehung. Nie hab' ich etwas davon verstanden«, sagte Krakelius Kreckeckeck und schlotterte an Armen und Beinen. »Und ich und mutig? Ach, du lieber Gott, du lieber Gott ...« Krakelius Kreckeckeck jammerte beweglich.

»Hast du nicht eben vom Jucken und Kratzen der Jugend gesprochen?« fragte Miesimissa Pfotenpuff und knurrte beängstigend.
Krakelius Kreckeckeck setzte fieberhaft seine Schwurhand und sein Schwurbein in Bewegung.
»Niemals, niemals«, beteuerte er, »ich bin froh, wenn es mich selber nicht juckt.«
»Du wolltest aber doch Früchte einheimsen, die andere gesammelt haben«, meinte Miesimissa Pfotenpuff, »also bist du doch ein Oberaffe.«
Die Schwurhand und das Schwurbein bekamen geradezu Zuckungen.
»Beim Tempel von Benares, beim Fell meiner Väter, ich schwöre es mit Armen und Beinen, niemals habe ich solche Dinge gesagt. Wie käme ich dazu? Ach, ich armes, schwaches Geschöpf. Glauben Sie doch das nicht von mir, meine liebe Frau Pfotenpuff!«
»Ich bin nicht deine liebe Frau Pfotenpuff, du dummer Affe«, sagte Miesimissa, »ich werde dir die Flöhe aus dem Fell klopfen.«
Frau Miesimissa Pfotenpuff war eine Dame. Es ist peinlich, es zu sagen, aber sie gebrauchte diesen Ausdruck.
Aus der Tiefe des Dschungels klang leise klagend ein miauendes Weinen, mehrstimmig.
»O Himmel«, sagte Miesimissa Pfotenpuff, »meine süßen Kinder, die kleinen Pfotenpuffs, die ihr gestört habt, weinen nach mir. Sie sind hungrig. Ich muß nach Hause. Aber ich schicke euch meinen Mann, wenn er von der Jagd zurückkommt. Er soll die ganze Angelegenheit untersuchen. Er wird euch was, ihr Affenbande!«
Miesimissa Pfotenpuff verschwand im Dickicht, und bald darauf lagen die kleinen Pfotenpuffs in den mütterlichen Tatzen, tranken mit selig zugekniffenen Augen und schnurrten laut und wonnevoll.
Die Affen beschlossen in sehr begreiflicher Weise, die Ankunft des angekündigten Herrn Pfotenpuffs lieber nicht abzuwarten. Kaum war Frau Miesimissa Pfotenpuff verschwunden, als eine regellose Flucht einsetzte, ein wirres Gewimmel von Köpfen, Armen, Beinen und Schwänzen – als erster und allen weit voran floh Krakelius Kreckeckeck, denn er floh

amtlich. Dafür war er der Oberaffe. Im Geäst der Bäume wurde es stille. Indiens Morgenhimmel blaute über Indiens Gefilden und tauchte alle Wunder des Daseins in das Licht des jungen Tages unter Brahmas Sonnensegen.
»Sehr weise und sehr lichtvoll ist diese Welt«, sagte der Elefant Nalagiri Lappenhaut und wechselte die Stellung seiner Säulenbeine, um nachzudenken, das breite Haupt nach Osten gewendet, »aber sehr unweise und sehr geräuschvoll sind viele Geschöpfe. Sehr unweise und sehr geräuschvoll ist insbesondere das Affentheater auf dieser Erde, und am unweisesten und am geräuschvollsten sind die Oberaffen.«

Peter Plüsch

In der Erde, in geräumigen und behaglichen Kammern wohnte der Maulwurf Peter Plüsch. Seine Wohnung war sehenswert, denn Peter Plüsch war ein Meister der Innenarchitektur. Die Zimmer waren regelmäßig und in gefälligen Formen, die Wände sauber geglättet, und der Boden war reichlich mit Ruhelagern aus Moos und Gräsern versehen, so daß es warm und weich war, wohin man auch mit der Pfote tupfte. Noch weicher als Moos und Gräser war Herr Peter Plüsch selbst, ebenso weich wie er war seine Gattin Frau Pauline Plüsch, und noch viel weicher, beinahe unwahrscheinlich weich waren seine drei Kinder, die kleinen Plüschs. Die kleinen Plüschs waren so weich, daß man es nicht einmal hören konnte, wenn sie sich im Kinderzimmer balgten. Man sollte meinen, daß so weiche Leute in einer so weichen Wohnung ein großes Behagen entfaltet hätten; aber es war leider nicht so. Peter Plüsch hatte ein sehr unruhevolles Temperament, und der Grundsatz seines Lebens war Wühlen. Unaufhörlich lief er in den großen Korridoren, die seine Wohnung mit der Außenwelt verbanden, spazieren, grub nach rechts und grub nach links und schnupperte nach Engerlingen, Regenwürmern und sonstigen appetitlichen Dingen. Diese roch er schon von weitem, und mit seinen Schaufelpfoten schaufelte er sich mit einer erstaunlichen Emsigkeit und Geschwindigkeit weiter, so daß er gleichsam in der Erde schwamm wie ein Fisch im Wasser. Solch ein Schaufelmeister war Peter Plüsch. Nur sah er nicht

gut, er hatte ganz kleine, mohnkorngroße Augen, wie das begreiflich ist bei jemand, der immer unter der Erde nach Engerlingen sucht, und wenn er einmal auftauchte und deutlicher sehen wollte, so mußte er die Haare über seinen Augen zurückstreichen, damit er etwas wahrnehmen konnte. Aber meistens grub er, daß ihm der Sand nur so aus den Pfoten flog.
Das war Peter Plüsch.
»Peter«, fragte Frau Plüsch, die eben aus der Speisekammer kam, »die Vorräte sind aufgeschichtet, was soll ich jetzt tun?«
»Wühlen!« sagte Peter Plüsch.
»Papa«, fragten die kleinen Plüschs und guckten aus dem Kinderzimmer, »Papa, wir haben genug gespielt. Was sollen wir jetzt tun?«
»Wühlen!« sagte Peter Plüsch.
Plüschs wühlten. Peter Plüsch wühlte, Frau Plüsch wühlte, und die kleinen Plüschs wühlten. Peter Plüsch aber wühlte am schnellsten. Er schaufelte so erheblich, daß er etwas außer Atem kam und nach oben tauchte, um Luft zu schöpfen.
Wie er gerade die kleine Schnauze aus einem rieselnden Erdhaufen emporstreckte, sah er etwas sehr Sonderbares vor sich sitzen – lang, grün, mit bemerkenswerten Beinen und bedenklichen Fühlern. Es war dies der Grashüpfer, der Sachverständige für Wiesenkunde, Herr Magister Pankratius Plötzlich. Er saß im Grase und trank seinen Abendtau.
Peter Plüsch war noch jung, er hatte nur selten einen Grashüpfer gesehen und jedenfalls keinen so ungeheuer großen. Er schnupperte erstaunt in der Luft herum, schob die Haare von seinen mohnkorngroßen Augen beiseite und besah sich das grüne Wunder von allen Seiten. »Wer sind Sie?« fragte er unvermittelt. Peter Plüsch war etwas manierlos.
Der Grashüpfer bewegte die Fühler bedenklich hin und her und sah aus hervorquellenden Augen auf Peter Plüsch. »Ich bin Sachverständiger für Wiesenkunde, Magister Pankratius Plötzlich«, sagte er erhaben.
Peter Plüsch hielt es nicht für nötig, sich ebenfalls vorzustellen, er gab wenig auf seine Umgangsformen, die vielen Erdarbeiten bringen das so mit sich. Er beguckte sich den Magister von allen Seiten, aber er konnte nicht klug daraus werden. »Das muß ich meiner Familie zeigen«, sagte er, »wühlen, wühlen!« Und er wühlte sich eiligst zu einem seiner Gänge

und rief in die Wohnung hinein: »Pauline, Kinder, kommt schnell, draußen sitzt ein grüner Magister mit langen Beinen und sieht knusprig aus, am Ende ist er zu essen. Kommt schnell, wühlen!« Frau Plüsch und die kleinen Plüschs wühlten. Sie wühlten emsig und voller Eifer.
Nahe dem Magister, auf einem feuchten, kühlen Stein, saß die Kröte Sibylle Warzenreich. Frau Warzenreich war weisheitsvoll wie alle Kröten und zudem noch eine ganz besonders erfahrene alte Dame.
»Herr Magister«, sagte sie, »dies war Peter Plüsch. Peter Plüsch hat einen großen Appetit und sehr mangelhafte Umgangsformen. Mir schien, als schnupperte er in einer unangenehmen Weise um Sie herum. Es ist nicht unmöglich, daß er sich mit Verspeisungsabsichten in bezug auf Ihre werte Person trägt.«
Der Magister und Sachverständige für Wiesenkunde legte arrogant die Fühler zurück, obwohl es ihm etwas unbehaglich wurde, er wollte das aber bei seiner Gelehrtenwürde nicht zeigen.
»Vielen Dank, gnädige Frau, aber über derartige Leute setze ich mich hinweg«, sagte er erhaben.
Jetzt tauchten Plüschs aus dem Erdboden wieder auf, zuerst Peter Plüsch, dann Frau Plüsch und nachher die drei kleinen Plüschs. Alle richteten die mohnkorngroßen Augen auf den Magister und betrachteten ihn. Peter Plüsch schnupperte dazu bedenklich.
»Dies ist der Sachverständige für Wiesenkunde, Magister Pankratius Plötzlich. Ich habe solch ein Vieh noch nicht gesehen.«
Ich sagte es schon einmal, daß Peter Plüsch etwas einfache Umgangsformen hatte.
Der Sachverständige für Wiesenkunde hob die Fühler in die Höhe und sah erhaben aus.
»Sagen Sie mal«, sagte Peter Plüsch und schnupperte schon wieder, »Sie sehen so knusprig aus, Sie sind am Ende eßbar?«
Magister Pankratius Plötzlich erblaßte. Er wurde hellgrün im Gesicht, während er sonst dunkelgrün war. Jetzt legte er die Fühler nach vorne, es sah abwehrend aus. »Los!« schrie Peter Plüsch, und Plüschs fuhren alle zusammen auf den knusprigen Magister los. Magister Pankratius Plötzlich aber sprang mit

einem gewaltigen Satz über Peter Plüsch, Frau Plüsch und die kleinen Plüschs weg, so daß Plüschs nichts mehr von ihm sahen, sondern mit den Nasen zusammenstießen.
Peter Plüsch war wütend und zischte etwas, was unmanierlich klang. Die Sache war ihm peinlich, Pauline und den Kindern gegenüber, und er ärgerte sich sehr.
»Papa, wo ist der Magister geblieben?« fragten die kleinen Plüschs.
»Er ist in der Erde verschwunden, wo kann man sonst verschwinden als in der Erde?« sagte Frau Plüsch und sah den Gatten ratlos an, »was sollen wir tun?«
»Wühlen!« sagte Peter Plüsch, und Plüschs wühlten sich tief in die Erde hinein.
»Schnelligkeit ist doch die Hauptsache im Leben, das habe ich immer gesagt«, sagte die Schnecke Patientia Eilig, die auf einem Mauerrand klebte, »wäre ich jetzt nicht so schnell fortgeeilt wie der Magister, hätte Peter Plüsch mich am Ende auch noch gefressen.«
Und sie schob sich zufrieden um einen ganzen Millimeter weiter. Nur dachte sie nicht daran, daß Peter Plüsch sie gar nicht gesehen hatte.
Es war Nacht geworden, und Plüschs wühlten immer noch. Sie suchten nach dem Sachverständigen für Wiesenkunde, Magister Pankratius Plötzlich.
»Es gibt so viele, die in der Erde wühlen nach dem, was über der Erde ist«, sagte die Kröte Sibylle Warzenreich; denn die Kröten sind sehr weisheitsvoll, und Frau Warzenreich war eine besonders erfahrene alte Dame. »Das Wühlen nützt gar nichts, Herr Peter Plüsch, es sind zwei Reiche, eines in der Erde und eines über der Erde – und vielleicht sind es noch viel, viel mehr.«
Sibylle Warzenreich seufzte und sah nach oben. Die Sterne gingen über ihr auf.

Nachruhm

Die Totenfeier am Sarge des berühmten Anatomen und Leiters des Physiologischen Instituts der alten Universität gestaltete sich zu einer ergreifenden Huldigung der akademischen

Kreise vor den Verdiensten des großen Verstorbenen. Der Katafalk war mit Kränzen und seidenen Schleifen behängt, in Lorbeer und Blumen gehüllt, brennende Wachskerzen umrahmten ihn, und vor ihm waren auf samtenen Kissen die zahlreichen Orden ausgebreitet, die der gelehrte Forscher mit berechtigtem Stolz getragen hatte. Zu beiden Seiten der Bahre standen die Chargierten der Korporationen mit blanken Schlägern, und neben den Angehörigen saßen der Senat der Universität in vollem Ornat, sämtliche Professoren der Hochschule und die Vertreter der Behörden. Der Priester hatte soeben seine Rede beendet, die allen tief zu Herzen gegangen war.

»Er war ein vorbildlicher Mensch und ein vorbildlicher Gelehrter«, schloß er, »er war das eine, weil er das andere war, denn ein großer Forscher sein, heißt ein großer Mensch sein. Wir stehen an der Bahre eines ganz Großen, mit Trübsal in der Seele, weil er uns genommen ist. Aber mitnichten sollen wir trauern und wehklagen; denn dieser große Tote ist nicht tot, er lebt weiter und stehet nun vor Gottes Thron im vollen Glanze seines ganzen arbeitsreichen Lebens, wie es denn in der Schrift heißt: Sie ruhen von ihrer Arbeit, und ihre Werke folgen ihnen nach!«

Alle schwiegen ergriffen, und es fiel auch niemand auf, daß der Priester anscheinend eine Kleinigkeit vergessen hatte, nämlich die, daß der große Tote, der nun vor Gottes Thron stehen sollte, sein ganzes Leben lang für die Überzeugung eingetreten war, daß es gar keinen Gott gäbe. Aber solche Kleinigkeiten werden bei Grabreden meistens vergessen.

Hierauf erhob sich der Rektor der Universität mit der goldenen Amtskette um den Hals und sprach mit bewegter Stimme warme Worte des Nachrufes für seinen berühmten Kollegen.

»Er war allezeit eine Zierde unserer alten alma mater und eine Zierde der Wissenschaft, der er sein ganzes Dasein geweiht hatte, ein Vorbild uns und allen, die nach uns kommen werden, denn auf ewig wird sein Name in goldenen Lettern auf den Marmortafeln der menschlichen Kultur glänzen. Ich kann in diesem ernsten und feierlichen Augenblick nur weniges aus der Überfülle seines Geistes herausgreifen, nur andeuten, wie er unermüdlich an unzähligen Tierversuchen Beweis auf Beweis gehäuft. Es ist nicht auszudenken, welche unerhörten Perspektiven sich mit diesen völlig neuen medizinischen Tatsachen der leidenden Menschheit und der Wissenschaft als solcher eröffnen. Nur nacheifern können wir dem gewaltigen Forscher, der uns solche Wege gewiesen, und wir und die ihn bewundernde akademische Jugend, der er ein Führer zu wahrem Menschentum war, wir wollen an seiner Asche geloben, sein Lebenswerk fortzusetzen und auszubauen, zum Heile der europäischen Wissenschaft und zur Ehre unseres geliebten Vaterlandes. Es hat unserem großen Toten nicht an reicher Anerkennung gefehlt, wie wir dankbar feststellen können, auch von allerhöchster Stelle sind ihm ehrenvolle Zeichen der Huld zuteil geworden« – alle Blicke richteten sich staunend auf das Samtkissen mit den Orden, die einige Pfund wogen –, »ja, noch kurz vor seinem Tode ward ihm die Freude, zum Wirklichen Geheimen Medizinalrat mit dem Prädikat Exzellenz ernannt zu werden, eine Ehrung, die mit ihm auch unsere ganze Hochschule als solche empfunden hat. So reich aber sein Ruhm auch war, noch reicher wird sein Nachruhm sein für alle Zeiten, und wir, die wir ihm nachtrauern, wollen es ihm gönnen, daß er nun ruhe von seiner Arbeit, daß er auf der Asphodeloswiese lustwandele mit den großen Geistern aller Zeiten, zu denen ihn seine Werke erhoben haben, und so darf auch ich schließen mit den Worten meines geistlichen Vorredners: Und ihre Werke folgen ihnen nach!« Alle waren voller Andacht, teils vor der europäischen Wissenschaft und teils vor dem Prädikat Exzellenz. Der Rektor Magnifikus hatte nur die Kleinigkeit außer acht gelassen, daß die europäische Wissenschaft die Asphodeloswiese eine Fabel nennt und von den großen Geistern der Vergangenheit behauptet, daß sie sich in chemische Substanzen aufgelöst haben. Aber das sind ja Kleinigkeiten, und es ist das Vorrecht der heute üblichen Bildung, ein griechisches Wort zu gebrauchen für etwas, bei dem man sich nichts mehr denkt. Wenn man überhaupt denken wollte – du lieber Gott, wo käme man da hin bei unserer heutigen Zivilisation und der europäischen Wissenschaft!

Der Vertreter des Staates erklärte, daß der Verstorbene eine Säule des modernen Staatswesens gewesen sei, und der Vertreter der Stadt sagte, daß der Magistrat einstimmig beschlossen habe, einer Straße den Namen des großen Toten zu ver-

leihen. Der Kirchenchor sang ein Lied, es war ein altes Lied aus einer alten Zeit, andere Menschen mit anderer Gesinnung hatten dies alte Lied geschaffen, und es nahm sich seltsam aus nach den tönenden Worten von heute. Sehr leise und überirdisch sang es wie mit fremden Stimmen durch den Raum: »Wie wird's sein, wie wird's sein, wenn wir ziehn in Salem ein, in die Stadt der goldnen Gassen ...«
Dann sank der Sarg in die Tiefe.

———

———

Der Tote hatte die ganze Zeit dabeigestanden. Ihm war, als habe sich eigentlich nicht viel geändert. Er erinnerte sich nur, einen sehr lichten Glanz gesehen zu haben, dann war alles wieder wie sonst, und er wußte kaum, daß er gestorben war. Nur leichter war alles an ihm, keine Schwere mehr und keine grobe Stofflichkeit. Ein großes Erstaunen faßte ihn – es gab also doch ein Fortleben nach dem Tode, die alte Wissenschaft hatte recht, und die neue hatte unrecht. Aber es war schöner so, und es beruhigte ihn sehr, obwohl es anfangs etwas Quälendes hatte, daß er mit niemand mehr sprechen konnte, daß keiner seiner Angehörigen und seiner Kollegen merkte, wie nahe er ihnen war. Immerhin war es tröstlich, zu hören, wie man ihn feierte und daß man so zuversichtlich von Gottes Thron und von der Asphodeloswiese gesprochen hatte. Freilich – die Titel und Orden fehlten ihm, sie erschienen nicht mehr greifbar. Aber war er nicht immer noch der große Gelehrte, der berühmte Forscher? Hieß es nicht: und ihre Werke folgen ihnen nach? ...
Er war nun allein, die Umrisse des Raumes wurden dunkel und verschwammen ins Raumlose. Es war sehr still, nur ganz ferne verklang das alte Lied, kaum noch hörbar: Wenn wir ziehn in Salem ein – in die Stadt der goldnen Gassen ...
Das würde nun erfolgen, vielleicht gleich. Eine große Spannung erfüllte ihn; aber in dieser Spannung war etwas von Angst, etwas Unsagbares, eine große bange Frage, die ihn ganz ausfüllte. Es war auch so dunkel geworden, man konnte nichts mehr sehen.
Dann wurde es hell, und ein Engel stand vor ihm. Also auch das gab es Dann würde es ja auch einen Gott geben und die vielen Toten, die lebendig waren, und das geistige Jerusalem.

Wie schön war das alles! Aber der Engel sah ernst und sehr traurig aus.
»Wohin willst du?« fragte er.
»Ins Paradies.«
»Komm!« sagte der Engel.
Große dunkle Tore öffneten sich lautlos, und sie traten in einen Raum, der grell erleuchtet war. Die Wände waren blutrot, und auf dem Boden hockten unzählige verstümmelte Tiere und wimmerten. Sie streckten die zerschnittenen Glieder nach dem Toten aus und sahen ihn aus geblendeten und erloschenen Augen an. Immer weiter, ins Unabsehbare, dehnte sich ihre Reihe.
»Hier sind die Hündinnen, denen du bei lebendigem Leibe die Jungen herausgeschnitten hast. Hattest du keine Kinder, die du liebtest? Wenn deine Kinder sterben, und sie suchen den Vater im Paradies, so werden sie dich hier finden. Es ist das Paradies, das du dir geschaffen hast. Hier sind die Katzen, denen du das Gehör zerstört hast unter gräßlichen Martern. Gott gab ihnen ein so feines Gehör, daß es ein Wunder der Schöpfung ist. Du wirst nichts mehr hören als das. Hier sind die Affen und Kaninchen, denen du das Augenlicht nahmst. Gott gab es ihnen, um die Sonne zu sehen. Sahst du nicht auch die Sonne dein Leben lang? Du wirst nun nichts mehr sehen als diese geblendeten und erloschenen Augen. Soll ich dich weiterführen? Es ist eine lange, lange Reihe.«
»Das ist entsetzlich«, sagte der Tote.
»Das ist es«, sagte der Engel.
»Leben denn alle diese Tiere weiter?« fragte der Tote.
»Alle diese Tiere leben bei Gott«, sagte der Engel, »du kannst nicht dorthin, denn sie stehen davor und klagen dich an, sie lassen dich nicht durch. Was du hier siehst, sind ihre einstigen Spiegelbilder, es sind deine Werke, und sie bleiben bei dir. Du wirst alle ihre Qualen an dir erfahren, bis du wieder zur Erde geboren wirst, um zu sühnen. Es ist ein langer und trauriger Weg. Aber sie werden nicht deine einzigen Gefährten sein, du hast noch einen anderen, sieh her, wer vor dir steht inmitten all deiner Werke!«
Der Tote sah auf und erblickte ein scheußliches Gespenst mit einer menschlichen Fratze, in einem Gewand voll Schmutz und Blut und mit einem Messer in der Hand.

»Das ist das Scheußlichste, was ich jemals sah«, sagte der Tote, und es packte ihn ein Grauen, wie er es noch nie erlebt. »Wer ist dies Scheusal? Muß ich das immer ansehen?«
»Das bist du«, sagte der Engel.
»Aber die Wissenschaft?« fragte der Tote angstvoll, »habe ich ihr nicht gedient? Gehöre ich nicht zu den großen Geistern, auch wenn ich diese Taten beging?«
»Die großen Geister waren den Tieren Brüder und nicht Henker«, sagte der Engel, »sie würden dir den Rücken kehren, wenn du es wagen könntest, zu ihnen hinaufzugelangen. Aber du gelangst gar nicht in ihre Nähe. Du warst eine Null und kein großer Geist. Du wußtest es auch, daß du eine Null warst, du wußtest, daß dir nichts einfallen würde, und darum hast du aus Eitelkeit all diese Greuel begangen, in der Hoffnung, der Zufall könnte dir etwas von den Geheimnissen der Natur enträtseln, wenn du sie folterst. Nachher kam die Mordlust, die Herrscherwut kleiner Seelen dazu. Siehst du das alles? Du kannst es deutlich sehen an deinem Spiegelbild, es hat getreulich alle deine Züge aufgezeichnet. Bleibe bei ihm, wasche sein blutiges und schmutziges Kleid, bis es weiß wird wie Schnee! Es kann tausend Jahre dauern, vielleicht auch länger. Bleibe bei ihm, denn du kannst ihm nicht entrinnen. Er ist dein Gefährte, und diese verstümmelten Geschöpfe Gottes sind dein Paradies.«
»Das ist alles wahr«, sagte der Tote, »aber auch wenn ich so dachte und tat, habe ich nicht doch eine Erkenntnis gefördert? Tritt nicht doch die Wissenschaft für mich ein?«
»Eine Erkenntnis durch Verbrechen?« fragte der Engel. »Erkenntnisse hatte die Wissenschaft einst, als sie ein Tempel war. Ich will dir zeigen, wie eure Wissenschaft heute aussieht.«
Ein häßliches gelbes Licht zuckte auf, und der Tote sah einen Narren sitzen, der mit blutigen Händen Kartenhäuser baute. Ein Luftstoß fegte sie um, aber der Narr baute immer weiter.
»Ist das alles?« fragte der Tote und klammerte sich hilfesuchend an das Gewand des Engels.
»Das ist alles«, sagte der Engel, »lehrt eure Wissenschaft nicht auch, daß es keinen Gott und keine Vergeltung und kein Leben nach dem Tode gibt? Ich muß nun gehn. Bleibe in deinem Paradies!«

Der Tote blieb in seinem Paradiese und hatte es vor Augen Stunde um Stunde, Tag für Tag und Jahr für Jahr. Es ist dies mit einer Zeit nicht mehr zu messen, jedenfalls nicht wissenschaftlich, und das ist doch das einzig Maßgebliche, nicht wahr? Aus sehr weiter Ferne klang ein altes Lied aus einer alten Zeit, kaum noch hörbar und verhallend: Wie wird's sein, wie wird's sein, wenn wir ziehn in Salem ein, in die Stadt der goldnen Gassen . . .
Vielleicht bedeutet dieses Lied doch etwas, denn wir müssen ja alle einmal sterben? Aber wer denkt heute daran, im Zeitalter der aufgeklärten europäischen Wissenschaft?
Die Zeitungen brachten spaltenlange Nachrufe über den berühmten großen Forscher und Gelehrten, Seine Exzellenz den Wirklichen Geheimen Medizinalrat, dessen Tod einen unersetzlichen Verlust für die Wissenschaft bedeute, dessen Name aber für alle Zeiten ein Ruhmesblatt in der Geschichte der Menschheit bleiben würde, ein herrliches Zeichen unserer fortschrittlichen Kultur und ein Denkmal allen kommenden Geschlechtern, wie es die Besten vor ihm waren. Ehre diesen großen Toten!
Ja, sie ruhen von ihrer Arbeit, und ihre Werke folgen ihnen nach.

Das Land der Verheißung

Der Weg in die Wildnis

Ich kann es nicht sagen, wann diese Geschichte geschehen ist, so wie ich sie erzähle. Es sind vielleicht viele hundert Jahre her, vielleicht war es gestern. Vielleicht geschieht sie heute oder morgen oder in vielen hundert Jahren, die unsere Augen nicht mehr sehen werden. Denn es ist lange her, daß die Erde frei war von Blut und Schuld und Irrtum, und es wird lange dauern, bis sie entsühnt ist. Es ist ja überhaupt so schwer zu sagen, wann etwas geschieht; denn alle Zeit ist Täuschung, und was wir hier sehen, ist nichts als tausendfältige Form, die geprägt wird. Aber die eigentlichen Ereignisse sind hinter den greifbaren Dingen in einer geistigen Welt, und auch diese Geschichte steht in der geistigen Welt geschrieben, aus der alle

Formen entstehen und sich wandeln und wo, von keiner Zeit gemessen, die Ewigkeit atmet. Aber ich denke, diese Geschichte hat sich schon viele Male vor vielen Jahren begeben, sie geschieht heute noch, und sie wird sich noch viele, viele Male ereignen müssen, bis die Erde entsühnt ist. Denn das ist ein langer Weg, und kein armes, menschliches Wissen vermag etwas über seine Dauer zu sagen. Nur daß er sehr mühsam und beschwerlich ist für die wenigen, die ihn heute gehen, das wissen wir. Darum wird diese Geschichte auch immer ein anderes Kleid tragen, je nachdem, wann sie geschah oder wann sie wieder geschehen wird; denn ohne ein Kleid kann ein armes menschliches Wissen sie nicht verstehen. Wir sehen ja immer nur von allem die Kleider und müssen uns bemühen, aus ihnen das Wesen der Dinge zu deuten.

Die Geschichte, die ich erzählen will, spielt in der Wildnis, und der, welcher sie erlebte, trug die Kutte der Brüder des heiligen Franziskus von Assisi. Das muß schon so sein; denn es ist eine Geschichte der Brüderlichkeit, und es lebt in ihr der Geist des Geweihten von La Vernia. Aber es braucht niemand äußerlich dieses Kleid zu tragen, der den Weg gehen will, den dieser Bruder ging, und es braucht auch keine Wildnis zu sein, in der sich diese Geschichte begibt und begeben wird. Es kann eine Stadt sein mit modernen Fabrikschloten und Maschinen, es kann ein Dorf sein mit Feldern und Auen oder eine staubige Landstraße. Das ist ganz gleich, und das alles sind nur Kleider, wie das Leben heute noch eine Wildnis ist dem, der den Weg des Franz von Assisi geht. Man muß bedenken, daß wir ja alle auf einer Schwelle leben und daß die eigentlichen Geschichten des Daseins in einer geistigen Welt geschehen hinter den Dingen und hinter dem, was wir Ereignisse nennen. Vielleicht träumen wir auch die Dinge nur, aber weil wir träumen, wachen wir nicht für das, was eigentlich ist. Es mag sein, daß das schwer zu verstehen ist, aber ich muß es sagen, weil es wahr ist.

So war es einmal, im Kleid des Geschehens gesehen, daß Bruder Immanuel vom heiligen Orden des Franziskus von Assisi Abschied nahm von seinen Brüdern, um hinauszuziehen in die Wildnis. Das erzählt sich sehr leicht, aber es ist gewiß nicht leicht, einen solchen neuen Weg zu beginnen. Er hatte den Frieden nicht finden können in seiner Zelle, in keiner

Bußübung und in keiner Meditation und in keinem Gebet am Bildnis des Erlösers. Er konnte das Schauen nicht lernen, das allein zum Frieden führt in dieser Welt der Täuschungen und der Schuld und des Irrtums. Es faßte ihn ein Entsetzen vor der Menschheit, wie er sie Tag für Tag vor Augen sah, und er begriff nicht, warum er in diese Erde gestellt war. Und doch war er zu stark in sich selbst, um mit einem müden verlorenen Lächeln auf alles herabzusehen und still und ergeben den Rosenkranz zu beten, wenn die Menschen sich draußen vor den Mauern des Klosters stritten, schlugen und sich verleumdeten, wenn sie ein Grauen waren sich selbst, den Menschen und den Tieren. »Wenn du deinen Gott nicht in der Zelle findest, mußt du ihn draußen suchen, in der Wildnis. Er ist überall«, sagte der Prior des Klosters zu ihm und segnete ihn zum Abschied. »Es wird eine Zeit kommen, wo ihn alle draußen suchen müssen, jeder an der Stelle, auf die Gott ihn gestellt hat. Gehe deinen Weg, trage dein Kreuz, und du wirst Gott finden.«

Da packte Bruder Immanuel seine wenigen Habseligkeiten, einige Werkzeuge und Gemüsesamen aus dem Klostergarten in einen Sack und legte das Kreuz des Erlösers obenauf. Auch eine kleine Glocke nahm er mit, die eine feine silberne Stimme hatte, so daß er in der Wildnis das Ave-Maria läuten könne, wenn die Sonne sich neigt.

Er nahm den Sack auf den Rücken und verabschiedete sich von allen Brüdern, um nicht mehr wiederzukommen. Es war gewiß schwer für ihn und für die anderen, aber was ist ein Abschied? Alles ist Abschied auf dieser Erde, Abschied vom Tag, vom Morgen und vom Abend, von der Nacht mit ihrem Frieden zu neuem Tagewerk, Abschied von Menschen, Tieren und Blumen. Es ist ein ewiger Weg und keine Wohnung auf dieser Erde; aber es ist ein Trost, daß es ein Weg ist zu einer Heimstätte, die alle suchen, die eines guten Willens sind.

Bruder Immanuel wanderte mit seinem Sack auf dem Rücken über eine lange staubige Straße. Die Gestalten der Brüder verschwammen in der Ferne, wurden kaum noch sichtbare Punkte, und nur von ferne funkelte die Spitze der Klosterkirche im Frührot. Dann versank sie auch, und die Wildnis nahm ihn auf, der neue Weg und, wie er hoffte, der Weg zum Frieden und zu seinem Gott.

Es war um die Osterzeit. Durch dünne blaue Luft getragen, klangen die Glocken des Karfreitags, und auf den Wiesen blühten Anemonen, Schlüsselblumen und Veilchen. Hummeln und Bienen summten um die ersten blühenden Bäume, und die Falter tranken an den Kelchen der Blüten. Es war Auferstehung in der Natur und das Osterwunder, das so wenige verstehen, weil sie denken, alles Leben komme aus den Dingen selber und nicht aus dem, was sie alle heiligt in einem einzigen Atem, der alles Leben in gleicher Liebe umfaßt und es wandelt im gleichen Geheimnis von Werden und Vergehen.
Da zog eine Hoffnung in Bruder Immanuels Seele ein, eine Hoffnung, die niemals in der Klosterzelle in ihm erwacht war. Er fühlte, so fremd ihm die Menschen in ihrem Grauen geworden waren, seine Brüderlichkeit den Tieren und Blumen gegenüber, er begann etwas vom allumfassenden Begreifen seines großen Meisters von La Vernia zu ahnen.
»Wird mir dieser Berg mit seinen Felsen, seinen Gießbächen, seinen dunklen Tannen La Vernia werden? Werde ich Gott hier schauen, werde ich hier den Frieden finden, den ich unter den Menschen niemals finden konnte?« fragte er sich und begann eine mühsame Wanderung bergauf in den tiefen Wald hinein, ohne Weg und im Vertrauen auf die Geister dieses Ostermorgens. Der schwere Sack drückte ihn; aber sein Fuß ging leicht und sanft auf einem weichen grünen Teppich von Moos und Immergrün. Die Vögel sangen, und es war, als riefen sie ihn immer tiefer und tiefer in ihre selige Wildnis hinein, in den Frieden ohne den Unfrieden der Menschheit.
Aber es war ein Frieden in der Ferne. Wenn er näher kam, flüchteten alle Geschöpfe entsetzt vor ihm, die Vögel verstummten in den Zweigen, die Rehe huschten durchs Dickicht davon, und Igel und Mäuse verkrochen sich in ihren Löchern. Er rief sie vergebens mit dem Namen des Bruders. Wohin er trat, wurde die Erde still und leblos, und er begriff voller Entsetzen, daß sie alle den Menschen in ihm flohen, daß er, der das Bildnis Gottes sein sollte, ein Geächteter war in Gottes Schöpfung, daß er gestaltet war nach jenen, die Menschen und Tiere gemordet hatten und heute noch morden, die eine blühende Erde mit Blut besudelt hatten und vor denen alles Leben angstvoll und voller Grauen sich verbarg.

Über den Osterfrieden fielen tiefe dunkle Schatten, und es wurde ein einsamer und trauriger Weg bis auf den Gipfel des Berges. Oben sang leise eine silberne Quelle, und die Wipfel der Tannen rauschten im Winde, der ihre Kronen hin und her bog; aber Bruder Immanuel war so einsam wie noch niemals in seinem Leben. Die Menschen, die er geflohen hatte, waren nicht mehr bei ihm, und die Tiere, in denen er seine Brüder erkannt hatte, flohen ihn. Denn er war ein Mensch, das grauenvollste Geschöpf in Gottes Welt.
Da sank er neben dem Sack seiner ärmlichen Habseligkeiten in die Knie und weinte. Er hatte verstanden, wie entsetzlich es ist, ein Mensch zu sein. Ach, Bruder Immanuel, so wie du haben alle geweint, die deinen Weg gingen, und so wie du weinst, werden alle weinen, die deinen Weg gehen werden. Denn deine Geschichte ist eine zeitlose Geschichte, und nur ihr Kleid wechselt im Wandel der Dinge. Und was du verstanden, haben alle verstanden, die deinen Weg gingen, und werden alle verstehen, die deinen Weg gehen werden. Es ist entsetzlich, ein Mensch zu sein, es ist entsetzlich, als Geist aus dem Reich der Liebe zu allen Wesen, herabgebannt zu werden in einen menschlichen Körper, der einstmals Gottes Ebenbild war und der verzerrt worden ist zur Fratze seit Kains Zeiten. Es ist entsetzlich, ein Gezeichneter zu sein in einer Welt der Wunder, die wirr geworden ist über dem ersten Brudermord. Es ist kein Frieden, Bruder Immanuel, was du gefunden hast, es ist die große, eisige Einsamkeit, durch die alle hindurch müssen, die Gott suchen auf dieser entheiligten Erde.
Ferne, ferne sang ein Vogel, aber er kam nicht näher. Er fürchtete den Menschen.
Die Quelle, an deren Ufer Bruder Immanuel kniete, rauschte und zog in silbernen Wellen zu Tal. Sie bildete eine kleine, blumenumrankte Bucht vor ihm, und in ihrem silbernen Wasserspiegel erblickte er sein Bild Zug um Zug. Aber er sah noch etwas darin, was er bisher nicht gesehen hatte: auf seiner Stirne stand groß und deutlich ein häßliches, blutrotes Mal – das Kainszeichen, das die Menschheit in Gottes Ebenbild gegraben hatte. Er fuhr mit der Hand ins Wasser und rieb sich die Stirne; aber das Kainszeichen wäscht kein Wasser der Erde ab.
Der Abend sank über die Wildnis, und die Nacht kam leise

mit ihren Schleiern und Schatten. Aber es war keine Nacht des Friedens. Bruder Immanuel kniete immer noch neben seinen ärmlichen Sachen, und um ihn war die grenzenlose Einsamkeit derer, die seinen Weg wandern.
Es ist vielleicht auch nicht nur sein Weg, denn einmal wird es der Weg aller sein müssen. Aber das ist noch lange hin; denn es wird noch lange dauern, bis diese Erde entsühnt ist.
Über ihm standen die Sterne, und in ihrer leuchtenden Schrift waren alle die einsamen Wanderungen zu lesen, und in ihnen war der Weg zu schauen, der zur Erlösung alles Lebens führt.
Aber Bruder Immanuel verstand noch nicht, die Schrift der Sterne zu lesen. Es war schwer, sie zu lesen, und nur die Augen lernen sie lesen, die tausend und aber tausend Tränen geweint haben. Es ist entsetzlich, ein Mensch zu sein ...

Der erste Bruder

Viele Wochen waren vergangen, seit Bruder Immanuel in die Wildnis gezogen war. Er hatte sich mit großer Mühe eine einfache Hütte aus starken Balken gezimmert, er hatte den Sack, in dem er seine Habseligkeiten getragen, mit Moos gefüllt und sich eine Lagerstätte darauf bereitet. Er hatte das Bildnis des Erlösers an einer Wand seiner Hütte befestigt, so daß die ersten Strahlen der Morgensonne es trafen, und er hatte die Glocke oben im Giebel des Daches aufgehängt, aber geläutet hatte er sie noch nicht ein einziges Mal. Er wagte das nicht und wußte selbst nicht, aus welchem Grunde er es nicht wagte. Es war, als warte er auf einen Feiertag seiner Seele, um die Glocke zu läuten, und dieser Feiertag war noch nicht gekommen, seit er das Kainszeichen an sich gesehen hatte und seit jene Nacht des Karfreitags ihre Schatten über ihn gebreitet. Voll Andacht und Erinnerung an seine menschlichen Brüder hatte er das letzte Stück Brot aus dem Kloster gegessen und seitdem von Wurzeln und Quellwasser gelebt. Denn das Gemüse, das er sorgsam in vielfältigen Samen mitgebracht hatte, war wohl in die Erde gesenkt, aber noch nicht reif geworden. Nur die ersten Triebe reckten sich aus den Beeten, die einen Garten um die Hütte bildeten, und neben ihnen hatte Bruder Immanuel Blumen des Waldes gepflanzt, die einzigen Brüder, die er nun hatte, aber es waren schlafende Seelen, keine Men-

schen und keine Tiere. Die Menschen hatte er ja geflohen, um Gott zu suchen, und die Tiere flohen ihn, weil sie Gottes Bildnis im Menschen nicht mehr erkennen konnten. Die Menschen haben es ja in sich zerstört, und Bruder Immanuel trug mit an ihrem Fluche. Es war ein karges Leben in dieser Wildnis; aber mit sehr wenig kann ein Mensch leben, der aufhört, ein Raubtier zu sein, das schrecklichste Raubtier, das die Schöpfung kennt, und der anfängt, seinen Leib zum Tempel seines Gottes und seines Ichs zu bereiten. Sehr seltsame Gesichte hatte Bruder Immanuel, wie alle sie haben, die also leben. Aber noch waren die Gesichte verworren, noch waren es nur die ersten Zeichen einer geistigen Welt, die hinter allen Dingen und Ereignissen Werden und Vergehen webt nach ewigen Gesetzen. Man muß warten, bis sich das klärt, bis die Bilder sich regen und die Gesetze reden, sehr lange warten. Man muß erst die Trübsal überwunden haben in sich und die große, eisige Einsamkeit; aber das dauert oft lange, und es gehört viel Demut und Ergebung dazu. Der Weg nach La Vernia ist ein weiter Weg. So wartete Bruder Immanuel in Demut und Ergebung. Aber daß die Wanderung begonnen hatte, das merkte er deutlich in seiner Seele. Man kann so sehr weit wandern, wenn man auch mit seinem Leibe an einem Orte bleibt; man kann so sehr viel sehen und hören, wenn die Ketten des Körpers sich lockern und man sich selber gewahr wird im Gefängnis dieser Erde. Gewiß hatte Bruder Immanuel in früheren Zeiten auch in seiner Zelle gefastet zur Bußübung, aber die Wirkung war eine andere gewesen, als sie hier war. In die Reinigung des Leibes strömten, ungehindert von allem Menschentum, die Kräfte der Erde und des Himmels und füllten ihn wie eine Schale. Einschlafen und Erwachen waren nicht mehr so streng begrenzte Augenblicke, die Schwellen des Bewußtseins begannen sich auszugleichen, und auch am Tage wanderte Bruder Immanuel umher wie eine leichte Gestalt in der erdenschweren, die ihm kaum mehr erschien als eine Hütte, aus Steinen und Pflanzen gewoben.
Auch die Dinge um ihn fingen an, sich zu wandeln. Er sah die Bäume und Blumen in ihren Farben und Formen, aber er fühlte etwas dabei, was diese Farben und Formen schuf: er hörte die Vögel in den Ästen singen und den fernen Ruf der Waldtiere, aber er empfand, daß diese Laute etwas bedeute-

ten, daß alles Leben eingebettet war in eine große, allumfassende Gemeinsamkeit. Es war ein Strom von fließendem Dasein, der alles umschloß, ihn selber, die Tiere, die Pflanzen und die Steine. Er brauchte aber nicht mehr, wie am Anfang seines Aufenthaltes in der Hütte, die Tage zu zählen und in ein Holz zu kerben, er fühlte es, wann die Natur Sonntag hatte und wann sie sich anschickte zu feiern. Es war Alleben in allem und er in ihm, und leise regte sich in ihm die Ahnung vom Wege der Erlösung, Alleben in Alliebe zu wandeln. War nicht alle Schöpfung eine gemeinsame Bruderschaft, mußte nicht der ältere Bruder sich zum jüngeren neigen, unermüdlich und voller Erbarmen, daß die Erde entsühnt werde vom ersten Brudermord und seinen abertausend anderen? Der älteste Bruder aber war der Mensch, und er war es, der den Brudermord in die Welt gebracht hatte. Er war es, der zuerst sühnen und erlösen mußte.
Da betete Bruder Immanuel darum, daß ihm Gott einen Bruder schenken möge.
Es war zu Pfingsten, daß er einen Bruder fand.
Er war, wie er es oft am Tage gewohnt war, tief in den Wald hineingegangen und hatte Wurzeln und Kräuter gesucht. Er spürte das Pfingstwunder der atmenden Erde und hörte, wie der Heilige Geist redete aus den Tannenkronen und aus den Blumen am Weg. Der Strom des Daseins war stärker an diesem Tage, und er war erfüllt von etwas Neuem, Befreiendem, als wäre die Erde aus feineren Stoffen gewoben als sonst. Sein eigener magerer Leib schritt lautloser und leichter über das Moos, und sein Fuß knickte kaum noch die Grashalme am Wege. Die Vögel flohen nicht mehr, wenn sie ihn sahen, und die Tiere des Waldes huschten nicht mehr so entsetzt ins Dickicht vor seinem Anblick. Auch er hatte eine Wandlung erfahren, in seinem Körper und seiner Seele, jene Wandlung, die über den Karfreitag zu Pfingsten führt.
Da vernahm er jammernde Klagelaute, und als er ihnen nachging, sah er ein Eichhörnchen, das sich in einer Falle gefangen hatte und voller Entsetzen die zerquetschte Pfote aus dem Eisen zu befreien suchte. Eine Pfingstfeier der Menschheit in Gottes Schöpfung. Bruder Immanuel übermannte das gleiche Gefühl wie an jenem Abend seiner Ankunft in der Wildnis: Es ist entsetzlich, ein Mensch zu sein!

Aber er zögerte nicht lange und befreite das arme Geschöpf vorsichtig und so schonend wie möglich. Das Fangeisen vergrub er, und das Eichhörnchen nahm er mit sich und trug es zu sich nach Hause in seine Hütte. Er wusch ihm die Wunde und verband sie. Das Tier hatte keine Angst vor ihm, es saß ruhig in seiner Hand und ließ mit sich alles geschehen. Die Pfote war gebrochen, aber vielleicht würde sie wieder heilen, er wollte es wenigstens versuchen. Er brachte dem Eichhörnchen Wasser, suchte ihm Tannenzapfen und baute ihm ein weiches Nest aus Moos gerade unter dem Bildnis des Erlösers. Das Tier redete in gurrenden Tönen, erst sehr aufgeregt und dann allmählich ruhiger. Schließlich schlief es ein, und das Bild des Gekreuzigten stand über ihm.
Bruder Immanuel aber ging hinaus an die Quelle, wo er am Abend seiner Ankunft in der Verzweiflung seiner großen Einsamkeit gekniet hatte, und dankte Gott, daß er einen Bruder gefunden. Da geschah etwas sehr Seltsames. Aber vielleicht war es auch nicht seltsam, denn es war ja Pfingstsonntag in der Natur. Am Bache entlang kam eine Gestalt geschritten, einem Menschen ähnlich, nur völlig durchlichtet von einem Licht, das aus sich selber kam. Die Gestalt trug die Kutte der Franziskaner, und Bruder Immanuel erkannte in ihr nach dem Bilde im Kloster seinen Meister Franziskus von Assisi. Da kniete er nieder und verneigte sich tief vor ihm, und das gleiche taten die Blumen am Bache und die Bäume, die an der Lichtung standen.
Franziskus von Assisi blieb an der Hütte Bruder Immanuels stehen, schaute hinein und machte das Zeichen des Kreuzes über dem verwundeten Eichhörnchen. Dann wandte er sich und kam auf Bruder Immanuel zu.
»Gesegnet sei dein Weg, Bruder Immanuel«, sagte er, »es ist ein Weg voll Dornen, es ist ein Weg voll Einsamkeit, aber er führt nach La Vernia, wo ich Jesus Christus sah. Wenige gehn ihn heute, und die Erde ist voller Blut und Schuld; aber einmal werden ihn alle gehn müssen, bis die Erde entsühnt ist. Es ist sehr schwer, voranzugehen, es sind die älteren Brüder, die vorangehen müssen, Bruder Immanuel. Aber es ist leicht, ihn zu gehen, wenn man es weiß, daß man ihn für die jüngeren Brüder geht.« Da sah Bruder Immanuel auf, und er erblickte neben der Gestalt des Franziskus von Assisi den Wolf

von Agobbio und das Lamm, das der Heilige aus der Hand des Schlächters gerettet, und die Vögel, denen er gepredigt, saßen auf den Zweigen und hörten zu. Das alles war in dieser Welt und doch nicht in ihr, es war in ein blaues, klares Licht getaucht, das aus sich selber kam.
»Ich war sehr allein und bin nicht mehr allein«, sagte die Lichtgestalt und wies auf die Tiere, die um sie herum waren, »auch du wirst nicht allein bleiben. Niemand bleibt allein, der den Weg des älteren Bruders geht. Gott hat dir heute einen kleinen Bruder geschenkt, der bei dir bleiben wird und du bei ihm. Auch ich will dir etwas schenken, bevor ich gehe. Gesegnet sei dein Weg, Bruder Immanuel.«
Der Heilige von La Vernia schlug das Kreuz über Bruder Immanuel, und es war, als ob das blaue Licht eine Brücke baute in eine blaue Ferne hinein und als ob Franziskus von Assisi, begleitet vom Wolf von Agobbio, vom Lamme und von den Vögeln, hinüberschritt in ein Land der Verheißung.
Als Bruder Immanuel sich erhob und seine irdischen Augen öffnete, da sah er nicht nur die Dinge um sich, sondern er schaute in die Seele aller Schöpfung, und er verstand, was die Tiere redeten. Das war das Geschenk des Franziskus von Assisi für den, der seinen Weg gegangen war.
Da ging Bruder Immanuel in die Hütte, um nach seinem jüngeren Bruder zu sehen. Das Eichhörnchen saß unter dem Bilde des Erlösers in seinem Nest und hielt einen Tannenzapfen in den Pfoten.
»Wie geht es deiner Pfote, mein kleiner Bruder?« fragte Bruder Immanuel; denn er sah, daß der Verband abgefallen war.
»Ich danke dir«, sagte das Eichhörnchen, »meine Pfote ist gesund. Es war jemand da, der sie geheilt hat. Es war ein älterer Bruder.«
Bruder Immanuel hörte die gurrenden Laute, in denen das Tier sprach, aber er verstand auch deutlich, was es sagte. Er betrachtete die kranke Pfote und sah, daß sie gesund war, als wäre sie nie verletzt worden.
Da neigte er sich zu dem Eichhörnchen und umschloß es mit beiden Händen.
»Wir wollen den Weg unseres Lebens zusammen gehen«, sagte er leise, »es ist der Weg nach La Vernia, mein kleiner Bruder, und in das Land der Verheißung.«

Die Sonne des Pfingstsonntags sank hinter den dunklen Tannenkronen wie verklärtes und durchlichtetes Blut, und ein Feierabend voll Frieden breitete sich über die Wildnis. An diesem Abend geschah es, daß Bruder Immanuel zum ersten Male die Glocke läutete, die im Giebel seiner Hütte hing. Mit einer feinen, silbernen Stimme sang sie in der Waldeinsamkeit das Ave-Maria.

Die Kette der Dinge

»Es ist wahr, ich habe Eier gegessen, die mir nicht gehörten«, sagte das Eichhörnchen und fuhr sich mit der Pfote über das Gesicht, als wolle es eine sündhafte Erinnerung fortwischen, »ich werde es aber nicht mehr tun, denn es kränkt die Vögel. Ich habe früher nur nicht daran gedacht; aber ich werde jetzt auch den Weg des älteren Bruders wandern.«
Es ist sehr sonderbar, wenn ein so winziges Geschöpf ein so großes Wort sagt; aber in der Kette der Dinge ist die kleinste Wandlung ein Ereignis.
Aber auch sonst hatte das Eichhörnchen vieles geleistet, seit es gesundet war. Es war von Baum zu Baum gehüpft, weit in den Wald hinein, und hatte überall verkündet, daß es einen älteren Bruder gefunden habe, der ihm die verletzte Pfote verbunden, und einen anderen, der sie ihm geheilt. Auf diese sehr merkwürdige, aber bei der Person des Eichhörnchens durchaus glaubwürdige Geschichte erschienen zahlreiche Eichhörnchen vor der Hütte des Bruders Immanuel – erst die näheren Verwandten und später, als sich die seltsame Begebenheit weiter herumgesprochen hatte, auch die entfernteren Stammesgenossen. Sie brachten Beeren und zum Frühherbst Nüsse, um sich erkenntlich zu zeigen. Man wollte auch etwas für die Erhaltung des älteren Bruders tun, nachdem er sich so hilfreich erwiesen hatte. So sammelten Bruder Immanuel und das Eichhörnchen Wintervorräte. Das Eichhörnchen verstand es auch überaus kunstgerecht, Pilze auf einen Zweig zu spießen und sie dort trocknen zu lassen. Lange Wegstrecken konnten auf diese Weise zum allgemeinen Wohl aller Eichhörnchen mit Nahrung für den Winter versehen werden. Bruder Immanuel zeigte ihm an, diese Pilze auf Schnüre zu reihen und sie so zu verwahren.

Auch anderen Tieren war er in vielen Fällen hilfreich. Sie hatten keine Furcht mehr vor ihm, seit das Eichhörnchen für ihn gebürgt hatte, und zudem hatte ja das Eichhörnchen selbst das Gelübde getan und mit erhobener Pfote bekräftigt, keine Eier mehr zu essen, die ihm nicht gehörten. Es hatte dies auf die Vögel einen großen Eindruck gemacht, und sie sahen ihrerseits ein, daß es wirklich etwas sehr Wunderbares sein müsse, was sich in der Waldhütte begeben habe. Auch hatte Bruder Immanuel mehrfach jungen Vögeln wieder ins Nest geholfen, die ihrer Kunst zu fliegen allzu früh vertraut hatten. Mehrfach geschah es, daß sich die Eltern dafür bedanken kamen und große Mühe und Sorgfalt bei gesanglichen Leistungen entfalteten. Manche bauten auch ihre Nester an der Hütte, und es war viel Leben um den, der einmal so einsam war. Bruder Immanuel half auch einer Biene, die in eine sehr unglückliche Lage auf dem Rücken geraten war, wieder auf die Beine. Daraufhin kam eine Abordnung von Waldbienen zu ihm geflogen, setzte sich auf sein Gewand, und die Oberbiene bedankte sich viele Male. »Wir wollen dir auch sagen«, summte sie, »daß wir stets für dich Honig in Bereitschaft haben. Es ist uns nur angenehm, wenn wir uns erkenntlich zeigen können.« Bruder Immanuel nahm das dankbar an, die Bienen hatten Überfluß, und für ihn war es eine wertvolle Nahrung. Eine Hirschkuh bot ihre Milch an, falls er welche benötige. Er hatte ihr Kalb befreit, das sich den Fuß in Schlingwurzeln gefangen hatte. Bruder Immanuel bedankte sich vielmals, aber er wollte der Hirschkuh keine Milch fortnehmen. Er käme auch so aus, sagte er.

»Jedenfalls denke daran, wenn jemand krank ist bei euch«, sagte die Hirschkuh, »wir sind gerne bereit, und eine von uns hat sicher Milch. Du brauchst uns nur zu rufen.«

Immer deutlicher sah Bruder Immanuel, wie eng die Kette der Dinge alles Leben verbindet und wie der Mensch sie zerrissen hatte, daß ihre Glieder sich nicht mehr ineinanderfanden. Nur die Raubtiere hielten sich noch zurück. Sie waren zwar von der Glaubwürdigkeit des Eichhörnchens, der Vögel, der Bienen und der Hirschkuh überzeugt; aber sie wollten doch erst das Weitere abwarten. Ein Mensch war denn doch ein zu gefährliches Geschöpf, um ihm so schnell zu vertrauen. Sie taten zwar Bruder Immanuel niemals etwas; aber sie hielten sich

noch zurück und grüßten auch nicht, wenn er sie grüßte. Bruder Immanuel nahm das ergeben hin und wartete. Er konnte ruhig warten; er war ja nicht mehr allein.
Er lebte in der Kette der Dinge und sie in ihm. Es ist sehr viel, wenn jemand das erreicht hat. Man fühlt sich irgendwie geborgen, und man hat den Strom erreicht, aus dem man einst entstanden ist.
Oft ging er weit in den Wald hinein, bis nahe an die Grenzen, wo das Land der Menschen begann. Dorthin begleitete ihn das Eichhörnchen nicht mehr. Es blieb dann zu Hause, ordnete Nüsse, turnte auf dem Dach der Hütte, oder es lud sich jemand von seiner Familie zu einem Tannenzapfen ein. Sie sprachen dann über den Weg des älteren Bruders, soweit ihn ein Eichhörnchen gehen kann.
Auf einer solchen Wanderung aber geschah es, daß Bruder Immanuel einem Menschen begegnete. Sehr lange war das nicht mehr geschehen, und er hatte das Gefühl, als sähe er seine Heimat in einem entstellten Bilde. Es war etwas, was anzog und abstieß zu gleicher Zeit – Gottes Bildnis, das verzerrt war. Der Mann war ärmlich gekleidet und hatte eine verbundene Hand. Bruder Immanuel grüßte ihn und fragte ihn, was ihm fehle.
Der Mann sah ihn sonderbar an. Bruder Immanuel hatte nicht bedacht, daß er viele Monate nicht mehr unter Menschen gelebt hatte, daß seine Kutte zerrissen und sein Haar verwildert war.
»Ich habe mir die Hand gequetscht«, sagte der Mann mißtrauisch und mürrisch.
Bruder Immanuel sah ihn sehr ruhig an, mit den inneren Augen, die er gewonnen und die der andere nicht hatte.
»Du hast die Hand in einer Falle gequetscht, die du den Tieren gestellt hast«, sagte er, »es war in einer Lichtung, wo junge Birken stehen und eine Quelle aus dem Felsen fließt. Zu dieser Quelle kommen die Tiere nach Gottes Willen, zu trinken, nicht um in den Fallen der Menschen gefangen zu werden.«
»Woher weißt du das?« fragte der Mann.
»Vom Geiste Gottes und vom Ungeist der Menschen«, sagte Bruder Immanuel. »Ich habe ein Geschöpf aus solch einer Falle befreit, es lebt mit mir zusammen, und es ist mein Bruder.«

»Kannst du hinter die Dinge sehen?« fragte der Mann, und er wußte nicht, ob es Furcht oder Freude war, was aus ihm sprach.
»Niemand kann hinter die großen Dinge sehen«, sagte Bruder Immanuel, »niemand, der ein Mensch ist. Aber hinter die kleinen Dinge, die du meinst, kann ich sehen, als wären sie aus Glas.«
»Es ist kein kleines Ding, ob meine gebrochene Hand wieder heilt oder nicht«, erwiderte der Mann, »es wäre mir viel wert, wenn du mir das sagen könntest.«
»Sie wird nicht wieder heilen, solange du Fallen stellst, in denen die Pfoten der Tiere gebrochen werden«, sagte Bruder Immanuel, »aber sie wird heilen, wenn du alle Fallen aufsuchst und sie vergräbst, so daß sich keiner deiner kleineren Brüder Schaden daran tun kann.«
»Wie soll ich das?« sagte der Mann. »Ich lebe vom Fallenstellen und vom Erschlagen der Tiere, die ich in ihnen fange. Ich bin zu töricht zu allem anderen von Kind an, man gibt mir keine Arbeit sonst im Dorfe.«
Es war ein Einfältiger, aber vielleicht war es gut, daß es ein Einfältiger war, denn einer, der das hat, was die Menschen Klugheit nennen, kann die Kette der Dinge nicht begreifen. Den Einfältigen aber hilft Gott, sie sind ihm noch nicht ganz so fern wie die anderen, die klug sind in dieser Welt.
Bruder Immanuel nahm den Einfältigen bei der Hand und ließ ihn in die Kette der Dinge schauen. Nur ein Weiser kann einem Einfältigen das zeigen, keinem Klugen nach der Klugheit dieser Welt. Da sah der Einfältige, wie alle Dinge eine Kette bilden in Gottes Schöpfung und wie der Mensch diese Kette zerrissen hatte, daß die Glieder sich nicht mehr ineinanderfanden. Er sah auch, wie die jüngeren Brüder auf die Erlösung durch die älteren Brüder warten und hoffen, und es ergriff ihn eine große Trauer um das, was er getan hatte, denn er sah die vielen jüngeren Brüder, die verstümmelte Glieder zu ihm erhoben und ihn des Brudermordes beschuldigten.
»Ich kann das nicht wieder tun«, sagte er leise und ratlos, »aber wovon soll ich leben? Ich bin arm und sehr einfältig, und die Menschen lachen über jede Arbeit, die ich beginne.«
»Tue nach dem, was du gesehn hast«, sagte Bruder Immanuel, »und Kirchen und Könige werden deine Arbeit suchen. Gott segne deinen Weg, lieber Bruder, denn es wird der Weg des

älteren Bruders werden für seine jüngeren Brüder. Viele Kräfte sind in der Kette der Dinge verborgen dem, der die Kette der Dinge gesehen hat.«

Damit schieden sie voneinander.

»Wo kann ich dich wiedersehen?« fragte der Mann. »Es kann sein, daß ich deinen Rat brauche oder deine Hilfe, denn mir scheint es, als wäre ich jetzt sehr allein unter den Menschen.«

»Du wirst mich finden, wenn du den Weg gehst«, sagte Bruder Immanuel. »Aber es wird wohl so sein, daß du eine Zeitlang sehr einsam sein wirst. Eine Zeitlang ist nichts, mein lieber Bruder, wenn du es recht bedenkst.«

Dann wandte sich Bruder Immanuel, und das Dunkel der Tannen nahm ihn auf.

Der Einfältige aber ging hin und vergrub alle Fallen, die er gestellt hatte. Als er heimkam, war seine Hand geheilt. Er stellte keine Falle wieder auf und weigerte sich hartnäckig, als man es ihm auftrug. »Es ist ein Blöder«, sagten die Leute und stellten selber die Fallen im Walde auf. Aber es fand sie keiner wieder. Der Einfältige suchte sie alle und vergrub sie. Niemand im Dorfe aber konnte das in Erfahrung bringen, und so ließen sie es. Der Einfältige lebte eine Zeitlang sehr ärmlich und sehr einsam. Man gab ihm aus Gnade ein Stück Brot, aber keine Arbeit, weil er ein Blöder war, und man verspottete ihn. Er aber wartete geduldig auf die Kette der Dinge; denn er wußte, daß ihm seine Hand geheilt war an einem einzigen Tag. Eine Zeitlang ist nichts, dachte er bei sich und sagte es sich immer wieder, und doch war es sehr schwer.

Einmal aber nahm er ein Messer, um eine Gestalt zu schnitzen, die er geschaut hatte, denn er schaute viele Gestalten seit jenem Tage, als er die Fallen vergrub. Er schnitzte mühsam daran und dachte, es wäre weiter nichts als ein Zeitvertreib; aber als es fertig war, war es ein Kunstwerk, und die Leute staunten es an. Er schnitzte das ganze Chorgestühl der Dorfkirche neu, sein Ruf zog weit ins Land hinaus, Klöster und Könige suchten seine Arbeit, und er wurde hoch geehrt.

Alle nannten ihn Meister, er selbst aber blieb in sich gekehrt und sehr bescheiden. Er hatte ja in die Kette der Dinge geschaut und wußte, daß er den Weg des älteren Bruders ging. Er wußte, daß alle große Kunst nichts ist als ein Schauen der Schöpfung. Gott nahe und nahe den Tieren und Blumen und ferne der Klugheit dieser Welt. Er ahnte auch, daß seine sonst so ungeschickten Hände Meisterhände geworden waren, weil die Geschicklichkeit aller Tierpfoten, die er gerettet hatte, übergegangen war in ihn. Sehr wunderbar ist diese Welt, wenn man sie sieht, wie die Menschen sie nicht sehen, und sehr seltsam und sehr fein gesponnen ist die Kette der Dinge.

Die Bärin und ihr Kind

Bruder Immanuel arbeitete fleißig in seinem Garten zusammen mit dem Eichhörnchen. Er grub die Erde um mit einem Spaten, den er mit sich geschleppt hatte, und das Eichhörnchen scharrte vorsichtig kleine Löcher in die fertigen Beete und versenkte die Samenkörner darin. Es sammelte auch Samen für spätere Zeiten und entwickelte viele und große häusliche Tugenden. Die Vorräte für den Winter waren bescheiden, aber sie mehrten sich doch zusehends, und es war auch darauf Bedacht genommen, daß sich Gäste einstellen würden, die nichts für die verschneiten Monate zurückgelegt hatten.
Ein Volk von Ameisen hatte sich ebenfalls an der Hütte angesiedelt, nachdem es um Erlaubnis gefragt und versprochen hatte, den Honig der Waldbienen nicht anzurühren. Auch einige Igel hatten sich eingefunden und boten sich eifrig zu Gartenarbeiten an. Sie konnten eigentlich keine besonderen Fähigkeiten namhaft machen; aber sie hatten kleine und sehr spaßhafte Kinder, und Bruder Immanuel ließ sie gewähren. Die Großen liefen geschäftig hin und her und halfen graben, die Kleinen lagen auf der Wiese und sonnten sich. Es war eine sehr bewegliche Gesellschaft. Sie beteuerten wiederholt, daß sie ganz gewiß nicht die Mohrrüben anrühren wollten, die Bruder Immanuel gezogen hatte, obwohl gerade der Duft dieser Seltenheiten sie gelockt hatte neben all dem Löblichen, das sie sonst über den älteren Bruder gehört. Bruder Immanuel teilte die Vorräte ein und gab den Igeln Mohrrüben und den Ameisen Honig, aber nur am Sonntag, denn es war nicht viel von allem vorhanden. Die Tiere wissen ja genau, wann Sonntag ist, und die Bäume und die Blumen ahnen es.
So gingen die Tage in Nächte über und die Nächte in Tage, und Bruder Immanuel fühlte es immer innerlicher, wie er eins wurde mit allem Leben um ihn.

Es geschah dazwischen, daß Bruder Immanuel Besuch erhielt vom Einfältigen, der ein Meister geworden war. Er fand den Weg in die Wildnis und zur Hütte seines älteren Bruders ohne jegliche Mühe, auch als er ihn das erste Mal ging. Er brauchte nicht einmal zu suchen. Es war ein Leuchten um ihn, das ihm voranging, sehr ähnlich jener Sicherheit, mit der er seine Werke vor sich sah und gestaltete. Er brachte Brot mit, einige Werkzeuge und einfaches Leinen zu einer Kutte. Mehr wollte Bruder Immanuel nicht haben. Er hatte es allzutief in sich erfahren, wie sehr man einen neuen Menschen in sich schafft, wenn man alles selbst besorgt, nur auf sich gestellt und auf die Gesetze der Natur, die einen umgeben. Es ist, als erlebe man in sich die Kindheit der Menschengeschichte noch einmal mit Bewußtsein und als würde die Erde wieder jung wie am ersten Tage.
»Wir alle, die wir vorwärts gehen, müssen erst sehr weit zurückgehen«, sagte Bruder Immanuel zum Einfältigen, der ein Meister geworden war, »viele Jahrtausende müssen wir zurückwandern, als die Kräfte sich bildeten, die heute wirken. Es ist, als müßten wir zeitlos werden in uns. Der Körper muß biegsam und leicht werden wie eine Pflanze, der Erde zugehörig und doch nicht an sie gefesselt mit irgendwelcher Begierde, und die Seele muß ihrem Körper nicht mehr anhaften als wie ein Falter, der sich in einer Blüte birgt.«
»Es ist sehr schwer«, sagte der andere.
»Es ist aber nur am Anfang schwer«, sagte Bruder Immanuel, »dann kommt die große Einsamkeit, und nachher ist eigentlich alles sehr leicht. Siehe, wenn ich heute Menschen, Tiere, Bäume und Blumen betrachte, so schaue ich wohl alle ihre Farben und Formen, aber ich sehe, daß es alles nur Körper sind aus einem Stoffe, ich sehe die Kräfte, die alle Vielfältigkeit in der Einfältigkeit gestalten. Es ist, als würde der Baum, der eben vor uns steht, aus Glas und ganz durchsichtig. Hinter dem Wunderwerk seiner Rinde, seiner Äste und Blätter sehe ich das, was der eigentliche Baum ist, es ist die Teilseele einer großen Seele, und alle Seelen sind irgendwie miteinander verbunden in der Kette der Dinge und harren auf eine Erlösung durch den älteren Bruder.«
»Ich möchte wie du den Weg des älteren Bruders gehen«, sagte der Einfältige, der ein Meister geworden war.
»Gehst du nicht auch diesen Weg, wenn du deine Bilder in

der Seele schaust und sie gestaltest, so daß andere sie sehen können mit ihren irdischen Augen?« sagte Bruder Immanuel. »Rufst du nicht in anderen, die noch nicht wach sind, die Sehnsucht auf, die Erde zu entsühnen? Sehr verschieden, lieber Bruder, sind die Wege der älteren Brüder, aber sie alle leben in der Sehnsucht, die in den anderen noch schläft. Man muß sie erinnern an das, worin sie auch einmal waren, an eine schuldlose Erde, an eine Erde der Kinder, wie sie einst war und einmal wieder sein wird.«

»Wann und wie wird diese neue Erde entstehen?« fragte der Einfältige, der ein Meister geworden war.

»Eine Zeitlang ist nichts, wenn du es richtig bedenkst, lieber Bruder, und wo darüber entschieden wird, ist keine Zeit mehr. Geschaffen aber wird diese neue Erde aus dem Geist der Liebe in Sühne und in Sehnsucht. Dazu rufe auf, wir müssen wach sein, und wir müssen die rufen, die schlafen.«

»Ich weiß oft nicht, was ich schaffen soll«, sagte der andere. Es geschieht häufig, daß ein Meister das sagt. Nur die, welche keine Meister sind, sagen das niemals.

»Du mußt andere rufen und selber dem folgen, der dich ruft. Dein Rufer wird immer neben dir sein, wenn es an der Zeit ist. Gehe nun heim, lieber Bruder, und auf dem Heimweg wirst du jemand begegnen, dessen Bildnis gestalte! Wir finden immer, was wir suchen, wenn die Seele auf dem Heimweg ist.«

Da ging der Einfältige, der ein Meister geworden war, nach Hause, und im tiefen Walde begegnete er jemand, den gestaltete er. Es war ein Mensch von großer Güte, mit einem Lichtschein um ihn herum, und ihm zur Seite gingen ein Wolf und ein Lamm, und auf seiner Schulter saßen die Vögel des Waldes. So schuf der Einfältige, der ein Meister geworden war, das Bildnis des Heiligen von La Vernia. Es war dies die Krone seiner Werke.

Bruder Immanuel aber begab sich in seine Hütte und legte sich auf sein Lager. Das Eichhörnchen schlief schon in seinem Nest unter dem Kreuze des Erlösers. Eine dunkle Nacht hüllte Wald und Wiesen in ihre tiefen Schatten, und über der Hütte leuchteten die Sterne. Bruder Immanuel schlief nicht, er wachte und schaute durch ein kleines Fenster auf die Schrift der Sterne. Er hatte es nun gelernt, in der Schrift der Sterne zu lesen, und

auch in dieser Schrift begegnete er dem Bildnis des Franziskus von Assisi. Es stand groß und deutlich darin in Lettern, die niemals vergehen werden.
Es war schon spät, da geschah es, daß an die Tür der Hütte geklopft wurde. Es war das noch nicht geschehen — wer sollte in dieser Waldeinsamkeit an die Türe klopfen? Es war unwahrscheinlich; aber Bruder Immanuel stand auf von seinem Lager und öffnete. Vor ihm im Dunkel der Nacht stand wie ein riesiger Schatten eine große Bärin. Es hätte einen anderen wohl grauen können; aber Bruder Immanuel sah, daß die Bärin in Not war, denn sie führte ihr Kind an der Tatze, das krank war.
»Ich habe gehört, daß du ein älterer Bruder bist«, sagte die Bärin sehr bescheiden, »mein Kind ist krank, vielleicht kannst du ihm helfen.«
Bruder Immanuel nahm das Bärenkind auf die Arme und bettete es sehr sorgfältig auf sein eigenes Lager. Der kleine Bär ließ sich ganz ohne Scheu und selbstverständlich aufnehmen, die Bärin folgte langsam und etwas mißtrauisch.
»Wir haben es mit einigen Kräutern versucht, die wir kennen«, sagte sie, »aber es hat diesmal nichts geholfen.«
»Man muß dazu noch andere Kräuter kennen, liebe Schwester«, sagte Bruder Immanuel sehr freundlich, »es ist etwas auch in euch von der Verwirrung in der Kette der Dinge, sonst würdet ihr nicht krank werden können. Auch das wird einmal nicht mehr sein.«
Das Eichhörnchen hatte sich knurrend und fauchend erhoben.
»Lieber Bruder«, sagte Bruder Immanuel zu ihm, »gehe und suche mir die Blume mit dem roten Kelch, die am Weg der Dornen blüht, und rufe die Hirschkuh, denn ich brauche etwas Milch, weil jemand krank ist.«
Das Eichhörnchen verschwand im Dunkel, und Bruder Immanuel deckte den kleinen Bären sorgsam zu.
»Dieses Heilkraut kennen wir nicht«, sagte die Bärin.
»Ihr werdet es auch kennenlernen im Wandel der Dinge. Es blüht am Wege, den die älteren Brüder gehen.«
Dann nahm er ein Brot, bestrich es mit Honig und bot es der Bärin an. Die Bärin beschnupperte es, aber sie war in Angst um ihr Kind und wollte nicht essen.
»Wir wollen es beide zusammen essen«, sagte Bruder Imma-

nuel, »es ist nicht nur gut für dich, weil du hungrig vom Wege und erschöpft von der Sorge um dein Kind bist. Es ist auch sonst gut, wenn wir zusammen das Brot essen. Es ist dies kein gewöhnliches Essen, sondern etwas sehr Wunderbares, wenn wir beide zusammen das Brot brechen. Es ist für mich dann auch viel leichter, dein Kind zu heilen.«
Da nahm die Bärin das Brot, und sie aßen beide zusammen. Bruder Immanuel aber setzte sich neben das Lager des kleinen Bären und begann aus Holz eine einfache Kugel zu schnitzen.
»Ist das ein Zaubermittel?« fragte die Bärin und kroch mißtrauisch näher, um es sich anzusehen. Irgendwie spürte sie noch eine Sorge um ihr Kind.
»Das ist kein Heilmittel«, sagte Bruder Immanuel sehr freundlich, »das Heilmittel holt uns das Eichhörnchen, und es wird bald da sein. Dies hier ist etwas ganz Einfaches. Es wird eine Holzkugel werden, und dein Kind soll morgen früh damit spielen, wenn es aufwacht und wieder gesund ist.«
Da leckte ihm die Bärin die Hände, welche die Kugel schnitzten, und jetzt glaubte sie es, daß Bruder Immanuel ein älterer Bruder war.
Inzwischen war das Eichhörnchen zurückgekommen und hatte die rote Blume mitgebracht, die am Wege der Dornen wächst. Draußen vor der Hütte stand die Hirschkuh, und Bruder Immanuel trat zu ihr hinaus.
»Ich danke dir viele Male, daß du gekommen bist«, sagte er, »es ist für die Bärin und ihr Kind, wenn du deine Milch hergibst.«
»Für die Bären will ich nichts von meiner Milch geben«, sagte die Hirschkuh, »sie haben oft meinesgleichen gerissen im Walde.«
»Das ist wohl wahr«, sagte Bruder Immanuel, »aber siehst du, es ist ihr Kind, und es kann nicht gesund werden, wenn du ihm nicht etwas von deiner Milch schenkst. Nur diese Milch kann dem Kinde helfen, gerade weil die Bären dir Unrecht getan haben durch die Verwirrung in der Kette der Dinge. Du gehst den Weg des älteren Bruders, wenn du es tust. Ich gehe auch diesen Weg; sonst dürfte ich dich nicht darum bitten.«
Da gab die Hirschkuh von ihrer Milch, und Bruder Immanuel dankte ihr viele Male dafür. Denn es war viel mehr, was sie

getan, als daß sie ihre Milch hergegeben hatte. Ein Glied hatte sich entwirrt in der Verwirrung der Kette der Dinge, und ein Schritt war getan auf dem großen Wege der Erlösung. Es war vielleicht nicht viel, was auf dieser Erde des Scheins geschah; aber in der Welt der geistigen Wirklichkeiten war es ein gewaltiges Ereignis. Bruder Immanuel tat die rote Blume, die am Wege der Dornen blühte, mit der Milch der Hirschkuh in eine Schale und reichte sie dem kleinen Bären. Das Bärenkind trank die Schale aus und schlief sehr tief ein.
»Die Hirschkuh, deren ihr viele gerissen habt, liebe Schwester, hat dir diese Milch gegeben«, sagte Bruder Immanuel zu der Bärin. »Morgen ist dein Kind gesund.«
In der Seele der Bärin ging etwas vor, was sie noch nie erlebt hatte. Es war dies eine wunderbare Nacht.
»Wir werden niemals wieder eine Hirschkuh oder eines ihrer Kälber reißen in diesem Walde«, sagte die Bärin, »ich werde das allen Bären sagen, und sie werden das einsehen.«
Das war wieder ein gewaltiges Ereignis in der Welt der geistigen Wirklichkeiten, wenn es auch nur ein Wort war in dieser Welt des Scheins.
»Du kannst jetzt schlafen«, sagte Bruder Immanuel zur Bärin, »ich werde bei deinem Kinde wachen.«
Da legte sich die Bärin zu seinen Füßen hin, atmete tief auf und schlief ein.
Am anderen Morgen erwachte sie und sah, daß ihr Kind in der Hütte umhertollte und mit einer hölzernen Kugel spielte. Dabei brummte es vor Vergnügen; denn die hölzerne Kugel war sehr schön.
Da bedankte sich die Bärin viele Male bei dem Eichhörnchen für die Mühe, die es gehabt, und bei Bruder Immanuel für das Wunder und die Heilung, die er vollbracht hatte.
»Ich allein kann keine Wunder tun und keine Heilung vollbringen«, sagte Bruder Immanuel, »aber siehst du, die Wunder und die Heilung liegen in euch selber. Und wenn dein Kind gesund wurde, so dankst du es dem Eichhörnchen, der Hirschkuh und dir. Ich kann nicht mehr tun als auf dem Wege des älteren Bruders vorangehen.«
Da ahnte die Bärin, was geschehen war, und sie verabschiedete sich mit vielen Verneigungen von Bruder Immanuel und dem Eichhörnchen, und das Bärenkind tat dasselbe und gab die

Tatze zum Abschied. Mit der anderen Tatze aber hielt es die Kugel aus Holz, und die nahm es mit, um weiter damit zu spielen. Es war freilich nur ein Spielzeug; aber es war ein Spielzeug, das ein älterer Bruder geschnitzt hatte.
So schloß sich wieder ein Ring in der Kette der Dinge.
In diesem Walde wurde nie wieder eine Hirschkuh oder ein Hirschkalb gerissen, und wenn Bruder Immanuel durch den Wald ging, dann grüßten ihn alle Raubtiere schon von weitem. Die Bärin verneigte sich, die Wölfe und Füchse bellten leise und höflich, und die Wildkatzen schnurrten, wenn sie ihn sahen.
Er aber segnete sie alle mit dem Segen des älteren Bruders, und er besprach mit ihnen, daß auf dem Berge, auf dem seine Hütte stand, kein Tier dem anderen etwas tun dürfe.
Noch war die Kette der Dinge nicht entwirrt, und noch mußte es geschehen, daß einer den anderen riß zur Nahrung.
Aber auf diesem Berge sollte es nicht mehr geschehen, und die Tiere versprachen alle, es so zu halten, und sie taten es auch.
So hatten die Tiere erfaßt, was Asylrecht ist, und dies war ein großes Ereignis auf der Erde und ein noch größeres Ereignis in der Welt der geistigen Wirklichkeiten, und es war das größte der großen Ereignisse aus dieser wunderbaren Nacht.

Die irdene und die kristallene Schale

Es war nicht so, daß Bruder Immanuel nur mit den Tieren des Waldes allein lebte; es war auch nicht so, daß er keine menschliche Seele sah außer dem Einfältigen, der ein Meister geworden war. Gewiß wäre er auch dann nicht allein gewesen. Aber es war doch noch anders, und so ist es immer, wenn jemand den Weg des älteren Bruders geht. Bruder Immanuel sah mit den inneren Augen, die sich ihm geöffnet hatten, nicht nur die Seelen der Tiere und die Kräfte der Pflanzen und Dinge, es geschah auch oft, daß er mit diesen inneren Augen Gestalten erblickte, die neben ihm hergingen oder sich im Frieden seiner Hütte neben ihn setzten und mit ihm redeten, bei Tage und bei Nacht. Es waren dies ältere Brüder, die vor ihm seinen Weg gewandert waren und die gleichen Wege bereiteten auf dem anderen Ufer dieser Welt. Es bauen ja Tote und Lebende an den Brücken zum Lande der Verheißung und gießen die

Seele der Erde in immer neue Formen. Die Menschen, die in einem Körper gefangen sind, haben es nur vergessen, daß sie vom anderen Ufer der Welt kamen und wieder zu diesem anderen Ufer gelangen, wenn sie der Tod in seinem Nachen über den dunklen Strom führt. Das ist gewiß sehr wesentlich, so wie die Menschen heutzutage geartet sind, aber es braucht gar nicht so wesentlich zu sein. Es ist eine kristallene Schale in einer irdenen. Ein Leib aus groben Stoffen, der einem feineren Leib die irdene Schale war, bleibt zurück, und das ist alles. Man selbst lebt weiter in der kristallenen Schale; aber diesen feineren Leib hatte man auch, als man noch in der irdenen Schale war, nur achtet man nicht darauf, weil man nur auf die irdene Schale achtet. Im Schlafe wissen das die Menschen, weil sie dann ihre irdene Schale verlassen und vor ihr stehen in ihrem feineren Leibe, und sie wandern oft weit fort von ihrer irdenen Schale, die nur wie mit einem dünnen silbernen Bande mit ihnen verbunden bleibt. Im Tode löst sich auch dieses Band, weil die irdene Schale nicht mehr brauchbar ist und man sie nicht mehr benötigt in der anderen Stofflichkeit des anderen Ufers. Aber ist das sehr wesentlich? Man lebt in der kristallenen Schale weiter, in der man immer lebte, auch als die irdene sie noch umschloß. Es ist eigentlich sehr einfach, und die Menschen merken es nur nicht, wie einfach es ist, weil ihre irdene Schale zu dick und zu grob ist und sie alles vergessen, wenn sie wieder in ihre irdene Schale hineintauchen. Es ist darum auch sehr wichtig, daß man seine irdene Schale feiner gestaltet, so daß man noch einiges in sie mitnimmt von einem lichteren Bewußtsein, wenn man vom anderen Ufer kommt. Denn es soll ja die irdene Schale die kristallene nur tragen, aber nicht verdunkeln, und die kristallene soll die irdene Schale durchlichten. Es ist dies ein Geheimnis aus dieser und jener Welt, und man kann Leben und Tod nicht verstehen, wenn man dieses nicht versteht.

In solchen feineren Leibern des anderen Ufers saßen die älteren Brüder, die über den Strom geschifft waren, neben Bruder Immanuel und redeten mit ihm über die Wege der älteren Brüder und über das Land der Verheißung. Es war dazwischen auch so, daß Bruder Immanuel seine irdene Schale im Schlafe verließ und in seiner kristallenen Schale die älteren Brüder auf dem anderen Ufer besuchte, wenn er sie sprechen wollte.

Er hatte dann nur darauf zu achten, daß das silberne Band nicht riß, das ihn mit seiner irdenen Schale verband und das sich über den dunklen Strom spannte. Aber wer sollte das wohl zerreißen, denn Bruder Immanuel lebte ja ferne von den Menschen, die so etwas mit plumpen Händen greifen, und an seiner irdenen Schale in der Hütte wachte das Eichhörnchen und wartete geduldig, bis er wiederkam. Der dunkle Strom ist ja auch nichts als ein kleiner Bach für die, welche den Weg des älteren Bruders wandern, und es ist nicht weit für sie von diesem Ufer zu jenem.
Ich muß das sagen, damit man nicht denkt, das Leben Bruder Immanuels sei einsam gewesen und weltferne. Es war nur das Unwesentliche, was ferne gerückt war, und das Wesentliche war nahe.
Es geschah nun, als Bruder Immanuel einmal vor seiner Hütte mit den Gestalten seiner älteren Brüder vom anderen Ufer saß und über das Wesen der Dinge redete, daß sich ein großer Lärm im Walde erhob und viele Tiere angstvoll dem Berge zueilten, auf dessen Gipfel Bruder Immanuels Hütte stand.
»Es muß sich etwas sehr Schreckliches ereignet haben«, sagte das Eichhörnchen, das schon wach war, obwohl es um die erste Morgenstunde war. Aber es war sehr lernbegierig und hörte gerne zu, wenn die älteren Brüder redeten. Sie waren auch immer alle so sehr freundlich zu ihm. Auf die Hütte zu kam mit lautlosen Flügelschlägen eine große Ohreule geflogen und setzte sich auf Bruder Immanuels Schoß.
»Es ist ein König mit vielen Menschen, Pferden und Hunden im Walde eingefallen zu einer großen Jagd. Sie führen schreckliche Spieße mit sich, und alle Tiere fliehen entsetzt zu deiner Hütte. Aber der Weg ist zu weit, und sie haben auch ihre Kleinen mit sich, die sie nicht im Stich lassen können, und so werden sie sich nicht retten können, wenn du ihnen nicht hilfst. Ich bin gekommen, um Hilfe zu bitten, denn ich bin die einzige, die in der Dunkelheit so schnell fliegen kann.«
Die Ohreule war sehr erschöpft, und ihre Schwingen zitterten.
Da bat Bruder Immanuel seine älteren Brüder vom anderen Ufer, und sie machten es, daß ein dicker grauer Nebel den König mit all seinen Menschen, Pferden und Hunden einhüllte. Über den Tieren des Waldes aber ging die Sonne auf

und zeigte ihnen den Weg. Die Ohreule schloß geblendet die Augen, und Bruder Immanuel brachte sie in seine Hütte, damit sie sich ausruhen und am Tage schlafen könne.
»Schicke die Vögel aus den Nestern deiner Hütte aus«, sagten die älteren Brüder, »daß sie allen Tieren des Waldes sagen, sie mögen unbesorgt sein, der Nebel um den König und sein Gefolge wird nicht weichen, bis du es nicht willst, Menschen und Pferde werden nicht weiter eindringen, und die Hunde werden keine Spur finden können.«
Da flogen die Vögel aus in alle Richtungen des Waldes und waren froh, daß sie Frieden verkünden konnten.
»Warte bis zur Nacht«, sagten die älteren Brüder, »dann gehe hin und rede mit dem König! Er ist ein Tor, und er soll ein Weiser werden.«
»Wann muß ich ausgehen, damit ich zurechtkomme?« fragte Bruder Immanuel, »wie viele Stunden Weges ist es von hier?«
»Es ist gleich, wie weit es ist«, sagten die älteren Brüder, »gehe in deiner kristallenen Schale, wenn deine irdene Schale schläft, und wir werden bei dir sein und dich geleiten.«
Mit diesen Worten gingen sie zum anderen Ufer, Bruder Immanuel aber begab sich in seine Hütte, reichte der Ohreule und dem Eichhörnchen ihr Essen, und sie warteten auf die Nacht.
Als die ersten Sterne am Himmel standen, legte sich Bruder Immanuel auf sein Lager und verließ seinen grobstofflichen Leib, mühelos, wie man ein Kleid ablegt. In seinem feinstofflichen Leibe aber stand er, seltsam durchlichtet, vor dem Eichhörnchen und der Eule und schlug das Kreuz am Bildnis des Erlösers von seiner Wanderung.
»Bleibe bei meiner irdenen Schale in der Hütte, lieber Bruder«, sagte er zu dem Eichhörnchen, »für dich ist dieser Weg zu weit. Aber meine Schwester, die Eule, ist das Fliegen gewohnt, sie kann mich begleiten.«
Mit beinahe lautlosen Schwingenschlägen glitt die Eule ins Dunkel der Nacht, und noch lautloser, noch wesenloser im Irdischen glitt die Gestalt Bruder Immanuels neben ihr hin, und es gab für sie keine Hindernisse, keine Bäume und keine Äste. Sie war von einem Stoff, der durch alles hindurchdringt, was nicht vom anderen Ufer ist. Es ist dies sehr schwer einem

Menschen zu beschreiben, der nur im Bewußtsein seiner irdenen Schale lebt, aber es ist dem so, und man muß es sagen, weil es wahr ist.
Im Jagdlager des Königs hatte niemand einen Schritt machen können den ganzen Tag über, weil man nichts mehr sah im dicken grauen Nebel, und alle waren mürrisch und verdrossen schlafen gegangen. Nur der König wachte und starrte finster in ein kleines Lagerfeuer vor seinem Zelt. Es ärgerte ihn, daß etwas stärker war als er und daß ihm sein Vergnügen gestört wurde.
Bruder Immanuel glitt vor ihn hin, und die Eule setzte sich auf das Dach des Königszeltes, denn sie wollte alles hören, was gesprochen wurde, um es nachher den Tieren des Waldes zu erzählen. Es war sehr sonderbar, aber auch die Hunde merkten nicht, daß jemand gekommen war. Vielleicht hatten sie es auch bemerkt, aber sie schlugen nicht an, weil sie ahnten, daß es etwas vom anderen Ufer war. Die Tiere sind oft klüger als die Menschen.
»Du mußt diesen Wald verlassen, lieber Bruder«, sagte Bruder Immanuel zum König, »denn du bist hergekommen, um zu töten.«
Der König sah erschrocken auf. Es war sonderbar, daß plötzlich ein fremder Mann vor ihm stand und daß seine Wachen ihn durchgelassen hatten. Noch sonderbarer war es, daß dieser Mann anders aussah als alle anderen, denn es war, als wäre sein Körper durchlichtet. Den König packte ein Grauen an; aber er besann sich, daß er König war und Herr dieses ganzen Gebietes.
»Ich bin nicht dein Bruder«, sagte er, »ich bin der König dieses Waldes. Schere dich fort, hier hat niemand zu gebieten als ich allein.«
Er wollte die Wachen rufen, aber er konnte es nicht.
»Du bist noch nicht mein Bruder«, sagte Bruder Immanuel, »aber ich habe dich aus Güte so genannt, weil du es einmal sein wirst, früher oder später, je nachdem du es willst. Aber einmal wirst du es sein müssen, und es ist gut für dich, wenn es zeitig geschieht. Der König dieses Waldes aber bist nicht du, Gott ist der König dieses Waldes, und er hat ihn seinen Tieren geschenkt.«
»Du bist selbst ein Tier!« schrie der König wütend und griff nach seinem Speer.

»Ich bin der Bruder der Tiere und gehe den Weg des älteren Bruders, den auch du einmal wirst gehen müssen. Laß deinen Speer stecken, es ist sehr töricht, damit nach mir zu stoßen, denn ich bin nicht in meiner irdenen Schale, wie du es bist.«
»Ich weiß nicht, wer du bist, und will es nicht wissen«, sagte der König, »geh fort von mir, du bist mir unheimlich, geh fort von mir, ich gebiete es dir, ich bin der König.«
»Das Gebot eines Königs, der kein geistiger König ist, ist etwas Lächerliches in der Welt vom anderen Ufer«, sagte Bruder Immanuel. Er sagte das still und freundlich, wie man eine Tatsache feststellt. Es war kein Angriff in dieser Rede, und unwillkürlich mußte der König schweigen, denn er wußte nicht, was er antworten sollte.
»Siehst du, lieber Bruder«, fuhr Bruder Immanuel fort und setzte sich neben den König, »es ist so, daß man viele Tausende von Jahren zurückgehen muß, wenn man einen Schritt vorwärtstun will. Ich will dich zurückführen.« Und er legte ihm die Hand auf die Augen, so daß des Königs irdische Augen sich schlossen und seine inneren Augen zu schauen begannen.
»Siehst du die vielen Tausende von Jahren zurück, und vor Gott sind sie wie ein Tag? Alle Menschen wandeln durch viele irdische Leben und alle Geschöpfe mit ihnen, die verkettet sind in der Kette der Dinge. Du sagst, daß du ein König bist. Ich glaube das nicht, denn du bist kein König im Land vom anderen Ufer. In deinem vorigen irdischen Leben warst du der Diener eines Großen und wolltest gerne selber ein Großer werden. Im Lande vom anderen Ufer warst du ein Bettler mit diesem Wunsche; aber der Wunsch wurde dir erfüllt, und du wurdest nach deiner Wiedergeburt ein König unter den Menschen. Denn die Menschen wählen sich heute noch ihre Könige nicht unter den geistigen Königen, sondern meist unter den Toren, weil sie selber Toren sind. Meinst du, es ist etwas Großes, unter den Toren der Größte zu sein? Die Engel, die dich leiteten und dich gewähren ließen, dachten, du würdest vielleicht noch ein König werden, wenn deine Hände eine Aufgabe ergreifen, die du dir gewünscht hast. Aber du hast nur befehlen und töten gelernt. Niemand, der befiehlt und tötet, ist ein König. Du bist ein Diener geblieben, ein Diener einer dunklen Macht, die du zu töricht bist zu erkennen. Du

wärest auch nie ein König geworden auf dieser Erde, wenn die Menschen es nicht doch verdienten, dich zum Könige zu haben. Bist du immer noch stolz, ein König zu sein?«
Der König sah das, was Bruder Immanuel sah. Denn er sah das Leben mit seinen inneren Augen.
»Ich sehe, daß ich ein Bettler bin und kein König«, sagte er. »Ich will diesen Wald verlassen, sobald der Nebel wieder weicht.«
»Der Nebel wird weichen, wenn du es willst. Es ist nicht der Nebel des Waldes, der sich um euch gelegt hat. Meine älteren Brüder spannen diesen Nebel um euch aus euren eigenen Gedanken.«
»Was soll ich tun?« fragte der König, der ein Bettler war.
»Töte niemals wieder«, sagte Bruder Immanuel, »keinen Menschen und kein Tier! Heilige alles Leben, denn das allein ist Königtum. Gehe den Weg des älteren Bruders, wie ich ihn gegangen bin, denn herrschen darf nur, wer auch im kleinsten Geschöpf den Bruder achtet.«
»Und wenn ich wie ein Heiliger lebe, ich muß Kriege führen, solange ich ein König bin«, sagte der König.
»Es braucht niemand zu kriegen, der weise ist«, sagte Bruder Immanuel, »es ist so, daß nicht die Könige den Krieg führen, sondern der Krieg führt die Könige. Es ist ein Narrenseil voll Blut. Laß dich nicht vom Krieg führen, und du wirst keinen Krieg zu führen brauchen, weder mit den Menschen noch mit den Tieren. Es ist so vieles vermeidbar dem, dessen kristallene Schale rein ist. Siehe, du lebst im Bewußtsein deiner irdenen Schale, und sie verdeckt dir das Land vom anderen Ufer und die Weisheit dieser und jener Welt. Ich habe diese irdene Schale abgelegt, und ich bin bei dir in meiner kristallenen Schale. Lebe so, daß deine irdene Schale sich verfeinert und daß du dich selber schaust in deiner kristallenen Schale! Diese kristallene Schale aber mache so frei von aller Begierde, so rein und so klar, daß alles Licht vom anderen Ufer sich in sie ergießen kann! Denn dieses Licht ergießt sich in alle Schalen, die ihm bereitet sind. Dann wirst du ein geistiger König sein, und kein irdischer König kann einen geistigen König besiegen. Halte deine kristallene Schale bereit in Sühne, Sehnsucht und Liebe, denn es ist die Schale des Grals, die jeder in sich trägt, den Gott geschaffen.«

Lautlos, wie er gekommen war, verschwand Bruder Immanuel im Dunkel der Nacht, und die Eule folgte ihm. Ebenso lautlos glitt er wieder in seine irdene Schale in der Hütte und legte sich zur Ruhe, und das Eichhörnchen schlief in seinem Arm.
»Ich werde den Weg des älteren Bruders gehen«, sagte der König, der ein Bettler gewesen war, und wie er das gesagt hatte, schwand der Nebel, und die Morgensonne kam. Ihre Strahlen fielen in eine kristallene Schale, die klar und rein geworden war und bereitet in Sühne, Sehnsucht und Liebe für den Gral. Der König aber war nun kein Bettler mehr, sondern er war wirklich ein König geworden.
Die Menschen schwiegen, die Hifthörner klangen nicht, und die Hunde bellten nicht, als der König mit seinem Jagdgefolge nach Hause zog. Den Wald aber hat niemand mehr betreten, der töten wollte, seit jenem Tage. Der König jagte nicht mehr, und er führte auch keine Kriege, denn es war so, daß der Krieg ihn nicht mehr führen konnte, seit er ein geistiger König war und seit er die Schale des Grales wissentlich in sich trug.
Die Eule aber erzählte es im ganzen Walde, was sie gehört und gesehen hatte, und sie galt seitdem als der weiseste Vogel unter den Tieren des Waldes. Denn sie redete von Sühne, Sehnsucht und Liebe und vom Geheimnis, das Tod und Leben umfaßt, von der irdenen und von der kristallenen Schale.

Gottes Gäste

Es ist eine schwere Zeit für die Tiere, wenn der Schnee fällt und die Wunder des Waldes in den Schoß der Erde zurücksinken. Viele Vögel ziehen fort, weil sie eine solche Kälte nicht ertragen können, und viele Tiere verkriechen sich in ihre Höhlen und Nester, um den Winterschlaf zu halten und auf der Schwelle zwischen dieser und jener Welt zu warten, bis sich die Keime des Lebens wieder zu regen beginnen. Diese Tiere haben es leichter als die anderen. Es gibt aber auch viele, die den Kampf mit dem Winter aufnehmen. Es muß wohl seinen Grund haben, daß sie es tun; vielleicht ist es eine Aufgabe im geheimnisvollen Lauf der Dinge.
Bruder Immanuel half ihnen mit den geringen Mitteln, die er hatte; aber er konnte nicht immer allen helfen, und es war dies ein sehr bedrückendes Bewußtsein für ihn.

Noch bedrückender empfand er diese Armut den jüngeren Brüdern gegenüber, als Weihnachten herannahte. Er sah es deutlich, daß Weihnachten kam; denn er sah mit seinen inneren Augen, wie die Erde in ihren Tiefen immer leuchtender wurde, als strahlten die vielen in sie versenkten Keime kleine Flammen aus und verbänden sich gegenseitig in ihren vielfältigen Formen zu einer Schrift des künftigen Lebens, das um Ostern erwachen sollte. Auch in den Bäumen, die im eisigen Sturmwind standen, war dieses innere Leuchten, und es war eigentlich so, daß der ganze Wald ein Meer von kleinen Lichtern war, obwohl das alles in Eis und Schnee wie in eine Decke des Todes verhüllt war. Aber der Tod ist ja überall nur etwas Scheinbares. So nahm das innere Licht der Erde von Tag zu Tag zu, und die Heilige Nacht rückte immer näher.
Bruder Immanuel hatte reichlich Samen, den er gezogen, für die Vögel zurechtgelegt, Kohl und Rüben für die Hirsche, Rehe und Hasen, und Nüsse und getrocknete Pilze für die Eichhörnchen und andere Nager. Für die Raubtiere und für die Fische im Bach hatte er Brot bereitgestellt, das ihm der Einfältige, der ein Meister geworden war, zu dieser Zeit häufiger als sonst gebracht hatte. Aber Bruder Immanuel fragte sich, ob es für alle genügen würde, die er zur Weihnacht zu Gast bitten wollte. Denn es war ärmlich, wenn man bedachte, wie viele Tiere des Waldes kommen würden, wenn er sie rief.
Jedenfalls beschloß er, alles herzugeben, was er hatte, und das Eichhörnchen hatte fleißig geholfen, die Vorräte zusammenzustellen, so daß es hübsch und gefällig aussah und man gleich sehen konnte, daß es kein gewöhnlicher Tisch, sondern eine Feiertafel der Weihnacht war. Sonst hatte das Eichhörnchen bis zu diesen Tagen der Vorbereitung viel geschlafen; denn es vertrug den Winter auch nicht sonderlich gut. Nur dazwischen stand es auf, rieb sich die Augen mit den Pfoten, verspeiste eine Nuß oder einen getrockneten Pilz oder warf einige Äste in das Feuer, das Bruder Immanuel ständig unterhielt. Bruder Immanuel aber war schon lange vor Weihnacht in den Wald hinausgegangen und hatte allen Tieren, denen er begegnete, gesagt, daß er seine jüngeren Brüder einlade, Weihnacht mit ihm zu feiern, und die Tiere hatten sich vielmals bedankt, und es hatte es einer dem anderen weitergesagt.
Am Nachmittage vor der Heiligen Nacht fachte Bruder Imma-

nuel das Feuer in seiner Hütte an und öffnete die Tür in die weiße weite Schneelandschaft hinaus, so daß ein zuckendes Flammenspiel über sie hinlief. Die Tür hatte er mit Tannengrün bekränzt, und vor der Hütte hatte er alle seine Vorräte ausgebreitet. Vor dem Bildnis des Erlösers aber brannte eine geweihte Kerze, die der Einfältige, der ein Meister geworden war, zu diesem Zwecke mitgebracht hatte. Das Eichhörnchen saß davor und sah andachtsvoll in die ruhige stille Flamme. Bruder Immanuel aber läutete die Glocke mit der feinen, silbernen Stimme und rief die Tiere des Waldes zur Feier ihrer und seiner Weihnacht.
Als die Tiere die Glocke hörten, kamen sie in großen Scharen an und sammelten sich auf dem Gipfel des Berges, und Bruder Immanuel bat sie zu essen. Es sei dies alles, was er habe, und sie mögen das Brot mit ihm brechen zur Weihnacht des Waldes. Nachher wolle er ihnen dann vom Wunder der Weihnacht erzählen.
»Wir bedanken uns viele Male«, sagten einige Tiere für sich und alle anderen, »aber wir wollen dein Brot nicht essen. Wie sollst du sonst leben? Dazu sind wir nicht gekommen. Aber wir wollen gerne hören, wenn du uns das Wunder der Weihnacht erklärst. Wir fühlen das alle, wenn es über den Wald kommt, aber wir sind wohl noch zu jung, um es zu verstehen. Oder vielleicht ist es auch nur darum, daß es uns niemand erklärt hat. Es muß dies wohl auch ein älterer Bruder tun, denn es ist gewiß sehr schwer.«
»Das Wunder der Weihnacht ist nicht schwer«, sagte Bruder Immanuel, »es ist nur schwer für jene, die es nicht verstehen wollen, und die meisten Menschen wollen das nicht. Denn die Menschen feiern ihre Weihnacht, indem sie unzählige Gottesgeschöpfe töten. Diese Gottesgeschöpfe aber sind ihre Geschwister. So ist es eine entweihte Nacht und keine Weihnacht. Die Menschen sind ferne von der Weihnacht, weil sie ferne von der Liebe sind, und doch müssen sie zuerst in der Weihnacht und in der Liebe vorangehen, denn sie sind die älteren Brüder. Es ist aber nicht so, daß ihr mein Brot nicht essen sollt. Ich habe es dazu für euch gesammelt, und es werden viele von euch sehr hungrig sein. Es ist meine Weihnacht, daß ihr meine Gäste seid, und es ist meine und eure Weihnacht, wenn wir das Brot zusammen essen.«

Da fingen die Tiere an zu essen. Bruder Immanuel aber sah, daß es nicht reichen würde, denn viele von den Tieren waren sehr hungrig, und die Zahl war sehr groß. Da wandte er sich an das Bild des Erlösers mit der geweihten Kerze davor und sagte: »Ich bitte dich, daß meine Geschwister satt werden, wenn sie mit mir das Fest deiner Weihnacht feiern.«
Es begann schon zu dunkeln, aber mit einem Male wurde es ganz hell auf dem Berge. Zwei große Engel standen zu beiden Seiten der Hütte, und der Schnee und das Eis begann zu schmelzen, denn die Engel hatten die heißen Quellen gerufen, die unter dem Berge flossen, daß sie heraufkämen und die Erde erwärmten. Über die schneebefreite Erde aber streckten beide Engel die Hände aus, und da wuchsen Gras und Blumen und viele andere Pflanzen aus dem Boden hervor, auch solche, die sonst niemals hier gewachsen waren, so daß der Berg grün war wie im Frühling und die Tiere überreich hatten, ihren Hunger zu stillen. Auch die Raubtiere aßen davon und wurden satt, und es schmeckte ihnen so gut, wie sie sich das niemals gedacht hätten, denn es war Weihnacht, und alle Geschöpfe, die sich zu ihr bekannten, waren wieder Kinder geworden, wie es einstmals war und wie es wieder einmal sein wird im Lande der Verheißung, wenn die Erde entsühnt ist. Die Engel aber gingen zwischen den Tieren umher und redeten mit ihnen, wie man mit seinen jüngeren Geschwistern redet. Sie sagten den Tieren, daß sie auch ihnen einmal die Geburt des Erlösers verkündet hätten, als der Stern über Bethlehem stand. Und es war den Tieren, als erinnerten sie sich an etwas, was sie vergessen hatten, was sie im Grunde ihrer Seele gewußt hatten und was sich nur verwirrt hatte durch die Verwirrung in der Kette der Dinge. Die Erde aber blühte mitten aus dem Winter heraus, und die beiden Ufer der Welt berührten sich. Auch die Erde hat ihre irdene und ihre kristallene Schale, und es war, als wäre diese kristallene Schale durch die irdene hindurchgedrungen und habe sie durchlichtet mit der Liebe zu allen Geschöpfen – und es wird dies auch einmal so sein, wenn alle den Weg des älteren Bruders gegangen sind.
Als alle Tiere satt waren, setzte sich Bruder Immanuel zu ihnen, und das Eichhörnchen kletterte auf seine Schulter. Er aber erzählte den Tieren vom Wunder der Weihnacht, als die

Liebe in die Erde geboren wurde, um sie immer mehr und mehr zu durchlichten, und er erzählte, daß dieses geschah, als ein König geboren wurde in einer ärmlichen Krippe und in einem Stalle, und die Tiere hätten dabeigestanden und den König in der Krippe gesehen. Über dem König aber und den Tieren habe der Stern von Bethlehem geleuchtet. Da verstanden die Tiere, daß dies der wirkliche König der Erde sein müsse, weil keine Krone, sondern ein Stern über seiner Wiege gestanden. Es ist dies ein Geheimnis der Schöpfung, und doch ist es so einfach zu verstehen wie das Wunder der Liebe.
»Es ist dies der einzige Weg zur Erlösung«, sagte Bruder Immanuel, »daß alle älteren Brüder den jüngeren Brüdern vorangehen in Sühne, Sehnsucht und Liebe. Es hat auch der König, der nicht unter einer Krone, sondern unter einem Stern geboren wurde, zu den Menschen gesagt, daß sie hinausgehen mögen in alle Welt, zu predigen das Evangelium aller Kreatur; aber die Menschen waren nicht guten Willens, und sie sind es heute noch nicht. Es war dies das Licht, das in der Finsternis schien, aber die Finsternis hat es nicht begriffen. Die Menschen sind den Menschen und den Tieren nicht ältere Brüder geworden, sondern Tyrannen und Mörder, und darum tragen sie das Zeichen Kains auf ihrer Stirne, und alle Geschöpfe Gottes fliehen, wenn sie Gottes Ebenbild sehen. Darum habt auch ihr mich geflohen, weil ich nicht war wie der Heilige von La Vernia und weil ich das Kainszeichen der Menschheit auf meiner Stirne trage. Glaubt es mir, liebe jüngere Brüder, es ist entsetzlich, ein Mensch zu sein, wenn man den Weg der Liebe wandeln will und wenn man es voller Grauen begreift, daß man ein Gezeichneter ist in Gottes Schöpfung.«
»Wir sehen kein Zeichen mehr an deiner Stirne«, sagten die Tiere. »Es ist nicht mehr so, daß du ein Kainszeichen trägst.«
Da barg Bruder Immanuel das Gesicht in den Händen und weinte, zum ersten Male seit jenem traurigen Abend, als er auf diesem Berge angekommen war. Aber es waren dies andere Tränen als an jenem Abend der Einsamkeit, und die Engel stellten sich neben ihn und schlossen ihre Schwingen über ihm und über dem Eichhörnchen, das sein erster Bruder geworden war.
Es war dies die Weihnacht Bruder Immanuels und seiner Brüder, der Tiere. Als die Tiere sich verabschiedeten, traten sie

eines nach dem anderen zu Bruder Immanuel hin. Die Vögel setzten sich auf seine Hand, die Hirsche und Rehe verneigten sich, und die Fische grüßten im Bach, und die Wölfe, die Wildkatzen, die Füchse, die Hasen, die Eichhörnchen und alle anderen gaben ihm die Pfote, so wie der Wolf von Agobbio dem heiligen Franziskus von Assisi die Pfote gegeben hatte, als er ihm sein Gelübde ablegte. »Wir danken dir viele Male für alles, was du uns gesagt hast«, sagten die Tiere, »und wir bedanken uns auch bei den Engeln und bei dir für alles, womit ihr unseren Hunger gestillt habt. Es ist sehr viel, was heute geschehen ist, und es sind auch viele unter uns, die den Weg des älteren Bruders gehen wollen, soweit als dieses heute möglich sein wird in der Verwirrung der Kette der Dinge.«
»Ich habe euch zu Gast haben wollen, und es ist für mich etwas sehr Heiliges gewesen, dies zu tun«, sagte Bruder Immanuel, »aber ich selbst habe das größte Geschenk dabei empfangen. Es ist auch so, daß ihr nicht meine Gäste wart, sondern ihr seid Gottes Gäste gewesen, denn er selbst hat euch an seinen Tisch der Liebe geladen.«
Der Berg, auf dem Bruder Immanuels Hütte stand, blieb immer grün seit jener Heiligen Nacht, Winter und Sommer, und es war kein Schnee und kein Eis mehr auf ihm zu sehen im Wandel der Jahre, so daß alle Tiere, die auf ihm Asylrecht gelobt hatten, ihre Nahrung fanden und nicht zu darben brauchten.
Es war, als wäre ein Stück Erde entsühnt und eine Brücke auf ihm erbaut worden hinüber zum Lande der Verheißung.
Die Tiere aber vergaßen es niemals wieder, daß Bruder Immanuel sie zu dieser Weihnacht des Waldes gebeten hatte, daß die Engel mit ihnen geredet hatten und daß sie Gottes Gäste gewesen waren.

Das Land der Verheißung

Es ist nun nicht mehr viel zu erzählen von dieser Geschichte; denn es ist ja auch nur eines ihrer vielen Kleider, in das ich sie gekleidet habe. Es ist gewiß eine sehr einfache Geschichte; aber gerade darum ist sie ohne Zeit. Sie hat sich schon viele Male begeben vor vielen hundert Jahren, sie geschah gestern, und sie geschieht heute, und sie wird noch viele Male ge-

schehen müssen, denn es ist ein langer Weg, bis die Erde entsühnt ist. Ich kann es auch nicht sagen, wie lange Bruder Immanuel mit seinem Eichhörnchen und den anderen Tieren zusammen in diesem wunderbaren Wald gelebt hat. Man könnte auch vielleicht denken, daß das Eichhörnchen nach dem Laufe der Dinge hätte eher sterben müssen als sein älterer Bruder. Aber das ist nicht richtig, und es mag sein, daß Bruder Immanuels irdisches Leben verkürzt oder das irdische Leben des Eichhörnchens verlängert wurde. Das alles ist unwesentlich, und in der Welt der geistigen Wirklichkeiten stehen nur die wesentlichen Dinge verzeichnet. Aus dieser Welt habe ich sie abgelesen – wo hätte ich sie auch sonst lesen können? In der Welt des anderen Ufers aber waren das ganz große Ereignisse, wenn es hier auch nur eine unscheinbare und sehr einfache Geschichte ist. Denn es ist so, daß die großen Ereignisse immer hinter den Dingen liegen. Ich kann es auch nicht sagen, in wie langer Zeit sich diese Ereignisse, die ich erzählt habe, begeben haben. Sie geschahen ja eigentlich im Reiche der geistigen Wirklichkeiten, und dort gibt es nicht das, was wir die Zeit nennen. Denn die Zeit ist etwas Unwesentliches für den, der außer ihr lebt. Es ist dies vielleicht schwer zu verstehen; aber ich muß das alles so sagen, weil es wahr ist.
So geschah es einmal – und ich weiß nicht, wann das geschah –, daß Bruder Immanuels Engel zu ihm trat. Es war dies sein Schutzengel, wie ihn ein jeder hat für seine irdische Wanderung.
»Bruder Immanuel«, sagte er sehr freundlich, »du mußt dich nun bereiten, den silbernen Faden zwischen deiner irdenen und deiner kristallenen Schale zu lösen und an das andere Ufer zu kommen, um dort den Weg der älteren Brüder weiterzubauen.«
»Das will ich gerne tun«, sagte Bruder Immanuel, »aber ich möchte meinen jüngeren Bruder nicht allein lassen, denn er hat sich nun ganz gewöhnt, seinen irdischen Pfad mit mir zusammen zu wandern, und er ist mir ein so guter Bruder gewesen, wie es nicht viele gibt.«
»Wir haben das bedacht«, sagte der Engel, »es kommen alle Geschöpfe, die Gott schuf, ans andere Ufer in ihrer kristallenen Schale. Du brauchst deinen kleinen Bruder nur auf den Arm zu nehmen, wenn wir dich zur Reise rufen.«

»Wir werden nun bald zusammen über eine Brücke gehen, mein kleiner Bruder«, sagte Bruder Immanuel zum Eichhörnchen, »es ist dies nicht wesentlich, und ich werde dich auf dem Arm tragen, so daß du es gar nicht merken wirst, ob es ein kurzer oder ein weiter Weg ist. In dem Lande aber, in das wir kommen, wirst du erkennen, was wesentlich ist und daß alles, was hier wesentlich war, geblieben ist, als habe sich nichts verändert.«
Und als der Einfältige, der ein Meister geworden war, ihn besuchte, sprach er zu ihm: »Es ist dies das letzte Mal, mein lieber Bruder, daß wir auf diesem Ufer zusammen sind. Du mußt nun nicht mehr kommen; sondern wenn du mich sehen willst, so rufe mich, bevor du einschläfst, so daß wir uns in unserer kristallenen Schale begegnen können!«
»Das wird für mich sehr schwer sein«, sagte der Einfältige, der ein Meister geworden war, »denn ich bin nicht so weit wie du auf dem Wege, den wir beide wandern.«
»Siehst du, es ist niemand weit oder nahe«, sagte Bruder Immanuel, »denn das Ziel ist zeitlos, wenn du es recht bedenkst. Wir wandern ja beide den Weg des älteren Bruders auf diesem und auf jenem Ufer, und dieser Weg ist ein vielfältiger für viele Geschöpfe, so daß niemand sagen kann, was nahe und was weit ist. Du aber mußt hier noch viele Werke schaffen, auch wenn ich jetzt gehe.«
»Es wird für mich eine traurige Zeit werden, bis ich auch gehen darf«, sagte der Einfältige, der ein Meister geworden war.
»Das mußt du nicht denken«, sagte Bruder Immanuel, »eine Zeitlang ist wenig, wenn du es recht bedenkst, vielleicht ist es gar nichts. Es ist ja auch so, daß sich die Kette der Dinge immer mehr entwirrt. Gott segne deinen Weg, lieber Bruder, denn es ist der Weg des älteren Bruders auf diesem und auf jenem Ufer.«
Und Bruder Immanuel nahm Abschied von dem Einfältigen, der ein Meister geworden war. Es war dies am Abend eines Tages und eines Lebens. Aber der Abend eines Lebens ist nicht mehr als der Abend eines Tages, und es ist auch nur auf diesem Ufer, daß es Abend wird.
Am anderen Morgen, als die Sonne aufging, trat Bruder Immanuels Engel wieder zu ihm. »Du mußt nun ans andere Ufer kommen«, sagte er freundlich.

Da legte sich Bruder Immanuel auf sein Lager in der Hütte und nahm das Eichhörnchen in den Arm. Es war sehr sonderbar. Die Züge seines Engels veränderten sich, sie wurden bleich und ernst, seine Schwingen wurden schwarz und sein Gewand dunkel. Es war, als habe der Todesengel ihn abgelöst und stünde nun an seiner Stelle. Leise lockerte sich der silberne Faden zwischen der irdenen und der kristallenen Schale. Dann wandelten sich die Züge des Todesengels in die Züge des Erlösers am Kreuze, die Schwingen wurden golden und das Gewand weiß und durchsichtig wie durchlichteter Schnee. Da löste sich der silberne Faden zwischen der irdenen und der kristallenen Schale. Es war um die Osterzeit, als dies geschah. Ich kann es nicht sagen, ob es gerade am Ostersonntag war. In der Hütte Bruder Immanuels aber war es Ostersonntag geworden.
Die Vögel, die auf dem Dach der Hütte nisteten, trugen die Kunde von Bruder Immanuels Tode zu den Tieren des Waldes, und es war eine große Trauer unter ihnen, daß ihr älterer Bruder von ihnen gegangen war. Denn sie waren die jüngeren Brüder, und noch lebten sie ja im Bewußtsein dieses Ufers. Aber in solcher Trauer ist die Erkenntnis des anderen Ufers, und darum muß sie sein auf dieser Welt, bis sich einmal beide Ufer vereinigen.
In unabsehbaren Scharen kamen die Tiere des Waldes auf den Berg gewandert, auf dem Bruder Immanuels Hütte stand. Eines nach dem anderen traten sie in die Tür der Hütte und betrachteten Bruder Immanuels irdene Schale, die friedvoll mit dem Eichhörnchen auf dem Arme dalag, das Bildnis des Erlösers über sich. Es war ganz still, und die Morgensonne malte goldene Zeichen an den Wänden.
Auch die Tiere waren still, und es störte keiner den anderen. Nur zwei große Bären klagten laut, als sie in die Tür der Hütte traten, und die Tränen liefen ihnen über die Schnauze. Es waren dies eine Bärin und ihr Sohn. Der Sohn der Bärin war kein Bärenkind mehr wie damals, sondern er war stark und gewaltig geworden und noch höher als seine Mutter, wenn er aufrecht stand. Eine hölzerne Kugel aber hielt er in der Tatze, obwohl er kein Bärenkind mehr war. Nur spielte er heute nicht mehr damit.
Ich kann nicht erzählen, welche Tiere alle vor Bruder Imma-

nuels Hütte kamen, es wäre zuviel, sie alle aufzuzählen, und es ist auch nicht wesentlich. Wesentlich war nur, daß sie alle sich vereint fühlten als jüngere Brüder vor diesem Totenbett. Das aber war ein wirkliches und großes Ereignis, und das ist nicht immer so, wenn jemand stirbt.
»Wir wollen unserem älteren Bruder ein Grab graben«, sagte der Bär und ließ die hölzerne Kugel vorsichtig ins Gras gleiten, wie man ein Heiligtum hinlegt.
Dann gruben die Bärin und ihr Sohn ein Grab für Bruder Immanuel und sein Eichhörnchen in der Hütte. Sie legten beide sorgsam hinein, schütteten Erde darüber und bedeckten sie mit Blumen.
Noch eine kleine Weile standen die Tiere vor dem Grabe ihres älteren Bruders. Dann wandten sie sich traurig, um in den Wald zurückzugehen, jeder allein zu seiner Behausung. Und es war eine große Verlassenheit in ihnen allen.
Wie sie sich aber umwandten, sahen sie, daß Bruder Immanuel mitten unter ihnen stand, mit dem Eichhörnchen auf dem Arm.
»Es ist nicht so, daß ich von euch gegangen bin, liebe Brüder«, sagte er, »es ist nur so, daß ich meine irdene Schale abgelegt habe, und ich stehe vor euch in meiner kristallenen Schale. Es ist dies das große Geheimnis des Daseins, das Tod und Leben umfaßt, so wie es die Eule euch erzählt hat, denn sie hat es gesehen. Es ist ein großes Geheimnis, aber es ist sehr einfach. Ich muß nun auf dem anderen Ufer die Wege der älteren Brüder bereiten helfen, aber ich gehe nicht fort von euch, denn ich will jeden Tag zu euch kommen und nach euch sehen, und es wird niemand von euch allein sein. Es sind immer ältere Brüder um die jüngeren; denn es ist dies der Weg der Erlösung in Sühne, Sehnsucht und Liebe.«
Da begriffen die Tiere die große Gemeinsamkeit, die alle Geschöpfe Gottes vereinigt, und sie waren sehr dankbar, daß sie das gesehen hatten. Sie verstanden auch, daß niemand allein bleibt, der eines guten Willens ist, und daß auch das kleinste Geschöpf einen Begleiter hat auf seiner unscheinbaren Wanderung. Da wich die große Verlassenheit von ihnen, und sie gingen nach Hause.
Um Bruder Immanuels Hütte rankten sich wilde Rosen und hüllten sie ein in einen Mantel von Blüten. So blieb sie der

Tempel eines Stückes der Erde, das entsühnt war. Franziskus von Assisi aber führte einen Menschenbruder und einen Tierbruder über die Brücke zum anderen Ufer.
Diese Geschichte hat sich schon viele Male begeben vor vielen tausend und vielen hundert Jahren, sie geschah gestern, und sie geschieht heute, und sie wird noch viele Male geschehen müssen, bis das Kainszeichen der Menschheit getilgt ist und sich die Kette der Dinge entwirrt. Viele wanderten den Weg des älteren Bruders für seine jüngeren Brüder, viele wandern ihn heute, und es werden ihn noch sehr viele wandern. Es ist ein Weg voll Dornen in Sühne, Sehnsucht und Liebe, und über ihm steht der Stern von Bethlehem. Aber erst wenn alle ihn wandern, wird die Erde entsühnt sein, und ihre beiden Ufer werden sich vereinigen zum Lande der Verheißung.

Gesammelte Märchen

Himmelsschlüssel

Es war einmal ein großer und gewaltiger König, der herrschte über viele Länder. Alle Schätze der Erde gehörten ihm, und er trieb sein tägliches Spiel mit den Edelsteinen von Ophir und den Rosen von Damaskus. Aber eines fehlte ihm bei all seinem großen Reichtum: das waren die Schlüssel zu den Toren des Himmels.

Er hatte tausend Sendboten ausgesandt, die Schlüssel des Himmels zu suchen, aber keiner konnte sie ihm bringen. Er hatte viele weise Männer gefragt, die an seinen Hof kamen, wo die Schlüssel des Himmels zu finden wären, aber sie hatten keine Antwort gewußt. Nur einer, ein Mann aus Indien mit seltsamen Augen, der hatte die Edelsteine von Ophir und die Rosen von Damaskus, mit denen der König spielte, lächelnd beiseitegeschoben und ihm gesagt: alle Schätze der Erde könne man geschenkt erhalten, aber die Schlüssel des Himmels müsse ein jeder selber suchen.

Da beschloß der König, die Himmelsschlüssel zu finden, koste es, was es wolle. Nun war es zu einer Zeit, in der die Menschen noch sahen, wo der Himmel auf die Erde herabreichte, und alle noch den hohen Berg kannten, auf dessen Gipfel die Tore des Himmels gebaut sind. Der König ließ sein Hofgesind zu Hause und stieg den steilen Berg hinauf, bis er an die Tore des Himmels gekommen war. Vor den Toren, um deren Zinnen das Sonnenlicht flutete, stand der Engel Gabriel, der Hüter von Gottes ewigem Garten. »Glorwürdiger«, sagte der König, »ich habe alle Schätze der Erde, viele Länder sind mir untertan, und ich spiele mit den Edelsteinen von Ophir und den Rosen von Damaskus. Aber ich habe keine Ruhe, ehe ich nicht auch die Schlüssel zum Himmel habe. Denn wie sollten sich sonst einmal seine goldenen Tore für mich öffnen?«

»Das ist richtig«, sagte der Engel Gabriel, »ohne die Himmelsschlüssel kannst du die Tore des Himmels nicht öffnen, und wenn du auch alle Künste und Schätze der Erde hättest. Aber die Himmelsschlüssel sind ja so leicht zu finden. Sie blühn in lauter kleinen Blumen, wenn es Frühling ist, auf der Erde und in den Seelen aller Geschöpfe.«

»Wie?« fragte der König erstaunt, »brauche ich weiter nichts zu tun, als jene kleine Blume zu pflücken? Die Wiesen und Wälder stehen ja voll davon, und man tritt darauf auf all seinen Wegen.«
»Es ist wahr, daß die vielen Menschen die vielen Himmelsschlüssel mit Füßen treten«, sagte der Engel, »aber so leicht, wie du es dir denkst, ist es doch nicht gemeint. Es müssen drei Himmelsschlüssel sein, die dir die Tore des Himmels aufschließen, und alle drei sind nur dann richtige Himmelsschlüssel, wenn sie zu deinen Füßen und für dich aufgeblüht sind. Die vielen tausend anderen Himmelsschlüssel, die auf der Erde stehen, sollen die Menschen nur daran erinnern, die richtigen Himmelsschlüssel zum Aufblühen zu bringen, und das sind die Blumen, die alle Menschen mit Füßen treten.«
In dem Augenblick kam ein Kind vor die Tore des Himmels, das hielt drei kleine Himmelsschlüssel in der Hand, und die Blumen blühten und leuchteten in der Hand des Kindes. Als nun das Kind die Tore des Himmels mit den drei Himmelsschlüsseln berührte, da öffneten sich die Tore weit vor ihm, und der Engel Gabriel führte es in den Himmel hinein. Die Tore aber schlossen sich wieder, und der König blieb allein vor den geschlossenen Toren stehen. Da ging er nachdenklich den Berg hinunter auf die Erde zurück, und überall standen Wiesen und Wälder voll der schönsten Himmelsschlüssel. Der König hütete sich wohl, sie zu treten, aber keine der Blumen blühte zu seinen Füßen auf.
»Sollte ich die richtigen Himmelsschlüssel nicht finden«, fragte sich der König, »wo ein Kind sie gefunden hat?« Aber er fand sie nicht, und es vergingen viele Jahre.
Da ritt er eines Tages mit seinem Hofgesinde aus, und ein schmutziges, verwahrlostes Mädchen, das weder Vater noch Mutter hatte, bettelte ihn an, als er mit seinem glänzenden Gefolge an ihm vorüberkam.
»Mag es weiterbetteln!« sagten die Höflinge und drängten das Kind beiseite.
Der König aber hatte in all den Jahren, seit er von dem steilen Berge gekommen war, viel über die Himmelsschlüssel nachgedacht und trat sie nicht mehr mit Füßen. Er nahm das schmutzige Bettelkind, setzte es zu sich aufs Pferd und brachte es nach Hause. Dort ließ er es speisen und kleiden, er pflegte

und schmückte es selbst und setzte ihm eine Krone auf den Kopf.
Da blühte zu seinen Füßen ein kleiner goldener Himmelsschlüssel auf. Der König aber ließ die Armen und die Kinder in seinem Reich als seine Brüder erklären.
Wieder vergingen Jahre, und der König ritt in den Wald mit seinem Hofgesinde. Da erblickte er einen kranken Wolf, der litt und sich nicht regen und helfen konnte.
»Laß ihn verenden!« sagten die Höflinge und stellten sich zwischen ihn und das elende Tier.
Der König aber nahm den kranken Wolf und trug ihn auf seinen Armen in seinen Palast. Er pflegte ihn selbst gesund, und der Wolf wich nie mehr von ihm. Da blühte ein zweiter goldener Himmelsschlüssel zu des Königs Füßen auf. Der König aber ließ von nun an alle Tiere in seinem Reich als seine Brüder erklären.
Wieder vergingen Jahre – aber nun schon nicht mehr eine so lange Zeit, wie sie vor dem ersten Himmelsschlüssel vergangen war –, da ging der König in seinem Garten umher und freute sich an all den seltenen Blumen, die, kunstverständig gehütet und gepflegt, seinen Garten zu einem der herrlichsten in allen Ländern machten. Da erblickte der König eine kleine unschöne Pflanze am Wegrand, die am Verdursten war und die verstaubten Blätter in der sengenden Sonnenglut senkte.
»Ich will ihr Wasser bringen«, sagte der König.
Doch der Gärtner wehrte ihm. »Es ist Unkraut«, sagte er, »und ich will es ausreißen und verbrennen. Es paßt nicht in den königlichen Garten zu all den herrlichen Blumen.«
Der König aber nahm seinen goldenen Helm, füllte ihn mit Wasser und brachte es der Pflanze, und die Pflanze trank und begann wieder zu atmen und zu leben.
Da blühte der dritte Himmelsschlüssel zu des Königs Füßen auf, und das Bettelmädchen mit der Krone und der Wolf standen dabei. Der König aber sah auf dem steilen Berge die Tore des Himmels weit, weit geöffnet, und im Sonnenlicht, das um die Zinnen flutete, sah er den Engel Gabriel und jenes Kind, das damals schon den Weg zum Himmel gefunden hatte. Die drei Himmelsschlüssel blühen heute noch, und sie leuchten heute noch heller und schöner als alle Edelsteine von Ophir und alle Rosen von Damaskus.

Vom kleinen Teufelchen und vom Muff, der Kinder kriegte

Ich will euch eine Nacht aus dem Leben eines Dichters erzählen. Das Leben eines Dichters ist anders als das Leben der anderen Menschen. Es sind andere Tage und andere Nächte, und meist sind sie traurig. Es sind auch schöne Tage und Nächte darunter, Tage voll Sonne und Nächte voll Rosen. Aber davon will ich heute nicht erzählen, denn das sind keine Märchen für Kinder, und heute seid ihr alle Kinder im Märchenland, die ihr dieses Buch lest.

Ich will euch heute von einer Nacht erzählen, wie sie ein Dichter oft erleben kann – die ist weder besonders schön noch besonders traurig, sie ist nur sehr vergnügt und ganz, ganz anders, als die anderen Menschen sich das denken.

Ihr müßt aber alles glauben, was ich euch sage, denn was ich euch erzähle, ist ein richtiges Märchen, und alle Märchen sind wahr und wirklich. Man kann sich das gar nicht ausdenken – nur der Teekessel in meinem Zimmer denkt, daß es keine Märchen gibt und daß ich mir das alles ausdenke, und so wie der Teekessel denken sehr viele Menschen. Seid also nicht so wie der Teekessel, wenigstens heute nicht. Damit ihr nun wißt, wie ihr nicht sein sollt, will ich euch sagen, wie mein Teekessel ist. Er ist dick und groß und von glänzendem Kupfer. Er hat eine große Schnauze, und es ist gar nichts in ihm drin, denn er wird schon lange nicht mehr benutzt. Er tut nichts, und auf seinem kupfernen Leibe setzt sich ein feiner grüner Ton an, den die Gelehrten Patina nennen und der sehr vornehm ist. Er hat auch eine schöne Linie, und zwar gerade bei der Schnauze. Bloß Feuer hat er nicht mehr in sich. Findet ihr nicht auch, daß viele Leute so sind wie mein Teekessel?

Was ich euch aber heute erzählen will, das ist nichts für Teekessel.

Also die Sache fing so an, daß ich in meinem Bett lag und an gar nichts dachte. Ich wollte gerne schlafen, aber der Mond schien zum Fenster herein, besah sich in meinem Spiegel und behauptete, ich hätte jetzt kein Recht zu schlafen, ich sollte lieber aufpassen. Das tat ich denn auch, und das erste, was ich sah, war ein kleines Teufelchen, das auf meinem Bettrand saß und Turnübungen machte. Es war ein sehr niedliches kleines Teufelchen, sozusagen ein Teufelchen in den besten Jahren, so groß wie ein Zeigefinger, und es hatte einen sehr langen Schwanz — alles ganz schwarz natürlich. Nur ein Ohr war rot — es hatte überhaupt nur ein Ohr, und das war dafür auch rot. Recht hatte es! Warum soll man zwei Ohren haben? Das ist ganz überflüssig, und außerdem ist es Geschmackssache.

»Ich komme gerade aus der Hölle«, sagte das Teufelchen und turnte.

»Das ist mir gleichgültig«, sagte ich, »ich habe schon viele schöne Hexen gekannt. Da stört mich ein kleines Teufelchen gar nicht, auch wenn es eben aus der Hölle kommt und turnt.«

Das Teufelchen machte Kopfsprung und schlang den Schwanz graziös um die Beine.

»Ich habe auch eine Tante, die hexen kann«, sagte es, »meine Tante nimmt nichts dafür, sie tut es aus lauter Liebe zur Sache.«

»Die Hexen, die ich kannte, waren nicht meine Tanten«, sagte ich, »aber das ist ja einerlei.«

Das Teufelchen erwärmte sich bei der Unterhaltung, wenn man überhaupt sagen kann, daß sich jemand erwärmt, der aus der Hölle kommt, wo es ja an sich schon sehr warm ist.

»Ich habe auch einen Onkel«, sagte das Teufelchen eifrig, »mein Onkel röstet die sündigen Seelen. Er röstet sie so lange, bis sie ganz knusprig sind.«

»Pfui«, sagte ich, »Sie haben ja eine scheußliche Verwandtschaft. Im übrigen will ich Ihnen etwas sagen: Halten Sie Ihren Schwanz ruhiger, wenn Sie turnen. Sonst werden Sie sich den Schwanz noch einmal klemmen. Sie sehen, ich gebe Ihnen noch gute Ratschläge, obwohl Ihr Herr Onkel andere Leute röstet, bis sie knusprig sind.«

Das kleine Teufelchen zog den Schwanz ein und schämte sich.

»Ich habe auch sehr nette Verwandte«, sagte es, »meine Schwester, die schleicht sich unter die Liebespaare der Menschen und setzt ihnen Dummheiten in den Kopf. Dann kommen sie nachher in die Hölle.«

Das Teufelchen rieb sich die Hände vor Vergnügen.

»Seien Sie nicht so albern«, sagte ich. »Wenn zwei sich lieben, dann kommen sie nicht in die Hölle, sondern in den Himmel. Und die Dummheiten haben sie auch so schon im Kopf – die braucht ihnen kein Teufelchen mehr in den Kopf zu setzen. Das weiß ich nun einmal besser als Sie.«

Wenn man anfängt, von der Liebe zu sprechen, so ist das eine sonderbare Sache: Es ist, als ob es heimlich Mitternacht schlägt in allen Seelen. Die Dinge sind keine Dinge mehr, es fängt alles an zu leben, und es geht wie ein innerliches Weinen und wie ein innerliches Jubeln durch alles, was es überhaupt gibt. Bloß durch die Teekessel nicht.

Die anderen Gegenstände aber wurden sehr lebendig. Ganz zuerst natürlich das Äffchen und die kleine Kolombine, die auf meinem Tisch standen und beide aus Porzellan waren. Denn die liebten sich schon lange, und es ist kein Wunder, daß sie gleich lebendig wurden, als das geschwänzte Teufelchen und ich anfingen, von der Liebe zu sprechen. Warum das Äffchen und die Kolombine auf meinem Tisch standen, werde ich euch nicht sagen, denn das ist mein Geheimnis, und das geht niemand etwas an.

»Mein Äffchen«, sagte die Kolombine und küßte das Äffchen auf den Mund. Es war sehr rührend.

Der strenge bronzene Buddha nebenbei lächelte. Es war ein verstehendes und verzeihendes Lächeln. Er dachte an die schlanken Glieder der braunen Mädchen in Indien und an die Blumen in ihrem Haar. Er dachte auch an ein anderes Mädchen, das auch »mein Äffchen« sagte zu dem, den es lieb hatte, obwohl das gar kein richtiger Affe war. Aber der bronzene Buddha verstand das alles sehr gut. Nur der Teekessel verstand das nicht, denn der hatte kein Feuer im Leibe, sondern bloß eine Schnauze und die vornehme Patina.

Es geschah aber noch viel mehr, was der Teekessel nicht verstand, denn wenn man von der Liebe spricht, dann geschehen die sonderbarsten Dinge. Aus einer großen kristallenen Schale, die hinter dem Buddha stand, kamen lauter kleine kristallene Geisterchen hervor. Das waren die Kristallgeisterchen, die immer aufgeweckt werden, wenn man von der Liebe spricht. Die kleinen Geisterchen fingen an zu tanzen, und es wurden immer mehr und mehr – immer wieder kamen welche aus der tiefen kristallenen Schale hervor und erfüllten das ganze Zimmer. Es gab einen leise singenden Ton, wenn sich die Kristallgeisterchen berührten, wie von feinen gläsernen Glocken. Der bronzene Buddha lächelte, die kleine Kolombine sagte »mein Äffchen!«, und die Blumen in den Vasen neigten ihre Kelche im Mondlicht. Die Kommode sperrte vor Staunen ihren Schiebladenmund ganz weit auf, und das kleine Teufelchen setzte sich auf den Mund der Kommode, um besser sehen zu können. Das war doch interessanter als der Onkel in der Hölle, der die sündigen Seelen knusprig röstete, oder als die Tante, die hexen konnte.

Es war schon sehr schön, und es war so schön, daß ein Muff, den ein kleines Mädchen in meinem Zimmer vergessen hatte, bis ins letzte Haar davon gerührt wurde. Warum das kleine Mädchen den Muff bei mir vergessen hatte, weiß ich selbst nicht zu sagen. Ein Muff ist ein so sehr nützlicher und auch sehr, sehr vielseitiger Gegenstand – das hatten das kleine Mädchen und ich schon oft erfahren. Wie gefällig hatte er uns zum Beispiel die Hände gewärmt, und zwar immer unser beider Hände zusammen. Aber wir hatten wohl sehr viel Wichtiges miteinander zu besprechen, und bei wichtigen mündlichen Verhandlungen kann man sich so sehr vertiefen, daß man sogar einen Muff vergißt.

Wie der Muff nun alle die vielen Kristallgeisterchen sah und bis ins letzte Haar gerührt wurde – er neigte so schon zur Rührung, weil er so viel erlebt hatte –, da kam er auf mein Bett gekrochen, seufzte tief auf und kriegte Kinder. Lauter kleine, süße, weiche Muffkinderchen ... Und ihr alle seid Teekessel, wenn ihr das nicht glaubt.

Der Teekessel glaubte das auch nicht und sah es auch nicht, denn er machte die große Schnauze auf und begann zu reden, lauter langweiliges Zeug von seiner vornehmen Patina, von seiner schönen Linie und dem kupfernen Leibe, in dem kein Feuer mehr war. Das war sehr schade. Denn wenn ein Teekessel mit seiner großen Schnauze zu reden anfängt, dann verkriechen sich alle die Kristallgeisterchen der Liebe, und alle Märchen gehen schlafen. Die Kristallgeisterchen gingen in die kristallene Schale zurück, aus der sie gekommen waren, der Buddha sah ernst und verdrießlich aus, und nur die Kolombine seufzte noch einmal »mein Äffchen!« – dann stand sie steif und still da, und niemand sah mehr, wieviel Liebe und Leben sie eigentlich im Leibe hatte. Die Kommode machte

den Schiebladenmund so schnell und ärgerlich zu, daß sie dem Teufelchen fast den Schwanz abgeklemmt hätte. Der Muff steckte besorgt und behutsam alle die süßen, kleinen, weichen Muffkinderchen wieder in sich hinein. Denn für einen Teekessel hatte er diese Kinder nicht zur Welt gebracht!
Ich selbst aber schlief ein, denn ich weiß es aus Erfahrung, daß es unsagbar langweilig ist, wenn ein Teekessel mit seiner großen Schnauze zu reden anfängt.

Am andern Morgen war alles so wie immer. Nur das kleine Teufelchen saß auf dem Rande meines Wasserglases und kühlte sich den geklemmten Schwanz. Da nahm ich es und steckte es ganz ins Wasser hinein. Vielleicht wäre es gut, wenn man alle die kleinen Teufelchen ins Wasser steckte und sie abkühlte. Dann würde die Welt am Ende ein bißchen besser werden. Wir wollen es aber lieber nicht tun. Denn die großen Teufel würden wir dadurch doch nicht los, und ohne die kleinen Teufel würde die Welt wohl ein ganz klein wenig besser werden – aber dafür auch sehr, sehr viel langweiliger, und die Leute würden am Ende alle Teekessel.
Nein, ich will das Teufelchen wieder aus dem Wasser nehmen und es dem kleinen Mädchen in den Muff setzen. Freilich wird das Teufelchen dem kleinen Mädchen dann sagen, daß es in die Hölle kommt, wenn es mich lieb hat. Aber das tut nichts. Das kleine Mädchen weiß es besser, und es weiß, daß man durch die Liebe nicht in die Hölle kommt, sondern in den Himmel. Und der Muff wird das ganz gewiß bestätigen, denn er ist oft mit uns zusammengewesen – und er wird dem kleinen Mädchen erzählen, daß er Kinder gekriegt hat, lauter kleine, süße, weiche Muffkinderchen. Und es schadet gar nichts, wenn er ihm das erzählt!

Der Giftpilz

Es hatte mal geregnet, und dann hatte es aufgehört, und als es aufgehört hatte, da saß was auf dem grünen Moosboden im Walde – klein und dick und unangenehm –, und das war ein Giftpilz. Giftpilze kommen immer so etwas unvermittelt ans Tageslicht; sie sind eben da, und wenn sie da sind, gehen sie

nicht mehr weg, ganz gewiß nicht. Sie sitzen im Moos und sehen furchtbar geärgert und giftig aus. Es sind eben Giftpilze.
Der Giftpilz saß auch so da und ärgerte sich und hatte einen roten Hut mit weißen Tupfen und mit einem ganz schrecklich breiten Rande. Was unter dem Rand war, war eigentlich nichts, und das war zu vermieten.
Zuerst zog eine Mausefamilie darunter ein: eine graue Mama und sehr viele kleine schlüpfrige Mausekinder. Wieviel es waren, wußte der Giftpilz nicht; sie waren stets so lebendig und beweglich, daß er immer eins statt zweier zählte oder zwei statt eines. Aber es waren sehr viele. Und wenn die Mausemutter, wie meistens, nicht zu Hause war und Futter suchte, dann spielten die Kleinen Fangen und sausten auf ihren weichen Pfötchen wie toll um den Giftpilz herum, und das sah riesig niedlich aus. Aber der Giftpilz ärgerte sich furchtbar darüber, er stand da und ärgerte sich den ganzen Tag und sogar nachts, wenn die Mausefamilie schlafen ging. Er wurde immer giftiger, und schließlich, als er mal ganz giftig wurde und es vor lauter Gift nicht mehr aushalten konnte, da sagte er zur Mausemama:
»Ich kündige Ihnen! Sie haben Kinder! Das ist ekelhaft! Sie müssen ziehn!«
Die Mausemama weinte und barmte, und die Kleinen piepsten und rangen die Pfoten, aber der Giftpilz war unerbittlich. Und so zog die arme Mausegesellschaft traurig von dannen, sich eine neue Wohnung zu suchen, der Giftpilz aber nahm sich's ganz giftig vor, nie und nie wieder an eine Familie zu vermieten, höchstens an einen einzelnen Herrn.
Es dauerte auch gar nicht lange, da kam ein junger, alleinstehender Frosch und zog beim Giftpilz ein. Zuerst war er sehr angenehm und still, er schlief nämlich bis zum Abend. Als aber der Mond schien, wachte er auf und ging zum nahen Teich in den Gesangverein. Das war ja soweit alles ganz gut, aber es wurde spät und später, und der Frosch kam nicht wieder. Endlich, gegen Morgen, erschien er, mit gräßlich großen Augen, und sang sehr laut und tat dabei den Mund so weit auf, daß man bequem einen Tannenzapfen hineinwerfen konnte. Er sang das Leiblied des Gesangvereins:

Immer feucht und immer grün,
vom Geschlecht der Quappen,
hupfen wir durchs Leben hin –
Füße wie die Lappen!

»Brüllen Sie nicht so!« keifte der Giftpilz, »das ist Ruhestörung, und zwar nächtliche. Haben Sie gar keine Moral?«

»Füße wie die Lappen!« sang der Frosch noch einmal, und dann legte er sich höchst fidel und ungeniert unter den giftigen Giftpilz, schlug die feuchten Beine übereinander, daß es klatschte, und schlief ein.

Der Giftpilz ärgerte sich furchtbar, er ärgerte sich die ganze Nacht und den ganzen Tag, und als es Abend wurde und der Frosch aufstand, um in den Gesangverein zu gehen, da wurde ihm gekündigt.

»Ich kündige Ihnen!« sagte der Giftpilz, »Sie gehen in den Gesangverein! Das ist ekelhaft! Sie müssen ziehn!«

Der Frosch machte Vorstellungen, der Gesangverein sei durchaus einwandfrei – lauter feine, feuchte Leute –; aber es half nichts, der Giftpilz blieb dabei.

Da wurde der Frosch böse: »Sie sind ein ekelhafter Kerl!« sagte er, »glauben Sie vielleicht, daß Ihr lächerlicher Hut mit seinen weißen Tupfen die einzige Wohnung ist? Ich miete mir ein Klettenblatt, das ich persönlich kenne, Sie albernes Geschöpf!«

Damit drehte er sich um und ging, die Hände auf dem Rücken, in den Gesangverein. Und nachts schlief er schon unterm Klettenblatt, das er persönlich kannte.

Der Giftpilz aber nahm sich vor, von nun ab an niemand mehr zu vermieten.

Eine Weile blieb's auch still, auf einmal aber saß was unter ihm, und das war ein Sonnenscheinchen. Ein Sonnenscheinchen ist ein verirrter Sonnenstrahl, der eigentlich in den Himmel gehört, aber auf der Erde geblieben ist – und da ist ein süßes kleines Mädel draus geworden mit goldnen Haaren und Augen wie lauter Sonnenschein. Als nun der Giftpilz das Sonnenscheinchen sah, war er sehr unangenehm berührt und sagte giftig:

»Ich vermiete nicht mehr!«

Das Sonnenscheinchen lachte.

»Ich vermiete nicht!« schrie der Giftpilz noch einmal, »machen Sie, daß Sie hinauskommen!«

Das Sonnenscheinchen lachte wieder und streckte sich ganz behaglich unterm Giftpilz aus, so daß ihr Haar in tausend goldnen Fäden übers dunkle Moos huschte. Der Giftpilz war eine Zeitlang sprachlos, dann aber raffte er sich auf, nahm all sein Gift zusammen und sagte:
»Ich kündige Ihnen! Sie sind ein Sonnenscheinchen! Das ist ekelhaft! Sie müssen ziehn!«
Das Sonnenscheinchen blieb aber sitzen und lachte so sonnenhell und vergnügt, daß der Giftpilz ordentlich zitterte vor Wut. Aber es war nichts zu machen, und es ging auch so weiter: der Giftpilz kündigte und schimpfte, und das Sonnenscheinchen lachte und blieb.
Endlich, eines Nachts, war der Giftpilz so giftig geworden, daß ihm's selbst unheimlich wurde vor lauter Gift – und da hat er sich mit einem Ruck auf seine kleinen Füße gestellt und ist vorsichtig und ängstlich weggewackelt. Das Sonnenscheinchen aber lachte hinter ihm her und streckte behaglich die feinen Gliederchen, daß ihr Haar in tausend goldnen Fäden übers dunkle Moos huschte. Der Giftpilz wackelte weiter, halbtot vor Wut, und als er um die Ecke bog, sah er die Mausefamilie in ihrem neuen Heim, und es waren schon wieder Junge angekommen! Und die ganze Gesellschaft piepste ihm schadenfroh nach. Und als er um die nächste Ecke bog, da wanderte der alleinstehende Frosch übern Wiesenhang; er kam vom Gesangverein und ging zum Klettenblatt, das er persönlich kannte, und sang dazu ganz laut und voller Heiterkeit:

Immer feucht und immer grün,
vom Geschlecht der Quappen,
hupfen wir durchs Leben hin –
Füße wie die Lappen!

Da ist der giftige Giftpilz ganz weit fortgegangen und ist niemals wiedergekommen. Und wenn heute noch soviel im Walde stehen, so kommt das daher, daß es so viele Giftpilze in der Welt gibt und sehr, sehr wenig Sonnenscheinchen.

Maimärchen

Es war einmal ein Maikäfer, der war, wie alle Maikäfer, im Mai auf die Welt gekommen, und die Sonne hatte dazu geschienen, so hell und so goldlicht, wie sie nur einmal im Jahre scheint, wenn die Maikäfer auf die Welt kommen. Dem Maikäfer aber war's einerlei.

»Das Sonnengold kann man nicht fressen«, sagte er sich, »also was geht's mich an!«

Dann zählte er seine Beine, erst links und dann rechts, und addierte sie zusammen. Das schien ihn befriedigt zu haben, und nun überlegte er, ob er einen Versuch machen solle, sich fortzubewegen, oder ob das zu anstrengend wäre. Er dachte drei Stunden darüber nach, dann zählte er noch einmal seine Beine und fing an, sich langsam vorwärtszuschieben, möglichst langsam natürlich, um sich nicht zu überanstrengen, Bequemlichkeit war ihm die Hauptsache.

Da stieß er plötzlich an was Weiches, an etwas, was so weich war, daß er sich's unbedingt ansehen mußte. Es lag im Grase und sah aus wie eine schwarze Samtweste, hatte vier kleine Schaufeln und keine Augen. Den Maikäfer, der noch keinen Maulwurf gesehen hatte, interessierte das fabelhaft, er überzählte noch schnell einmal seine Beine, und dann ging's mit wütendem Eifer mitten in die schwarze Samtweste hinein. Der Maulwurf fuhr empört auf.

»Sind Sie verrückt?« schrie er den Maikäfer an, »so eine Rücksichtslosigkeit!«

Der Maikäfer lachte. Es war zu komisch, wie sich die Samtweste aufregte.

»Wissen Sie«, sagte er vorlaut, »wenn man aus nichts weiter besteht als aus einer Samtweste und vier kleinen Schaufeln und auch keine Augen hat, soll man lieber ruhig sein.«

»Reden Sie nicht so blödes Zeug«, kreischte der Maulwurf, atemlos vor Wut, »Sie sind ein ganz verrohtes Subjekt!«

Und damit kroch er in die Erde, der Maikäfer aber setzte angenehm angeregt und erheitert seinen Weg fort. Schließlich, als es Abend wurde, kam er an einen Teich, da saß ein großer alter Frosch auf einem Stein, ganz grün und ganz feucht, der las beim Mondlicht die Zeitung, das »Allgemeine Sumpfblatt«. Den frechen Maikäfer reizte der breite Rücken des vertieften Lesers, und er kitzelte ihn ganz leise und boshaft mit den Fühlhörnern. Der Frosch fuhr mit seinen langen Fingern herum und kratzte sich, ohne von der Zeitung aufzusehen, denn das »Allgemeine Sumpfblatt« ist sehr lehrreich und sehr schön

geschrieben, und dabei läßt man sich nicht gerne stören. Aber der Maikäfer kitzelte beharrlich weiter, bis der Frosch sich schließlich geärgert umdrehte und den Störenfried vorwurfsvoll betrachtete. Da er aber alle Tage das »Allgemeine Sumpfblatt« las und also sehr gebildet war, so erkannte er in dem respektlosen Wesen sofort einen Maikäfer.
»Heut ist der erste Mai«, sagte er ruhig, »es steht in der Zeitung, da kommen diese merkwürdigen Geschöpfe. Dagegen läßt sich nichts machen.«
Und dann las er weiter und kratzte sich geduldig, wenn ihn der Maikäfer kitzelte. Der arme Frosch hätte sich noch lange kratzen müssen, wenn der Maikäfer nicht plötzlich was gehört hätte, was ihm noch übers Kitzeln ging; es klang, als ob's mit vielen feinen Stimmchen singt, und das war ein Elfenreigen: viele kleine Elfchen in weißen Hemdchen und mit goldnen Krönlein im goldnen Haar hatten sich bei den Händen gefaßt und schlangen den Ringelreihn und sangen dazu. Der Frosch sah gar nicht hin, das stand ja alles im »Allgemeinen Sumpfblatt« unter »Lokales«, aber der Maikäfer kannte so was nicht und kroch‸ so schnell er konnte, um sich das Seltsame zu betrachten, das so seltsam mit vielen feinen Stimmchen sang. Die Elfen flohen entsetzt auseinander, nur eine blieb stehen und sah sich den komischen Gesellen an.
»Du hast ja sechs Beine!« rief sie, »du bist gewiß ein verwunschener Prinz, und ich warte schon lange auf einen, um ihm mein Krönlein zu schenken.«
Der Maikäfer sah auf seine sechs Beine, bewegte verlegen die Fühlhörner und sagte nichts.
»Es ist ganz gewiß ein verwunschener Prinz«, dachte das Elfchen, »er hat doch sechs Beine und sagt nichts!«
Und dann fragte es ihn: »Willst du mich heiraten?«
Der Maikäfer verstand nur, daß er gefragt wurde, ob er was wolle, und da sagte er: »Fressen will ich«, und legte sich auf den Rücken.
»Er muß sehr stark verwunschen sein!« dachte das Elfchen und gab ihm zu essen, lauter schöne Sachen, wie man sie nur im Elfenreich hat.
Als er satt war, setzte sich das Elfchen neben ihn und beschloß, geduldig zu warten, bis sich der verwunschene Prinz entpuppt. Und als die Glockenblumen Mitternacht läuteten, da dachte

das Elfchen, jetzt müßte es sein, und wollte ihm sein Krönlein schenken; aber der Maikäfer hörte weder die blauen Glockenblumen noch sah er das goldene Krönlein, er lag auf dem Rücken und schlief. Das war so schrecklich langweilig, und so ging's alle Tage und Nächte weiter: er fraß gräßlich viel, und wenn die Glockenblumen läuteten, schlief er ein – und das arme Elfchen wartete und wartete.

Da, eines Nachts, geschah etwas Wunderbares: der Maikäfer rührte sich, streckte seine sechs Beine, bewegte die Fühlhörner und bekam plötzlich Flügel.

»Jetzt entpuppt sich der verwunschene Prinz«, dachte das Elfchen und freute sich furchtbar.

Und grad wie es sich so furchtbar freute – flog der Maikäfer davon und zerbrach noch dabei mit seinen plumpen Beinen das goldene Krönlein, daß es in tausend Scherben ging. Die Elfenkrönlein sind ja so zerbrechlich! Da saß nun das arme Elfchen und hatte keinen verwunschenen Prinzen bekommen und hatte auch kein Krönlein mehr, es ihm zu schenken – und so stützte es das Gesichtchen in die Hände und weinte bitterlich. Das klang so traurig, daß der Frosch vom »Allgemeinen Sumpfblatt« aufsah und sich das Elfchen mitleidig betrachtete.

»Ja, ja«, sagte er seufzend, »heut ist der letzte Mai, es steht in der Zeitung, da gehen diese merkwürdigen Geschöpfe wieder. Dagegen läßt sich nichts machen.«

Und dann schlug er nachdenklich eine Seite um – das Umblättern ist für einen Frosch sehr leicht, weil er so feuchte Finger hat – und las weiter. Auch der Maulwurf kam aus der Erde heraus und sagte: »Es war ein ganz verrohtes Subjekt!«

In Wirklichkeit aber war der Maikäfer weder ein verrohtes Subjekt noch ein verwunschener Prinz, sondern eben nur ein ganz gewöhnlicher Maikäfer, und von dem soll ein Elfenkind keine Märchen erwarten und soll ihm sein Krönlein nicht schenken.

Und was aus dem Elfchen wurde? Das hat der liebe Gott in den Himmel geholt und hat ein Englein draus gemacht mit zwei kleinen Flügeln und hat ihm einen Heiligenschein für das zerbrochene Krönlein gegeben.

Der Schneemann

Es war einmal ein Schneemann, der stand mitten im tiefverschneiten Walde und war ganz aus Schnee. Er hatte keine Beine und Augen aus Kohle und sonst nichts, und das ist wenig. Aber dafür war er kalt, furchtbar kalt. Das sagte auch der alte griesgrämige Eiszapfen von ihm, der in der Nähe hing und noch viel kälter war.
»Sie sind kalt!« sagte er vorwurfsvoll zum Schneemann.
Der war gekränkt. »Sie sind ja auch kalt«, antwortete er.
»Ja, das ist etwas ganz anderes«, sagte der Eiszapfen überlegen.
Der Schneemann war so beleidigt, daß er fortgegangen wäre, wenn er Beine gehabt hätte.
Er hatte aber keine Beine und blieb also stehen, doch nahm er sich vor, mit dem unliebenswürdigen Eiszapfen nicht mehr zu sprechen. Der Eiszapfen hatte unterdessen was anderes entdeckt, was seinen Tadel reizte: ein Wiesel lief über den Weg und huschte mit eiligem Gruß an den beiden vorbei.
»Sie sind zu lang, viel zu lang!« rief der Eiszapfen hinter ihm her, »wenn ich so lang wäre wie Sie, ginge ich nicht auf die Straße!«
»Sie sind doch auch lang«, knurrte das Wiesel verletzt und erstaunt.
»Das ist etwas ganz anderes!« sagte der Eiszapfen mit unverschämter Sicherheit und knackte dabei ordentlich vor lauter Frost.
Der Schneemann war empört über diese Art, mit Leuten umzugehen, und wandte sich, soweit ihm das möglich war, vom Eiszapfen ab. Da lachte was hoch über ihm in den Zweigen einer alten schneeverhangenen Tanne, und wie er hinaufsah, saß ein wunderschönes weißes, weiches Schnee-Elfchen oben und schüttelte die langen hängenden Haare, daß tausend kleine Schneesternchen herabfielen und dem armen Schneemann gerade auf den Kopf. Das Schnee-Elfchen lachte noch lauter und lustiger, dem Schneemann aber wurde ganz seltsam zumut, und er wußte gar nicht, was er sagen sollte, und da sagte er schließlich: »Ich weiß nicht, was das ist ...«
»Das ist etwas ganz anderes«, höhnte der Eiszapfen neben ihm.

Aber dem Schneemann war so seltsam zumute, daß er gar nicht mehr auf den Eiszapfen hörte, sondern immer hoch über sich auf den Tannenbaum sah, in dessen Krone sich das weiße Schnee-Elfchen wiegte und die langen hängenden Haare schüttelte, daß tausend kleine Schneesternchen herabfielen.
Der Schneemann wollte unbedingt etwas sagen über das eine, von dem er nicht wußte, was es war, und von dem der Eiszapfen sagte, daß es etwas ganz anderes wäre. Er dachte schrecklich lange darüber nach, so daß ihm die Kohlenaugen ordentlich herausstanden vor lauter Gedanken, und schließlich wußte er, was er sagen wollte, und da sagte er:

»Schnee-Elfchen im silbernen Mondenschein,
du sollst meine Herzallerliebste sein!«

Dann sagte er nichts mehr, denn er hatte das Gefühl, daß nun das Schnee-Elfchen etwas sagen müsse, und das war ja auch nicht unrichtig. Das Schnee-Elfchen sagte aber nichts, sondern lachte so laut und lustig, daß die alte Tanne, die doch sonst gewiß nicht für Bewegung war, mißmutig und erstaunt die Zweige schüttelte und sogar vernehmlich knarrte. Da wurde es dem armen, kalten Schneemann so brennend heiß ums Herz, daß er anfing, vor lauter brennender Hitze zu schmelzen, und das war nicht schön. Zuerst schmolz der Kopf, und das ist das Unangenehmste – später geht's ja leichter. Das Schnee-Elfchen aber saß ruhig hoch oben in der weißen Tannenkrone und wiegte sich und lachte und schüttelte die langen hängenden Haare, daß tausend kleine Schneesternchen herabfielen. Der arme Schneemann schmolz immer weiter und wurde immer kleiner und armseliger, und das kam alles von dem brennenden Herzen. Und das ist so weitergegangen, und der Schneemann war schon fast kein Schneemann mehr, da ist der Heilige Abend gekommen, und die Englein haben die goldnen und silbernen Sterne am Himmel geputzt, damit sie schön glänzen in der Heiligen Nacht.
Und da ist etwas Wunderbares geschehen: Wie das Schnee-Elfchen den Sternenglanz der Heiligen Nacht gesehen hat, da ist ihm so seltsam zumute geworden, und da hat's mal auf den Schneemann heruntergesehen, der unten stand und schmolz und eigentlich schon ziemlich zerschmolzen war. Da ist's dem Schnee-Elfchen so brennend heiß ums Herz geworden, daß es heruntergerutscht ist vom hohen Tann und den Schneemann

auf den Mund geküßt hat, soviel noch davon übrig war. Und wie die beiden brennenden Herzen zusammen waren, da sind sie alle beide so schnell geschmolzen, daß sich sogar der Eiszapfen darüber wunderte, so ekelhaft und unverständlich ihm die ganze Sache auch war.
So sind nur die beiden brennenden Herzen nachgeblieben, und die hat die Schneekönigin geholt und in ihren Kristallpalast gebracht, und da ist's wunderschön, und der ist ewig und schmilzt auch nicht. Und zu alledem läuteten die Glocken der Heiligen Nacht.
Als aber die Glocken läuteten, ist das Wiesel wieder herausgekommen, weil es so gerne das Glockenläuten hört, und da hat's gesehen, daß die beiden weg waren.
»Die beiden sind ja weg«, sagte es, »das ist wohl der Weihnachtszauber gewesen.«
»Ach, das war ja etwas ganz anderes!« sagte der Eiszapfen rücksichtslos, und das Wiesel verzog sich empört in seine Behausung.
Auf die Stelle aber, wo die beiden geschmolzen waren, fielen tausend und abertausend kleine weiße, weiche Flocken, so daß niemand mehr was von ihnen sehn und sagen konnte. – Nur der Eiszapfen hing noch genauso da, wie er zuerst gehangen hatte, und der wird auch niemals an einem brennenden Herzen schmelzen und auch gewiß nicht in den Kristallpalast der Schneekönigin kommen – denn der ist eben etwas ganz anderes!

Mummelchen

Es war einmal eine schöne kleine Nixe, die hieß Mummelchen und lebte im Mummelteich. Mummelchen fühlte sich immer so sehr einsam im Mummelteich, denn der Mummelteich war recht sumpfig, und alle, die darin herumkrabbelten, waren sehr versumpft und scheuten sich beinahe schon vor dem klaren Wasser. Sonst waren ja auch ganz nette Leute darunter, zum Beispiel die Froschvettern, die abends so schön sangen und auch stets von ausgesuchter Höflichkeit waren. Die Unken waren dicke alte Tanten, die es gut meinten; aber immer, wenn sie Mummelchen sahen, so unkten sie sie an und rieten ihr, doch endlich auch einen richtigen anständigen Kraken zu heiraten und mit ihm ins Meer hinauszuschwimmen, so wie es ihre Schwestern getan hatten. Das war so langweilig, denn wenn auch Mummelchens Schwestern alle so sehr richtige und anständige Kraken geheiratet hatten – Mummelchen selbst hatte gar keine Lust dazu. Sie sehnte sich nach etwas ganz anderem, nur wußte sie selbst nicht recht, wonach sie sich eigentlich sehnte, und niemand im ganzen Sumpf wußte es, weder die Froschvettern noch die Unkentanten und nicht einmal die Seerosen, die immer träumten und mit offenen Kelchen das silberne Mondlicht tranken.

Aber eines Nachts, als Mummelchen mitten unter den Seerosen saß, da schienen die Sterne am Himmel so klar und spiegelten sich im Mummelteich, so daß es aussah, als wäre die ganze gestirnte Nacht in den See versunken. Denn die Sterne scheinen in jeden Sumpf, und es ist nicht ihre Schuld, wenn es die Unken nicht merken.

Mummelchen aber hatte die Augen, die die Sterne sehen, und wie sie die vielen Sterne sah, da wußte sie mit einem Male, wonach sie sich immer gesehnt hatte: Sie wollte eine Seele haben, darin sich auch die ewigen Sterne spiegeln könnten. Was eine Seele war, wußte sie freilich noch nicht genau zu sagen, aber das hätte sie ja auch erst gekonnt, wenn sie eine gefunden hätte. Sie sagte sich auch, daß es gewiß sehr schwer sein würde, eine Seele zu finden, aber versuchen wollte sie es jedenfalls.

Wenn sie nur jemand nach dem Weg zu einer Seele hätte fragen können – sie war ja eine so unerfahrene junge Nixe und wußte gar nicht Bescheid mit solchen Dingen. Aber die Froschvettern hätten ihr nur Höflichkeiten gesagt, und die Unkentanten hätten ihr nur wieder geraten, endlich einen anständigen Kraken zu heiraten. Da beschloß Mummelchen, den alten Quabbelonkel zu fragen, denn er war die älteste und klügste Person im ganzen Sumpf – und wenn der es nicht wußte, dann konnte es gewiß niemand wissen.

So stieg denn Mummelchen in den tiefsten Sumpf hinab, und da saß der Quabbelonkel und aß Miesmuscheln. Der Quabbelonkel war so eine Art Gallertkugel mit Froschbeinen und Krötenärmchen. Sein ganzer Körper war mit Miesmuscheln bedeckt, die auf ihm wuchsen und die er sich absuchte und

verspeiste. So hatte er seine Nahrung immer bei sich. Er hatte ganz kleine, geschlitzte Äuglein im Quabbelkopf, aber dafür war sein Mund so ungeheuer groß, daß er mit der Mitte des Mundes sprechen, in der einen Ecke Miesmuscheln hineinstecken und aus der anderen Ecke die Schalen wieder ausspucken konnte. Und das konnte er alles gleichzeitig.
»Onkel Quabbel«, sagte Mummelchen, »ich möchte dich gerne etwas fragen.«
»Ich weiß schon«, sagte der Quabbelonkel, »du hast schon wieder Sehnsucht und weißt nicht, wonach. Aber mir ist nun eingefallen, wonach du dich immer sehnst. Du sehnst dich nach mir, mein liebes Mummelchen.«
Und der Quabbelonkel lachte, daß sein ganzer Gallert ins Schwanken geriet und die Miesmuscheln an seinen Beinen klapperten.
»Nein«, sagte Mummelchen, »nach dir sehne ich mich nicht. Dich habe ich ja auch immer da und brauche dazu nur in den tiefen Sumpf hinunterzusteigen. Aber ich weiß jetzt, wonach ich mich sehne.«
»So«, sagte der Quabbelonkel, »dann setze dich auf meinen Schoß und erzähle es mir.«
»Auf deinen Schoß kann ich mich nicht setzen, Onkel Quabbel«, sagte Mummelchen, »du hast ja gar keinen Schoß, weil dein Bauch so groß geworden ist.«
»Ja, das ist wahr«, sagte der Quabbelonkel und sah auf seinen Gallertbauch, »ich mache mir zu wenig Bewegung. Aber wenn ich mir Bewegung mache, dann wachsen mir die Miesmuscheln nicht mehr am Leibe, und das ist so sehr bequem. Du könntest aber mal Kribbel-Krabbel auf meinem Bauch machen, das habe ich sehr gern, und dann bekommen mir die Miesmuscheln auch besser.«
Mummelchen schüttelte den Kopf. Sie hatte keine Lust dazu. Der Onkel war so scheußlich glitschig.
»Nein, Onkel Quabbel«, sagte sie, »ich habe keine Zeit, Kribbel-Krabbel auf deinem Bauch zu machen, du kannst die Unkentanten darum bitten. Ich muß fort von hier, denn ich muß gehn, mir eine Seele zu suchen.«
»Liebes Kind«, sagte der Quabbelonkel, »bleibe lieber hier und iß Miesmuscheln. Ich will dir die fette Muschel schenken, die auf meinem linken großen Zeh sitzt.«

»Nein, ich danke dir«, sagte Mummelchen, »iß sie nur allein auf – und guten Appetit! Sage mir lieber, was ich tun muß, wenn ich eine Seele suchen will.«

»Ja, Kindchen«, sagte der Quabbelonkel, »ich denke mir, wenn jemand etwas suchen will, wird er sich bewegen müssen, du mußt wandern. Aber ich täte es nicht, es wird dir nicht bekommen.«

»Ich will wandern gehen«, sagte Mummelchen, »denn ich sehne mich so sehr nach einer Seele. Aber wohin muß ich wandern, um eine Seele zu suchen?«

»Ja, Kindchen«, sagte der Quabbelonkel, »ich denke mir, du wirst wohl aus dem Sumpf heraus müssen. Wohin du dann gehst, weiß ich auch nicht. Ich bin noch nie aus meinem Sumpf herausgekommen.«

»Die Sterne riefen mich, ich will den Sternen nachgehen«, sagte Mummelchen und stieg langsam zum Spiegel des Mummelsees hinauf.

»Es kann dir nicht bekommen, Kindchen«, rief der Quabbelonkel und streckte beschwörend den linken großen Zeh mit der fetten Miesmuschel aus.

Aber es war zu spät. Mummelchen war ans Ufer geschwommen und wanderte durch Ried und Heide den Sternen nach ...

Aber je weiter sie wanderte, um so ferner rückten die Sterne, und es schien ihr, daß der Weg nach den Sternen ein sehr weiter und beschwerlicher Weg sein müsse. Und als sie müde wurde vom weiten Weg, da wurde die Nacht dunkel und die Sterne erloschen. Das geht einem jeden so, der den Sternen nachgeht.

Mummelchen war sehr erschrocken, als sie sah, daß die Sterne erloschen und es dunkel und weglos um sie herum wurde.

»Aber wenn die Sterne vom Himmel fort sind«, dachte sie, »so sind sie sicherlich auf die Erde heruntergefallen und spielen dort Verstecken. Ich werde ins Dunkel hineingehen, bis irgendwo ein Lichtlein aufloht. Dem will ich dann nachwandern, und das wird sicher ein Stern sein, denn es ist doch viel zu schwer für einen Stern, sich auf der Erde zu verstecken, daß man gar nichts mehr davon sieht.«

Mummelchen wußte eben nicht, daß nicht immer ein Stern vom Himmel fällt. Und sie wußte auch nicht, daß ein Stern sich gar nicht zu verstecken braucht, wenn er mal vom Himmel auf die Erde gefallen ist. Es sieht ihn auch so niemand, und alle Leute gehen dran vorüber, selbst wenn es ein noch so leuchtender klarer Stern ist und wenn er auch mitten auf der Gasse liegt. Es sind die Alltagsgedanken der Menschen, die ihr graues Bahrtuch drüberdecken, und darunter sind schon manche Sterne erloschen. Mummelchen hätte ja vielleicht den Stern bemerkt, weil sie kein Mensch war, aber es fiel nun mal keiner vom Himmel. Die Sterne fallen nur, wenn sie selbst wollen, und das kann ihnen niemand verdenken.

So wanderte Mummelchen weiter durchs sternenlose Dunkel, und ihre Füße wurden so müde und wund, wie die Füße aller werden, die den Sternen nachgehen.

Da endlich lohte ein Licht auf einem hohen Berge auf, und als Mummelchen näher kam, da sah sie, daß das Licht in einem großen Schlosse war, das Mauern und Türme und Erker hatte und in dem es eine Menge Prunkzimmer geben mußte, denn es blitzte aus allen Fenstern heraus von Gold und Edelsteinen.

»Das muß eine ganze Sternenversammlung sein«, dachte Mummelchen und ging gerade in das Schloß hinein.

Im Schloß waren ein König und eine Königin und eine ganze Menge Lakaien und Zofen, die nur für den König und die Königin da waren. Die Lakaien des Königs waren die Würdenträger des Reiches, und die Zofen der Königin waren die Frauen der Lakaien und hießen Hofdamen.

»Es ist mehr bunt als schön, und eine Sternenversammlung ist es nicht, wie ich hoffte«, dachte Mummelchen, »aber eine Seele muß ich sicher hier finden, wo so viele vornehme Menschen sind. Ich werde warten, bis die Leute näher kommen, dann will ich sie nach einer Seele fragen.«

Und Mummelchen setzte sich, da sie so müde geworden war, auf ein Ruhebett im Königssaal, um zu warten, bis die ganze Hofgesellschaft näher kommen würde. Als die vielen Lakaien Mummelchen sahen, machten sie sehr entsetzte Gesichter, aber sie sagten nichts, denn sie waren Lakaien und durften nur sprechen, wenn sie gefragt wurden. Die Königin aber, die keine Märchenkönigin, sondern eine Menschenkönigin war, ging auf Mummelchen zu und fragte sie, wer sie sei und ob sie am Ende Hofdame werden wolle. Denn die Königin war

eine sehr praktische Frau, und sie hatte gleich gesehen, daß Mummelchen sehr schön war.
»Bekomme ich dann eine Seele?« fragte Mummelchen.
»Nötig ist das nicht«, sagte die Königin, und sie war sehr unangenehm berührt von einem so wenig hoffähigen Wunsche.
»Dann möchte ich lieber keine Hofdame werden«, sagte Mummelchen, »denn ich bin eine Nixe und suche eine Seele.«
»Pfui, wie scheußlich!« sagte die Königin, »eine Nixe hat nasse Kleider, und damit setzt sich die Person auf mein königliches Kanapee!« »Scheußlich!« riefen alle Lakaien und Hofdamen.
Mummelchen aber ging traurig aus dem Schloß hinaus, und sie wußte nun, daß hier eine Seele nicht zu finden war.
So wanderte Mummelchen weiter, bis sie wieder ein Licht schimmern sah aus einem großen Hause mit dicken Mauern und festen Gewölben. Das Licht war sonderbar gelb und fahl und sah nicht aus, als ob es ein Stern wäre. In dem Hause lebte ein reicher Mann und zählte seine Schätze.
»Ich möchte gern eine Seele haben«, sagte Mummelchen.
»Eine Seele?« fragte der reiche Mann, »ja, ich kann dir meine Seele geben, sie regt sich immer mal dazwischen, also wird sie wohl noch da sein. Nur sehr viel Geld mußt du mir dafür geben.«
»Geld hat der Quabbelonkel im Mummelteich genug und übergenug«, sagte Mummelchen, »aber solch eine Seele wie du möchte ich nicht haben. Lieber habe ich gar keine. Eine Seele muß man auch nicht kaufen, man muß sie geschenkt bekommen.«
»Geschenkt wird bei mir nichts«, sagte der reiche Mann und warf die Tür hinter Mummelchen zu.
Mummelchen aber wanderte weiter, bis sie wieder ein Haus sah, in dem ein Lichtchen brannte. Das Haus war klein, und das Lichtchen war noch kleiner. Es war sehr unwahrscheinlich, daß es ein Stern wäre, der vom Himmel gefallen war. Aber Mummelchen war schon so müde und traurig, und so wollte sie alles versuchen und trat in das Haus ein. Im Hause waren bloß Bücher, ganz schrecklich viel Bücher, dicke und dünne, aber meistens sehr dicke, und unter all den dicken Büchern saß ein gelehrter Mann bei einer trüben Tranlampe und las.
»Was willst du hier?« fragte der gelehrte Mann und betrachtete Mummelchen im Licht seiner Tranlampe.

»Ich bin eine Nixe und suche eine Seele«, sagte Mummelchen.
»Es gibt weder Nixen noch Seelen«, sagte der gelehrte Mann.
»Ich bin aber eine Nixe«, sagte Mummelchen, und es zuckte trotzig um ihre Lippen, »ich komme gerade vom Mummelteich, wo die Froschvettern und Unkentanten leben und Quabbelonkel.« Die Tranlampe begann zu flackern.
»Es gibt keine Nixen«, sagte der gelehrte Mann, »also bist du gar nicht da.«
Der gelehrte Mann las weiter, die Tranlampe brannte auch weiter, und Mummelchen ging hinaus.
Immer weiter wanderte sie und war nun schon sehr müde und traurig geworden. Da erblickte Mummelchen etwas Wunderbares. Sie sah eine große Kirche mit herrlichen Spitzbogen und Türmen, und das Kerzenlicht vom Altar flutete durch die bunten Fenster in die Nacht hinaus.
»Das ist der Stern, den ich suche«, dachte Mummelchen, und sie wollte in jubelnder Erwartung in die Kirche eintreten, denn nun mußte sie ja sicher eine Seele finden! An der Schwelle aber stand ein Mann in einem schwarzen Gewand und fragte sie nach ihrem Begehr.
»Ich bin eine Nixe und suche eine Seele«, sagte Mummelchen, und in ihren Augen leuchtete schon der Widerschein der Kerzen am Altar.
»Die Kirche ist nicht für Nixen«, sagte der Mann im schwarzen Gewand und schloß die Tore, daß sie dröhnend zuschlugen.
Es war ganz finster, und die Glocken läuteten. Da sank Mummelchen in die Knie und barg das Gesicht in den Händen. Sie war so müde und traurig und hatte keine Hoffnung mehr, eine Seele zu finden, die sie so brennend suchte. Wenn in diesem Hause mit den heiligen Kerzen nicht Gottes Sterne waren und keine Seele zu finden war, dann gab es sicher keine Seele auf der Erde und keinen Stern, der vom Himmel gefallen war.
Die Glocken läuteten, und Mummelchen hörte deutlich, daß sie weinten. Aber die Glocken weinten nicht um Mummelchen, sondern um den Pfarrer in der Kirche, und das tun sie schon lange.
Dann hörten auch die Glocken auf zu weinen, der Himmel und die Erde waren dunkel, und es war eine Finsternis, wie

sie Mummelchen noch nicht erlebt hatte. Es war die Finsternis, die alle kennen, die den Sternen nachgegangen sind.
Wie Mummelchen aber die Hände von den Augen nahm und so hoffnungslos hinaussah in die große Finsternis, da sah sie ganz nahe ein kleines Engelchen stehen. Die kleinen Engelchen sind nämlich viel näher, als man denkt, man übersieht sie bloß so leicht, weil sie eben sehr klein sind. Das kleine Engelchen hielt ein Laternchen und leuchtete damit einem Dichter, der auf der Heide saß und Märchen schrieb. Das ist immer so, denn ein Dichter kann nur dann Märchen schreiben, wenn ein kleines Engelchen mit seiner Laterne dazu leuchtet.
»Das Laternchen ist kein Stern«, dachte Mummelchen, »dazu ist es zu klein. Aber es ist doch vielleicht das Kind von einem Stern, weil ein Engelchen es in der Hand hat.«
Da ging Mummelchen auf den Dichter und das Engelchen zu, richtete die großen traurigen Augen auf sie und sagte: »Ich bin eine Nixe und möchte gerne eine Seele haben.«
»Weiter nichts?« sagte der Dichter, faßte Mummelchen um den schlanken Leib und küßte sie auf beide Augen.
Das Engelchen aber löschte sein Laternchen aus, denn dazu brauchte es nicht zu leuchten, das wußte es schon – denn das, was geschah, war auch so ein wirkliches Märchen. Von Gottes Himmel aber fiel ein Stern und setzte sich Mummelchen ins Haar.
»Weißt du nun, daß du eine Seele hast?« fragte sie der Dichter und winkte dem Engelchen, daß es nicht so zugucken solle.
»Ja«, sagte Mummelchen, »jetzt habe ich eine Seele, und seit du mir die Augen geküßt hast, sehe ich, daß etwas von meiner Seele in allem ist, was auf der Welt ist.«
»Dann hast du eine wirkliche Seele, denn nur, wer eine wirkliche Seele hat, der sieht die Seele in allem.«
Es gibt viele Wege, sich eine Seele zu suchen. Einer der hübschesten ist sicherlich der, sich von einem Dichter die Augen küssen zu lassen. Es muß aber schon ein Märchendichter sein. Sonst hilft es nichts. Nur sind die Dichter darin ein bißchen einseitig. Sie küssen nämlich nur solche, die so sind wie Mummelchen und nicht wie der Quabbelonkel. Denn die Seelen küßt man nur wach in denen, die sie suchen.
Das Engelchen aber hat in dieser Nacht sein Laternchen nicht wieder angezündet . . .

X Das Tagewerk vor Sonnenaufgang

Es waren eine Schmiede und ein Schmied. Der Schmied aber war ein besonderer Schmied, denn sein Tagewerk lag vor Sonnenaufgang. Das ist ein sehr hartes Tagewerk. Man wird müde und traurig dabei. Man wird still und geduldig dabei. Es gehört viel Kraft dazu. Denn man lebt einsam und schmiedet in der Dämmerung.

Jetzt war es Nacht, und der Schmied war nicht in seiner Schmiede. Der Feuergeist in der Esse schlief. Nur sein Atem glomm unter der Asche und streute dazwischen einen sprühenden Funken in die Finsternis. Aber der Funke erlosch bald. Nur ein schwacher Lichtschein blieb und hastete suchend und irrend durch das Dunkel der Schmiede.

Der Blasebalg ließ seinen großen Magen in lauter griesgrämigen Falten hängen. Er sah aus wie ein dicker Herr, der plötzlich abgemagert ist. Man hätte darüber lachen können, aber in der Schmiede war niemand, der zu lachen verstand.

Der Amboß drehte seinen dicken Kopf mit der spitzen Schnauze langsam nach allen Seiten und sah sich das alte Eisen an, das heute geschmiedet werden sollte. Es war nicht viel. Nur einige Stücke. Sie lagen in einer Ecke und waren beschmutzt und verstaubt, wie Leute, die eine weite und beschwerliche Wanderung hinter sich haben.

Der Amboß ärgerte sich. »Was für ein hergelaufenes Gesindel hier zusammenkommt! Ein Glück, daß es zuerst in die Esse muß, ehe es mir auf den blanken Kopf gelegt wird. Es wäre sonst zu unappetitlich. Danke bestens. Unsereiner ist sauber.«

Der Amboß rümpfte verächtlich die große Schnauze und kehrte dem alten Eisen den Rücken zu. Der Amboß war ein Dickkopf. Er dachte nicht daran, daß er ja auch aus Eisen war und daß das alte Eisen, das so weit gewandert war, auch so blank würde, wenn es der Feuergeist erfassen und der Hammer schmieden würde. Er dachte, es gäbe bloß blankes Eisen und schmutziges und bestaubtes – von vornherein – und dabei bliebe es. Er war eben ein Dickkopf, und er wußte auch nicht, wie mühsam sein Meister dies alte Eisen gesammelt hatte, um es umzuschmieden in der Dämmerung.

Das alte Eisen fühlte sich sehr erleichtert, als der Amboß ihm

den Rücken gekehrt hatte und es seine abweisenden Blicke nicht mehr fühlte. Es hatte sie deutlich gefühlt, trotzdem es so bestaubt und so beschmutzt war. Nun begann es, sich flüsternd zu unterhalten.
Es waren Stücke, die dem Alter nach sehr verschieden waren. Es waren ganz alte dabei, die eigentlich in die Raritätenkammer gehörten. Es waren auch ganz junge darunter, die nur wenige Jahre auf der Welt waren. Aber in ihrer Erscheinung waren sie sich alle ganz gleich.
»Sie sind so verrostet«, sagte eine Kette teilnahmsvoll zu einem alten Schwert, »das ist eine sehr schlimme Krankheit. Sie fühlen sich gewiß nicht wohl?«
Das Schwert seufzte knarrend zwischen Griff und Klinge.
»Es ist ein altes Leiden«, sagte es, »ich habe es schon viele hundert Jahre. Es sind Blutflecke. Ich habe schreckliche Dinge gesehn auf meinem Lebensweg. Ich ging durch viele Hände. Einer erschlug den andern mit mir. Einer nahm mich dem andern fort, um wieder andre zu erschlagen. Alles Blut und alle Tränen haben sich in mich hineingefressen. Ich habe wenig Ruhe gehabt. Ich bin in Blut gewatet, und der, der das meiste Blut vergossen, läutete die Glocken mit denselben Händen und nannte das seinen Sieg.«
»Ich bin nur wenige Jahre alt«, sagte ein junger Säbel, »aber ich habe ganz dasselbe erlebt.«
»Ich habe andere Siege gesehen«, sagte ein alter rostiger Riegel. »Ich sah Menschen, die gesiegt hatten über sich und die Welt mit ihren Gedanken. Ich verschloß die Türe, hinter der man sie einsperrte. Sie saßen und verkamen in ihrem Kerker. Aber ihre Gedanken gingen durch die Kerkertüre an mir vorbei und gingen hinaus in alle Straßen.«
»Ich bin weit jünger als Sie«, sagte ein anderer Riegel, »aber ich habe dasselbe tun müssen und habe dasselbe gesehen.«
Der Feuergeist in der Esse atmete stärker, und der erste Schein der Morgendämmerung zog über das alte Eisen. Es wurde sehr verlegen und bedrückt, denn nun traten die vielen Flecke noch deutlicher hervor als im Licht des Feuergeistes, der in der engen Esse mühsam atmet. Das alte Eisen sah traurig auf seinen beschmutzten Körper und redete wirr und klagend durcheinander.
»Ich hab' einen Mörder halten müssen«, jammerte die Kette,

»es war in seiner letzten Nacht. Neben ihm saß ein Mann im Talar und hatte ein Buch in der Hand, auf dem ein goldenes Kreuz draufstand.«
»Ich habe im Schlachthaus arbeiten müssen«, sagte ein langes Messer, »ich habe Tausenden von Geschöpfen ins entsetzte Auge gesehn, ehe es erlosch. Ich habe tausend Tierseelen umherirren gesehn in einem Hause voll Blut und Grauen. Dabei war ein Stück von mir früher eine Perle im Rosenkranz eines alten stillen Mannes. Es war in Indien, und der alte stille Mann fegte den Weg vor sich mit schwachen Armen, um kein Geschöpf zu treten. Er nannte den Wurm seinen Bruder und bat ihn um den Segen seiner Götter. Er sprach von der Kette der Dinge. Er zeichnete das Hakenkreuz in den Sand und fingerte ergeben seinen Rosenkranz, wenn der Wind es verwehte. Die fremden Priester aus Europa höhnten den Glauben des alten Mannes.«
»Wir haben jetzt Europa und seine Kultur«, sagte der Säbel grimmig und schüttelte eine alberne goldene Troddel ab, die an ihm hing.
»Wir müssen durch viele Formen wandeln«, sagte das Messer, »das weiß ich von dem alten Mann in Indien. Nur weiß ich nicht, in welche wir kommen sollen.«
»In diesen Formen können wir nicht bleiben!« riefen alle durcheinander. »Wir sind schmutzig und voller Flecken. Wir wollen umgeschmiedet werden. Wir wollen zum Feuergeist und um eine andere Form bitten. Aber wir wollen nicht warten, bis die Sonne aufgeht. Wir wollen nicht, daß die Sonne uns so findet. Dann bescheint sie unseren Schmutz und unsere Flecken. Aber der Schmied wird nicht so bald kommen. Er schläft gewiß noch.«
Da flog ein Funke aus der Esse mitten in das alte Eisen hinein.
»Der Schmied schläft nicht. Er wird gleich kommen«, zischte der Funke, »es ist ein besonderer Schmied. Sein Tagewerk ist vor Sonnenaufgang.«
Dann erlosch der Funke.
Die Tür tat sich auf, und der Schmied kam herein. Es war ein ernster stiller Mann mit traurigen Augen. Das kam von seinem Tagewerk. Er trat den Blasebalg, daß er alle seine Magenfalten aufklappte und ganz dick anschwoll. Der Feuergeist er-

wachte in der engen Esse, und der Schmied hielt all das alte Eisen ins Feuer. Dann hob er es aus der Feuertaufe und legte es auf den Amboß.
»Was wird aus uns werden – welche Form – welche Form?« fragte das alte Eisen, und das Messer dachte an den armen alten Mann in Indien.
Der Schmied schlug zu. Die Funken stoben.
Er schmiedete nur eine Form, die letzte aller Formen. Er schmiedete die Seele des Eisens.
Es war sein Tagewerk.
Als es fertig war, stand eine glänzende Pflugschar auf der taufeuchten Erde vor der Schmiede.
Da ging die Sonne auf.
Es ist leider nur ein Märchen ...

Ratzepetz

Es war einmal eine kleine Elfe, die tanzte mit ihren Elfenschwestern am Wiesenrain, wo der Holderbaum steht, in den die Liebenden ihre Herzen und die Zwerge ihre Runenzeichen schneiden. Die Elfen tanzen gerne am Holderbaum, aber es ist gar nicht so ungefährlich, da zu tanzen, denn schon manche Elfe hat dabei ihren Schleier verloren.
Der Mond schien dazu, und auch die Irrlichter leuchteten, obwohl das gar nicht nötig war, denn wenn der Mond scheint, ist es für einen Elfentanz gerade hell genug. Aber die Irrlichter leuchteten trotzdem mit, sie taten das teils aus Höflichkeit, teils aus Neugier – und dann leuchten sie überhaupt gerne, wenn die Elfen tanzen, obwohl das gar nicht ungefährlich ist. Denn dabei hat schon manche Elfe ihren Schleier verloren.
Als nun der Elfenreigen zu Ende war und die Elfenschwestern ihre Schleier aufnahmen, um nach Hause zu gehen, da sah die kleine Elfe, daß sie ihren Schleier verloren hatte und nun nicht mehr mit den Schwestern gehn konnte. Sie suchte, aber sie fand ihn nicht mehr. Es war auch dunkel geworden, denn der Mond, der offenbar erkältet war, hielt sich eine Wolke vors Gesicht und nieste, und die Irrlichter hatten sich in den Sumpf empfohlen, wo sie ja eigentlich zu Hause sind.
Die Schwestern der kleinen Elfe hatten alle noch ihren

Schleier. Die brauchten bloß einmal mit den feinen Füßen aufs Gras zu stampfen und die Schleierformel zu sprechen – dann tat der Hügel sich auf und nahm sie in seinen Schoß, als wären sie niemals dagewesen. Nun waren die Elfenschwestern verschwunden, und die kleine Elfe war ganz allein im Dunkeln, und sie weinte und fürchtete sich. Es ist auch sehr, sehr traurig für eine Elfe, ihren Schleier zu verlieren. Es gilt als eine Schande, sie kann auch nie mehr nach dem Elfenreich zurück, und das ist äußerst bedauerlich, wie ein jeder weiß, der einmal im Elfenreich war.

Wie die kleine Elfe nun so dasaß und weinte, kam ein Glühwurm angekrochen, der von sehr mitleidigem Gemüt war.

»Liebe Elfe«, sagte er, »darf ich Ihnen behilflich sein? Der Mond scheint nicht mehr, aber ich kann ihn vielleicht ersetzen. Sie müssen mich ins Haar nehmen, dann werden Sie Ihren Weg schon finden. Ich bin zwar gar nicht so hell wie der Mond, aber sehr ähnlich.«

Die kleine Elfe dankte, setzte sich das Glühwürmchen ins Haar und ging, ihren Schleier zu suchen. Aber ob sie auch rechts oder links ging und überallhin spähte, es war weit und breit nichts zu sehen und auch niemand, der ihr hätte Auskunft oder Rat geben können.

Endlich traf sie eine alte dicke Kröte, die am Wegrande saß und wollene Strümpfe strickte. Die Kröte war gar nicht schön, wenigstens nach den Begriffen der Elfen, aber wenn sie lächelte, hatte sie etwas ganz Angenehmes, und so beschloß die kleine Elfe, die alte Kröte um Rat zu fragen.

»Ach bitte«, sagte die kleine Elfe, »Sie kennen sich doch hier sicher gut aus. Haben Sie nicht vielleicht meinen Schleier gesehen? Ich habe ihn beim Tanz unter dem Holderbaum verloren.«

»Beim Tanz unter dem Holderbaum haben schon viele Elfen ihre Schleier verloren«, sagte die Kröte und lächelte – aber, wie gesagt, sie lächelte durchaus angenehm. »Leider bin ich da nicht ganz sachverständig. Ich bin eine Kröte und stricke mir wollene Strümpfe, weil ich rheumatisch bin. Wollene Strümpfe aber sind kein Elfenschleier, liebes Kind.«

»Das meinte ich auch nicht«, sagte die kleine Elfe, »ich wollte auch nicht um Ihre wollenen Strümpfe bitten für meinen Elfenschleier, aber ich dachte, Sie könnten mir vielleicht einen

Rat geben, denn wenn man schon rheumatisch ist und sich wollene Strümpfe strickt, so muß man doch sicher viel Lebenserfahrung haben.«
»Der Rheumatismus allein macht es nicht«, sagte die Kröte und lächelte wieder – aber, wie gesagt, durchaus angenehm. Dabei kratzte sie sich mit der Stricknadel die Warzen auf dem Rücken. »Aber das ist schon wahr, das habe ich oft gesehen: Es hat schon manche Elfe ihren Schleier verloren, und wenn sie ihn nicht wiederfand, so ist sie aus dem Märchenland in den Sumpf gegangen, wo immer Alltag ist, und hat Rheumatismus und wollene Strümpfe bekommen.«
»Ich will aber nicht in den Sumpf«, sagte die kleine Elfe weinerlich, »ich bin ein Märchenkind und will im Märchenlande bleiben.«
Sie erhob bittend die Hände zum Strickstrumpf der rheumatischen Kröte, und das Glühwürmchen in ihrem Haar leuchtete geradezu überzeugend. Man konnte gar nicht anders als derselben Meinung sein, man wurde einfach sozusagen überleuchtet.
Die Kröte zählte die Maschen an ihrem Strickstrumpf und überlegte.
»Ich will Ihnen was sagen, liebes Kind«, meinte sie endlich, »hier kann Ihnen nur einer helfen, und das ist der weise Kater Ratzepetz. So weise ist keiner im ganzen Märchenland.«
»Aber wo wohnt der Kater Ratzepetz?« fragte die kleine Elfe.
»Der Kater Ratzepetz wohnt im Häuschen an der goldenen Brücke, auf der man ins Sonnenland geht, zusammen mit einem menschenähnlichen Wesen, das ihn sozusagen bedient. Sagen Sie ihm meine schlüpfrigsten Empfehlungen und ich würde ihm zu Weihnachten wollene Strümpfe stricken.«
Da bedankte sich die kleine Elfe tausendmal, und die Kröte lächelte ihr angenehmstes Lächeln. Das Glühwürmchen aber empfahl sich mit vielen Segenswünschen, es war erschöpft und nun auch nicht mehr nötig. Denn wenn es auch ruhig mit dem Monde wetteifern konnte – die Brücke ins Sonnenland, an welcher der Kater Ratzepetz lebte, die leuchtete so strahlend in alles Dunkel hinein, daß es nicht schwer war, sie zu finden. Das ist die Brücke, auf der der liebe Gott ins Märchenland wandert, wenn er sich von der Schuld und den Tränen

der Menschen erholen muß und zu den Tieren und Kindern kommt und zu denen, die im Märchenland leben, weil sie die Brüder und Schwestern der Tiere und der Kinder sind.
Als die kleine Elfe an die goldene Brücke kam, da klopfte sie an die Tür des Hauses, in dem der Kater Ratzepetz lebte. Die Tür tat sich auf, und ein menschenähnliches Wesen trat heraus. Es war ein Mann, der weiter nicht schön aussah, aber er hatte ein Leuchten in den Augen, weil er das Märchen liebte, die Tiere und die Kinder, und weil er dem Kater Ratzepetz diente und sehr, sehr viel von ihm gelernt hatte. Er war wohl auch ein Mensch gewesen und kannte Schuld und Tränen – aber dann hatte er es so gemacht wie der liebe Gott und war ins Märchenland gegangen zum Kater Ratzepetz. Man muß es eben schon dem lieben Gott abgucken, wenn man ins Märchenland kommen will.
»Wer sind Sie?« fragte das menschenähnliche Wesen die Elfe.
»Ich bin eine kleine Elfe«, sagte sie, »ich habe meinen Schleier verloren, und ich will den weisen Kater Ratzepetz sprechen. Die alte Kröte am Wegrand, die Rheumatismus hat, hat mich hergeschickt.«
Das menschenähnliche Wesen führte die kleine Elfe ins Haus, und nun stand sie vor dem Kater Ratzepetz. Ihr Herz schlug hörbar, denn so gewaltig hatte sie sich den Kater Ratzepetz nicht vorgestellt, so viel sie auch von ihm gehört hatte. Es war eben Ratzepetz – und das Licht von der goldenen Brücke flutete über sein weiches Fell. Er saß vor einem großen Buch, in dem er krallenhaft geblättert hatte.
»Viele schlüpfrige Empfehlungen von der alten Kröte, und sie wird Ihnen zu Weihnachten wollene Strümpfe stricken«, sagte die kleine Elfe, »ich bin eine kleine Elfe und habe meinen Schleier verloren. Wenn ich meinen Schleier nicht wiederfinde, so muß ich in den Sumpf und kriege Rheumatismus und kann nie wieder zurück ins Elfenreich unter dem grünen Hügel. Es ist sehr traurig.«
Der Kater Ratzepetz dachte nach. Er war vor tausend Jahren im Katzentempel von Bubastis gewesen und kannte viele Geheimnisse. Das menschenähnliche Wesen hatte auch schon damals mit ihm gelebt und hatte ihn gepflegt und geliebt wie heute. Ägyptens Sonne war noch in beiden – im Kater Ratze-

petz und im Mann aus Bubastis. Das war freilich vor tausend Jahren und im Tempel gewesen – aber es gibt so viele Geheimnisse – was sind auch tausend Jahre, und ist nicht das ganze Märchenland auch ein heiliger Tempel?
»Dein Schleier ist gar nicht verloren«, sagte der Kater Ratzepetz, »die klatschhafte Elster hat ihn dir gestohlen, als du mit deinen Elfenschwestern getanzt hast unter dem Holderbaum. Die Elstern stehlen so gern die Elfenschleier, und dann laden sie andere Elstern zum Kaffee ein. Sie zeigen die gestohlenen Schleier und sagen, die Elfen hätten sie verloren. Es gibt freilich sehr viele Elstern, aber ich will schon versuchen, die richtige zu finden. Dann bringe ich dir den Schleier wieder.«
»Ich danke Ihnen tausendmal«, sagte die kleine Elfe, »und ich will auch jeden Tag kommen, um Sie am Halse zu krabbeln.«
Der Kater schnurrte, denn er liebte es überaus, so gekrabbelt zu werden. Das war eine Schwäche von ihm, und auch große Leute haben ihre Schwächen.
»Ich gehe jetzt zur Elster«, sagte der Kater Ratzepetz zu dem menschenähnlichen Wesen, »setze die kleine Elfe unterdessen unter eine Käseglocke, damit ihr nichts passiert.«
Der Kater Ratzepetz ging, und das menschenähnliche Wesen setzte die kleine Elfe unter eine Käseglocke. Es war nicht schön, drin zu sitzen, aber inzwischen hob das menschenähnliche Wesen die Käseglocke ein bißchen auf und ließ die Elfe hinausgucken, und dann erzählte es ihr von den Denkwürdigkeiten des weisen Katers Ratzepetz. Das menschenähnliche Wesen schrieb nämlich die Denkwürdigkeiten des Katers Ratzepetz. Das war so ein Lebensberuf. Der Beruf ist sehr selten.
Der Kater Ratzepetz hatte unterdessen fleißig umhergeschnüffelt und auch bald das richtige Elsternnest herausgefunden. Es war hoch auf einem Baum am Rande des Märchenlandes. Denn im eigentlichen Märchenland selbst leben die klatschhaften Elstern nicht. Es wäre ihnen da zu poetisch, sagten sie, und davon bekämen sie Migräne. Es war doch viel netter, in einem warmen Nest zu sitzen, die Elfenschleier aus dem Märchenlande zu stehlen und dann darüber zu klatschen. Das war so ihr Lebensberuf, und der Beruf ist sehr häufig.
»Sie haben einen Elfenschleier gestohlen!« fauchte der Kater Ratzepetz zum Elsternnest hinauf. »Geben Sie ihn sofort zurück!«

»Wie?!« schnatterte die Elster empört, »ich bin eine ehrbare Frau und stehle niemals. Ich habe höchstens ein Fundbüro und das auch nur aus Gutmütigkeit, weil es mir leid tut, wenn die Leute leichtsinnig sind und was verlieren.«
»Und was befindet sich eben in Ihrem Fundbüro?«
»Ich will ehrlich sein wie immer und es Ihnen sagen. Ich fand die Gummischuhe eines Frosches, den Regenschirm eines Pilzes, die durchbrochenen Strümpfe einer Bärin und das Klavier einer Eidechse. Weiter kann ich Ihnen nicht dienen, und ich habe auch keine Zeit, denn ich gebe heute einen Nestkaffee.«
»Meine Gnädige«, sagte der Kater Ratzepetz, »wenn ich jetzt nach oben komme und selbst nachsehe, dann können Sie Ihren Nestkaffee nackt geben, denn ich lasse Ihnen keine Feder am Leibe.«
Seine Krallen setzten sich fest in den Baumstamm und rupften beängstigend an der Rinde.
Da flog ein Elfenschleier zu Pfoten des Katers Ratzepetz.
Die Elster aber sagte den anderen Elstern, die kamen, sie habe Migräne und ihr Nestkaffee könne heute nicht stattfinden.
So kam die kleine Elfe wieder zu ihrem Schleier. Und dafür krabbelte sie den Kater Ratzepetz jeden Tag am Halse, so daß er laut und vernehmlich schnurrte. Jeder würde gewiß gerne schnurren, wenn ihn eine Elfe am Hals krabbelte – aber das erlebt nicht ein jeder Dazu muß man schon so weise werden wie der weise Kater Ratzepetz.

Das Männchen mit dem Kohlkopf

Es war in einem alten Park, in dem wilde Schwäne auf den Spiegeln dunkler Weiher ihre Kreise zogen, verblichene Marmorbilder lächelten und die Schatten vergangener Zeiten auf bemoosten Bänken saßen. In dem alten Park lebte ein kleines Männchen, das ein recht sonderbares Gewächs war, denn es war sozusagen allmählich aus allerlei Gewächsen zusammengewachsen. Als Kopf aber hatte es einen Kohlkopf. Das Männchen war ein ganz harmloses Männchen, nur kamen so leicht die Raupen in seinen Kohlkopf, was ja bei einem Kohlkopf weiter nicht verwunderlich ist. Dann hatte es richtige Raupen im Kopf und wurde sehr anmaßend. Es wackelte durch den ganzen Park und tadelte alles. Es fand die Kreise der wilden Schwäne häßlich, es grüßte die Regenwürmer und Käfer nicht mehr, obgleich das allgemein üblich ist, und es sagte sogar der Nachtigall nach, daß sie keine Stimme besitze und zudem eine schlechte Ausbildung genossen habe. Alles im Park ärgerte sich – nur die Marmorbilder lächelten.

Einmal nun, als das Männchen besonders viele Raupen in seinem Kohlkopf hatte, erblickte es auf dem grünen Rasen ein großes Kompottglas. Es mochte schon lange da gelegen haben, denn der Regen hatte es blank gewaschen, so daß es in der Sonne funkelte und blitzte.

»Das ist eine passende Krone für mich«, sagte das Männchen und stülpte sich das Kompottglas auf den Kohlkopf, in dem es von Raupen nur so wimmelte.

Mit dem gekrönten Kohlkopf aber wackelte das Männchen durch den ganzen Park und tadelte alles. Sogar die bescheidensten Leute des ganzen Parkes, ein kleines Moosehepaar, ließ es nicht in Ruhe. Das Moosmännchen und das Moosweibchen lebten still und zurückgezogen in einer Mauerspalte. Sie störten wirklich niemand, denn sie gingen selten aus und waren überaus häuslich, fast so häuslich wie ihr Onkel, der Hausschwamm, der bekanntlich das häuslichste aller Wesen ist. Das Moosmännchen und das Moosweibchen waren auch so genügsam. Sie kochten sich mittags nur eine Heidelbeere in einem Fingerhut, und das reichte für alle beide.

»Eine widerliche Völlerei«, sagte das Männchen mit dem gekrönten Kohlkopf, »diese einfachen Leute in der Mauerspalte tun auch tagsüber nichts weiter als Essen kochen. Was würde aus dem ganzen Park werden, wenn ich auch so wäre?«

Die armen Moosleute waren tief gekränkt.

»Eine Heidelbeere für zwei Personen ist gewiß eine auskömmliche und gute Mahlzeit«, sagten sie, »aber eine unmäßige Mahlzeit ist es sicherlich nicht. Es ist freilich wahr, daß wir die Heidelbeere in einem Fingerhut kochen, aber das tun wir auch nur, weil wir alte Leute sind und keine rohen Heidelbeeren mehr vertragen.«

Mit diesen Worten, die gewiß berechtigt waren, zogen sie sich in ihre Mauerspalte zurück. Alles im Park ärgerte sich – nur die Marmorbilder lächelten.

Die Sonne hatte sich aber auch die ganze Geschichte besehen, und sie beschien den Kopf des Männchens Tag für Tag mit besonderer Sorgfalt. Es war, als ob es den Sonnenstrahlen geradezu Spaß mache, sich unter dem Glas zu sammeln und den Kohlkopf des kleinen Männchens zu wärmen. Die Sonnenstrahlen tun das sehr gerne. Der Kohlkopf aber wuchs dadurch immer mehr und mehr, das kleine Männchen hörte auf, alles zu tadeln, und wurde stiller und stiller, bis es eines Tages mit ganz erbärmlichen Kopfschmerzen auf dem grünen Rasen saß.

»Mein Kopf schmerzt so sehr«, jammerte das kleine Männchen, »er wird immer dicker und dicker, er wächst und wächst, und ich kriege das schreckliche Glas nicht mehr herunter! Lieber will ich ungekrönt bleiben, aber solche Kopfschmerzen möchte ich nicht wieder haben!«

Sein Jammergeschrei erfüllte den ganzen Park. Die Einwohner des Parkes waren alle freundliche und gute Leute. Die Regenwürmer und Käfer krochen teilnahmsvoll näher, und auch den wilden Schwänen tat es sehr leid, daß das kleine Männlein solche Kopfschmerzen hatte. Die Nachtigall war ganz still, denn sie sagte sich, daß ihr Gesang mit solchen Kopfschmerzen nicht mehr zu vereinen wäre. Aber helfen konnte niemand.

Endlich drang das Klagen des kleinen Männchens auch in die Mauerspalte zu den Moosleuten, die gerade bei Tisch waren und sich eine Heidelbeere im Fingerhut kochten. Sie vergaßen alle Kränkung und eilten dem kleinen Männchen zu Hilfe, so schnell sie das nur vermochten. Sie faßten das Kompottglas und zogen aus Leibeskräften daran, um den gekrönten Kohlkopf davon zu befreien. Sie zogen so sehr, daß es in ihren Mooskörpern ordentlich raschelte.

Die Regenwürmer und Käfer hielten den Atem an vor Spannung.

Endlich ging es! Das Moosmännchen und das Moosweibchen fielen hintenüber, das Kompottglas blieb in ihren Händen – aber der Kohlkopf auch!

»Das tut nichts«, sagten sie, »es war ja nur ein Kohlkopf. Wir holen dem Männchen einen neuen, und den setzen wir ihm dann auf.«

Und das taten sie.

Dem Männchen war nun wieder ganz wohl.
»Ich möchte Ihnen aber doch raten«, sagte die Nachtigall, »daß Sie sich in Zukunft die Raupen in Ihrem Kopf rechtzeitig von einem sachverständigen Vogel absuchen lassen.«
Das war gewiß ein sehr guter Rat, und er sollte von allen befolgt werden, die es angeht.
Die verblichenen Marmorbilder lächelten. Es war ihnen nichts Neues, daß einer den Kopf verlor. Das hatten sie in vergangenen Zeiten in mancher blauen Mondennacht gesehn, und es war nicht immer so harmlos abgelaufen wie dieses Mal, wo es ja nur ein Kohlkopf war. Denn es ist viel ungefährlicher, wenn es nur ein Kohlkopf ist, den man verliert, und es schadet darum auch gar nichts, wenn einer bloß einen Kohlkopf hat – aber er muß ihn nicht unter Glas setzen!

Der Generaloberhofzeremonienmeister

Der alte König saß auf seinem Thron und regierte. Er hatte eine Krone auf dem Kopf mit einer warmen Unterlage, und an den Füßen trug er Filzpantoffeln. Es war eben schon ein alter König, der sich ein bißchen schonen mußte beim Regieren, während sich die Könige ja sonst immer dabei überanstrengen. Außerdem sahen die Filzpantoffeln wirklich sehr hübsch aus, es waren alle sieben Farben daraufgestickt, denn das Land, das der alte König regierte, lag ganz weit von hier irgendwo hinter dem Regenbogen. Der Regenbogen war das Tor, durch das man hindurchgehen mußte, und darum waren seine sieben Farben die Landesfarben und die Farben auf den Filzpantoffeln des alten Königs. Ordentlich fröhliche Füße bekam man, wenn man die Pantoffeln anhatte, und der alte König war auch immer sehr fröhlich gestimmt, wenn er sie anzog.
Wenn er nun so auf seinem Thron saß und regierte, dann hielt er sein Zepter in der rechten Hand und in der linken einen Reichsapfel. Das war aber kein goldener, sondern ein ganz richtiger Apfel. Der goldene Apfel war dem alten König schon lange zu schwer geworden, er mußte auch jeden Tag mit Flanell abgerieben werden, und das ist so umständlich. Den richtigen Apfel aber konnte man essen, und so aß der alte

König eine ganze Menge Reichsäpfel, wenn er so dasaß und regierte. Er nährte sich sozusagen davon. Die Kerne aber spuckte er aus, denn die muß man niemals mitessen, weil das nicht gesund ist und ganz besonders nicht für einen alten König.
Das Land, das der alte König regierte, war nicht groß, denn hinter dem Regenbogen liegen sehr viele Länder, wie jeder weiß, der einmal dahintergekommen ist. Also können die einzelnen Länder auch nicht so groß sein, und das ist auch gar nicht nötig, denn wenn ein Land so sehr groß ist, so muß es auch einen sehr großen König haben, und die sind viel schwerer zu finden als die großen Länder. So war auch das Schloß des alten Königs nicht groß, aber den Thron konnte man ganz schön darin aufstellen, eine Küche war auch noch dabei, und das ist doch schließlich die Hauptsache. In der Küche wurden jeden Tag Pfefferkuchen gebacken. Früher hatte das immer die alte Königin getan, und ihre Pfefferkuchen waren die schönsten in allen Ländern hinter dem Regenbogen. Nun tat sie es schon lange nicht mehr aus dem Grunde, weil sie gestorben war. Aber sie hatte dem Staat ein großes Erbe hinterlassen: das wunderschöne Pfefferkuchenrezept und eine ebenso wunderschöne Prinzessin, und es war sehr schwer zu sagen, welches von beiden das Schönere war. Wenn jemand glaubt, das Schönere müsse doch allemal die Prinzessin gewesen sein, dann hat er noch niemals richtige Pfefferkuchen gegessen, und wenn jemand denkt, die Pfefferkuchen müßten das Schönere gewesen sein, dann hat er noch niemals eine richtige Märchenprinzessin geküßt!
Seitdem nun die alte Königin tot war, buk die Prinzessin die Pfefferkuchen, und dann wurden es immer lauter Pfefferkuchenherzen. Der alte König fand das ein bißchen eintönig, aber die Prinzessin konnte eben nur die Herzen formen, und dabei seufzte sie, besonders wenn sie die Mandeln hineindrückte.
Der alte König wäre vielleicht auch schon gestorben, aber er wollte dem Reich auch gerne ein großes Erbe hinterlassen, und dafür war ihm immer noch kein Rezept eingefallen. So blieb er schon lieber einstweilen leben und regierte seine Untertanen. Er hatte drei ganze Untertanen und einen halben, und von denen war einer noch dazu bloß ein Minister. Der halbe

Untertan lebte an der Grenze eines anderen Königreiches, und da er niemand kränken wollte, so hatte er sich aus lauter Gefälligkeit gleichsam in zwei Hälften geteilt und jedem König eine geschenkt. Der Minister aber war der Minister des Inneren und des Äußeren. Wenn er der Minister des Inneren war, dann stellte er seine Füße einwärts, und wenn er der Minister des Äußeren war, dann stellte er sie auswärts. Das war sehr übersichtlich, und das sollte überall eingeführt werden. Aber meistens spielte er mit dem alten König Schafskopf, und dann hatte er die Füße einwärts gestellt, denn das war ja eine innere Angelegenheit.
Das war das ganze Volk, das der alte König regierte; es war freilich noch eine Katze da, die aber ließ sich nicht regieren, denn sie war mit der Prinzessin befreundet und gab ihr gute Ratschläge.
Wie nun der alte König wieder einmal auf seinem Thron saß und dazu seinen Reichsapfel aß und regierte, da kam die Prinzessin herein und sagte: »Guten Tag.«
»Guten Tag«, sagte der alte König.
»Ich habe Herzen aus Pfefferkuchen gebacken«, sagte die Prinzessin, »und wie ich die Mandeln hineindrückte und seufzte, da ist mir etwas eingefallen. Ich werde heiraten.«
»Tue das«, sagte der alte König.
Da freute sich die Prinzessin sehr, daß es dem alten König so recht wäre, und sie fragte: »Weißt du auch, wen ich heiraten will?«
»Nein, das weiß ich nicht«, sagte der alte König, »aber ich denke mir, daß ich das schon erfahren werde.«
»Dann will ich es dir lieber gleich sagen, das ist vielleicht besser«, sagte die Prinzessin, »ich will unseren halben Untertanen heiraten.«
Der alte König ließ vor Schreck seinen angebissenen Reichsapfel fallen. »Das könnte dir schon passen«, sagte er, »aber wer ersetzt mir meinen halben Untertanen? Wir haben so schon nicht viele. Nun willst du auch noch einen wegheiraten, und wenn's auch nur ein halber ist.«
»Daran habe ich auch schon gedacht«, sagte die Prinzessin, »aber es ist ja nur ein halber, und das ist er auch nur aus lauter Gefälligkeit. Und wenn ich erst geheiratet habe, dann will ich mir auch große Mühe geben und fortwährend Kinder kriegen.«

»Das wird mich sehr freuen«, sagte der alte König, »aber wenn du so viele Kinder kriegst, so sind das alles Prinzen und Prinzessinnen, und über wen sollen sie herrschen, wenn wir nur drei ganze Untertanen haben? Denn den halben heiratest du ja weg.«
»Das schadet nichts«, sagte die Prinzessin, »dann können sie über sich selbst herrschen, das ist viel bequemer, denn man hat sich selbst doch immer gleich bei der Hand.«
Die Prinzessin war eben noch sehr jung!
Der alte König schwieg dazu und aß seinen Reichsapfel weiter.
»Ich dachte mir, daß wir in drei Tagen heiraten«, sagte die Prinzessin. »Früher kann ich es nicht machen, denn ich muß ja eine ganze Menge Pfefferkuchen zur Hochzeit backen.«
»Es ist auch nicht nötig, daß du früher heiratest«, sagte der alte König, »denn wenn du nachher fortwährend Kinder kriegen willst, so kommt es auf drei Tage früher oder später auch nicht an.«
»Ich will dann gleich gehn und Herzen aus Pfefferkuchen backen«, sagte die Prinzessin.
»Tue das«, sagte der alte König.
Die Prinzessin ging in die Küche, der alte König aber hörte auf zu regieren und dachte sehr stark darüber nach, womit er seiner Tochter eine Überraschung zur Hochzeit bereiten könne.
Als ihm gar nichts einfiel, ging er zur Tür und rief den Minister des Inneren und Äußeren herein, damit er ihm beim Nachdenken helfen solle. Der Minister kehrte die Füße einwärts und bedachte sich's von innen, er kehrte die Füße auswärts und bedachte sich's von außen, aber es fiel ihm auch nichts ein. Das war recht unangenehm, weil man doch nur drei Tage Zeit hatte und die Prinzessin dann schon heiraten wollte.
Da hörten sie ein Posthorn blasen, die Postkutsche kam angefahren und hielt gerade vor dem Reich des alten Königs.
»Das werden Mandeln und Rosinen sein, die meine Tochter bestellt hat«, sagte der alte König.
Aber es waren keine Mandeln und Rosinen, sondern es war gerade das Gegenteil. Es war eine auswärtige Angelegenheit. Der Postbote brachte eine gewaltig große Kiste von einem

Kaiser, der über ein sehr großes Land herrschte, womit aber nicht gesagt ist, daß der Kaiser auch ebenso groß war wie das Land. Ich habe auch ganz genau gewußt, wie das Land hieß, aber ich kann mich eben nicht darauf besinnen. Der Kaiser mit dem großen Land hatte ein großmächtiges Schreiben dazu geschrieben, worin er dem alten König versicherte, daß er ihm sehr wohlaffektioniert sei und ihm aus allerhöchster Wohlaffektioniertheit einen Generaloberhofzeremonienmeister schicke. Der wäre eine besonders große Erfindung seines Landes, er wäre am Kopf aufzuziehn und der Schlüssel wäre in der Kiste.
Da freute sich der alte König sehr, denn nun hatte er ja die Überraschung für die Hochzeit der Prinzessin, und er schenkte dem Postboten einen Reichsapfel. Der Minister ging mit auswärts gekehrten Füßen um die Kiste herum, denn es war eine auswärtige Angelegenheit, und zwar so auswärtig, wie noch keine gewesen war. Auf dem Deckel war ein amtlicher Stempel »Nicht stürzen!«, und die ganze Kiste war von allen Seiten gehörig vernagelt. Der alte König klemmte sein Zepter zwischen die Nägel und brach den Deckel auf; er war schrecklich neugierig, was wohl darin sein möge, denn unter einem Generaloberhofzeremonienmeister konnte er sich beim besten Willen nichts denken, und ich hätte es auch nicht gekonnt. Zuerst kam Stroh, dann noch einmal Stroh, und dann kam der Generaloberhofzeremonienmeister. Der war ganz aus Blech gemacht, hatte eine herrliche bunte Uniform mit goldenen Aufschlägen, einen Orden auf dem Bauch und ein Loch im Kopf, wo man den Schlüssel hineinstecken und ihn aufziehn konnte.
Als der alte König das alles sah, mußte er sehr lachen und schrieb gleich eine Postkarte an den Kaiser in dem großen Land, auf das ich mich eben nicht besinnen kann. »Schönen Dank für Deinen Generaloberhofzeremonienmeister. Er wird uns sicher viel Spaß machen, und wenn meine Tochter heiratet, wollen wir ihn aufziehn.« Die Postkarte warf er gleich selbst in den Briefkasten, der am Regenbogen hing.
Der alte König und der Minister, der jetzt nur noch Minister des Äußeren war, packten nun den Generaloberhofzeremonienmeister aus all dem vielen Stroh heraus und stellten ihn auf die Beine. Da sahen sie, daß er einen ganz krummen Rücken hatte.

»Das kommt vom langen Liegen in der Kiste«, sagte der alte König, »es wird sich schon wieder geben.«
»Das glaube ich nicht«, sagte der Minister, »mir scheint überhaupt, dies ist eine ganz besonders auswärtige Angelegenheit.«
»Vielleicht wird es besser, wenn man ihn aufzieht«, sagte der König und steckte den Schlüssel in seinen Schlafrock, »aber wir wollen ihn erst aufziehn, wenn die Prinzessin Hochzeit feiert.«
»Ich will ihn dann solange in die Ecke stellen«, sagte der Minister des Äußeren.
»Tue das«, sagte der alte König.
Als nun die drei Tage um waren und die Prinzessin Hochzeit feiern sollte, da schien der Regenbogen besonders schön, und im ganzen Lande duftete es nach Pfefferkuchen. Der Minister des Inneren und des Äußeren versammelte erst sich selbst, weil er doch gleichsam zweimal da war, und dann versammelte er die zwei anderen Untertanen, die noch übrig waren, und alle gratulierten und bekamen Pfefferkuchen. Der halbe Untertan aber saß bei der Prinzessin und küßte sie, und auf ihrem Schoß saß die Katze, die sich nicht regieren ließ, und gab der Prinzessin gute Ratschläge für die Ehe. Besonders riet sie ihr, sie solle es auch so machen wie die Katze und sich auch nicht regieren lassen. Und das versprach die Prinzessin zu tun. Der alte König saß auf seinem Thron und freute sich. Er hatte sein Zepter in der einen Hand und in der anderen den Reichsapfel, aber diesmal den goldenen, und er hatte alles mit Flanell abgerieben, so daß es glänzte. Den Schlafrock und die Filzpantoffeln hatte er auch an, und es war wirklich schön.
»Das Schönste kommt aber noch, das ist eine Überraschung«, sagte der alte König und holte den Generaloberhofzeremonienmeister aus der Ecke.
Er steckte ihm den Schlüssel in das Loch im Kopf und zog ihn auf. Im Kopf gab es nur ein schwächliches Geräusch, aber die Wirkung war eine sehr spaßhafte, so daß alle sehr lachen mußten. Der Generaloberhofzeremonienmeister verbeugte sich, und da er an sich schon einen krummen Rücken hatte, so verbeugte er sich so tief, wie das ein richtiger Mensch gar nicht fertigbekommen hätte. Die Prinzessin fand ihn auch sehr komisch. Aber als er gar nicht aufhören wollte, sich zu verneigen, da kriegte sie es satt.

»Steh doch einmal gerade!« sagte sie.
Doch der Generaloberhofzeremonienmeister verstand das nicht, denn das hatte noch niemals jemand zu ihm gesagt, und er konnte es ja gar nicht verstehen, weil er eine Puppe war, mit einer Uniform und mit einem Orden auf dem Bauch. Da ärgerte sich die Prinzessin sehr, denn es war eine Märchenprinzessin. Und sie stand auf, gab dem Generaloberhofzeremonienmeister einen tüchtigen Puff in den Rücken und bog ihn gerade. Da aber gab es einen Knacks, und der Generaloberhofzeremonienmeister war kaputt. Der alte König bemühte sich, ihn wieder aufzuziehen, aber es war nichts mehr zu machen.
»Es ist eigentlich schade um ihn«, sagte der alte König, »er war so sehr komisch.«
»Es schadet gar nichts«, sagte die Prinzessin, »zuerst muß man lachen, aber dann ist es auch genug. Ich denke, wir packen ihn wieder ein und schicken ihn zurück, denn auf der Rumpelkammer habe ich keinen Platz, dazu nimmt er zuviel Raum ein. Er paßt auch gar nicht in die Länder hinter dem Regenbogen.«
Da packten sie den Generaloberhofzeremonienmeister wieder in die Kiste und schickten ihn dem Kaiser in das große Land zurück.
Der Kaiser aber in dem großen Land ärgerte sich sehr, als er die Kiste aufmachte. Er ließ auch gleich seinen Generaloberhofmechanikus kommen und befahl ihm bei seiner allerhöchsten Ungnade, er solle den Generaloberhofzeremonienmeister sofort wieder in Ordnung bringen. Der Generaloberhofmechanikus besah sich den Schaden von allen Seiten und machte ein sehr bedenkliches Gesicht. Schließlich meinte er, die Kleinigkeit im Kopf wollte er gern reparieren, dann könne der Generaloberhofzeremonienmeister wieder spazierengehn. Aber wer einmal einen wirklich geraden Rücken habe, dem sei er nicht krumm zu machen, und für den Hofdienst wäre er keinesfalls zu gebrauchen. Da wurde der Kaiser sehr böse, er nahm dem Generaloberhofzeremonienmeister seinen Orden vom Bauch und stellte ihn als ein warnendes Exempel öffentlich aus. Und alles Volk lief herbei, um ihn anzuschauen; denn in dem großen Land, auf das ich mich eben nicht besinnen kann, hatte noch keiner einen Generaloberhofzeremonienmeister mit

einem geraden Rücken gesehen. So etwas war einfach noch nicht dagewesen ...
Im Märchenland hinter dem Regenbogen aber waren alle sehr glücklich und zufrieden. Der alte König regierte nicht mehr, er aß seine Reichsäpfel und spielte Schafskopf mit dem Minister, der deshalb bloß noch Minister des Inneren war und nur noch einwärts ging. Der halbe Untertan regierte das ganze Land, und das genügte allen vollkommen. Nur die Prinzessin regierte er nicht, denn die machte es wie die Katze und ließ sich nicht regieren. Sie hatte es nun einmal der Katze versprochen. Aber dafür kriegte sie fortwährend Kinder, genau so, wie sie es ja auch versprochen hatte. Die Kinder waren alle Prinzen und Prinzessinnen, und da sie zuwenig Untertanen hatten und niemand beherrschen konnten, so beherrschten sie sich selbst. Und das ist auch noch niemals dagewesen!

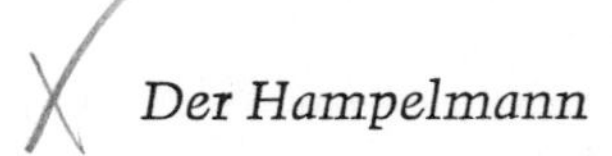

Der Hampelmann

Es war ein Hampelmann. Er war rot und aus Papier. Sonst nichts. Bloß zum Spaß. Auf dem Rücken hatte er eine Schnur, und wenn man dran zog, hampelte er mit Armen und Beinen. Es sah sehr komisch aus, und alle, die an ihm zogen, lachten. Der Hampelmann lachte nicht, denn es ermüdete ihn, den ganzen Tag Arme und Beine zu bewegen, wenn andere an ihm zupften. Das ist kein leichter Beruf. Aber er ist sehr verbreitet. Der Hampelmann war auch traurig, daß er nur aus Papier war, sonst aus nichts, und eigentlich überhaupt nur so gemacht war — bloß so zum Spaß. Dazu störte ihn die rote Farbe. Rot ist so auffallend und paßt gar nicht, wenn man immer hampeln muß. Rosa hätte es sein müssen, dachte er, das würde besser passen. Denn er gehörte einem kleinen Mädchen, das ein rosa Kleid trug. Der Hampelmann liebte das Mädchen und hätte es gern geheiratet. Es war so sehr freundlich. Aber es ging nicht. Er war ja aus Papier, und das kleine Mädchen konnte es nicht merken, wie es geliebt wurde, denn die Liebe des Hampelmanns saß wie jede richtige Liebe im Herzen, und sein Herz war im Papier, grad auf der Stelle, wo die Leute immer an der Schnur zogen. Darum tat es besonders weh. Nur das kleine Mädchen konnte dran herumziehen. Das schadete nichts.

»Es ist ein roter Teufel«, sagte der Bruder des kleinen Mädchens.
Das Mädchen verzog den Mund.
»Das ist er gar nicht«, sagte es, »es ist ein ganz richtiger Hampelmann, und ein sehr feiner. Ich liebe ihn sehr.«
Der Hampelmann wäre vor Freude rot geworden, aber er war ja so schon rot. Da erübrigt sich das.
»Der kann nichts wie hampeln. Wenn er ein Bein verliert, schenke es mir«, sagte der Junge.
»Er verliert keine Beine«, sagte das Mädchen empört.
»Man könnte ihm eins ausreißen«, schlug der Knabe mit höflicher Bosheit vor, »dann hab ich das Bein, und er stirbt vielleicht und wird ein richtiger Teufel in der Hölle. Die Hölle ist auch so rot. Ich weiß das.«
Das kleine Mädchen faßte den Hampelmann fester.
»Wenn du dem Hampelmann ein Bein ausreißt, kommst du selbst in die Hölle, paß mal auf«, sagte es, »oder wenn du nicht in die Hölle kommst, verstecke ich deinen Federkasten und sage dir nicht, wo er ist. Ätsch!«
»Er wird ein Teufel, ein Teufel, ein Teufel!!« schrie der Junge vergnügt und tanzte auf einem einzigen Bein – gleichsam symbolisch. Es war grausig.
Dem Hampelmann schlug das Herz im Papier, so daß es an der Schnur zog, und die Arme und Beine hampelten vor Entsetzen.
»Du bist häßlich«, sagte das kleine Mädchen, »wenn der Hampelmann einmal stirbt, wird er ein Engel und kein Teufel. Alle werden Engel. Bloß die nicht, die anderen die Beine ausreißen. Die werden Teufel. Da hast du's!«
Das war ein furchtbares Argument, gegen das nicht aufzukommen war. Man mußte auf die Zukunft hoffen und ihr alle weiteren schauerlichen Pläne vertrauensvoll überlassen.
»Du wirst schon sehen«, höhnte der Junge, »du meinst wohl, jeder, der kaputtgeht, wird ein Engel? Quatsch!«
Das kleine Mädchen brachte den Hampelmann in den Puppenschrank. Da war er vorläufig am sichersten. Denn den Puppenschrank durfte der Bruder nicht anrühren. Sonst bekam er Prügel. Es war eine Art Asylrecht und aus der Notwendigkeit entstanden – wie wenige Gesetze.
Im Schrank waren viele Puppen.

»Vertragt euch«, sagte das kleine Mädchen, »und tretet ihm nicht auf die Beine. Sie sind so lang.«
Die Puppen rückten höflich zusammen und machten den langen Beinen Platz. Aber es war kaum nötig. Der Hampelmann hatte sie schon bescheiden zusammengefaltet. Er war dankbar für das Asyl, das ihm geboten wurde. Die Puppen waren auch so freundlich und erkundigten sich nach Einzelheiten seiner ermüdenden Tätigkeit. Nur eine besonders vornehme Puppe, die ganz in Seide angezogen war, rümpfte die bemalte Porzellannase und sagte: »Es ist wirklich unpassend, Leute, die bloß aus Papier sind, hier zu uns zu setzen. Ich habe gerade an den Puppen genug, die nur in Wolle oder Musselin gekleidet sind und nicht aus dem allerersten Laden stammen.«
Die Puppen schwiegen bedrückt. Der Nußknacker war leider beruflich im Speisezimmer beschäftigt. Sonst hätte er der vornehmen Puppe auf den Bauch getreten. Das tat er in solchen Fällen immer und sagte ihr dazu, daß sie nur einen hohlen Porzellankopf habe. Der Nußknacker war ein Philosoph, und er nannte das seine Methode.
Nicht alle Methoden der Philosophen sind gut. Aber diese ist bei vornehmen Puppen wirklich die allerbeste.
Doch der Nußknacker war ja nicht da, und so setzte niemand der vornehmen Puppe den hohlen Porzellankopf zurecht.
Dem armen Hampelmann wurde ganz schwach. Er hatte sich so über das Asyl gefreut und war so dankbar gewesen. Aber er war zu feinfühlig, und darum konnte er nicht bleiben. Leute, an denen viel gezupft worden ist und die viel gehampelt haben, werden sehr feinfühlig in allen Dingen – mehr als gut ist.
So wurde er sehr traurig und beschloß, zu dem kleinen Mädchen zu gehen, das er liebte, und um Hilfe zu bitten. Er schob die langen Beine nach vorn und hastete an die Schranktür. Die kleinen Puppen halfen bedrückt und bedauernd sie zu öffnen, und der Hampelmann hüpfte hinaus. Die langen Beine schlugen klatschend auf.
Das kleine Mädchen war nicht da.
Aber der Junge hörte die Beine klatschen und kam triumphierend angelaufen. Er dachte: Es lohnt nicht, wenn ich ihm ein Bein ausreiße, man nimmt es mir wieder weg. Da nahm er den Hampelmann und warf ihn in den Kamin.

Der Kamin brannte. Denn es war Winter, und draußen fielen die Flocken. Das Feuer im Kamin freute sich sehr. Es macht keine Unterschiede, und man kann ihm das nicht übelnehmen. Es beleckte den Hampelmann mit lauter roten Zungen, und das vertrug er nicht. Denn er war ja nur aus Papier gemacht – bloß so zum Spaß. Er krümmte ein paarmal die langen Arme und Beine, mit denen er so viel gehampelt hatte. Dann zerfiel er zu Asche und mit ihm die Schnur, an der ihn alle Leute immer so viel gezupft hatten. Das war noch das Beste dabei.
Das kleine Mädchen kam dazugelaufen. Es brachte den Nußknacker in den Puppenschrank zurück. Aber für den armen Hampelmann war es zu spät.
»Ich hab deinen Hampelmann in den Kamin geschmissen«, schrie der Junge, »er ist aber doch kein Engel geworden, trotzdem er ganz futsch ist. Bäh!«
Das kleine Mädchen weinte bitterlich.
Der Junge bekam Prügel, und der Nußknacker trat der vornehmen Puppe auf den Bauch, als er gehört hatte, was geschehen war. So schwebte zwar über dem Trauerfall die Stimmung ausgleichender Gerechtigkeit der höheren Mächte, aber die Tränen des kleinen Mädchens waren doch bitter genug, denn es war der erste Hampelmann, der ihm zu Asche geworden war.
Draußen war es Winter, und die Flocken fielen auf die Erde.
»Ich werde den Hampelmann immer im Herzen behalten«, sagte das kleine Mädchen, »dann ist er nicht futsch und nicht gestorben. Denn ich sterbe ja nicht. Bloß alte Leute sterben. Ich will aber nicht alt werden. Man darf dann wohl alles durcheinanderessen, was man will, aber man stirbt später. Ich finde, es hat keinen Witz.«
Das dachte das kleine Mädchen natürlich bloß so. Es wird auch groß werden und alles durcheinanderessen und dann sterben. Nur das, was es im Herzen hatte, wird nicht sterben, und darum wird auch der Hampelmann leben bleiben, was eine große Beruhigung ist.
Denn wer einmal im Herzen eines Menschenkindes war, der bleibt ewig leben, und es ist auch ganz gleich, daß er nur ein armer Hampelmann war, der sein Leben lang gehampelt hat,

wenn andre ihn an der Schnur zogen, und der überhaupt nur aus Papier gemacht war – bloß so zum Spaß ...

Das gläserne Krönlein

Es war einmal ein wunderschönes Königskind, das hatte ein gläsernes Krönlein. Und das war so gekommen: Als dem alten König und der alten Königin ein Prinzeßchen geboren wurde, da herrschte eitel Freude im ganzen Reich, und alle Leute aus allem Land kamen herbei, um das kleine Königskind zu sehen und ihm irgend etwas in die seidene Wiege zu legen: Gold und Silber und Edelgestein und allerlei Schmuck und Geschmeide. Und es war kein Ende all der schönen Schüsseln und Schalen und Becherlein und der Ketten, Ringe und Spangen. Und der alte König und die alte Königin gaben jedem ein Glas Wein und sagten: »Ich danke dir schön!« und waren sehr zufrieden und glücklich und froh über die wunderschönen Sachen, und am allermeisten über ihr wunderschönes Königstöchterlein.
Als die Leute aber alle fort waren und jeder in sein Land gezogen, da kam eine seltsame fremde Fee an Prinzeßchens Kinderbett, und niemand wußte woher. Und die fremde Fee lächelte gar wunderbar und legte ein kleines gläsernes Krönlein auf den Königspurpur der Wiege und sagte dazu:

Du kleines Königstöchterlein,
das Krönlein mußt du hüten fein,
und mag es mancher noch so sehr,
du gibst es nie und nimmer her,
bis daß ein feiner Knabe kommt,
der dir wohl als Herzliebster frommt.
Dann schenkst du ihm das Krönlein gleich
und führst ihn in dein Königreich.

Und als die fremde Fee das gesagt hatte, hat sie das Königskind geküßt und ist leise, leise wieder von dannen gegangen, und niemand wußte wohin. Aber im Schlosse hing noch drei Tage und drei Nächte lang ein Duft von Flieder und Rosen, und durch die großen marmelsteinernen Hallen und Prunkgemächer ist's gehuscht, wie lauter verirrte Sonnenstrahlen. Das war sehr schön, und der alte König und die alte Königin und alle Leute im Schlosse merkten daran, daß ein Wunder geschehen war und daß es eine gar seltsame Bewandtnis hatte mit dem gläsernen Krönlein. Nur was das eigentlich alles war, wußten sie alle nicht, und war auch niemand, der's ihnen sagen konnte.

Das gläserne Krönlein aber wurde gar gut behütet und bewacht und in eine güldene Kammer getan, und die war mit sieben güldenen Schlössern verschlossen und mit sieben güldenen Riegeln verriegelt. Und erst als das kleine Prinzeßchen ein großes Prinzeßchen geworden war und noch viel schöner und holdseliger war wie damals, als es in der seidenen Wiege lag, da wurden an der güldenen Kammer die sieben Schlösser aufgeschlossen und die sieben Riegel gelöst und das gläserne Krönlein hervorgeholt und dem Königskind aufs lange Lokkenhaar gesetzt. Und der alte König und die alte Königin weinten dabei, weil es doch ein so sehr feierlicher Augenblick war, und sagten dazu: »Sei nur ja recht vorsichtig, daß das gläserne Krönlein nicht zerbricht.«

Die schöne Königstochter freute sich sehr und versprach auch ganz, ganz vorsichtig zu sein. Sie schaute nicht links und schaute nicht rechts, sondern immer geradeaus, damit ihr das gläserne Krönlein nur ja nicht vom langen Lockenhaar fiele. Das Krönlein aber glänzte und funkelte noch tausendmal heller und schöner als der hellste und schönste Demantstein. Und da das junge Königskind immer nur geradeaus ging und nicht rechts und links sah, so ist das Krönlein auch gar nicht einmal irgendwo angestoßen oder gar heruntergefallen. Nachts aber, wenn das Prinzeßchen schlafen ging, dann standen zwölf weißgekleidete Jungfrauen um das Königslager herum und hüteten das gläserne Krönlein. Das leuchtete und lohte weit aus dem Königsschloß heraus ins nächtliche Land, und das war sehr gut, denn es gab keine Laternen im Königreich, und wenn nicht gerade der Mond schien, war es doch gar zu dunkel.

So waren alle sehr glücklich und zufrieden und priesen die fremde Fee und das gläserne Krönlein, und nicht zum wenigsten das wunderschöne Königskind.

Aber eines Tages, als das Prinzeßchen allein im Garten spazierenging, unter all den vielen tausend Bäumen und Blumen, da hat's mit einemmal eine seltsame Wunderblume gesehen, die ganz heimlich und unbemerkt über Nacht erblüht war. Trotzdem sie in einer Ecke stand und im entferntesten Winkel des Gartens, so überstrahlte sie doch alle die anderen Blumen durch ihre zauberhafte Schönheit. Sie war gar herrlich anzusehen und hatte wunderlich geformte Blätter und eine große blaue Blüte, in deren tiefem Kelch es rot schimmerte, wie von roten Blutstropfen. Und ein Duft ging von dem Kelch aus, so seltsam süß und wunderbar weich, daß das Königskind gar nicht wußte, wie ihm geschah. Es beugte sich tief und immer tiefer auf den Kelch der Wunderblume herab, um ihren Blütenduft zu atmen, und da wurde ihm so zumute, wie ihm noch nie gewesen war. Das gläserne Krönlein aber löste sich von dem Lockenhaar der Königstochter – fiel auf die Erde und zerbrach.

Da erbebte alles, und das Königsschloß mit Hofstaat und Gesinde und allem, was dazugehörte, versank, und das ganze Land mit all seinen Bewohnern war verschwunden. Der Tag ward finstere Nacht, und das Prinzeßchen saß allein auf grauer Heide, und vor ihm lag das zerbrochene gläserne Krönlein. Als nun die Königstochter sah, daß das gläserne Krönlein zerbrochen war und daß alles versunken war, mit allem, was sie liebte, und sie allein und verlassen auf grauer Heide saß, und noch dazu in stockfinsterer Nacht, da fing sie gottsjämmerlich an zu weinen und machte sich bittere Vorwürfe, daß sie über der seltsamen Wunderblume so ganz vergessen hatte, daß sie ein gläsernes Krönlein trug. Da hörte sie's plötzlich neben sich ganz gedankenvoll: »Ja, ja, das hast du nun davon!«, und wie sie hinsah, saß ein großer alter Rabe da, der war sehr schwarz und sehr weise und schaute, die Füße einwärts und den Kopf ganz eingezogen, mit aufmerksamen Blicken auf das gläserne Krönlein.

»Ach, es ist ja so schrecklich, so schrecklich!« schluchzte das Königskind und war doch beinahe froh, daß nun etwas Lebendiges in seiner Nähe saß und es nicht mehr so mutterseelenallein war mit seinem Jammer.

»Ja, es ist sehr schrecklich!« sagte der Rabe ruhig und klappte dabei gemütlos mit den Flügeln.

Weil nun aber das arme Prinzeßchen so gar erschrecklich weinte, so wurde der weise Rabe schließlich doch auch etwas gerührt. Er wischte sich sogar vorsichtig mit der Kralle eine

Träne vom Auge, wackelte zur Königstochter hin und klopfte ihr beruhigend mit dem Flügel auf die Schulter, und dazu sagte er:
»Ja, es ist sehr schrecklich, aber es ist doch nicht ganz so schrecklich, als es hätte sein können. Du hast ja die Wunderblume nicht abgebrochen, was noch viel schlimmer gewesen wäre. Und dann führen Feengeschenke nie zu einem schlechten Ende, selbst den nicht, der damit nicht umzugehen verstand!«
Die letzten Worte sagte er etwas strenger und schob dabei bedeutsam mit dem Schnabel die beiden Stücke des gläsernen Krönleins auseinander, das eine nach rechts und das andere nach links, so daß man recht deutlich sehen konnte, daß das Krönlein zerbrochen war.
»Ach, gibt es denn nichts, was das Krönlein wieder heil machen könnte?« fragte das Königstöchterlein, »du weißt doch gewiß sehr viel. Kannst du's mir nicht sagen?«
Der Rabe schloß geschmeichelt die Augen und schob dann die Stücke des Krönleins wieder höflich zusammen.
»Ich glaube wohl«, sagte er, »aber was da hilft, kann ich dir auch nicht sagen, du mußt eben suchen.«
Da stand die Königstochter auf, nahm die beiden Stücke ihres gläsernen Krönleins und steckte sie in die Tasche, seufzte sehr tief und bedankte sich beim Raben für seinen Rat und die tröstenden Worte.
»Bitte, bitte, sehr gern geschehen«, sagte der Rabe und reichte ihr die Kralle zum Abschied.
Die arme Königstochter aber ging ihrer Wege im Bettelgewand und mit ihrem zerbrochenen gläsernen Krönlein, auf daß sie jemand fände, der es ihr wieder heil mache.
So kam sie in einen großen dunklen Wald, wo die Bäume so alt waren, daß sie's selbst nicht mehr wußten, und ihr Geäst war so dicht, daß sich nur selten ein Sonnenstrahl aufs grüne Moos verirrte. Die Königstochter ging immer weiter und weiter, und als sie schon ganz weit gegangen war, da sah sie plötzlich ein kleines Männchen vor sich; es saß auf einem Baumstumpf, war gar greulich anzusehen und hatte eine Nase so rot wie ein Karfunkelstein und spinnendürre Beinchen. Sein Gewand aber war herrlich, von lauter flüssigem Gold, und auf dem Kopf saß eine goldene Krone mit Zacken, und auf jeder

der Zacken war ein Edelstein und jedesmal ein anderer, so daß sie alle darin waren. Die ganze Krone war so schwer, daß man sich wundern mußte, wie das Männchen sie tragen konnte mit den spinnendürren, gebrechlichen Beinchen. Aber es trug sie doch und rauchte auch noch Pfeife dazu, eine kleine, ganz zierliche goldene Pfeife, in der ein Tannenzapfen glimmte.
»Guten Tag«, sagte das Männchen, »was fällt dir ein, in diesen Wald zu kommen?«
Dabei spuckte es ganz giftig nach rechts und nach links.
»Ich wußte nicht, daß es verboten ist«, entschuldigte sich die Königstochter schüchtern und ängstlich.
»So, so«, sagte das Männchen, »ich bin der König der Zwerge, und ich will dir meine Werkstätte zeigen, und das ist eine große Gnade!«
Damit hüpfte das Männchen so schnell vom Baumstumpf herunter, daß die große Krone bedenklich wackelte, nahm die Pfeife aus dem zahnlosen Mund und stampfte dreimal mit den dünnen Füßchen auf den Boden. Da tat sich die Erde auf, und rote Glut lohte daraus hervor, und die Königstochter sah eine Treppe, die tief in die tiefste Tiefe hinabführte. Die Stufen schienen kein Ende zu nehmen, es graute ihr, da hinabzusteigen, und sie blieb zögernd am Eingang stehen. Aber das Männchen fuhr auf sie los:
»Es ist eine große Gnade«, fauchte es ermunternd.
Da wagte die Königstochter nichts zu entgegnen und folgte dem komischen kleinen König die vielen, vielen Stufen hinab. Es war aber doch nicht so schlimm, als sie sich's gedacht hatte. Ehe sie sich's versehen, war sie unten und mitten drin in den Werkstätten der Zwerge.
Das waren lauter große, kunstvoll in den Felsen gehauene Säle, und da stand überall Amboß an Amboß und Esse an Esse. Das war eine Glut von all dem lohenden Feuer und ein Lärm von den vielen Hämmern, die die vielen Zwerglein schwangen, daß einem Hören und Sehen verging.
In dem einen Saal wurden allerlei Waffen und Wehr geschmiedet, blanke Schwerter und glänzende Rüstungen und Schilde, und allerlei seltsame Zauberzeichen wurden darauf eingegraben zum Schutz gegen Hieb und Stich. In einem anderen Saal wurden kostbare goldene und silberne Geräte angefertigt, Schüsseln und Schalen und Prunkpokale für die Kö-

nigstafel des kleinen Männchens. Und auch für Feen war manches davon bestimmt, denn die Feen lassen sehr viel in den Werkstätten der Zwerglein arbeiten.
Die Königstochter staunte all die Pracht an und wurde doch nicht froh, denn sie dachte immer an ihr zerbrochenes gläsernes Krönlein. Das Männchen aber hüpfte ganz aufgeregt hin und her und guckte jedem Zwerglein auf die Arbeit, ob sie auch gut und wunderbar genug wäre, so wie sich's für eine Zwergenwerkstatt geziemt. Und wenn ihm etwas nicht recht war, dann fauchte es und ärgerte sich und spuckte nach rechts und nach links, und das sah sehr komisch aus. Wenn ihm aber etwas ganz besonders gefiel, beugte es sich ganz tief darauf herab, rieb sich die dürren Händchen vor Vergnügen, und seine Nase glühte dazu so rot, daß das lodernde Feuer der Essen gar nichts dagegen war.
Dann führte der kleine König die Prinzessin in einen dritten Saal, und da war es viel stiller und auch nicht so rauchig und rußig, und man hörte nur ein ganz feines, leises Hämmern, das klang wie lauter klingende Silberglöcklein. Da wurden Edelsteine gefaßt zu allerlei schönen Geschmeiden, und kleine Kronen wurden drin geschmiedet, die die Elfen bekommen, wenn sie artig sind und nachts im Mondschein den Ringelreihen schlingen. Wie nun die Königstochter die zierlichen kleinen Krönlein sah, da freute sie sich sehr und dachte, die Zwerglein könnten dann doch auch ihr gläsernes Krönlein wieder zurechthämmern. Und so holte sie das gläserne Krönlein hervor, zeigte dem Männchen die beiden Stücke und sagte:
»Ach bitte, kannst du mir nicht das Krönlein wieder schmieden lassen? Es ist entzweigegangen, und das ist sehr traurig, und solange es nicht wieder heil ist, muß ich auch immer traurig bleiben.«
Das Männchen sah empört auf: »Was fällt dir ein?« schrie es ganz giftig, »es ist sowieso schon eine große Gnade, daß ich dich hier hinuntergeführt habe, und gläserne Krönlein kann man überhaupt nicht wieder schmieden. Wenn sie entzwei sind, sind sie entzwei – ja!«
Da fing die arme Königstochter so bitterlich an zu weinen, daß alle die Zwerglein ihre Hämmer niederlegten und mit der Arbeit aufhörten und der kleine König ganz stille wurde und

ihm sogar eine große Träne langsam und schwer über die Karfunkelnase rollte.
»Ich habe eben auch Gemüt«, sagte er, »wenn auch nicht viel, denn viel kann ich nicht brauchen, aber du tust mir wirklich leid, und ich will dir etwas sagen: Ich will dir ein kleines güldenes Elfenkrönlein schenken, ja, das will ich. Aber es ist wirklich eine sehr große Gnade!«
Doch die Königstochter blieb so traurig wie sie war und sagte:
»Ich danke dir, aber ich mag kein Elfenkrönlein, und wenn es noch so schön sei. Ich will nur mein gläsernes Krönlein wieder geschmiedet haben, und wenn du das nicht kannst, dann muß ich schon weiter suchen.«
Da wurde das kleine Männchen böse. Es stampfte mit den spinnendürren Beinchen, daß die Krone hin und her wackelte, und fuchtelte mit den Ärmchen dazu und spuckte nach rechts und nach links.
»Du magst kein Elfenkrönlein?« schrie er wütend, »dann mach, daß du fortkommst! Es ist alles eine so große Gnade – und was fällt dir überhaupt ein?«
Da fingen die Hämmer wieder an zu schlagen, daß die Hallen dröhnten, und die Essen lohten auf, daß man vor lauter Ruß und Rauch den Feuerschein nicht mehr erkennen konnte. Die Königstochter aber befand sich auf einmal wieder draußen im tiefen Walde, auf dem grünen Moosboden, grad an dem Baumstumpf, wo sie das Männchen zuerst gesehen hatte. Und sie raffte ihr Bettelgewand zusammen und setzte traurig ihren Weg weiter fort, und als sie drei Tage und drei Nächte gegangen war und sich nur von wilden Beeren genährt und auf der bloßen Erde geschlafen hatte, ganz allein und einsam und ohne ein lebend Wesen zu sehen, da erblickte sie im Morgensonnenschein hoch auf höchster Höhe einen marmelsteinernen Tempel, der war ganz und gar mit den herrlichsten Lorbeerbäumen umstanden. Und wie die Königstochter hinauf in den Lorbeerhain kam, da sah sie lauter Gestalten drin umhergehen mit bleichen, ernsten Gesichtern und mit einem Lorbeerzweig im Haar. Aber niemand sagte ein Wort, und die Königstochter traute sich auch niemand anzureden und zu fragen.
An den Stufen des Tempels aber kam ihr ein Engel entgegen,

der war wunderschön, aber sehr ernst und traurig, ganz so wie die vielen Gestalten im Lorbeerhain, und der Engel kam auf sie zu und sagte:
»Ich bin der Engel des Ruhmes, was willst du in meinem Tempel und in meinen heiligen Hainen?«
»Ich habe ein gläsernes Krönlein«, sagte die Königstochter, »das ist mir zerbrochen, und nun muß ich immer wandern und suchen, bis ich jemand finde, der es mir wieder heil macht.«
Da nahm der Engel sie freundlich bei der Hand und führte sie in seinen Tempel hinein, und da drinnen war alles von Marmelstein, und an den Wänden und Säulen standen goldene Namen geschrieben, und die Morgensonne schien darauf, daß sie glänzten und leuchteten – und draußen um die Mauer ging leise der Höhenwind und rauschte in den Wipfeln der Lorbeerbäume.
»Das sind alles die Namen derer, die draußen so still und ernst umhergehen«, sagte der Engel, »es sind die Namen derer, die ihr innerstes Fühlen und Denken der Welt geschenkt haben und die von den Menschen unten mit Ehrfurcht und Dankbarkeit genannt werden. Solange sie auf der Erde sind, geht es ihnen freilich nicht gut, und sie müssen sehr viel kämpfen und leiden, und darum sind sie auch so still und ernst. Aber wenn sie die Erde verlassen haben, dann kommen sie zu mir und leben hier oben, und hier ist Ruhe und Klarheit und ewige Morgensonne. Und wenn du magst, will ich dich auch zu einer der Meinigen machen, und du wirst einen Lorbeerzweig tragen, und dein Name wird in goldenen Lettern in meinem Tempel stehen.«
»Das wäre sehr schön und ich danke dir sehr«, sagte die Königstochter, »aber wird dann mein gläsernes Krönlein wieder heil werden? Wenn du das machen könntest, dann würde ich gerne bei dir bleiben.«
»Nein, das kann ich nicht«, sagte der Engel und sah sehr traurig dabei aus. Und als er das sagte, schien's der Königstochter, als wären die goldenen Namen nicht mehr so glänzend und die Morgensonne nicht mehr so strahlend und die Lorbeerbäume matt und welk.
Die Königstochter ging aus dem Tempel hinaus und durch die heiligen Haine und ging wieder weiter und immer weiter. So

ging sie sieben Tage und sieben Nächte, immer gen Norden zu, und rings um sie herum war Schnee und Eis, und es war bitter kalt, so daß sie vor Frost zitterte in ihrem ärmlichen dünnen Bettelkleid. Der Wald hörte auf, Strauchwerk und Blumen wurden immer spärlicher, und schließlich war das arme Königskind zwischen lauter tiefverschneiten Felsen, und inmitten der Felsen erhob sich ein wunderbares Schloß, das war das Schloß der Eiskönigin, und alle Tore und Türme und Mauern waren aus kristallklarem Eis und schimmerten im blauen Mondlicht. Am Eingang standen zwei Männer, die trugen eine Rüstung aus Eis und hielten große Eiszapfen als Lanzen in der Hand, und wenn sie sich bewegten, dann knackten und klirrten sie vor lauter Frost. Hoch in der Königshalle aber saß die Eiskönigin auf kristallenem Throne und flocht sich silberne Mondstrahlen ins Haar und lachte dazu so seltsam daß es klang, als ob kleine Eisstückchen zerbrechen. Draußen aber um die Schloßmauer fielen unaufhörlich weiche, weiße Schneeflocken.

Die arme Prinzessin im Bettelgewand wurde von den zwei Männern zum Throne der Eiskönigin geführt, und während die beiden Männer die langen Eiszapfen ehrerbietig vor ihrer Herrin neigten, machte die Königstochter einen tiefen Knicks und sagte: »Kannst du mir nicht mein gläsernes Krönlein wieder heil machen? Es ist zerbrochen, und das ist sehr traurig, und ich muß immer wandern und suchen, bis ich jemand finde, der es mir wieder zusammenschmiedet.«

»Nein, das kann ich nicht«, sagte die Eiskönigin und lächelte dabei ganz seltsam, »aber du kannst hier bei mir in meinem Schlosse bleiben, und ich will dir ein Herz aus Eis geben, das tust du in deine Brust, und dann vergißt du alles und fühlst nichts mehr und denkst auch nicht mehr an dein zerbrochenes Krönlein. Das ist sehr hübsch, du sitzt dann neben mir, wir flechten uns Mondenstrahlen ins Haar – und draußen fallen lauter weiße, weiche Schneeflocken.«

Die Königstochter schüttelte traurig den Kopf und sagte: »Ich danke dir schön, aber ich mag kein Herz aus Eis, und wenn du mein gläsernes Krönlein nicht heil machen kannst, dann kann ich nicht bleiben und muß schon wieder weitersuchen.«

»Ja, dann mußt du schon wieder zurück auf die Erde. Viel Glück auf den Weg!« sagte die Eiskönigin und lachte kalt und

höhnisch dazu, daß es klang, als ob kleine klare Eisstücke zerbrechen.
Das arme Königskind ging wieder zurück auf die Erde und wanderte immer weiter und weiter und diente hier und dort als Magd, um sich sein tägliches Brot zu verdienen. Überall war das schöne Mädchen gern gesehen, und man ließ es nur schweren Herzens wieder ziehen, doch es blieb nirgends und hatte keine Ruhe bei Tag und bei Nacht. Von ihrem zerbrochenen Krönlein aber sagte sie niemand mehr etwas, denn es konnte ihr ja doch keiner helfen, dachte sie.
Und wie sie so im Lande umherzog, da kam sie einmal vor ein wunderschönes Schloß, und da fragte sie, wem das Schloß gehöre.
»Das Schloß gehört dem alten König, der so gerne süße Suppe ißt«, bekam sie zur Antwort.
»Könnt ihr mich nicht als Magd gebrauchen?« fragte sie weiter.
Da wurde der Koch geholt, und der Koch holte den Oberkoch, und der Oberkoch holte den Küchenminister, und der sagte: »Ja!«
So wurde die arme Prinzessin mit dem zerbrochenen gläsernen Krönlein eine Küchenmagd im Schlosse des alten Königs, der so gerne süße Suppe aß. Sie war fleißig und bescheiden, und alle hatten sie gerne.
Da geschah es, daß der junge Prinz, der der Sohn des alten Königs war, von einer langen, langen Reise zurückkehrte. Er war wohl durch hundert Länder gefahren, um sich eine Frau zu suchen; das hatte der alte König so gewollt, denn er hatte genug vom Regieren und wollte sich zurückziehen und nur noch süße Suppe essen. Der junge Prinz aber hatte keine Prinzessin gefunden, die ihm gefiel und die er hätte von Herzen liebhaben können, und so kam er sehr traurig wieder zurück in seines Vaters Schloß. Der alte König und die alte Königin waren auch sehr traurig und das ganze Land natürlich auch.
Als der Prinz aber einzog, erblickte er plötzlich die neue Küchenmagd, und es war ihm, als habe er nie etwas so Schönes und Liebreizendes gesehen und als habe er noch niemand so liebgehabt. Da stieg er vom Pferde, ging auf sie zu, faßte sie bei der Hand und fragte sie, ob sie seine Frau werden wolle.
Die Königstochter nickte und lächelte und war so glücklich,

daß sie alles um sich herum vergaß und nur immer den Prinzen ansah, denn es war ihr, als habe sie noch nie etwas so Schönes und Ritterliches gesehen und als habe sie noch niemand so liebgehabt. Und der Königssohn reichte seiner Braut den Arm und führte sie zum alten König und sagte:
»Laßt mich die freien, ich will keine andere.«
Der alte König aber sagte: »Eine Magd kann nicht Königin sein, das geht nicht.«
Da wurde der Prinz sehr traurig, die Prinzessin aber tröstete ihn und sagte, daß sie eine ganz richtige Königstochter wäre und keine Küchenmagd.
»So, so«, sagte der alte König, »dann geht es.« Und er umarmte erst die Prinzessin und dann den Prinzen und nachdem alle beide zusammen.
Und es wurde ein großes Fest angesagt, und morgen sollte die Hochzeit sein. Als aber dann am anderen Tage die Prinzessin, mit dem kostbarsten Hochzeitskleid und dem schönsten Geschmeide angetan, im Königssaal stand unter all den vielen, vielen Ministern und Hofdamen und Trabanten, da sagte der Prinz zu ihr:
»Nun setze dein Krönlein auf, damit wir einander angetraut werden.«
Da fiel der armen Prinzessin mit einem Male ihr zerbrochenes gläsernes Krönlein ein, das sie über all ihrer Liebe zum Königssohn so ganz vergessen hatte, und sie fing bitterlich an zu weinen, und unter heißen Tränen holte sie die beiden Stücke des Krönleins und zeigte sie dem Prinzen und dachte, daß nun alles, alles aus und vorbei wäre.
Der ganze Hof geriet in die größte Bestürzung, die Minister schüttelten mißbilligend die weisen Häupter, die Hofdamen rümpften die Nasen, und die Trabanten standen nicht mehr stramm und kerzengerade wie früher. Der junge Königssohn aber sagte gar nichts, sondern neigte sich zur armen weinenden Prinzessin nieder und küßte sie auf den Mund. Und in demselben Augenblick tat sich das zerbrochene gläserne Krönlein wieder zusammen, so fest, als ob es nie zerbrochen gewesen wäre. Und während alle über das Wunder staunten, setzte der Prinz der Prinzessin das Krönlein ins Haar, und das funkelte und glänzte schöner und heller als der schönste und hellste Demantstein, so daß sogar die Krone des alten Königs

gar nichts dagegen war, trotzdem er sie noch kurz vorher sehr sorgfältig geputzt hatte.
Da war großer Jubel im Schloß und im ganzen Lande, und es wurde eine herrliche Hochzeit gefeiert und gegessen und getrunken, und der alte König aß dreimal so viel süße Suppe wie sonst und freute sich furchtbar.
Wie sie aber beim Hochzeitsmahl saßen, da kam eine goldene Karosse vorgefahren und heraus stiegen die Eltern der Prinzessin, die nun erlöst waren mitsamt dem ganzen versunkenen Königreich. Da kannte die Freude keine Grenzen mehr, und alle umarmten sich so lange, bis sie müde wurden: die Könige und die Königinnen, der Prinz und die Prinzessin, und die Minister, die Hofdamen und die Trabanten. Und als sie sich genug umarmt hatten, da sagte der alte König, der so gerne süße Suppe aß, zu dem anderen alten König:
»Jetzt wollen wir unsere beiden Reiche zusammentun und das Regieren den jungen Leuten überlassen. Wir aber wollen uns zurückziehen und nur noch süße Suppe essen.«
So geschah es, und alle waren damit zufrieden. Der junge König aber und die junge Königin regierten zusammen, und es war ein gar glückliches Königreich unter dem gläsernen Krönlein.

Die Postkutsche

Der Bär Tobias Muffelfell saß behaglich vor seiner Höhle und drehte die Daumen seiner Tatzen umeinander. Dazwischen aß er Knusperchen, die ihm seine Frau gebacken hatte, und durch seine Seele zogen liebliche Bilder des Winterschlafes. Jeder, der den Winterschlaf kennt und liebt, wird Tobias Muffelfell das nachfühlen können.
Seine Kinder spielten Fußball mit einem Kürbis, während Frau Muffelfell in der Höhle Knusperchen buk, wie sie stets zu tun pflegte. Sie hatte sich eine große weiße Schürze umgebunden und trug eine Haube auf dem Kopf, denn es ist sehr unangenehm, wenn der Küchendampf sich einem so stark ins Fell setzt. Niemand konnte so schön Knusperchen backen wie Frau Muffelfell, und es war eine Freude, ihr zuzusehen, wenn sie den Teig mit den Tatzen knetete und allerlei hübsche Muster mit ihren Krallen hineindrückte.

Als Frau Muffelfell fertig war, wischte sie sich die Tatzen mit der Schürze ab und trat vor die Höhle hinaus.
»Tobias«, sagte sie, »der Honig ist alle. Du mußt neuen Honig bringen. Sonst kann ich keine Knusperchen mehr backen.«
Tobias Muffelfell verzog höchst unangenehm berührt die Schnauze und brummte ungnädig.
»Es gibt keinen Honig mehr in der ganzen Nachbarschaft«, sagte er, »wie soll ich welchen beschaffen?«
»Du bist ein Mann, Tobias«, sagte Frau Muffelfell, »mache eine Erfindung.«
Tobias Muffelfell stützte den Kopf in die Tatzen und dachte nach. Es dauerte sehr lange.
»Jetzt weiß ich, was ich mache«, sagte er endlich und ging zu seiner Frau in die Küche, »ich werde eine Postkutsche bauen und die Leute vom einen Ende des Waldes zum anderen fahren. Dafür müssen sie mir Honig geben. Ist das nun eine Erfindung?«
»Ich weiß gar nicht, was eine Erfindung ist«, sagte Frau Muffelfell.
»Aber du sagtest doch, daß ich eine Erfindung machen soll?« sagte Tobias Muffelfell erstaunt.
»Du bist ein Mann, Tobias«, sagte Frau Muffelfell, »ich dachte, du wirst schon wissen, was eine Erfindung ist.«
»Dann ist es bestimmt eine Erfindung«, sagte Tobias Muffelfell und baute gleich eine Postkutsche aus einem hohlen Baumstamm und vier Rädern. Das Innere polsterte er sorgsam mit Heu und Moos aus, so daß es wirklich sehr hübsch und bequem aussah. Dann malte er große Anzeigen über sein neues Unternehmen auf Birkenrinde und klebte sie mit Harz an die Bäume in der ganzen Nachbarschaft.
Am Tage der ersten Abfahrt hatten sich auch wirklich Fahrgäste eingefunden. Es waren ein Fuchs, eine Ente, ein Frosch, eine Fliege und ein Pfifferling.
Tobias Muffelfell musterte die Gesellschaft mißtrauisch.
»Habt ihr auch Honig?« fragte er. »Wenn ihr keinen Honig habt, fahre ich euch nicht in der Postkutsche.«
Alle versicherten, sie würden bestimmt Honig beschaffen, sie hätten ihn nur eben nicht bei sich, denn das ganze Unternehmen sei ihnen zu überraschend gekommen.
Tobias Muffelfell gab sich zufrieden. Er ließ die Fahrgäste einsteigen und wollte abfahren.

»Tobias«, sagte Frau Muffelfell, »das sind fast alles Leute, die einander verspeisen. Wenn sie sich unterwegs aufessen, dann kriegst du keinen Honig mehr.«
»Das ist wahr«, sagte Tobias Muffelfell. »Also dies ist eine Postkutsche und hier darf keiner den anderen fressen!« brüllte er unhöflich in den Wagen hinein. Dann spannte er sich vor, und die Fahrt ging los.
Die Fahrgäste begannen sich über den Zweck ihrer Reise zu unterhalten. Der Fuchs fuhr zur Jagd zu seinem Vetter, dem Wolf. Die Ente reiste in einen anderen Teich, um sich einmal gehörig über ihre ganze Verwandtschaft aussprechen zu können. Der Frosch reiste in Regierungsangelegenheiten. Er hatte ein Krönchen auf dem Kopf und war von kaltem und königlichem Geblüt. Die Fliege fuhr nur aus Leichtsinn mit und der Pfifferling überhaupt ohne den allergeringsten Grund.
Leute, die aufeinander Appetit haben, dürfen nicht zusammen in einer Postkutsche fahren. Der Fuchs war der erste, der das einsah. Er bekam einen solchen Appetit auf die Ente, daß ihm das Wasser im Munde zusammenlief. Er hatte in der Eile überhaupt schon schwach gefrühstückt.
»Ich kann es nicht mehr aushalten«, sagte er und sprang von der Postkutsche ab – nur aus Appetit.
Es dauerte nicht lange, da sprang auch die Ente ab. Sie konnte den Frosch nicht mehr ansehen. Lieber wollte sie den Weg zu Fuß weiterwatscheln als neben jemand sitzenbleiben, der ihrer Meinung nach in ihren Magen, nicht aber in eine Postkutsche gehörte.
Nach einer Weile wurde dem Frosch, der an sich schon grün war, grün vor den Augen. Sein Mund erweiterte sich unangenehm beim Anblick der Fliege, und er sprang ab – auch aus Appetit.
Der Bär Tobias Muffelfell hatte nichts von alledem bemerkt. Es war ihm wohl so vorgekommen, als wäre die Postkutsche leichter geworden, aber er dachte, das käme von der Übung beim Ziehen.
Jetzt hielt er an.
»Erste Haltestelle!« schrie er und guckte in die Postkutsche hinein.
Die Fliege flog davon, und in der Postkutsche saß einzig und allein noch der Pfifferling.

»Die anderen sind alle ausgestiegen«, erklärte er, »weil einer auf den anderen Appetit hatte und es nicht mehr aushalten konnte. Die Fliege ist davongeflogen, weil sie leichtsinnig ist. Nur ich bin sitzengeblieben, um das neue Unternehmen zu stützen.«
»Wer sind Sie denn überhaupt?« schrie Tobias Muffelfell.
»Ich bin Pilz von Beruf«, sagte der Pfifferling freundlich.
»Können Sie denn auch bezahlen?« fragte Tobias Muffelfell.
»Nein, das kann ich nicht«, sagte der Pfifferling, »ich bin ja eigentlich auch ganz ohne jeden Grund mitgefahren.«
»So«, sagte Tobias Muffelfell, »das ist eine unerhörte Unverschämtheit von einem so knirpsigen Kerl mit einem so piepsigen Stimmchen. Dafür kippe ich Sie hier einfach aus, und Sie können sehen, wie Sie auf Ihren kurzen Beinen allein wieder zurückwackeln.«
»Das tut nichts«, sagte der Pfifferling, »ich bin Pilz von Beruf und bleibe ruhig sitzen. Ich warte den ersten warmen Regen ab, und dann kriege ich Kinder. Alles übrige ist mir einerlei.«
Da zerschlug Tobias Muffelfell seine Postkutsche und ging sehr erbost nach Hause.
Seine Bärenkinder kamen ihm schon von weitem entgegengelaufen:
»Papa«, riefen sie heulend, »wir können nicht mehr Fußball spielen. Wir haben keinen Fußball mehr!«
»Warum habt ihr keinen Fußball mehr?« fragte Tobias Muffelfell böse.
»Wir haben ihn aufgegessen, Papa«, sagten die Kleinen.
Da gab Tobias Muffelfell jedem seiner Bärenkinder eine Tatzenohrfeige.
»Tobias«, sagte Frau Muffelfell, »du siehst aus, als wären die Motten in deinen Pelz gekommen. Ich denke mir, du solltest doch lieber keine Erfindung mehr machen.«

Ein Bär kann ruhig Erfindungen machen. Man muß bloß nicht alles durcheinander in einer Postkutsche fahren wollen — sonst bleibt am Ende nichts weiter übrig als nur ein Pfifferling!

Der kleine Tannenbaum

Es war einmal ein kleiner Tannenbaum im tiefen Tannenwalde, der wollte so gerne ein Weihnachtsbaum sein. Aber das ist gar nicht so leicht, als man das meistens in der Tannengesellschaft annimmt, denn der heilige Nikolaus ist in der Beziehung sehr streng und erlaubt nur den Tannen, als Weihnachtsbaum in Dorf und Stadt zu spazieren, die dafür ganz ordnungsmäßig in seinem Buch aufgeschrieben sind. Das Buch ist ganz schrecklich groß und dick, so wie sich das für einen guten alten Heiligen geziemt, und damit geht er im Walde herum in den klaren, kalten Winternächten und sagt es all den Tannen, die zum Weihnachtsfeste bestimmt sind. Und dann erschauern die Tannen, die zur Weihnacht erwählt sind, vor Freude und neigen sich dankend, und dazu leuchtet des Heiligen Heiligenschein, und das ist sehr schön und sehr feierlich.

Und der kleine Tannenbaum im tiefen Tannenwalde, der wollte so gerne ein Weihnachtsbaum sein.

Aber manches Jahr schon ist der heilige Nikolaus in den klaren Winternächten an dem kleinen Tannenbaum vorbeigegangen und hat wohl ernst und geschäftig in sein erschrecklich großes Buch geguckt, aber auch nichts und gar nichts dazu gesagt. Der arme kleine Tannenbaum war eben nicht ordnungsmäßig vermerkt – und da ist er sehr, sehr traurig geworden und hat ganz schrecklich geweint, so daß es ordentlich tropfte von allen Zweigen.

Wenn jemand so weint, daß es tropft, so hört man das natürlich, und diesmal hörte das ein kleiner Wicht, der ein grünes Moosröcklein trug, einen grauen Bart und eine feuerrote Nase hatte und in einem dunklen Erdloch wohnte. Das Männchen aß Haselnüsse, am liebsten hohle, und las Bücher, am liebsten dicke, und war ein ganz boshaftes kleines Geschöpf. Aber den Tannenbaum mochte es gerne leiden, weil es oft von ihm ein paar grüne Nadeln geschenkt bekam für sein gläsernes Pfeifchen, aus dem es immer blaue ringelnde Rauchwolken in die goldene Sonne blies – und darum ist der Wicht auch gleich herausgekommen, als er den Tannenbaum so jämmerlich weinen hörte, und hat gefragt: »Warum weinst du denn so schrecklich, daß es tropft?«

Da hörte der kleine Tannenbaum etwas auf zu tropfen und erzählte dem Männchen sein Herzeleid. Der Wicht wurde ganz ernst, und seine glühende Nase glühte so sehr, daß man befürchten konnte, das Moosröcklein finge Feuer, aber es war ja nur die Begeisterung, und das ist nicht gefährlich. Der Wichtelmann war also begeistert davon, daß der kleine Tannenbaum im tiefen Tannenwalde so gerne ein Weihnachtsbaum sein wollte, und sagte bedächtig, indem er sich aufrichtete und ein paarmal bedeutsam schluckte:
»Mein lieber kleiner Tannenbaum, es ist zwar unmöglich, dir zu helfen, aber ich bin eben ich, und mir ist es vielleicht doch nicht unmöglich, dir zu helfen. Ich bin nämlich mit einigen Wachslichtern, darunter mit einem ganz bunten, befreundet, und die will ich bitten, zu dir zu kommen. Auch kenne ich ein großes Pfefferkuchenherz, das allerdings nur flüchtig – aber jedenfalls will ich sehen, was sich machen läßt. Vor allem aber weine nicht mehr so schrecklich, daß es tropft.«
Damit nahm der kleine Wicht einen Eiszapfen in die Hand als Spazierstock und wanderte los durch den tiefen weißverschneiten Wald, der fernen Stadt zu.
Es dauerte sehr, sehr lange, und am Himmel schauten schon die ersten Sterne der Heiligen Nacht durchs winterliche Dämmergrau auf die Erde hinab, und der kleine Tannenbaum war schon wieder ganz traurig geworden und dachte, daß er nun doch wieder kein Weihnachtsbaum sein würde. Aber da kam's auch schon ganz eilig und aufgeregt durch den Schnee gestapft, eine ganz kleine Gesellschaft: der Wicht mit dem Eiszapfen in der Hand und hinter ihm sieben Lichtlein – und auch eine Zündholzschachtel war dabei, auf der sogar was draufgedruckt war und die so kurze Beinchen hatte, daß sie nur mühsam durch den Schnee wackeln konnte.
Wie sie nun alle vor dem kleinen Tannenbaum standen, da räusperte sich der kleine Wicht im Moosröcklein vernehmlich, schluckte ein paarmal gar bedeutsam und sagte:
»Ich bin eben ich – und darum sind auch alle meine Bekannten mitgekommen. Es sind sieben Lichtlein aus allervornehmstem Wachs, darunter sogar ein buntes, und auch die Zündholzschachtel ist aus einer ganz besonders guten Familie, denn sie zündet nur an der braunen Reibfläche. Und jetzt wirst du also ein Weihnachtsbaum werden. Was aber das große Pfeffer-

kuchenherz betrifft, das ich nur flüchtig kenne, so hat es auch versprochen zu kommen, es wollte sich nur noch ein Paar warme Filzschuhe kaufen, weil es gar so kalt ist draußen im Walde. Eine Bedingung hat es freilich gemacht: Es muß gegessen werden, denn das müssen alle Pfefferkuchenherzen, das ist nun mal so. Ich habe schon einen Dachs benachrichtigt, den ich sehr gut kenne und dem ich einmal in einer Familienangelegenheit einen guten Rat gegeben habe. Er liegt jetzt im Winterschlaf, doch versprach er, als ich ihn weckte, das Pfefferkuchenherz zu speisen. Hoffentlich verschläft er's nicht!«
Als das Männchen das alles gesagt hatte, räusperte es sich wieder vernehmlich und schluckte ein paarmal gar bedeutsam, und dann verschwand es im Erdloch. Die Lichtlein aber sprangen auf den kleinen Tannenbaum hinauf, und die Zündholzschachtel, die aus so guter Familie war, zog sich ein Zündholz nach dem anderen aus dem Magen, strich es an der braunen Reibfläche und steckte alle die Lichtlein der Reihe nach an. Und wie die Lichtlein brannten und leuchteten im tiefverschneiten Walde, da ist auch noch keuchend und atemlos vom eiligen Laufen das Pfefferkuchenherz angekommen und hängte sich sehr freundlich und verbindlich mitten in den grünen Tannenbaum, trotzdem es nun doch die warmen Filzschuhe unterwegs verloren hatte und arg erkältet war. Der kleine Tannenbaum aber, der so gerne ein Weihnachtsbaum sein wollte, der wußte gar nicht, wie ihm geschah, daß er nun doch ein Weihnachtsbaum war.
Am anderen Morgen aber ist der Dachs aus seiner Höhle gekrochen, um sich das Pfefferkuchenherz zu holen. Und wie er ankam, da hatten es die kleinen Englein schon gegessen, die ja in der Heiligen Nacht auf die Erde dürfen und die so gerne die Pfefferkuchenherzen speisen. Da ist der Dachs sehr böse geworden und hat sich bitter beklagt und ganz furchtbar auf den kleinen Tannenbaum geschimpft.
Dem aber war das ganz einerlei, denn wer einmal in seinem Leben seine heilige Weihnacht gefeiert hat, den stört auch der frechste Frechdachs nicht mehr.

Das verlorene Lied

Es war einmal ein armer Hirtenbub, der hütete das Vieh hoch oben im Gebirge. Seine Eltern waren schon lange tot, und er hatte nur noch eine Stiefmutter, und die war böse und konnte hexen. Sie war schlecht gegen den armen Hirtenbub, und er wäre schon lange davongelaufen, wenn er sich nicht so sehr vor ihr gefürchtet hätte. Denn sie konnte doch hexen – und wenn jemand hexen kann, so ist das nicht angenehm für die anderen Leute, und man muß sich gar sehr in acht nehmen. Darum blieb der kleine Hirtenbub lieber, aber er war sehr traurig und unglücklich, und wenn er so allein im Mittagssonnenlicht auf der grünen Wiese lag und die bunten Kühe um ihn herumstanden und recht langweilig aussahen, dann dachte er oft daran, ob es wohl einmal besser werden würde. Doch die Kühe blieben stehen und sahen langweilig aus, und die Wolken zogen unter ihm vorbei, denn es war ja hoch oben auf den Bergen, und die Sonne ging zur Ruhe, und es blieb alles wie es war. Eines Tages aber, als der arme Hirtenbub ganz besonders traurig und unglücklich war und wieder daran dachte, ob es wohl einmal besser werden würde, da wurde er müde und schlief ein. Wie er so lag und schlief, da sah er plötzlich eine wunderschöne Fee vor sich, die hielt eine Laute aus Rosenholz in den Händen, und feine silberne Saiten waren daraufgespannt, und das war gar seltsam anzuschauen. Die Fee aber griff in die Saiten der Rosenlaute und sang dazu:

Ich kenne ein Lied von holdem Klang,
das zieht die ganze Erde entlang.
Und ist nichts so lieb und heilig und hold
in der Tiefe und oben im Sternengold
wie das Lied von dem, wenn zwei sich frein
und wollen einander das Liebste sein.
Da ist nichts so lieb und heilig und hold
in der Tiefe und oben im Sternengold.

Wie das Lied zu Ende war, da lächelte die Fee und nickte dem Hirtenbub zu und legte ihm die Laute von Rosenholz in den Schoß. Der Bub aber wußte gar nicht, wie ihm geschah, und als er erwachte, meinte er zuerst, das Ganze wäre wohl nur ein Traum gewesen. Doch die Laute von Rosenholz lag wirklich und wahrhaftig in seinem Schoß, und wie er sie in die

Hand nahm und in die feinen silbernen Saiten griff, da erklangen gar wunderbare Weisen, und immer neue Lieder fielen ihm ein. Aber so wie das Lied der Fee waren sie doch alle nicht, und er konnte sich nicht darauf besinnen, so sehr er sich auch mühte und nachdachte. Und da faßte ihn mit einem Male eine so unsagbare Sehnsucht nach jenem Liede, daß er alles vergaß, die Kühe, die so langweilig aussahen, und die Stiefmutter, die hexen konnte, und daß er auf und davon ging, um die seltsame Weise wiederzufinden. Von der Tiefe war drin die Rede gewesen und vom Sternengold, und in den beiden wollte er suchen, dachte er bei sich. Denn das andere hatte er vergessen oder nicht verstanden. So ging er immer weiter und weiter und wollte in die Tiefe kommen und wußte nur nicht wie. So kam er schließlich an einen großen See, der lag ganz vereinsamt im Walde, nur am Ufer hupften lauter grüne Frösche herum und quakten dazu. Der Hirtenbub meinte, die Frösche müßten doch wohl am besten in der Tiefe Bescheid wissen, und so trat er auf einen Frosch zu, grüßte höflich und fragte: »Ach bitte, kannst du mir nicht sagen, wie man in die Tiefe kommt?«
»Ja, das ist für dich wohl nicht so leicht«, sagte der Frosch und schluckte eine Fliege herunter, »warum willst du überhaupt nach unten? Bleibe doch lieber oben.«
»Mir hat eine Fee ein Lied gesungen auf dieser Laute von Rosenholz«, sagte der Hirtenbub, »aber ich kann mich nicht mehr auf das Lied besinnen, und nun will ich es suchen.«
»Das ist ja sehr schlimm«, meinte der Frosch gedankenvoll, »war es vielleicht so ähnlich, wie wir singen?«
»Nein, es war ganz anders«, sagte der Hirtenbub.
»Dann wird es wohl auch nichts Besonderes gewesen sein«, sagte der Frosch hochmütig und blies sich dabei auf, so daß er ganz dick wurde, »aber ich will dir den Gefallen tun und mal den Froschkönig fragen, ob er dich empfängt. Dann kannst du selbst mit ihm darüber sprechen.«
Ehe der Hirtenbub sich noch besinnen konnte, war der Frosch ins Wasser gehupft, daß es nur so klatschte – und fort war er. Es dauerte eine ganze Weile, dann kam er wieder, machte eine Verbeugung und sagte:
»Majestät lassen bitten.«
Da tat sich das Wasser auf und trat zur Seite, so daß der Hir-

tenbub mitten hindurchgehen konnte, bis tief auf den Grund des Sees und zum Palast des Froschkönigs.
Der Froschkönig war ganz besonders grün und hatte ein kleines goldenes Krönlein auf und saß, die Beine übereinandergeschlagen, auf einem großen Wasserrosenblatt. Neben ihm saßen viele alte, dicke Frösche, die alle sehr würdig aussahen, und um ihn herum schwammen kleine Nixen und warfen ihm Kußhändchen zu. Dann lächelte der Froschkönig immer, und das sah sehr eigentümlich aus, weil er doch einen so sehr großen Mund hatte. Der Hirtenbub aber verneigte sich tief vor seiner feuchten Majestät und sagte:
»Guten Tag. Ich suche ein Lied, das mir eine Fee gespielt hat auf dieser Laute von Rosenholz. Aber ich kann mich nicht mehr darauf besinnen, wie es war. Es ist auch nicht so, wie die Frösche singen.«
Da fing der Froschkönig an zu denken und mit ihm alle die alten dicken Frösche, die neben ihm saßen.
Endlich sagte er: »Wenn es nicht so ist, wie die Frösche singen, dann kann es nur so sein, wie die Nixlein singen.«
Dabei winkte er mit der grünen königlichen Hand den Nixlein, die um ihn herumschwammen und ihm Kußhändchen zuwarfen, und die Nixlein fingen an zu singen, und der Froschkönig schlug den Takt dazu, und es war sehr schön. Aber als es zu Ende war, da sagte der Hirtenbub:
»Ich danke dir sehr, und es war auch sehr schön, aber es war doch nicht so wie das Lied, das mir die Fee gesungen.«
»Ja, dann tut es mir von Herzen leid«, sagte der Froschkönig, »aber dann kann ich dir wirklich nicht helfen.«
Er reichte dem Hirtenbub die nasse Hand zum Abschied und war sehr gerührt und höflich und ließ ihn wieder hinauf an das Ufer des Sees geleiten. Der Hirtenbub aber dachte: Wenn es nicht in der Tiefe ist, so muß es wohl in der Höhe sein, oben im Sternengold. Denn das andere hatte er ja vergessen oder nicht verstanden.
So ging er hoch hinauf auf einen Berg, wo die Wolken an ihm vorbeizogen, und als eine Wolke gerade recht nahe und bequem vorbeikam, da sagte er: »Ach bitte, nimm mich doch mit!«
»Steige nur auf meinen Rücken«, sagte die Wolke, »aber beeile dich, denn ich habe keine Zeit und muß zum Wolkenkönig.«

Der Hirtenbub sprang auf den Rücken der Wolke, und im Nu ging es fort durch die weite Luft über Meere und Länder. Und ehe sich's der Hirtenbub versah, war er am Schloß des Wolkenkönigs angekommen, und der Wolkenkönig stand auf der Treppe und bestimmte gerade, wo es heute regnen sollte.
»Ja, wer ist denn das?« sagte er erstaunt, als er den Hirtenbub sah, »du willst wohl Sternputzer werden?«
»Nein, Sternputzer möchte ich nicht werden«, sagte der Hirtenbub, »aber mir hat eine Fee ein Lied gespielt auf einer Laute von Rosenholz, und das Lied habe ich vergessen, und ich wollte nur mal fragen, ob es nicht vielleicht hier oben zu finden wäre.«
»So, so«, sagte der Wolkenkönig, »ich werde mal nachsehen« – und holte ein großes Buch hervor, wo alle die Lieder drin standen, die die kleinen Sternlein singen, wenn sie nachts am Himmel spazierengehen. Aber es war nichts darunter, was so gewesen wäre wie das Lied der Fee auf der Laute von Rosenholz.
Da wurde der Hirtenbub sehr traurig und ging wieder auf die Erde zurück auf einer Treppe, die ihm der Wolkenkönig gezeigt hatte. Und wie er wieder auf der Erde war, da zog er überall umher in allen Landen und sang den Leuten seine Lieder und spielte dazu auf seiner Laute von Rosenholz. Die Leute waren alle froh und wollten nur immer und immer wieder die wunderbaren Weisen hören und baten ihn, doch immer bei ihnen zu bleiben, und boten ihm Geld und Gut und hohe Ehren.
Er aber hatte nirgends Ruhe und war sehr traurig, denn er dachte, er würde das verlorene Lied nun nie und nimmer wiederfinden. So wanderte er jahrein, jahraus, und endlich kam er vor ein herrliches Königsschloß, in dem lebte eine wunderschöne junge Königin. Die hatte etwas vergessen, und da sie selbst nicht wußte, was sie eigentlich vergessen hatte, so konnte ihr auch niemand helfen, sich darauf zu besinnen, und es war große Trauer in den Königshallen und im ganzen Lande. Der Hirtenbub aber fragte, ob er vor der traurigen jungen Königin seine Lieder singen dürfe. Es wurde ihm erlaubt, und er wurde in den Königssaal geführt, wo die traurige junge Königin auf dem Throne saß. Die Minister standen um sie herum in goldstrotzenden herrlichen Kleidern und hatten

große Taschentücher in der Hand, weil sie doch immer so viel weinen mußten um die traurige junge Königin. Denn mehr als weinen konnten sie nicht, weil die junge Königin ja selbst nicht wußte, was sie vergessen hatte, und ihr also auch niemand helfen konnte.
Wie der Hirtenbub aber die Königin sah, da ward ihm ganz wunderbar zumute, und er hatte sie von ganzem Herzen lieb. Und als er nun vor ihr singen sollte, da fiel ihm mit einemmal das Lied ein, das ihm die Fee gesungen, und es war ihm, als könne er gar kein anderes mehr singen. So nahm er die Laute von Rosenholz zur Hand, griff in die feinen silbernen Saiten und sang dazu:

Ich kenne ein Lied von holdem Klang,
das zieht die ganze Erde entlang.
Und ist nichts so lieb und heilig und hold
in der Tiefe und oben im Sternengold
wie das Lied von dem, wenn zwei sich frein
und wollen einander das Liebste sein.
Da ist nichts so lieb und heilig und hold
in der Tiefe und oben im Sternengold!

Und wie er das Lied gesungen, da stieg die Königin von ihrem Thron herunter und hatte ganz und gar vergessen, daß sie etwas vergessen hatte, und trat auf den Hirtenbub zu und küßte ihn und sagte: »Ich habe dich lieb und will deine Frau sein.«
Da jubelte alles und freute sich, und die Minister steckten die Taschentücher wieder ein, und es wurde eine herrliche Hochzeit hergerichtet.
Wie es aber gerade losgehen sollte mit den Hochzeitsfeierlichkeiten, da meldete der Oberhofmeister drei große Frösche, die vom Froschkönig zum Gratulieren geschickt waren. Sie wurden hereingebeten und gratulierten und waren sehr grün und hießen: Herr Schlupferich, Herr Hupferich und Herr Tupferich.
Der Wolkenkönig aber hatte ein kleines Sternchen geschickt, das knickste und leuchtete und gratulierte dazu. Und es war eine ganz herrliche Hochzeit. Es wurde gegessen, getrunken und getanzt, und Herr Schlupferich, Herr Hupferich und Herr Tupferich tanzten auch mit und benahmen sich dabei sehr manierlich, so wie sich das für feine und vornehme Frösche

geziemt. Etwas nasse Füße hatten sie freilich, aber das schadete nichts. So war alles sehr schön, nur das kleine Sternlein war unvorsichtig und hatte sich, um besser sehen zu können, dem Minister für außerordentliche Angelegenheiten auf den Kopf gesetzt, so daß hochdero Perücke zu brennen anfing. Aber das Feuer wurde bald gelöscht, wie das bei einem Minister für außerordentliche Angelegenheiten gar nicht anders zu erwarten ist, und das Sternlein wurde ermahnt, daran zu denken, daß doch nicht jeder Kopf solch ein Feuer verträgt.
Und als die ganze Hochzeit zu Ende war und der junge König und die junge Königin allein waren, da küßten sie sich auf den Mund und sangen das verlorene Lied dazu, das einst die Fee gespielt hatte auf der Laute von Rosenholz.

Das Kellermännchen

Zwischen zwölf und ein Uhr nachts wird alles lebendig, von dem die dummen Menschen glauben, daß es überhaupt nicht lebendig werden kann. Aber alle die vielen Dinge, die sonst immer so steif und still daliegen, als könnten sie kaum »guten Tag« sagen, die werden dann lebendig. – Und sie kümmern sich sehr wenig darum, ob die dummen Menschen daran glauben oder nicht.
Und so wurde es auch in dem kleinen alten Städtchen lebendig, als die Uhr vom Kirchturm Unserer Lieben Frau mit zwölf dumpfen schweren Schlägen Mitternacht verkündete. Die Pflastersteine unterhielten sich mit den Grashalmen, die zwischen ihnen wuchsen, und fragten sie, wie lange sie noch zu bleiben gedächten. Und die Giebel und Erker der Häuser in den engen, winkligen Gassen nickten einander zu, und die Laternen beschwerten sich über den Wind, und daß sie erkältet wären, weil er so rücksichtslos mit ihnen umgesprungen sei.
Auch im alten Weinkeller des kleinen alten Städtchens wurde es lebendig. Die vielen, vielen Fässer, die dort nebeneinander standen, große und kleine, die gähnten und reckten und streckten sich, und wenn mal eins das andere dabei anstieß, dann sagte es: »Oh, bitte entschuldigen Sie tausendmal!« Denn die Fässer sind sehr höflich und wissen sich zu beneh-

men. Dann stellten sie sich alle aufrecht hin auf ihre dicken kleinen Beinchen – die Fässer haben nämlich kleine Beinchen, wenn die dummen Menschen das auch nicht wissen – und sie verneigten sich alle voreinander und nickten und grüßten nach allen Seiten. Und wie sie sich so begrüßten und »wie geht es?« fragten und »haben Sie wohl geruht?« – da kroch ein kleines komisches Männchen aus einer Mauerspalte und rieb sich verschlafen die Äuglein. Das war das Kellermännchen, und das sah aus, als ob es ganz und gar gedörrt und vertrocknet wäre, und hatte ein fahles, runzliges Gesicht und eine rote Nase dazu, und das kam alles vom vielen Weintrinken. Denn das Männlein trank schrecklich viel Wein, und man wußte gar nicht, wo all der viele Wein Platz haben konnte, den es so hinunterschluckte, als wäre es gar nichts und als hätte es nur einmal genippt. Und war das Männlein greulich anzusehen, so war sein Gewand ganz wunderschön und seltsam. Einen gar fürnehmen Dreispitz trug es auf dem Kopfe und hatte Schnallenschuhe an und einen langen Rock mit Spitzen und Goldstickerei, so wie man's vor vielen hundert Jahren trug. An der Seite hing ihm ein Degen in güldener Scheide und mit einem gar kunstvoll geschmiedeten Knauf. Nur arg verstaubt und verblichen war all die wunderliche Pracht, und das ist ja auch nicht anders zu erwarten, wenn jemand nur immer so in einer Mauerspalte lebt. Wie nun das Männlein gravitätisch und mit gespreizten Schritten, das Händchen auf den Degenknauf gestützt, durch die alten Kellerräume hindurchschritt, da grüßten die Fässer alle und verneigten sich ehrerbietig. Denn das Kellermännchen ist die höchste Respektsperson in einem Keller und hat aufzupassen, daß alles in Ordnung ist. Und wenn etwas nicht in Ordnung ist, dann schimpft es und trinkt Wein dazu, und wenn alles in Ordnung ist, dann sagt es gar nichts und trinkt auch Wein dazu. Denn es ist eben eine Respektsperson. Weil nun das Männlein eine Respektsperson war, so grüßte es auch niemand wieder und tat überhaupt sehr hochmütig und herablassend. Nur wenn es an dem alten grauen Kater vorbeikam, der jede Nacht im Keller schlief, da blieb es stehen, schob den Degen graziös nach hinten, nahm den fürnehmen Dreispitz vom Kopfe und machte eine tiefe, höfische Verbeugung. Das tat es deswegen, weil der Kater ihm einmal bei einer Mei-

nungsverschiedenheit eine solche Ohrfeige gegeben hatte, daß es mit all seiner vielhundertjährigen Pracht auf den Boden gefallen war. Denn der Kater war, wie alle Kater, ein großer Philosoph und hielt nichts von derartig windigem Kellerspuk, wie er sich ausdrückte. »Alle Hochachtung vor Dero Pfoten«, sagte sich das Männchen seitdem, und darum dienerte und knickste es so untertänig vor dem alten grauen Herrn. Der Kater aber kümmerte sich wenig um den kleinen komischen Kerl, er schnurrte höchstens etwas gnädig, strich sich den kriegerischen Bart und murmelte was von nächtlicher Ruhestörung und unnützem Gesindel.
Das Kellermännchen aber stelzte weiter auf seinen dürren Beinchen und guckte ganz giftig nach rechts und nach links, ob auch alles in Ordnung wäre und so wie es sich geziemt für einen Keller, der in der guten alten Zeit erbaut worden war, wo man noch auf Sitte hielt und Schnallenschuhe und einen Dreispitz trug und einen güldenen Degen. Es war aber alles in Ordnung. Nur zwei Flaschen, die etwas leichten, jungen Wein im Magen hatten, die wollten sich totlachen über das komische Männchen, aber das sah es gar nicht, und das war ein rechtes Glück, denn es hätte den naseweisen Flaschen ohne Gnade den Kopf abgeschlagen. Und das wäre doch sehr schade gewesen, wenn es auch nur ein ganz leichter Wein war, den sie im Magen hatten. Das Kellermännchen schritt weiter bis ans Ende des Kellers, und dort setzte es sich in einer Ecke nieder, holte einen gewaltigen silbernen Humpen hervor und begann ganz erschrecklich zu trinken. Es gluckste nur ein paarmal ganz leise, dann war der Humpen leer, und so ging es weiter, und man wußte gar nicht, wo all der viele Wein Platz haben konnte, den das Männlein hinunterschluckte.
Am anderen Ende des Kellers aber begannen die Fässer sich zu unterhalten, und eins fragte das andere, ob es denn gar nichts Neues gäbe. Doch es gab nichts Neues, und die Fässer beklagten sich darüber, denn wenn man den ganzen Tag stillliegt und nachts nur eine Stunde Zeit hat, lebendig zu sein, dann will man sich etwas zu sagen haben und will etwas von der Welt hören, die draußen über den Kellerfenstern liegt.
»Ja, ja«, sagte ein großes dickes Faß, das ganz besonders alt war, »die Welt ist recht langweilig heutzutage, und es passiert gar nichts mehr, was so ein echtes, rechtes Weinfaß auch nur

im entferntesten interessieren könnte. Zu meiner Zeit, als ich noch jung war, da gab es doch immer mal einen Krieg oder eine Pestilenz oder sonst etwas Ähnliches, was sich gut erzählen läßt im Keller um Mitternacht. Ich habe sogar noch den Tatzelwurm erlebt, wie er vor den Mauern der Stadt herumkroch und Feuer spuckte aus Rachen und Nüstern.«
»Ach bitte, erzählen Sie«, sagten ein paar junge Fässer, »das muß ja furchtbar interessant gewesen sein!«
»Ja, es war sehr interessant und gar greulich und schauerlich dazu. Tag und Nacht läuteten die Glocken von der Kirche Unserer Lieben Frau, die Bürger standen auf den Mauern und Zinnen und hielten Wacht mit Zittern und Zagen, denn es ist ein ganz erschrecklich Ding um solch einen Tatzelwurm. Der Herr Tatzelwurm nämlich speisen alles mit Haut und Haaren, und so hat niemand in die Stadt hineingekonnt und niemand heraus, und es war eine böse Hungersnot ausgebrochen, so daß allen Leuten die Kleider am Leibe hingen, als wären sie gar nicht für sie gemacht. Und da das alles doch gar nicht schön war und auch nicht so weitergehen konnte, so beschloß der hochwohlweise Rat mit dem alten Bürgermeister an der Spitze, eine große Tat zu tun. Sie stellten sich alle der Reihe nach auf der Stadtmauer auf, und der Herr Bürgermeister sagte: ›Wohledler und viellieber Herr Tatzelwurm, wollet Ihr Euch nicht von den Mauern unserer Stadt hinwegbemühen, dieweil wir nicht gesonnen sind, uns von Euch verspeisen zu lassen?‹ Der Tatzelwurm aber nieste lauter Feuer aus der Nase heraus und sagte: ›Nein!‹ – Da wurde der Herr Bürgermeister sehr traurig und mit ihm der ganze hohe Rat, und sie kletterten wieder von der Stadtmauer herab und gingen auf den Marktplatz und sagten, sie hätten eine große Tat getan, aber es hätte nichts geholfen. Da weinten alle Leute, wenigstens die, die noch nicht verhungert waren, und die Glocken läuteten von der Kirche Unserer Lieben Frau, und der Tatzelwurm kroch um die Mauer herum, so daß auch nicht mal ein Zwieback hereinkommen konnte. Aber wie der hochwohlweise Rat all den vielen Jammer sah und dazu den Tatzelwurm draußen Feuer niesen hörte, da beschloß er noch einmal, eine große Tat zu tun und gar erschrecklich nachzudenken. Da stiegen alle die edlen Herren in diesen Keller hinab und dachten erschrecklich nach und tranken Wein dazu,

aber es ist ihnen nichts eingefallen.« – Wie das alte Faß so weit erzählt hatte, da sagte es: »Jetzt muß ich mich etwas erholen.« Und zog sich ein Spinngewebe übers Gesicht. Da schwiegen alle Fässer ringsherum und warteten in großer Spannung, wie es weitergehen würde.
Zwei kleine Mäuse aber, die auch gehört hatten, daß das alte Faß etwas erzählte, und die sich nur nicht hingetraut hatten, weil der Kater dazwischen lag, die fanden, daß es jetzt doch gar zu interessant würde, wo dem hochwohlweisen Rat nichts einfiele. Und so beschlossen sie, es näher zu hören. Sie faßten sich ein Herz, strichen ihre grauen Röcklein mit den Pfoten recht sauber und glatt, traten vor das Kellermännchen hin und sagten: »Ach, entschuldigen Sie, essen Seine Hochwohlgeboren der Herr Kater Mäuse?« – Das Männchen sah von seinem Humpen auf, schluckte noch eine furchtbare Menge Wein hinunter und sagte nachsichtig und herablassend: »Seine Hochwohlgeboren sind lange über das Alter hinaus und essen nur noch ganz besonders präparierte und exzellente Sachen, aber keine gemeinen Mäuse mehr. Ihr könnt also ruhig vorbeigehen, denn euresgleichen sehen Seine Hochwohlgeboren gar nicht.« Da bedankten sich die Mäuse vielmals und dienerten und knicksten, und dann huschten sie schleunigst und ängstlich an Seiner Hochwohlgeboren vorbei, denn man konnte nicht wissen, ob es wirklich sicher war, da doch auch alte Herren zuweilen ein jugendliches Gelüste bekommen. Der Kater aber hatte nur ein überlegenes Lächeln für sie, und so kamen die Mäuse ungefährdet bei dem großen Fasse an.
Das war aber eingeschlafen und dachte gar nicht daran, weiterzuerzählen, wie es denn geworden war, nachdem dem hochwohlweisen Rat trotz seines erschrecklichen Nachdenkens nichts einfiel. Die nebenstehenden Fässer stießen es leise an und baten, doch weiterzuerzählen, und auch die Mäuse waren ganz entsetzt, daß sie nichts mehr hören sollten, wo sie doch eben deswegen den gefährlichen Weg gewagt hatten an den Pfoten Seiner Hochwohlgeboren vorbei. Und die eine Maus sprang auf das alte Faß und klopfte ihm schonend auf den Magen, während die andere sich gar erdreistete, ihm das Spinngewebe vom Gesicht zu ziehen. Das alte dicke Faß aber wachte nicht auf, sondern schlief beharrlich weiter, und das tat es wohl deswegen, weil es ganz besonders alt war, und dagegen

läßt sich natürlich nichts machen. Da stützten die kleinen Mäuse den Kopf in die Pfötchen und begannen bitterlich zu weinen, und auch alle die Fässer bedauerten lebhaft und allerseits, daß die Geschichte nicht weitererzählt wurde, denn es war doch gar zu interessant gewesen, von dem Tatzelwurm zu hören, der Feuer nieste und »Nein« gesagt hatte, und von dem hochwohlweisen Rat, der zwei große Taten getan und so viel Wein getrunken hatte und dem doch nichts eingefallen war.
Ein mittelgroßes Faß aber, das sehr vernünftig aussah, weil es in einem Jahr mit einem unvergeßlichen Philosophen geboren war, dessen Namen es vergessen hatte, das stellte sich auf die Beinchen und sagte: »Es ist doch ganz unnütz, sich aufzuregen und sich zu beunruhigen oder gar so exaltiert in die Pfoten zu schluchzen, wie es die beiden Mäuse tun. Wenn man nur etwas Philosophie im Leibe hat, dann ist die ganze Sache doch furchtbar einfach. Der Herr Tatzelwurm müssen sich schließlich doch hinwegbemüht haben oder haben sein Leben eines seligen oder unseligen Todes ausgeniest, denn sonst stünde unsere Stadt nicht mehr mit ihren Toren und Türmen und die Glocken läuteten nicht mehr von der Kirche Unserer Lieben Frau. Man muß nur Philosophie im Leibe haben, aber die habe eben nur ich.«
Da beruhigten sich die Fässer wieder, und nur eins, das ganz besonders frech war, wandte sich an das philosophische Faß und fragte: »Darum ist wohl Ihr Wein auch so greulich sauer, weil Sie gar so viel Philosophie im Magen liegen haben?« Da wurde das philosophische Faß aber böse und stampfte mit den Beinchen auf, daß alle Reifen krachten, und schickte sich an, eine gräßliche Rede zu halten. Wie es aber gerade anfing und sagte: »Ich bin in dem Jahre geboren, in dem der unvergeßliche Philosoph geboren wurde, dessen Namen ich vergessen habe . . .«, da geschah etwas Entsetzliches. Die Kellerlaterne raste plötzlich in wahnsinniger Verzückung durch die alten Gewölbe an den Fässern und an den Mäusen vorbei und an Seiner Hochwohlgeboren, dem Herrn Kater. In ihrer Brust aber brannte es lichterloh, und es war, als ob das Petroleum ihres Herzens aufgehen wolle in einer einzigen Flamme! Alles schwieg im stillen Grauen, nur das Kellermännchen sprang wütend auf, warf den silbernen Humpen beiseite und stürzte mit entblößtem Degen auf die arme Kellerlaterne zu.

»Sie haben die Zündholzschachtel geküßt in diesem sittsamen Keller, der noch in der guten alten Zeit erbaut worden ist«, schrie es wütend, »Sie müssen sterben.«
Die verliebte Kellerlaterne erlosch vor Schrecken und verwünschte ihr empfindliches Herzens-Petroleum, das Männlein aber zückte den Degen, um das gräßliche Vergehen zu ahnden, das eine simple Laterne mit einer simplen Zündholzschachtel begangen hatte in einem Keller, in dem der hochwohlweise Rat gesessen und ihm nichts eingefallen war. Wie aber das Kellermännchen eben zustoßen wollte und die Laterne angstvoll die kleinen Händchen über dem Petroleumherzen faltete – da schlug es eins vom Kirchturm Unserer Lieben Frau. Das Männlein ließ den Degen sinken und verkroch sich fluchend in seiner Mauerspalte, die Laterne war gerettet, die Fässer knickten ihre Beinchen hübsch sorgfältig zusammen und legten sich wieder hin, und die Mäuse hüpften vorsichtig an Seiner Hochwohlgeboren vorbei und verschwanden in ihren Löchern, wo ihnen die graue Frau Mama Speckschwarten und geräucherten Schinken zurechtgestellt hatte. Der Kater aber, der wie alle Kater ein großer Philosoph war, strich sich den kriegerischen Bart, schnurrte behaglich und legte sich auf die andere Seite.
Auch draußen wurde es ruhig in den engen winkligen Gassen des alten Städtchens, und alles sah so aus, wie die dummen Menschen es immer sehen. Die Pflastersteine sprachen nicht mehr mit den Grashalmen, und die Erker und Giebel nickten einander nicht mehr zu und standen steif und still da, als ob sie nicht einmal »guten Tag« sagen könnten. Die Mauern und Tore und Türme schliefen wieder und der Marktplatz mit der Kirche Unserer Lieben Frau – sie schliefen alle und träumten von dem, was sie einst gesehen hatten: von den Kriegen und von der Pestilenz, von dem Tatzelwurm, der Feuer nieste, und von dem hochwohlweisen Rat, der zwei große Taten getan und soviel Wein getrunken und so erschrecklich viel nachgedacht hatte und dem doch nichts eingefallen war.

Das andere Ufer

Es war einmal ein Sammler, der sammelte allerlei Seltsamkeiten aus fernen Ländern. Er sammelte auch alltägliche Dinge, aber dann hatten sie einen besonderen Sinn und ihre besondere Geschichte. Diese Geschichte der Dinge verstand der Sammler zu lesen, wie wenige es verstehen, denn es ist keine leichte Kunst. So saß er Tage und Nächte unter all seinen Seltsamkeiten und las ihre Schicksale, und er wußte, daß es Menschenschicksale waren, die daran hingen. Wie ein breiter Fluß flutete das arme verworrene Menschenleben um ihn herum, er stand an seinem Ufer und schaute mit erkenntnisreichen Augen, wie Welle um Welle an ihm vorüberzog.

Aber er wußte auch, daß ihm noch etwas fehlte: Er wußte, daß das menschliche Leben, in dem er soviel gelesen hatte, nicht nur das eine Ufer haben konnte, auf dem er stand und es betrachtete. Er wußte, daß es auch ein anderes Ufer haben mußte, und das andere Ufer suchte er – wie lange schon! Aber er hatte es nicht gefunden. Einmal aber hoffte er es bestimmt zu finden. Er suchte in allen Läden aller Städte, ob er nicht ein Ding finden würde, das ihm etwas vom anderen Ufer erzählen könne. Er war ja sein Leben lang ein Sammler und Sucher gewesen und hatte viel Geduld gelernt.

So kam er einmal in einer fernen Stadt im Süden in einen sehr merkwürdigen Laden. Der Laden war ein richtiger Kramladen des Lebens, denn es waren wohl alle Dinge darin vertreten, die man sich im menschlichen Leben nur denken konnte, von den seltsamsten Kostbarkeiten herab bis zu den geringsten Alltäglichkeiten. Und alle Dinge hatten, so wie es sich gehört, ihre eigene Geschichte.

Der Sammler besah sich alle die vielen Dinge mit großer Sachkenntnis. Manches gefiel ihm sehr, und manches hätte er gerne gekauft, aber irgendwie erinnerte es ihn doch an etwas, was er schon einmal erworben hatte.

»Dies ist wohl die seltsamste Sammlung der Dinge vom menschlichen Leben, die ich je gesehen habe«, sagte der Sammler, und da der Händler ihm kein gewöhnlicher Händler zu sein schien – denn er hatte etwas Stilles und Feierliches in seinem Wesen –, so fragte er ihn, ob er nicht etwas habe, was ihm vom anderen Ufer erzählen könne.

Der Händler war auch wirklich kein gewöhnlicher Händler. Er wußte zu gut, wieviel Leid und Tränen manche Dinge, die die Menschen bei ihm um teuren Preis erstanden, denen bringen mußten, die sie mit einer Inbrunst erwarben, als hinge ihr ganzes Leben davon ab. Es kam nicht oft vor, daß einer den richtigen Gegenstand bei ihm verlangte. Als nun der fremde Sammler den Händler nach dem anderen Ufer fragte, da lächelte der Händler und reichte ihm eine kleine Lampe von unscheinbarer Form, doch von sehr sorgfältiger Arbeit. Die Lampe aber brannte schon mit einer schönen bläulichen Flamme und brauchte nicht erst entzündet zu werden.

»Diese Lampen stellt man nirgends aus«, sagte der Händler, »man gibt sie nur denen, die nach dem anderen Ufer fragen.«

»Erzählt mir denn diese Lampe etwas vom anderen Ufer?« fragte der Sammler und betrachtete die Lampe mit aufmerksamen und erstaunten Blicken, denn er hatte so etwas noch nicht in seiner Sammlung, und er hatte es bisher auch nirgends gesehen.

»Vom anderen Ufer darf dir die Lampe nichts erzählen«, sagte der Händler, »zum anderen Ufer mußt du selber wandern, aber die Lampe wird dir leuchten und dir den Weg zum anderen Ufer weisen.«

Da dankte der Sammler dem Händler und fragte ihn, was er ihm für die Lampe zu zahlen habe.

»Ich habe viele Gegenstände in meinem Laden, die man um billigen Preis erstehen kann«, sagte der Händler, »ich habe auch manche darunter, die um ein Königreich nicht zu haben sind. Aber die kleine Lampe, die du in der Hand hast, kostet nichts für den, der nach dem anderen Ufer fragte. Es ist deine eigene Lampe, und es ist eine ewige Lampe, und sie wird dir den Weg zum anderen Ufer weisen.«

Da wurde der Sammler ein Wanderer. Er ließ alle die vielen seltsamen Dinge, die er bisher gesammelt hatte, hinter sich und wanderte dem Licht seiner ewigen Lampe nach, das andere Ufer zu suchen.

Er sah viel Schönes auf seinem Wege, das er früher nicht gesehen hatte. Er sah, wie die Steine sich regten und formten, er schaute in die Träume der Blumen, und er verstand die Sprache der Tiere. Allmählich aber wurde der Weg des Wan-

derers immer einsamer und verlassener, er stand allein in einer Einöde, und vor sich erblickte er sieben steile, felsige Berge. Die Lampe warf ihren Lichtschein auf seinen Weg, und sie zeigte ihm an, daß er alle die sieben Berge besteigen müsse. So bestieg er alle sieben Berge, und von jedem Berge hoffte er das andere Ufer zu sehen, aber er sah es nicht. Ein eisiger Neuschnee lag auf allen sieben Gipfeln. Mitten aber im Schnee blühte eine rote Rose, leuchtend wie ein Rubin. Die pflückte der Wanderer und nahm sie mit sich auf den Weg.
Als er nun alle sieben Berge bestiegen hatte und sich ihre sieben Rosen zum Kranz geholt hatte aus dem eisigen Neuschnee der Gipfel, da stand er vor einem dunklen Tor. Der Torhüter trat auf ihn zu und fragte ihn, was er wolle.
»Ich suche das andere Ufer«, sagte der Wanderer.
»Was führst du mit dir auf deinem Weg?« fragte der Torhüter.
»Sieben rote Rosen und meine ewige Lampe«, sagte der Wanderer.
Da ließ ihn der Torhüter in das dunkle Tor eintreten.
»Es ist ein langes und dunkles Tor«, sagte der Torhüter, »du mußt bis an sein Ende gehen, dann kommst du an das Meer der Unendlichkeit.«
»Ich will nicht an das Meer der Unendlichkeit«, sagte der Wanderer, »ich suche das andere Ufer. Das Meer der Unendlichkeit aber ist uferlos.«
»Du mußt warten, bis die Sonne aufgeht, dann wirst du das andere Ufer sehen«, sagte der Torhüter.
Da ging der Wanderer durch das lange dunkle Tor hindurch und setzte sich am Meer der Unendlichkeit nieder, denn er war sehr müde geworden von seiner Wanderung. Das Meer der Unendlichkeit brandete zu seinen Füßen, und über seinen wilden Wellen und dem einsamen Wanderer an seinem Gestade stand die gestirnte Nacht. Der Wanderer aber wartete und wachte bei seiner ewigen Lampe die ganze Nacht, und es war eine so lange Nacht, daß er dachte, sie wolle gar kein Ende nehmen.
Endlich verblaßten die Sterne, die brandenden Wellen wurden still und klar, und über ihnen ging die Sonne auf. Im Lichte der aufgehenden Sonne aber tauchte eine leuchtende Insel mitten aus dem Meer der Unendlichkeit empor.

Da erkannte der Wanderer, daß es das andere Ufer war, das er gesucht hatte. Über das dunkle Tor kam eine Taube geflogen und zeigte dem Wanderer den Weg zur Insel, und er schritt über das Meer der Unendlichkeit so sicher wie auf klarem Kristall hinüber zum anderen Ufer.
Vom anderen Ufer aber darf ich euch nichts weiter erzählen, so wenig als es die Lampe getan hat. Zum anderen Ufer muß ein jeder selber wandern im Licht seiner eigenen ewigen Lampe.
Denn das Märchen vom anderen Ufer ist ein Märchen der Wanderer.

Der kleine Wurzelprofessor

Es war einmal ein kleiner Wurzelprofessor, der stand im Walde und war ganz aus Wurzeln. Der Körper, die Arme und Beine waren Wurzeln und auch der Kopf. Der kleine Wurzelprofessor war nur ein unendlich kleines Stückchen eines großen hohen Baumes, dessen Gipfel er nie gesehn – und den er leugnete. Die Vögel, die oben auf dem Wipfel des Baumes ihre Nester bauten, setzten sich dem kleinen Wurzelprofessor oft gerade auf die Nase und sangen ihm die herrlichsten Lieder vor vom Wipfel des großen hohen Baumes, von dem er selber ja doch nur ein unendlich kleines Stückchen war. Aber der kleine Wurzelprofessor glaubte es auch dann nicht, wenn sie's ihm in beide Ohren gleichzeitig hineinschrien. Auch ein Eichhörnchen, das in beruflichen Angelegenheiten täglich am Stamm des Baumes hinauflief, hatte dem kleinen Wurzelprofessor von all den Wundern erzählt, die es oben zu sehen gab.
»Es sind Wunder über Wunder«, sagte das Eichhörnchen, »und über allem ist der Himmel.«
»Das alles gibt es ja gar nicht«, sagte der kleine Wurzelprofessor, »denn wie soll es etwas geben, was ich nicht beleuchtet habe?«
Der kleine Wurzelprofessor konnte nämlich leuchten, und ich will auch erzählen, wie es gekommen war, daß er so leuchten konnte. Weil er doch festgewachsen war und gar nicht vom Fleck konnte, so hatte er nichts weiter getan als bloß immer

gedacht. Und so viel hatte er gedacht, daß er allmählich einen ganz verfaulten Kopf bekommen hatte. Nun war doch der Kopf aus Holz, und jeder weiß, daß faules Holz im Finstern leuchtet. So leuchtete auch der Kopf des kleinen Wurzelprofessors – und seitdem war er sehr froh! Nur durfte es sonst nicht zu hell sein, und der Mond durfte nicht scheinen, den er nicht kannte – und den er leugnete. Am Anfang war es ja noch nicht so besonders bedeutend, aber im Laufe der Jahre leuchtete er doch schon so sehr, daß bei seinem Schein die Regenwürmer ganz bequem ihren Weg finden und die Hamster ihre Einnahmen aufschreiben konnten.
Aber natürlich mußte es – damit der kleine Wurzelprofessor wirklich leuchtete – immerhin schon sehr dunkel sein.
So stand der kleine Wurzelprofessor auch in einer stillen Nacht wie immer da und dachte und leuchtete so vor sich hin.
Die Nacht aber war keine gewöhnliche Nacht. Denn am Himmel stand der Stern der Liebe. Die Nacht war keine gewöhnliche Nacht. Denn ein Dichter führte seine Liebste heim in den Märchenwald, der seine Heimat war. Und als er mitten im tiefsten Märchenwald angekommen war, wo die sieben silbernen Quellen sind, da küßte er seine Liebste auf den Mund und setzte ihr eine seltsame Krone auf den Scheitel. Das war eine von den Kronen, die es auf der ganzen Erde nicht gibt und die nur ein Dichter seiner Liebsten ins Haar flechten kann.
Der Stern der Liebe an Gottes Himmel aber schien auf beide nieder, und sein Licht verfing sich in der Krone auf des Mädchens Scheitel. Da flammte die Krone auf in tausend wunderbaren Farben, die schöner waren als alle Farben der Erde. Denn das Mädchen war eines Dichters Liebste, und es war die Krone der Unsterblichkeit, die es trug.
Davon fing der ganze Märchenwald an zu leuchten, die Nixen tauchten aus den dunklen Wassern auf, die Elfen warfen sich heimlich und leise ihre Schleier zu, und von ferne läuteten die Glocken versunkener Städte. Auch die Tiere des Waldes kamen alle herbei, um zuzusehen, die Frösche sangen Loblieder, und sogar die Pilze nahmen ihre großen Hüte ab und grüßten nach allen Seiten.
Denn eines Dichters Liebste ist Königin im ganzen Märchenland! . . .

Nur der kleine Wurzelprofessor sah nichts vom Dichter und seiner Liebsten, nichts vom Stern der Liebe und nichts von der Krone der Unsterblichkeit. Er stand und leuchtete so vor sich hin und dachte: all der Glanz im Himmel und auf der Erde käme einzig und allein nur davon her, daß er so heftig leuchte.

Der Tod und das kleine Mädchen

Es war einmal ein kleines Mädchen, das war immer sehr einsam. Es sei ein sonderbares Kind, sagten die Großen, und es sei dumm und es vertrage keinen Lärm, sagten die Kleinen – und darum spielte niemand mit ihm. Ihr werdet nun gewiß denken, daß das sehr langweilig und sehr traurig für das kleine Mädchen war. Ein bißchen traurig war es manchmal schon, aber langweilig war es gar nicht, denn das kleine Mädchen langweilte sich niemals. Es kamen immer so viele Gedanken zu ihm zum Besuch, und diese Gedanken sah es auch alle und sprach mit ihnen, als ob sie leibhaftig vor ihm stünden. Es war eine Sprache ohne Worte, und diese Sprache kennen alle, zu denen die Gedanken zum Besuch kommen.
Die Gedanken, die zu dem kleinen Mädchen kamen, waren alle sehr verschieden, und sie waren auch ganz verschieden angezogen, wenn man das von einem Gedanken überhaupt sagen kann. Es waren traurige darunter in grauen Kleidern, frohe in rosafarbenen mit goldenen Sternen darauf, rote und lustige, die Fratzen machten, und blaue, die von Märchenländern erzählten und deren Augen immer irgendwo hinaus in eine weite Ferne sahen. Es muß sehr still um einen herum sein, wenn so viele Gedanken zu einem zum Besuch kommen. Darum ging das kleine Mädchen am liebsten ganz allein auf den Dorffriedhof und setzte sich zwischen alle die Gräber unter den hohen Bäumen. Das kleine Mädchen kannte alle die Gräber mit Namen, und es war wirklich merkwürdig zu beobachten, welche Gedanken an den verschiedenen Gräbern zum Besuch kamen und an welchen Gräbern die Gedanken fortblieben. Es war, als ob es ihnen da nicht recht gefiele. Lehrreich und unterhaltend war es auch, was die Gedanken an dem einen oder anderen Grabe sagten, wenn sie zum Besuch kamen. Was sie sagten, war nicht immer schmeichelhaft für

die Toten in den Gräbern, aber das kleine Mädchen konnte daraus sehen, an welchen Gräbern man am besten sitzen und sich mit seinen Gedanken unterhalten konnte.
Als nun das kleine Mädchen wieder einmal auf dem Friedhof saß und sich von seinen bunten Gedanken besuchen ließ, da kam eine Gestalt im schwarzen Gewande durch alle die Grabhügel geschritten und ging gerade auf das kleine Mädchen zu.
»Bist du auch ein Gedanke?« fragte das kleine Mädchen. »Aber du bist so sehr viel größer als die Gedanken, die mich sonst besuchen, und du bist so schön, wie keiner von meinen vielen Gedanken jemals war.«
Die schöne Gestalt im schwarzen Gewand setzte sich neben das kleine Mädchen.
»Du fragst ein bißchen viel auf einmal. Ich bin wohl ein Gedanke und doch wieder auch etwas mehr. Es ist für mich gar nicht so leicht, dir das zu erklären. Sonst täte ich es gewiß gerne.«
»Bemühe dich nicht meinetwegen«, sagte das kleine Mädchen, »ich brauche dich gar nicht zu verstehen, es ist auch sehr schön, dich bloß anzusehen. Aber ich möchte gerne wissen, wie du heißt. Meine Gedanken sagen mir immer alle, wie sie heißen, und das ist sehr lustig.«
»Ich bin der Tod«, sagte die schöne Gestalt und sah das kleine Mädchen sehr freundlich an. Man mußte Vertrauen zum Tod haben, wenn man ihm in die Augen sah, denn es waren schöne und gute Augen, die der Tod hatte. Solche Augen hatte das kleine Mädchen noch nicht gesehen.
Das kleine Mädchen erschrak auch gar nicht. Es war nur sehr erstaunt und überrascht, und fast freute es sich, daß es so ruhig neben dem Tod sitzen konnte.
»Weißt du«, sagte es, »es ist so komisch, daß alle Menschen Angst haben, wenn sie von dir sprechen, wo du so nett bist. Ich möchte gerne mit dir spielen. Es spielt sonst niemand mit mir.«
Da spielte der Tod mit dem kleinen Mädchen – wie zwei Kinder miteinander spielen, mitten unter den Gräbern auf dem Friedhof.
»Wir wollen Himmel und Erde bauen«, sagte das kleine Mädchen, »hoffentlich verstehst du es auch. Wir machen den Him-

mel aus den hellen Kieseln und die Erde aus den dunkeln. Du mußt aber fleißig Steine suchen.«
Der Tod suchte kleine Steine zusammen, und er gab sich viele Mühe, um das kleine Mädchen zufriedenzustellen.
»Jetzt haben wir genug«, sagte das kleine Mädchen, »ich finde, daß du sehr schön spielen kannst. Willst du nun den Himmel bauen und ich die Erde oder umgekehrt? Mir ist es einerlei. Du kannst dir aussuchen, was dir mehr Spaß macht. Ich erlaube es dir.«
»Ich danke dir sehr«, sagte der Tod, »aber siehst du, ich bin kein Kind mehr und verstehe nicht mehr so zu bauen, wie man das als Kind versteht. Du bist ja noch ein Kind, und ich denke, du baust dir deinen Himmel und deine Erde selber. Aber ich will dir bei beidem helfen.«
»Das ist nett von dir«, sagte das kleine Mädchen und baute sich seinen Himmel und seine Erde aus den bunten Kieselsteinen. Der Tod sah zu und half dem kleinen Mädchen dabei.
»Jetzt paß auf«, sagte das kleine Mädchen, »hier ist der Himmel, und drin wohnt der liebe Gott, und hier ist die Erde, und da wohne ich. Nun mußt du auch noch eine Wohnung haben. Aber ich weiß ja noch gar nicht, wo du wohnst?«
»Ich wohne zwischen Himmel und Erde«, sagte der Tod, »denn ich muß ja die Menschenseelen von der Erde zum Himmel führen.«
»Richtig«, sagte das kleine Mädchen, »dann kriegst du eine Wohnung aus hellen und dunklen Steinen zusammen. Es soll eine feine Wohnung werden, du wirst schon sehen.«
Der Tod freute sich und sah zu, wie das kleine Mädchen ihm seine Wohnung baute.
»Höre mal«, sagte das kleine Mädchen, »du hast doch eben gesagt, daß du die Menschenseelen von der Erde zum Himmel führst. Erzähle mir mal ein bißchen davon, wie du das machst – und warum müssen wir überhaupt sterben? Kann man denn nicht einfach in den Himmel 'rüberlaufen?«
Als das kleine Mädchen das fragte, läuteten die Glocken Feierabend.
»Hörst du die Glocken läuten?« sagte der Tod. »Siehst du, mit den Menschenseelen ist das ganz ähnlich wie mit den Glocken. Jede Menschenseele ist eine Glocke, und du hörst sie läuten,

wenn du ordentlich aufpaßt, in frohen und in traurigen Stunden. Bei manchen läutet sie nur noch ganz schwach, und das ist dann wirklich sehr schlimm. Wenn ich nun zu einem Menschen komme, dann läutet seine Glockenseele Feierabend – ich hänge die Glocke dann in den Himmel, und dort läutet sie weiter.«
»Läuten sie denn da alle durcheinander?« fragte das kleine Mädchen, »das muß gar nicht schön klingen, denn jede läutet doch sicher ganz anders. Es ist gewiß nicht angenehm für den lieben Gott, sich das immer anhören zu müssen.«
»Das ist schon wahr«, sagte der Tod, »aber siehst du, die Glockenseelen kommen so oft auf die Erde zurück und werden so lange umgegossen, bis sie alle ihr eigenes richtiges Geläute haben und alle zusammenklingen. So lange aber muß ich die Menschen von der Erde zum Himmel tragen.«
»Das tut mir sehr leid für dich«, sagte das kleine Mädchen, »es ist gewiß eine sehr mühsame Arbeit. Aber paß nur auf, es wird schon mal besser werden, und dann hast du gar nichts mehr zu tun, und wir beide spielen immer so nett zusammen wie heute.«
Der Tod nickte, und seine Augen sahen in eine sehr, sehr weite Ferne.
»Deine Wohnung ist jetzt fertig«, sagte das kleine Mädchen, »ist sie nicht sehr hübsch geworden?«
»Sie ist sehr hübsch«, sagte der Tod, »ich danke dir auch. Aber es ist spät, und du mußt jetzt nach Hause gehen. Es war schön, mit dir zu spielen.«
Und der Tod reichte dem kleinen Mädchen die Hand.
»Guten Abend«, sagte das kleine Mädchen und knickste, »kommst du nicht auch einmal mich besuchen? Ich bin so viel allein.«
»Ja«, sagte der Tod freundlich, »ich werde dich sehr bald besuchen, weil du so allein bist.«
Bald darauf wurde das kleine Mädchen sehr krank, und die Leute meinten alle, daß es wohl sterben müsse. Die Leute waren traurig, denn es erschien ihnen immer traurig, wenn einer starb, und besonders, wenn es ein Kind war, das das Leben noch vor sich hatte, wie sie sagten. Aber es war ja ein sonderbares Kind, das die Großen nicht verstanden und mit dem die Kleinen nicht spielen mochten. Am Ende war es so auch besser.

Als die Glocken Feierabend läuteten, da trat der Tod zu dem kleinen Mädchen ins Zimmer.
»Das ist nett von dir, daß du mich besuchen kommst«, sagte das kleine Mädchen.
»Es ist Feierabend«, sagte der Tod und setzte sich zu dem kleinen Mädchen aufs Bett.
»Ach ja«, sagte das kleine Mädchen, »davon hast du mir damals so schön erzählt, als wir zusammen Himmel und Erde bauten. Dann kommst du gewiß, um meine Glockenseele zu holen. Hoffentlich klingt sie aber auch hübsch, so daß sich der liebe Gott nicht ärgert.«
»Sie sehnen sich im Himmel nach einer reinen Glocke«, sagte der Tod, »darum haben sie mich gebeten, zu dir zu kommen.«
»Muß ich dann sterben?« fragte das kleine Mädchen.
»Das brauchst du gar nicht so zu nennen«, sagte der Tod, »siehst du, es ist ganz einfach: An deiner Tür stehen zwei Engel, und die führen dich dann zum lieben Gott in den Himmel.«
»Ich kann aber die Engel nicht sehen«, sagte das kleine Mädchen.
»Ich werde dich mal auf den Arm nehmen«, sagte der Tod, »dann wirst du die Engel gleich sehen.«
Da nahm der Tod das kleine Mädchen auf die Arme, und als er es auf die Arme genommen hatte, da sah es zwei strahlende Engel in weißen Kleidern mit schimmernden Flügeln, und die Flügel führten es zum lieben Gott in den Himmel. Die Glockenseele des kleinen Mädchens aber läutete, und es war lange her, daß eine so reine Glocke oben ihren Feierabend geläutet hatte.
Im Himmel war es sehr schön, und da war das kleine Mädchen kein sonderbares Kind mehr, denn die großen Engel verstanden es, und die kleinen spielten mit ihm. Auch der liebe Gott war sehr zufrieden und freute sich, daß er eine so reine Glocke bekommen hatte. Das kleine Mädchen fand es nur sehr traurig, daß der Tod unten auf der Erde bleiben mußte. Es sah ihn auf dem Friedhof stehen, wenn es mal herunterguckte, und dann nickte es ihm zu.
»Kannst du hören, wenn ich von oben 'runterrufe?« fragte das kleine Mädchen.

»Ja«, sagte der Tod, »du brauchst auch nicht so laut zu rufen, denn für mich sind Himmel und Erde so nahe beieinander, wie wir sie einmal zusammen aus Kieselsteinen gebaut haben.«
»Das freut mich«, sagte das kleine Mädchen, »es ist bloß sehr schade, daß ich nicht mehr mit dir spielen kann. Jetzt spielt niemand mehr mit dir. Sei bloß nicht zu traurig drüber. Hörst du?«
»Es war schön, daß du mit mir gespielt hast«, sagte der Tod, »und wenn ich einmal traurig werde, dann höre ich oben deine Glockenseele läuten und freue mich darüber, daß einmal ein Kind mit mir gespielt hat.«
»Ja, tue das«, sagte das kleine Mädchen, »und ich will dir auch etwas Wunderhübsches sagen, was mir die großen Engel erzählt haben. Die großen Engel sagen, daß einmal eine Zeit kommen wird, wo alle Glockenseelen zusammenklingen und alle Menschen mit dem Tod wie die Kinder spielen werden.«

Puppenspiel

Es war eine sehr dunkle Nacht, als die alte Frau in ihrer Kammer im Bett lag und die Stunden zählte. Solche dunklen Nächte sind schlimm für die Menschen, die alt und einsam und müde geworden sind. Das bunte Leben ist eingeschlafen, und nur die Stunden schlagen aus weiter Ferne. Eine dieser Stunden wird wohl bald meine letzte sein, dachte die alte Frau, denn ich bin sehr einsam und sehr müde. Das bunte Leben ist eingeschlafen, und ich möchte das auch tun. Es ist an der Zeit.
Aber die alte Frau konnte nicht einschlafen. Um sie herum standen lauter große, dunkle Puppen. Das waren die Gedanken aus einem ganzen vergangenen Leben. Gleich wirren Schattengestalten strichen sie im Zimmer umher und drängten sich um die alte Frau, einer nach dem anderen – Sorge und Kummer, Irrtum und Schuld auf den blassen Gesichtern. Es waren nur wenige freundliche Puppen darunter, und die wurden von den anderen beiseitegeschoben. Denn die dunklen Puppen waren stärker und waren entsetzlich lebendig, als hätten sie viele tausend Stunden des Daseins in einer einzigen

Fieberstunde gestaltet, in einer einsamen Kammer und in einer dunklen Nacht, zu einem Puppenspiel des Grauens.

Und jetzt klang ein schriller Geigenton durchs Zimmer, eine neue Gestalt löste sich aus der Ecke am Ofen, ein dürrer, grauer Geiger trat heraus und spielte den Puppen zum Tanze auf. Die Puppen faßten sich bei den Händen und begannen zu tanzen, sie drehten sich immer wilder und wilder um die alte Frau, daß es ihr schwindlig und angst wurde und sie die Hände faltete, als wolle sie um Erlösung bitten aus dieser schrecklichen Gesellschaft der Einsamen. Der dürre, graue Geiger aber geigte weiter, und die dunklen Puppen drehten sich schneller und immer schneller mit irren Bewegungen – das Puppenspiel des Lebens ist ein verworrenes Spiel, und jedem geigt es der graue Geiger einmal in einer dunklen Nacht, in einer einsamen Kammer.

Mit einem Male aber schien es der alten Frau, als wichen die wirren Schatten zurück. Ein Lichtschein fiel aus dem Dunkel auf ihr Bett, und mitten im Lichtschein saßen drei andere Puppen, so hell wie das Licht, das sie umgab. Das waren die Puppen aus ihrer Kinderzeit, ein Harlekin, ein General und ein sehr schönes Mädchen, das mit den Augen klappen konnte. Die sahen anders aus als die dunklen Puppengestalten aus dem verworrenen Puppenspiel des Lebens, die so schattenhaft und schrecklich nach der Geige des grauen Geigers tanzten, und auf den alten, bekannten Gesichtern stand nichts von Sorge und Kummer und nichts von Irrtum und Schuld.

»Guten Abend, kleine Eva«, sagte der Harlekin.

Das war viele, viele Jahre her, daß jemand zu der alten Frau »kleine Eva« gesagt hatte.

Die Geige des grauen Geigers verstummte, der Lichtschein um die Puppen der Kinderzeit wurde immer größer und größer, und der alten Frau schien es, als wäre mitten in dunkler Nacht und unter dunklen Schatten der Friede zu ihr gekommen, der Friede, der einmal war vor vielen, vielen Jahren – im Lichtschein und mit drei Puppen.

»Guten Abend, kleine Eva«, sagte die Puppe, die mit den Augen klappen konnte, und lachte.

»Guten Abend, kleine Eva«, sagte auch der General und salutierte mit dem Säbel, der aus Pappe war.

Die alte Frau strich zärtlich mit den mageren Händen über das seidene Kleid ihrer Puppe, über den bunten Rock des Harlekins und die Uniform des Generals. Wahrhaftig, das waren sie, und sie waren wirklich wieder da, genauso, wie sie einmal dagewesen waren, vor vielen, vielen Jahren ...
»Es ist so schön, daß ihr gekommen seid«, sagte die alte Frau, »ich bin alt und einsam geworden, und ich hatte solche Angst vor den schrecklichen Puppen, die nach der Geige des grauen Geigers tanzten. Da sehnte ich mich so sehr nach jemand, der mir helfen könnte, aber an euch habe ich gar nicht gedacht.«
»Du bist jetzt nicht mehr alt, kleine Eva«, meinte der Harlekin und klingelte mit den Schellen.
»Du bist ja noch viel schöner als ich, kleine Eva«, sagte die Puppe, die mit den Augen klappen konnte.
»Du brauchst dich auch nicht zu ängstigen, kleine Eva«, sagte der General, »zu dir gehören überhaupt keine anderen Puppen mehr als wir drei. Die anderen werde ich schon verjagen.«
Der General zog den Säbel aus Pappe. »Ich lasse jetzt Kanonen auffahren und schießen – Bumm!« sagte er.
Kaum hatte der General »Bumm!« gesagt und den Säbel aus Pappe gezogen, da verschwanden alle die dunklen Schatten von Sorge und Kummer, Irrtum und Schuld, samt dem grauen Geiger und dem ganzen verworrenen Puppenspiel des Lebens. In der Kammer war es ganz hell geworden, und ein leise singender Ton war darin, wie ein lange vergessenes Kinderlied.
Der alten Frau aber schien es, als wären der Harlekin, die Puppe, die mit den Augen klappen konnte, und der General plötzlich sehr groß geworden und als sei sie selber wieder so klein wie ein kleines Kind.
»Siehst du, daß du nicht alt geworden bist«, meinte der Harlekin, »du bist ja ein kleines Mädchen.«
»Besieh dich doch einmal im Spiegel aus der Puppenstube, da ist er«, sagte die Puppe, die mit den Augen klappen konnte.
Da guckte die alte Frau in den Puppenspiegel und sah, daß sie wieder ein kleines Mädchen war, mit hängenden Zöpfen und kurzem Kleid.
»Das verworrene Puppenspiel des Lebens ist aus«, rief der General, »ich habe es davongejagt. Bumm!«
Und er schwang seinen Säbel aus Pappe.

»Das ist doch so lange her, daß ich euch in die Schublade gelegt habe«, sagte die alte Frau, die wieder ein kleines Mädchen geworden war, »es ist nicht recht von mir, daß ich euch so vergessen habe.«
»Die Menschen sollten mehr an ihr Puppenspiel aus der Kinderzeit denken«, sagte der Harlekin, »dann wäre das Puppenspiel des Lebens nicht so traurig und nicht so verworren. Aber wir vergessen die Menschen nicht, die mit uns gespielt haben.«
»Nein«, schrie der General, »wir kommen sie holen, wenn sie wieder Kinder werden sollen. Hurra! Bumm!«
»Wo seid ihr bloß so lange gewesen?« fragte die alte Frau.
»Natürlich nicht in der Schublade«, sagte die Puppe, die mit den Augen klappen konnte, »wir sind gleich in den Himmel gegangen, denn es fällt uns nicht ein, auf der Erde zu bleiben, wenn ihr keine Kinder mehr seid.«
»Wo ist denn der Himmel? Ist er sehr weit?« fragte die alte Frau.
»Der Himmel ist im Nebenzimmer, kleine Eva«, sagte der Harlekin freundlich, »der Himmel ist nämlich immer im Nebenzimmer, ganz nahe bei euch. Bloß merkt ihr nichts davon, weil ihr nicht daran denkt.«
»Und da seid ihr gleich ins Nebenzimmer, in den Himmel gegangen? Ist das denn so leicht? Ich kann mir das gar nicht so vorstellen.«
»Natürlich«, sagte der General, »ich habe einfach meinen Säbel aus Pappe gezogen und meine Kanonen auffahren lassen. Da gingen die Türen des Himmels auf. Bumm!«
»Der General hat immer noch einen etwas großen Mund«, sagte die Puppe, »das bringt sein Beruf so mit sich. Mit dem Himmel aber war es doch anders. Wir haben erst bloß ein bißchen die Türe aufgemacht und zum Spalt hineingeguckt. Da stand ein Engel und sah uns alle der Reihe nach an. Den Harlekin hat er dann gleich hereingelassen. Er sagte, das wäre einer von denen, die einfältig sind und denen immer das Herz schlägt beim Lachen und beim Weinen. Im Himmel wußten sie auch, daß der Harlekin, trotz all seiner Faxen, sehr hilfreich gewesen war und daß er mir meine verlorene Schleife aufgesucht und dem General herausgeholfen hat, als er einmal in die Waschschüssel gefallen war. Du kannst dich doch noch

darauf besinnen, kleine Eva, wie der General in die Waschschüssel fiel und seine Beine schon ganz aufgeweicht waren?«
Der General liebte es nicht, an diese Geschichte erinnert zu werden.
»Bumm!« schrie er und fuchtelte mit dem Säbel aus Pappe.
»Nach dem Harlekin ist dann auch der General in den Himmel gekommen«, fuhr die Puppe, die mit den Augen klappen konnte, fort, »aber der Engel hat ihm zuerst ein Pflaster auf seinen großen Mund geklebt, und seitdem ist der Mund wirklich schon etwas kleiner geworden.«
»Und wie ist es dir ergangen?« fragte die alte Frau.
Die Puppe klappte die Augendeckel herunter.
»Mich haben sie im Himmel schon ein bißchen stark ausgefragt«, sagte sie, »ich hatte zuviel Süßigkeiten gegessen und hatte auch etwas zuviel mit den Augen geklappt. Ich versuchte zuerst zu schwindeln, aber das hat keinen Witz. Die im Himmel sind gar nicht so dumm und wissen alles. ›Warum fragt ihr denn, wenn ihr das alles schon wißt?‹ habe ich gesagt, und da lachten sie und haben mich dagelassen.«
»Und wie wird es einmal mit mir sein?« fragte die alte Frau, und ihr war bange geworden, denn sie war ja nun wieder ein kleines Mädchen, und es kam ihr doch schwierig vor, im Himmel so einigermaßen zu bestehen.
»Es kommen nicht alle so schnell in den Himmel«, sagte der Harlekin, »die meisten irren noch lange durch sehr viele Räume, bis sie begreifen, wie nahe ihnen der Himmel war. Aber dir wird es gehen wie uns allen dreien zusammen, denn du hast mit uns gespielt und hast von uns allen dreien etwas. Du hast zuviel Süßigkeiten gegessen und hast dazwischen ein bißchen zu sehr mit den Augen geklappt. Du hast auch manchmal Kanonen auffahren lassen und ›Bumm!‹ gesagt. So werden sie dich schon gehörig ausfragen, und ein Pflaster auf den Mund wirst du auch kriegen, nur nicht ein ganz so großes wie der General. Faxen hast du auch gemacht wie ich, aber dein Herz hat immer geschlagen beim Lachen und beim Weinen, und dann bist du ja auch wieder ein Kind geworden. Die Kinder aber weist man nicht aus dem Himmel hinaus.«
Da taten sich die Türen des Nebenzimmers auf, und ein kleines Mädchen ging mitten in den Glanz des Himmels hinein, mit den drei Puppen aus seiner Kinderzeit.

Leise fielen die Türen hinter ihnen wieder zu, und der Tod schloß einer alten Frau die Augen.
Das verworrene Puppenspiel des Lebens mit Sorge und Kummer, mit Irrtum und Schuld war zu Ende.
Ein neues Puppenspiel begann, ganz nahe davon, im Nebenzimmer – im Himmel und im Kinderland.

Herr Minutius im Gehäus

In einem fernen, tiefen Tale, zwischen blauen Bergen, liegt das kleine Städtchen Dackelhausen. Dackelhausen hat niedrige, niedliche Häuser mit roten Dächern und grünen Fensterläden und mit blanken Messinggriffen an den Türen. Um die zierlich geschweiften Portale klettert wildes Weinlaub, in den Gärten davor blühen Nelken, Jasmin und Heckenrosen, verschlafene Hunde sonnen sich auf den Gassen, und schnurrende Katzen sitzen auf den Bänken und putzen sich sorgsam mit der Pfote. Auf dem Brunnen vor dem Rathaus stehen drei Steinfiguren mit verdrießlichen Gesichtern, halb Mensch und halb Fisch, was sich sehr hübsch ausnimmt, und spucken Wasser aus ihren breiten Mäulern, tagein, tagaus.
Es ist alles geruhsam und still in Dackelhausen, so still und geruhsam, daß man es in allen Gassen und Winkeln hört, wie die fischartigen Herren auf dem Rathausbrunnen vor sich hingurgeln. Freilich sind die Gassen von Dackelhausen auch nur wenige hundert Schritt lang. Dann besinnen sie sich und hören lieber auf. Zwischen dem Pflaster, das aus runden, dicken Steinen besteht, die wie Napfkuchen aussehen, wächst freundlich grünes Gras, und nur selten geschieht es einmal, daß ein Wagen wackelnd darüber hinwegfährt.
Ein ganz großes Ereignis aber ist es, wenn die Hofequipage Seiner Durchlaucht mit großem Getöse heranwalzt und Serenissimus und dero Mops darin sitzen und huldvoll nach allen Seiten grüßen. Dann stehen die Einwohner von Dackelhausen noch stundenlang auf demselben Fleck und können den Mund nicht schließen vor lauter Erstaunen. Das aber ist ein historisches Begebnis, und solch aufregende Aktionen werden nur zu besonderen Gelegenheiten der Welt geschenkt.
Für den Alltag war Dackelhausen geruhsam, und ebenso ge-

ruhsam waren seine Bürger und noch dazu von einer überaus hochentwickelten Pünktlichkeit. Ein jeder tat, was er tat, nach dem Schlage der Turmuhr, und wenn auch ein jeder so wenig als möglich tat, dieses wenige tat er pünktlich. Der Bäcker nahm seine Brezeln nicht eher aus dem Ofen, bis eine bestimmte Stunde geschlagen hatte, und wenn ihm die Kringel auch völlig dabei verbrannten, der Apotheker drehte keine einzige Pille, wenn nicht genau die Zeit der besagten Pillen gekommen war, und wenn jemand auch ein noch so erbostes Bauchgrimmen hatte – ja, man sagte sogar, daß die kleinen Kinder von Dackelhausen nur zu den hierfür amtlich vorgesehenen Monaten und Tagen geboren würden, so daß sie, vielleicht einem Gesetz der hohen astrologischen Kunst zufolge, sich alle so ähnlich würden wie ein Dackel dem andern. Sotane Pünktlichkeit zu erzielen, ist nur möglich bei einer über alle Maßen pünktlichen Obrigkeit, und eine solche hatte Dackelhausen. Denn der Ober- und Unterbürgermeister von Dackelhausen, welche zwei Ämter er in einer einzigen, sehr umfangreichen Person bekleidete, besaß eine ganz ungeheuerliche Pünktlichkeit, und außer dieser Pünktlichkeit hatte er einen Hut mit bunten Federn und einen sehr großen Säbel. Mit diesen drei Dingen regierte er, und jeden Abend sagte er zu seinen Bürgern, natürlich pünktlich und zu einer bestimmten Stunde: »Niemand unterstehe sich, vor sieben Uhr morgens zu frühstücken, denn erst um sieben Uhr frühstücken Serenissimus und dero Mops und speisen Kringel mit Kaffee. Und jedermann gehe pünktlich um zehn Uhr abends schlafen, denn um zehn Uhr abends geruhen Serenissimus und dero Mops zu entschlummern.«

Wenn er solches gesagt hatte, ging er aufs Rathaus, hängte seinen Säbel an den Bettpfosten und schlief ein. Das Regieren macht müde und ist keine einfache Sache.

Dann schliefen alle Bürger von Dackelhausen pünktlich und fest, alle Männer, Frauen und Kinder, sogar die Hunde und Katzen, die doch sonst gerne des Nachts ein wenig im Mondschein spazierengehen. Aber auch sie waren in Dackelhausen geboren und konnten sich dieser allgemeinen Pünktlichkeit nicht entziehen. Von den Ratten und Mäusen ist solches leider mit Sicherheit nicht zu eruieren gewesen. Auch der Nachtwächter von Dackelhausen schlief sogleich ein, nachdem er die zehnte Glocke ausgerufen hatte. Nie hätte er es über sich gewinnen können, zu wachen um eine Stunde, da Serenissimus und dero Mops und ganz Dackelhausen samt seinem Ober- und Unterbürgermeister in besseren Welten weilten.

So waren die Nächte von Dackelhausen stille, geruhsame Nächte. Nur die fischartigen Herren auf dem Rathausbrunnen gurgelten leise und emsig, und die Uhr auf dem Kirchturm schlug pünktlich ihre Stunden. Die Kirche von Dackelhausen sah ganz ähnlich aus wie die Häuser, wie sich das gehörte in einem Ort, wo alles schön gleichmäßig war und man sich so verwandt war wie ein Dackel dem andern. Auch sie hatte ein rotes Dach, blanke Messinggriffe an den Türen und wildes Weinlaub über dem geschweiften Portal. Nur war alles ein wenig größer und vornehmer, wie sich das für eine Person in gehobener Stellung geziemt, und ihr schlanker Turm trug eine Mütze von grün gewordenem Kupfer.

Im Turm aber, auf halber Höhe, befand sich die Turmuhr mit all den vielen Rädern und Kolben und mit ihrem kunstvollen Schlagwerk. Man kann sich denken, daß die Turmuhr in dieser pünktlichen Stadt eine ganz besonders pünktliche Uhr war, wo ja doch alle nach ihrem Glockenschlag frühstückten, so wenig und so pünktlich als möglich taten und wieder schlafen gingen. So kündete sie gewissenhaft Stunde um Stunde, und bei jedem Stundenschlage öffnete sich eine kleine Türe, ein sehr dicker kupferner Vogel, der einem überfütterten Hahne flüchtig ähnlich sah, trat gravitätisch heraus und schrie »piep«. Wenn er »piep« geschrien hatte, zog er sich wieder zurück und knallte die Türe hinter sich zu. Und unter keinen Umständen erschien er wieder vor Ablauf einer Stunde.

Mitten im Uhrwerk aber, zwischen den vielen Rädern und Kolben und dem dicken Vogel, der »piep« schrie, wohnte Herr Minutius im Gehäus.

O ehrbare und hochachtbare Zunft der Uhrmacher, nimm es nicht für ungut, wenn ich dir bei aller Wertschätzung deines Wissens und deiner Kunstfertigkeit sagen muß, daß nicht du es bist, welche die Uhren gehen läßt; sondern solches tut, trotz deinem Richten der Zeiger und deinem löblichen Aufziehen der Federn, ganz allein nur Herr Minutius im Gehäus. Denn in jedem Uhrwerk lebt ein Uhrengeistchen, ein größeres in

den großen, ein kleineres in den kleinen. Sie alle sehen ungefähr so aus wie Herr Minutius im Gehäus, denn es ist immer dieselbe Familie.
Herr Minutius im Gehäus war dünn, grau und erschrecklich beweglich und lief auf weichen Filzpantoffeln unaufhörlich im Uhrwerk auf und ab, guckte nach den Rädern, Kolben und Federn, schob, feilte, glättete, putzte, rumorte, regulierte, murmelte, seufzte, schimpfte, lobte, tadelte und zählte ununterbrochen die Minuten und Sekunden. Er war eigentlich nur eine leibhaftige Unruhe in Filzpantoffeln, und die geringste Hemmung oder Störung verursachte ihm Beklemmungen. Also war Herr Minutius im Gehäus beschaffen, und so ist seine ganze zahlreiche Familie, mit nur geringen Unterschieden.
Hoch im Gipfel des Turmes aber, über dem kunstreichen Uhrwerk und über Herrn Minutius im Gehäus, lebte beschaulich eine sehr achtbare Eulenfamilie.
Nun begab es sich einmal in einer schönen Sommernacht, die ein wenig schwül und drückend war, daß die alte Eule Migräne hatte. Alte Eulen haben des öfteren Migräne. Es ist dies eine peinvolle, aber sehr vornehme Krankheit. Nur Leute von Stande, wie die Eulenfamilie, können sich das leisten. Es traf sich nun insofern gut, als es Nacht war und ganz Dackelhausen in tiefem Schlummer ruhte und nur die fischartigen Herren auf dem Rathausbrunnen leise vor sich hingurgelten und -spuckten. Das war ein ferner und gleichmäßiger Laut und keineswegs unangenehm für die Migräne der Eule. Sehr ekelhaft aber war ihr der Gang des Uhrwerks im Turme und vor allem das abscheuliche Schlagen der Stunden mit dem Piepvogel, der schrie und die Türe hinter sich zuknallte.
Der Eulenvater tröstete seine leidende Gattin und machte ihr Kompressen, die er im nahen Bache vor der Kirche sorgsam anfeuchtete und ständig wechselte.
»Migräne ist vornehm, meine Liebe«, sagte er, »Serenissimus und dero Mops haben auch Migräne.«
»Ich weiß, daß es vornehm ist«, sagte die Eule, »aber es ist nicht vornehm, in einem Uhrwerk auf und ab zu rennen, jede Stunde geräuschvoll zu läuten, ›piep‹ zu schreien und mit der Türe zu knallen. Ich kann das nicht mehr aushalten, oh!«
Und sie stützte indigniert den Kopf in die Kralle.

Der Eulenvater verschwand eiligst mit einer Kompresse, um sie im Bach zu erneuern.
»Mausemarie«, sagte die Eule zu ihrer jüngeren Tochter, die zuletzt aus dem Ei gekrochen war, »fliege doch hinunter zu Herrn Minutius im Gehäus, sage, ich hätte Migräne und ließe bitten, das Stundenschlagen für diese Nacht zu unterlassen. Sage, Migräne sei eine peinvolle Krankheit.«
Die junge Eule flog nach unten, setzte sich an das Fenster vor der Turmuhr und sagte: »Mama bittet, das Stundenschlagen für diese Nacht zu unterlassen. Mama hat Migräne.«
Herr Minutius im Gehäus knurrte vor Ärger.
»Ich würde Beklemmungen haben, wenn ich einmal unpünktlich wäre«, sagte er, »und bloß wegen Migräne!? Ich bin pünktlich, wir sind hier in Dackelhausen, meine Liebe.«
»Mama läßt sagen, Migräne sei eine peinvolle Krankheit«, sagte Mausemarie.
Herr Minutius im Gehäus aber lachte boshaft und bereitete emsig alles vor, um die zwölfte Stunde schlagen zu lassen. Er redete der Glocke zu, ein rechtes Gebrumme und Getöse zu machen, und riet dem Vogel, so laut, als er eben könne, »piep« zu schreien und mit der Türe zu knallen.
»Mama«, sagte Mausemarie, »Herr Minutius im Gehäus hat gesagt, er würde Beklemmungen haben, wenn er unpünktlich wäre, und bloß wegen Migräne.«
»Bloß wegen Migräne, hat er gesagt? Das ist eine Rücksichtslosigkeit!« rief die alte Eule und wandte sich zu ihrer älteren Tochter, die zuerst aus dem Ei gekrochen war. »Krallenklara«, sagte sie, »fliege hinunter zu Herrn Minutius im Gehäus und sage ihm, ich hätte Migräne und ich ersuchte ihn dringend, das Stundenschlagen für diese Nacht zu unterlassen. Sage nicht, ich ließe bitten, sage, ich ließe ersuchen, und sage, Migräne sei eine sehr vornehme Krankheit.«
Die junge Eule flog nach unten, setzte sich an das Fenster vor der Turmuhr und sagte:» Mama ersucht Sie, das Stundenschlagen für diese Nacht zu unterlassen. Mama hat Migräne.«
Herr Minutius im Gehäus fauchte und spuckte vor Wut.
»Fällt mir nicht ein!« schrie er. »Ich bin pünktlich, wir sind hier in Dackelhausen, meine Beste.«
»Mama sagt, Migräne sei eine sehr vornehme Krankheit«, sagte Krallenklara.

»Eulenbrut!« keifte Herr Minutius im Gehäus, setzte die Räder in Bewegung, und die Uhr schlug zwölf dumpfe und dröhnende Glockenschläge. Der dicke Vogel sprang heraus, schrie »piep« zu jedem Glockenschlag und knallte die Türe hinter sich zu.
»Mama«, sagte Krallenklara, »Herr Minutius im Gehäus hat ›Eulenbrut‹ zu uns gesagt.«
»Entsetzlich!« sagte die alte Eule und litt peinvoll unter den Stundenschlägen, dem Schreien des Piepvogels und dem Türenknallen. »Entsetzlich – wie ordinär!«
Der Eulenvater hatte gerade eine neue Kompresse herangeschleppt und hatte das alles mit angehört. Seine Federn sträubten sich, und er sah drohend und bedenklich aus. Mit großen, gleitenden Schwingen senkte er sich hinab, ergriff Herrn Minutius im Gehäus beim Kragen und setzte ihn unsanft unten vor die Kirchentüre.
»Bloß Migräne – haben Sie gesagt!? Eulenbrut – haben Sie gesagt!?« kreischte er, zog Herrn Minutius im Gehäus die Filzpantoffeln aus und schlug sie ihm mehrfach um die Ohren.
Dann flog er wieder nach oben, um neue Kompressen zu machen. Herr Minutius im Gehäus aber blieb hilflos unten vor der Kirchentür liegen, und das kunstvolle Uhrwerk im Turme stand still.

Der Morgen kam, und die Sonne weckte Dackelhausen. Die Hunde gähnten, und die Katzen putzten sich.
»Ist es nicht Zeit, zu frühstücken und Brezeln zu backen?« fragte der Bäcker seine Frau.
»Es hat noch nicht sieben geschlagen«, sagte sie.
»Dann ist es Nacht«, meinte der Bäcker und schlief wieder ein.
»Ist es nicht Zeit, zu frühstücken und die erste Pille zu drehen?« fragte der Apotheker seinen Lehrling.
»Es hat noch nicht sieben geschlagen«, sagte er.
»Dann ist es Nacht«, meinte der Apotheker und schlief wieder ein.
Und so machten es alle Leute in Dackelhausen.
Aber allmählich wurden sie immer wacher, der Magen begann ihnen gewaltig zu knurren, und sie sehnten sich nach Kaffee und Kringeln.

Da zogen sie alle zusammen vors Rathaus und riefen den Ober- und Unterbürgermeister heraus. Der Ober- und Unterbürgermeister erschien im Schlafrock, mit dem Hut von bunten Federn auf dem Kopf und mit seinem großen Säbel.
»Was wollt ihr?« fragte er und rasselte mit dem Säbel.
»Wir wollen Kaffee trinken und Kringel essen«, sagten die Bürger von Dackelhausen, »wir sind hungrig, und es scheint uns submissest, als ob es schon hell geworden wäre. Aber die Uhr hat noch nicht sieben geschlagen, die Uhr zeigt noch auf zwölf.«
»Dann ist es Nacht! Marsch in die Betten!« rief der Ober- und Unterbürgermeister, »Serenissimus und dero Mops frühstücken erst um sieben Uhr. Wie dürft ihr euch erfrechen, jetzt Appetit zu haben?«
Das sahen die Bürger von Dackelhausen ohne weiteres ein. Sie beschlossen, nicht mehr hungrig zu sein, und standen friedlich beisammen, einig und so ähnlich unter sich wie ein Dackel dem andern.
Der Ober- und Unterbürgermeister aber hatte verschwiegen, daß er selbst schon in der Speisekammer gewesen war, sich ein großes Stück Käse mit dem Säbel abgeschnitten und es zur Stärkung seiner Regierungsfähigkeiten verschluckt hatte.
»Aber die Sonne ist ja schon lange aufgegangen und es ist heller Tag!« rief ein Kind und lachte.
»Die Turmuhr ist einfach stehengeblieben!« rief ein anderes Kind und lachte auch.
Es ist schon öfters vorgekommen, daß eine hohe Obrigkeit samt allen ihren gehorsamen und pünktlichen Untertanen nichts von dem bemerkt und begriffen hat, was ein jedes Kind sehen kann.
Da marschierte der Ober- und Unterbürgermeister mit der ganzen Bürgerschaft von Dackelhausen zur Kirche, und der Uhrmacher stieg zum Turme hinauf, um die Uhr wieder in Ordnung zu bringen. Wie aber Herr Minutius im Gehäus den Uhrmacher erblickte, schlüpfte er ihm eiligst in die Tasche und ließ sich darin wieder auf den Turm hinauftragen. Und oben sprang er mit beiden Filzpantoffeln zugleich in das Uhrwerk hinein, und die Räder und Kolben bewegten sich wieder. Der Uhrmacher konnte keinen Fehler finden und wußte es sich nicht zu erklären, warum die Uhr stehengeblieben war.

Es ist durchaus empfehlenswert, ja, sogar notwendig, daß die ehrsame und hochachtbare Zunft der Uhrmacher um das Geheimnis von Herrn Minutius im Gehäus wisse.
Um aber die Reputation der Ordnung und Pünktlichkeit von Dackelhausen zu wahren, ließ der Uhrmacher die Turmuhr, bevor er sie richtete, erst einmal sieben schlagen, auf daß man beruhigt frühstücken könne. So schlug die Glocke vom Turme sieben Stundenschläge, der dicke Vogel schrie »piep«, und dann knallte er die Türe hinter sich zu.
Der Ober- und Unterbürgermeister rasselte mit dem Säbel, und alle Bürger schrien »Hurra!« und freuten sich, daß sie Kaffee trinken und Kringel essen durften. Es war ein großer Jubel und ein gewaltiger Lärm in der sonst so geruhsamen und pünktlichen Stadt, und es war nur ein Glück, daß die Migräne der alten Eule inzwischen durch die vielen Kompressen behoben war.

Dackelhausen liegt nicht nur in einem fernen, tiefen Tal und hinter blauen Bergen. Es liegt auch anderswo, vielleicht ganz nahe von hier – oder noch näher. Und es ist schon oft in der Weltgeschichte geschehen, daß ein großes, kunstvolles Räderwerk stillestand und daß eine hohe Obrigkeit samt allen gehorsamen und pünktlichen Untertanen der Meinung gewesen ist, es sei noch tiefe Nacht – und dabei war schon lange die Sonne aufgegangen.
Und das alles bloß, weil eine alte Eule Migräne gehabt hat.

Der verliebte Pfefferkuchen

Die vielen Pfefferkuchen, die zur Weihnacht in die Welt wandern, leben vorher alle in der Pfefferkuchenstadt im Märchenlande. Diese Stadt besteht aus lauter Pfefferkuchenhäusern, und in ihnen wohnen Pfefferkuchenmänner, Pfefferkuchenfrauen und Pfefferkuchenkinder, und dort werden sie auch alle geboren. Das heißt, sie werden eigentlich nicht geboren, sondern gebacken, und das ist immerhin ein kleiner Unterschied. Denn bei der Geburt waltet die Natur nach ihren weisen Gesetzen, und es entstehen kunstvolle und regelmäßige Gebilde, während das Backblech über keinerlei ge-

heimnisvolle Kräfte verfügt, so daß auf ihm die sonderbarsten Geschöpfe zutage treten. Ein aufgequollener Magen, zerflossene Beine, verschrumpfte Arme und ähnliche Abnormitäten sind unvermeidlich und werden von den Pfefferkuchenleuten ergeben und freundlich als eine Schickung betrachtet, die ihrer Familie eigentümlich ist. Nur wird sehr achtsam darauf gesehen, daß die Augen aus süßen Mandeln hübsch im Kopfe sitzen und die Rosinen und Korinthen im Leibe gleichmäßig verteilt sind. Auch dürfen die kleinen Kinder nicht zu knusprig und nicht zu hell sein, nicht zu hart und nicht zu weich und müssen eine angenehme braune Farbe haben. Beiläufig bemerkt, sollen die Rosinen nicht in den Kopf geraten, denn das hat schon wiederholt, und nicht nur bei Pfefferkuchen, zu unerquicklichen Begebenheiten geführt.
Das Backen der Pfefferkuchenkinder besorgen alte und sehr erfahrene Pfefferkuchenfrauen, sie kneten den Teig mit Andacht, mischen Nelken, Kardamom, Ingwer und Zimt darunter und formen kleine Pfefferkuchenleute daraus. Dann setzen sie ihnen süße Mandeln als Augen ein, drücken Rosinen und Korinthen in Magen, Arme und Beine und schieben die kleinen Pfefferkuchenkinder mit heißen Segenswünschen in den Backofen.
Wenn aber die kleinen Pfefferkuchenkinder ausgebacken sind, werden sie in der ganzen Stadt verteilt und mit Korinthen großgezogen. Natürlich kommen sie alle ein wenig verändert aus dem Ofen, bei dem einen ist der Magen aufgequollen, bei dem anderen sind die Arme verschrumpft oder die Beine zerflossen. Aber das ist unvermeidlich und wird von den Pfefferkuchenleuten als Schickung betrachtet, die ihrer Familie eigentümlich ist. Denn sie werden nun einmal nicht geboren, sondern gebacken.
Aber sie werden einzig und allein nur in der Pfefferkuchenstadt im Märchenland und nur von alten, erfahrenen Pfefferkuchenfrauen gebacken, nicht etwa bei uns, wie das immer noch manche Menschen behaupten. Das ist eine ganz irrtümliche Auffassung, die nicht scharf genug bekämpft werden kann. Es mag vielleicht hier und da einmal zutreffen, daß kleine Pfefferkuchen auch bei uns gebacken werden, aber die sind dann etwas ganz anderes. Die richtigen Weihnachtspfefferkuchen, die ein Gesicht und Arme und Beine haben, wer-

den alle in der Pfefferkuchenstadt gebacken, und wenn sie einmal zufällig bei uns aus dem Backofen kommen, so sind sie eben auf diesem Wege aus dem Märchenlande hereinspaziert.
Zu Weihnachten wandern die Pfefferkuchenleute in großen Scharen auf die Erde, zu einer ganz bestimmten Stunde. Diese Stunde werde ich aber nicht sagen. Sonst würden alle neugierigen Leute aufpassen und sich hinstellen, um zuzusehen. Das würde die Pfefferkuchenleute stören, und sie kämen am Ende überhaupt nicht mehr auf die Erde. Was aber wäre Weihnachten ohne Pfefferkuchen?
Es ist freilich wahr, daß auch außerhalb der Weihnachtszeit Pfefferkuchen zu haben sind, aber diese werden von ihrer Familie gering geachtet und gelten als Abenteurer. Die richtigen Pfefferkuchenleute wandern alle zu Weihnachten auf die Erde, um sich an den Tannenbaum mit den brennenden Kerzen zu hängen und von den Menschen gegessen zu werden. Denn das ist ihre Bestimmung, und zwar wollen sie von Menschen und nicht von Mäusen verspeist werden. Warum, weiß ich nicht, und mir erscheint es etwas einseitig, denn den Mäusen schmeckt es genauso gut wie uns, und sie wollen auch ihre Weihnacht feiern. Es ist das wohl nur eine törichte Etikettefrage, aber die Pfefferkuchenleute sind darin sehr eigensinnig, so daß die Mäuse sie nur ganz ausnahmsweise erwischen, wenn mal ein Pfefferkuchen nicht aufgepaßt hat und vom Tannenbaum heruntergefallen ist. Das hat dann seine besonderen Gründe, und von einer solchen Geschichte will ich erzählen.
Es war nämlich einmal unter den vielen Pfefferkuchenleuten, die zur Weihnacht in die Welt gewandert waren, ein Pfefferkuchenmann dabei, der süße Mandelaugen und viele Korinthen im Leibe hatte, aber auch leider eine große und dicke Rosine im Kopf. Es ist gar nicht gut, wenn jemand Rosinen im Kopf hat, und bei einem gewöhnlichen Pfefferkuchen ist es sogar recht bedenklich. So dachte der Pfefferkuchenmann, daß er etwas ganz Besonderes wäre und darum auch etwas ganz Besonderes erleben müsse, etwas ganz und gar nicht Pfefferkuchenmäßiges, und das dachte er immer wieder, als er am Weihnachtsbaum hing und die Kerzen über und unter ihm brannten und der goldene Stern auf der Spitze der grünen Tanne auf ihn und alle anderen herabschaute.

Als nun die letzte Kerze am Weihnachtsbaum erloschen war und die Menschen schlafen gegangen waren, da guckte der Pfefferkuchenmann um sich und sah, daß neben ihm eine Pfefferkuchenfrau hing, freundlich und angenehm, bloß mit ein wenig zerflossenen Füßen. In der blauen Dämmerung der Weihnacht aber leuchtete der goldene Stern auf der Tanne. Nun ist es unter den Pfefferkuchenleuten Sitte, daß sie in blauer Dämmerung, wenn die letzte Kerze erloschen ist, sich gerne küssen, wenn sie sich erreichen können. Wenn sie sich aber nicht erreichen können, dann küssen sie sich nicht. Darin ist es bei den Pfefferkuchen genauso wie bei den Menschen. Trotzdem nun der Pfefferkuchenmann eine große und dicke Rosine im Kopf hatte und eigentlich etwas Besonderes erwartete, überkam ihn jedoch beim Anblick der Pfefferkuchenfrau ein sehr angenehmes Gefühl, wie von Honig, Sirup und Zucker.
»Oh«, sagte der Pfefferkuchenmann zur Pfefferkuchenfrau und seufzte.
»Ach«, sagte die Pfefferkuchenfrau zum Pfefferkuchenmann und seufzte auch.
So beginnen ja die meisten Gespräche über die Liebe. Und da sich die beiden erreichen konnten, so neigten sie sich zueinander und hätten sich beinahe geküßt, als die Pfefferkuchenfrau plötzlich etwas bemerkte, was eine Pfefferkuchenfrau durchaus nicht leiden kann.
»Sieh bloß die Tänzerin dort an«, rief sie entrüstet, »ist es nicht ein Skandal, wie sie mit den Beinen schlenkert?!«
Die Pfefferkuchenfrau hätte besser daran getan, den Mund zu halten, aber das kann keine Frau in einem solchen Falle, ganz gleich, ob sie ein Pfefferkuchen ist oder nicht.
Der Pfefferkuchenmann sah nach der anderen Seite. Dort wiegte sich eine kleine Tänzerin auf dem Tannenast mit schlanken, auf Draht gezogenen Armen und Beinen und mit einem Kleidchen von rotem Seidenpapier. Bei jedem leisen Luftzug drehte sie sich hin und her, wie das so leichte Personen begreiflicherweise tun müssen, und tatsächlich: Sie schlenkerte mit den Beinen und wippte bei jeder Bewegung mit dem bunten Rocksaum. Sie war eben aus Papier.
Dem Pfefferkuchenmann traten die Korinthen förmlich aus dem Leibe vor lauter Wonne, und seine süßen Mandelaugen verrutschten völlig nach der Seite der kleinen Tänzerin.

»Das ist das Besondere«, sagte er, »und ich bin ja auch etwas Besonderes. Das ist etwas anderes als die Pfefferkuchenfrau mit den zerflossenen Füßen.«
Und die große, dicke Rosine in seinem Kopfe schwoll und schwoll.
»So etwas sollte verboten werden«, sagte die Pfefferkuchenfrau, »das ist eine leichtsinnige Person, und sie gehört nicht auf den Tannenbaum. Der goldene Stern dort oben sollte das nicht dulden. Er ist hier die Polizei.«
Der goldene Stern auf der Spitze des Tannenbaumes aber war keine Polizei. Er schaute auf die fetten Pfefferkuchenleute mit den zerflossenen Beinen, auf die erloschenen Kerzen und auf die kleine Tänzerin aus Papier mit der gleichen Geduld und Güte. Denn es war der Stern der Heiligen Nacht, und er hatte schon viele Kerzen brennen und viele Kerzen erlöschen sehen.
Der Pfefferkuchenmann drehte die süßen Mandelaugen immer mehr und mehr nach der kleinen Tänzerin.
»Ich liebe Sie! Oh!« sagte er und hatte jetzt Gefühle in seinem ganzen Teig, gegen die Honig, Sirup und Zucker gar nichts mehr waren.
Doch wenn der Pfefferkuchenmann auch noch so süße Mandelaugen machte und »Oh!« sagte, die kleine Tänzerin sagte noch lange nicht »Ach!« dazu, denn sie war ganz und gar keine Pfefferkuchenfrau. Sie drehte sich im leisen Luftzug hin und her, einem Luftzug, durch den ein Pfefferkuchen sich nun und nimmer bewegt hätte, sie schlenkerte mit den Beinen und wippte mit dem bunten Rocksaum dazu, aber »Ach!« sagte sie nicht. Sie war eben aus Papier.
Als die Pfefferkuchenfrau sah, daß der Pfefferkuchenmann sich von ihr abgewandt hatte und nur noch mit verrutschten Mandelaugen nach der papiernen Tänzerin sah, da weinte sie zwei dicke Tränen von Zimt aus ihren Mandelaugen, und das will schon etwas heißen.
Aber mit dem Pfefferkuchenmann geschah etwas sehr Sonderbares. Seine Mandelaugen waren so verrutscht, daß er sie gar nicht mehr zurückwenden konnte, sondern nur immer die kleine Tänzerin anstarren mußte, und die große Rosine in seinem Kopf war so geschwollen, daß er nichts anderes mehr denken und fühlen konnte als buntes Papier, und das ist selbst für einen Pfefferkuchen ein bißchen dürftig.

Wenn einem aber die Rosinen im Kopfe schwellen und die Augen verrutschen, so paßt man nicht mehr auf sich selber auf, und so fiel der Pfefferkuchenmann mit einem Male vom Tannenbaum herunter auf die Diele, und dort verspeisten ihn die Mäuse. Die Mäuse wollten auch Weihnacht feiern, und man konnte ihnen das wohl gönnen. Aber vom Pfefferkuchenstandpunkt aus war das Ende gegen die Etikette, und für jeden, der ein richtiger Pfefferkuchen ist, ist die Etikette der Pfefferkuchen etwas sehr Wichtiges.
»Es sind zuviel Nelken darin«, sagte die eine Maus und knusperte, »aber sonst ist er vorzüglich.«
»Es ist zuwenig Ingwer dabei«, meinte die andere Maus und knabberte, »aber sonst ist er ausgezeichnet.«
Die dritte Maus sagte gar nichts. Aber sie verspeiste mit Appetit die große, dicke Rosine, die der Pfefferkuchenmann im Kopf gehabt hatte.
»Pfui«, sagte die Pfefferkuchenfrau und weinte keine einzige Träne von Zimt mehr, »das ist ja gegen alle Etikette!«
Daß man sie nicht geküßt hat, kann eine Pfefferkuchenfrau vergessen, aber ein Ende gegen die Etikette ist ihr etwas Scheußliches, und so denken alle wirklichen Pfefferkuchenleute auf dieser Erde.
»Pfui«, sagte sie noch einmal und warf sich einem fetten Pfefferkuchenmann an den Hals, der einen gequollenen Bauch hatte, aber dafür auch keine Rosinen im Kopf, sondern ganz gewöhnlichen Teig – und er nahm sie in seine zerflossenen und soliden Arme. Nachher aber sind sie beide von Menschen verspeist worden und nicht von Mäusen, und das war in der Ordnung und nach der Etikette der Pfefferkuchen.
Was aus der kleinen Tänzerin geworden ist, weiß ich nicht. Wahrscheinlich endete sie auf dem Kehrichthaufen, denn das tun die meisten von ihnen, wenn sie nur aus Papier sind. Natürlich wird sich vorher noch mancher Pfefferkuchenmann die süßen Mandelaugen nach ihr verrutscht haben und wird schließlich von Mäusen gegessen worden sein, ganz gegen die Etikette.
Von allen blieb nur der goldene Stern auf der Spitze des Tannenbaumes übrig, denn der ist unvergänglich und kündet, daß es Weihnacht auf der Erde werden soll. Und er schaut auf Menschen und Mäuse, auf die fetten Pfefferkuchen und die

kleine Tänzerin, auf die großen Rosinen im Kopf, die süßen Mandelaugen und auf den Kehrichthaufen mit der gleichen Geduld und Güte. Denn es ist der Stern der Heiligen Nacht, und er hat schon viele Kerzen brennen und viele Kerzen erlöschen sehen.
Alles andere wechselt und bleibt sich doch immer gleich. Es kommt wieder und es geht wieder – und besonders die verliebten Pfefferkuchenleute sind etwas sehr Alltägliches. Nur dürfen sie sich nicht nach den kleinen Tänzerinnen aus Seidenpapier die süßen Mandelaugen verrutschen und müssen auch nicht Rosinen, sondern ganz gewöhnlichen Teig im Kopfe haben – und der gewöhnliche Teig im Kopf soll überhaupt für eine jede Pfefferkuchenliebe das Allerbeste sein.

Die Geschichte von der hohlen Nuß

Es war einmal ein kleines Märchenkind, das war vom Himmel auf die Erde heruntergefallen, sozusagen aus Versehen. Es ist recht schmerzhaft, wenn man so vom Himmel auf die Erde herunterfällt. Wir alle haben das ja einmal erlebt, aber wenn man ein Märchenkind ist, tut es besonders weh.
Das Märchenkind war sehr klein. Es war so klein, daß es gar nicht lohnt, zu sagen, wie klein es eigentlich war. Die Märchenkinder sind alle so klein auf der Erde, denn ihre großen Seelen sehn ja die Menschen nicht, die alles nach der Elle messen und auf der Marktwaage wägen. So gingen alle die vielen Menschen an dem kleinen Märchenkind vorbei und bemerkten es gar nicht.
»Du, höre mal«, sagte das Märchenkind zu einem jeden, der vorbeikam, »gib mir doch bitte ein Königreich, damit ich darin wohnen kann.«
»Ich verstehe nicht«, sagten die Menschen, »wer hier etwas von einem Königreich spricht? Es ist doch gar niemand da. Was gibt es für sonderbare Sinnestäuschungen!«
Da wandte sich das Märchenkind an die Tiere, denn die Tiere reden nicht von Sinnestäuschungen und wissen ganz genau, wer ein Märchenkind ist. Sie wissen es schon darum, weil die meisten Menschen ihnen immer so deutlich zeigen, daß sie keine Märchenkinder sind.

Die Tiere waren sehr freundlich, sie wußten es auch nur allzu gut, was es heißt, vom Himmel auf die Erde heruntergefallen zu sein, und setzten sich um das kleine Märchenkind herum und gaben ihm gute Ratschläge. Man sah allgemein ein, daß das Märchenkind eine Wohnung haben müsse, und das heißt in diesem Falle natürlich ein Königreich, denn wo ein richtiges Märchenkind wohnt, da ist immer ein Königreich für Kinder und Tiere und für die wenigen großen Menschen, die das Kleine sehen können und nicht an gelehrten Sinnestäuschungen leiden.
»Richten Sie sich bei mir ein«, sagte der Maulwurf, »in meinem Hause ist es angenehm kühl und feucht, und wenn Sie die Nase recht tief in die Erde stecken, so riechen Sie es schon von weitem, wenn ein fetter Engerling sich nähert. Es ist ein unnachahmlicher Duft.«
»Vielen Dank«, sagte das Märchenkind, »ich friere schon oben auf der Erde reichlich und finde es hier schon dunkel genug, ich will nicht noch tiefer hinein und es noch dunkler haben.«
»Das ist sehr töricht von Ihnen, liebes Kind«, sagte der Maulwurf, »die fetten Engerlinge mit dem unnachahmlichen Duft sind nur zu haben, wenn man die Nase ganz tief in die Erde hineinsteckt.«
»Es ist gewöhnlich, mit der Nase herumzuschnüffeln und Engerlinge zu fressen«, sagte die Libelle, »und es macht die Sache nicht besser, wenn man dabei auch einen vornehmen Samtrock trägt. Sie müssen es wie ich machen und sich mehr auf das Luftige beschränken. Sie gaukeln einfach von Blüte zu Blüte und bespiegeln sich selbst im Wasser.«
Ich muß leider hinzufügen, daß die Libelle das in einem leichtfertigen Tone sagte und daß sie, wenn auch nicht übermäßig, so doch merklich mit den Flügeln kokettierte.
»Das ewige Umhergaukeln ist auch nichts für mich, und wenn ich mich im Spiegel sehe, so fühle ich nur um so deutlicher, wie einsam ich bin«, sagte das Märchenkind, »ich möchte lieber in einer richtigen Wohnung seßhaft werden. Gerne würde ich, zum Beispiel, in der hohlen Nuß wohnen, die unter dem Haselstrauch liegt, aber ich weiß nicht recht, wie ich da hineinkommen soll, die Löcher erscheinen mir so eng und klein.«
Denn wenn das Märchenkind auch klein war – die Löcher der hohlen Nuß waren noch viel kleiner.

Wie das Märchenkind aber darüber nachdachte, wie man wohl in die hohle Nuß gelangen könne, dachte es sich einfach hinein und war mitten darin, noch ehe der Maulwurf einen Engerling gefunden und die Libelle ihre wippenden Flügel im Wasser bespiegelt hatte.
In der hohlen Nuß war es wunderschön, so schön, wie es in einer hohlen Nuß nur sein kann, wenn man sich erst richtig hineingedacht hat. Der Wurm, der den Kern verspeist hatte, war ein überaus tüchtiger Fachmann gewesen, und es lohnte sich schon, zu betrachten, wie sauber er die Wände gefeilt und wie hübsch und glatt und rund er die beiden Öffnungen gebohrt hatte, eine als Tür und die andere als Fenster. Ein paar rauhe Stellen hatte er sorgsam nachgelassen, so daß man Spinnweb und Marienfäden daran aufhängen konnte, und aus Spinnweb und Marienfäden spann sich das Märchenkind ein ganzes Königreich in die hohle Nuß herein.
Als aber alles fertig und es ein richtiges, eigengebautes Königreich geworden war, da holte sich das Märchenkind, weil es ja nun eine Prinzessin war, in das Königreich einen Prinzen, der eben vorüberging und keine Wohnung hatte, weil er auch gerade vom Himmel auf die Erde gefallen war.
So war nun das Märchenkind eine Prinzessin und hatte einen Prinzen und ein Königreich, und das alles in einer hohlen Nuß. Das war ja eigentlich recht viel auf einmal, aber es tat der Prinzessin doch sehr leid, daß sie den Himmel nicht auch in die hohle Nuß herunterholen konnte. Denn wenn man vom Himmel auf die Erde gefallen ist und es einem sehr weh getan hat, so sehnt man sich immer tüchtig nach dem Himmelreich.
Wie sich das Märchenkind aber so gehörig nach dem Himmel sehnte und nach ihm ausguckte, da kam plötzlich der ganze Himmel mitten in die hohle Nuß geflogen, und als die Prinzessin näher hinguckte, was das eigentlich wäre, da wiegte sich ein kleines Kind in einer Wiege aus Spinnweb und Marienfäden. Es lohnt gar nicht, zu sagen, wie klein das Kind war. Es war viel zu klein, um überhaupt viel darüber zu reden.
Ihr denkt nun vielleicht, daß das eine unwahrscheinliche Geschichte sei. Aber das ist sie gar nicht. Es ist sehr einfach, sich ein ganzes Königreich in einer hohlen Nuß zu bauen. Man muß bloß ein Märchenkind sein und sich ein bißchen hinein-

denken können. Freilich muß man gerade vom Himmel heruntergefallen sein und sich auf der Erde weh getan haben. Und die Menschen müssen einem gesagt haben, daß sie einen gar nicht bemerken und daß man überhaupt nicht auf der Welt sei.

Und wenn es schon einfach, obwohl ein wenig schmerzhaft und einsam ist, sich ein Königreich in eine hohle Nuß zu bauen – so ist es doch sicherlich ganz einfach, den Himmel auf die Erde herunterzuholen. Sucht bloß ein paar richtige Kinderhände, die holen euch den ganzen Himmel auf die Erde herunter – und sogar in eine hohle Nuß.

Der Meisterkelch

Es war einmal vor vielen, vielen Jahren, da stand eine einsame kleine Glashütte tief drinnen im Schwarzwald. Sie lag ganz verborgen im grünen Tannengrund, und nur selten kam eines Menschen Fuß in ihre Nähe. Aber der Glasschleifer, der in ihr lebte, war nicht allein. Die Tiere des Waldes waren um ihn, und die ewigen Sterne standen über ihm, und wenn nachts der Feuerschein der Glashütte durch die dunklen Tannenzweige lohte, so sah man die Elfen tanzen in weißen Schleiern und mit Kronen von Edelstein im Haar.

Auch die Wurzelwatschel kam häufig an der Hütte vorüber, guckte hinein und sagte guten Abend. Die Wurzelwatschel war ein graues, unscheinbares Weibchen mit einem Gesicht wie ein verschrumpfter Apfel. Sie ging im Walde spazieren und gab den Elfen, den Tieren und den Pilzen gute Ratschläge. Wovon sie lebte, wußte man eigentlich nicht. Nur selten aß sie einmal eine Wacholderbeere, und das stärkte sie schon erheblich. Wenn der Winter kam, setzte sie sich hin und fror einfach ein, und im Frühling taute sie wieder auf und ging dann sofort spazieren. So lebte sie mit den Keimen in der Erde und kam mit den ersten Knospen und Blüten wieder hervor, und darum kannte sie alle Wurzeln des Lebens und alle lichten und dunklen Kräfte der Welt.

In der einsamen Glashütte aber wohnte der Glasgießer und Glasschleifer sehr still für sich. Er mischte selber die heiße Glasmasse, blies oder goß sie in Formen und schliff die Gläser,

so gut er es vermochte. Denn es war vor vielen, vielen Jahren, als ein Mensch noch ein ganzes Werk mit seinen beiden Händen schuf, und nicht wie heute, da sich hundert Hände an hundert Teilen regen. Es war bescheidene Ware, die der Glasschleifer fertigte, und der Händler, der manchmal in der einsamen Glashütte vorsprach, zahlte nicht allzuviel dafür. So war der Glasschleifer arm geblieben, aber er hatte sein Brot und lebte bescheiden davon und konnte auch des Sonntags ins Dorf gehn, um zu feiern.
Oft sehnte er sich freilich nach einem besseren Leben, und noch mehr träumte er davon, daß er einmal ein Meister werden und so herrliche Kelche schleifen könne, daß die Kenner aus ihnen trinken und bei ihrem Zusammenklingen seinen Namen nennen würden.
»Du wirst vielleicht noch ein Meister werden«, sagte dann die Wurzelwatschel zu ihm, »aber das ist ein gutes Stück Arbeit und ein weiter Weg. Man muß zu den Wurzeln des Lebens gehen und durch die dunklen und lichten Kräfte der Welt.«
Dem Glasschleifer war es nicht sonderlich recht, das zu hören, denn er hoffte immer, es möge sich ein leichterer und bequemerer Weg zur Meisterschaft finden lassen, und so denken viele, die keine Meister geworden sind.
»Ich lebe doch tief drinnen im grünen Tannengrund«, sagte der Glasschleifer, »und die Sterne stehen über mir. Da ist es gewiß möglich, daß sich ein Wunder ereignet und mir die fertige Meisterschaft schenkt.«
»Die Meisterschaft ist immer ein Wunder«, sagte die Wurzelwatschel, »und wer sie gewinnen will, muß den grünen Tannengrund lieben und die Tiere und Blumen, und die Sterne müssen über ihm stehen und über seinem Werk. Aber geschenkt wird die Meisterschaft keinem, der nicht zu den Wurzeln des Lebens gegangen ist und durch die dunklen und lichten Kräfte der Welt.«
»Wir wollen sehen, wer recht behält«, sagte der Glasschleifer und fachte das Feuer an, daß es weit durch den Tannengrund lohte, »ich will die Geister rufen, die mir die Meisterschaft schenken sollen.«
Als aber die Nacht kam und der Glasschleifer vor dem Feuer seiner Glashütte kniete, geschah es, daß auf einmal die gläserne Frau vor ihm stand. Denn die gläserne Frau ist einer

von jenen Geistern, die sehr bald kommen, wenn man sie ruft. Die gläserne Frau war sehr schön, und sie trug ein Königsgewand aus leuchtendem, biegsamem Glase und eine Krone von Glas auf dem Haar.

»Du willst ein Meister werden?« fragte die gläserne Frau und lachte. Und wenn sie lachte, klang es, als ob Glas zerspringt, feines, dünnes Glas.

»Ja, das will ich gerne, wenn es nicht allzu schwer ist«, meinte der Glasschleifer.

»Es ist gar nicht schwer«, sagte die gläserne Frau, »wenn du mir folgen und mir gehören willst. Komm mit mir in meinen Glaspalast, dort will ich dich lehren, Kelche zu schleifen, wie nur ein Meister sie schleifen kann, und wir wollen zusammen goldenen Wein aus den geschliffenen Kelchen trinken. Nur mußt du mir versprechen, nicht des Nachts aus meinem Palast zu gehen und die Sterne über dir zu schaun. Auch darfst du niemals einen Kelch bis zur Neige leeren, sondern mußt dir immer aus einem neuen Kelche den goldenen Wein von mir kredenzen lassen.«

»Das will ich gern versprechen«, sagte der Glasschleifer, »es erscheint mir leicht, das zu erfüllen, und der Weg zur Meisterschaft ist nicht so schwer, wie die Wurzelwatschel sagte.«

Da lachte die gläserne Frau wieder, und es klang, als ob Glas zerspringt, feines, dünnes Glas.

»Komm herab«, sagte sie und nahm den Glasschleifer bei der Hand.

Der Boden öffnete sich, eine verborgene Treppe wurde sichtbar, und auf ihren Stufen führte die gläserne Frau den Glasschleifer in ihren Glaspalast hinunter.

Im Glaspalast waren alle Wände und Dielen, alle Stühle und Tische von lauterem Glas, und es blitzte von allen Seiten in tausend Lichtern. Es war eine flammende Pracht überall, wie sie sich der Glasschleifer nie hatte träumen lassen. Im Königssaal aber stand ein gläserner Thron, und auf ihn setzte sich die gläserne Frau neben den Glasschleifer und küßte ihn. Ein Hofgesinde von jungen, schönen Frauen umgab sie, und sie tranken goldenen Wein aus geschliffenen Kelchen.

»Aus diesen Kelchen trinkt man den Zauber der Stunde«, sagte die gläserne Frau, »aber man darf sie nie bis auf die Neige leeren. Solche Kelche sind sehr gesucht in der Welt

draußen, und die Menschen bezahlen viel, um sie zu bekommen. Mir aber liegt daran, daß recht viele meiner Kelche in die Welt gelangen und daß recht viele Menschen aus ihnen trinken. Dann sehn sie die Sterne über sich nicht mehr, die mir feindlich sind.«
»Und wie werden diese Kelche geschliffen, schöne Königin?« fragte der Glasschleifer, »es ist das Geheimnis dieser Meisterschaft, das du mich lehren wolltest.«
»Die Meisterschaft ist keine schwere«, sagte die gläserne Frau, »meine Zwerge gießen und blasen die Kelche aus den dunklen Kräften der Welt und schleifen sie in tausend sich brechenden Lichtern mit lauter kalten Gedanken. Ich selbst aber mache zuletzt mein Zeichen darauf, und daraus trinken alle den Zauber der Stunde. Schau her!«
Da sprangen zwei riesige Türen auf, und der Glasschleifer sah in einen großen, dunklen Saal, in dem schwefelgelbes Feuer lohte. Um das Feuer herum aber standen lauter Zwerge, wie aus dunklem Glase gegossen. Es waren keine Lichtgestalten wie die Elfen auf dem Wiesenrain. Sie rührten die Glasmasse und gossen die Gläser und schliffen sie mit seltsamen, scharfen Werkzeugen, bis sie in tausend kalten Lichtern blitzten.
»Siehe«, sagte die gläserne Frau und nahm einen herrlich geschliffenen Kelch aus der dunklen Werkstatt in ihre Hände, »ich mache nun mein Zauberzeichen darauf, und es ist wieder ein Kelch fertig, wie wir ihn tausendmal trinken. Aber meine Macht reicht nicht aus, diese Kelche ins Menschenland hinauszusenden, und darum muß ich einen Menschen finden, der mir seinen Namen und seine Seele dafür schenkt. Nur mit diesem letzten Schliff kann ich die Kelche in die Welt gelangen lassen, so daß die Menschen den Zauber der Stunde daraus trinken und die Sterne über sich nicht mehr sehen. Ich kann das nicht, aber dir ist es ein leichtes. Dann bist du ein Meister geworden, und die Menschen, die aus diesen Kelchen trinken, werden bei ihrem Zusammenklingen deinen Namen nennen. Ich aber küsse dich dafür in meinem Glaspalast bei Tag und Nacht.«
»Ich dachte es mir, daß die Meisterschaft ein leichtes sein müsse, wenn man sich mit den richtigen Kräften verbindet«, sagte der Glasschleifer, und er küßte die gläserne Frau und schliff seinen Namen in ihre schimmernden Kelche, voller

Stolz darauf, daß sie diesen Namen hinaustragen sollten in alle Welt.
So verging eine lange Zeit, und die gläserne Frau und der Glasschleifer tranken goldenen Wein aus ihren Kelchen im Zauber der Stunde und schliffen viele schimmernde Kelche für das Land der Menschen, die voller Sehnsucht auf diese Kelche warten.
»Wir haben nun genug«, sagte die gläserne Frau, »es ist an der Zeit, daß du diese Kelche hinausträgst in die Welt und sie unter die Menschen gelangen. Heute wird der Händler an deiner Glashütte vorüberkommen. Trage die Kelche hinauf und gib sie ihm, wenn er nach deiner Ware fragt. Er wird dir viel Gold dafür bieten. Dann denke nicht, daß es nutzlos für uns sei, weil wir hier alle Schätze der Erde haben und in der Pracht unseres Palastes leben. Es ist ein besonderes Gold, das dir der Händler gibt, und mir ist viel daran gelegen, denn an diesem Golde hängt etwas von den Seelen der Menschen. Geh nun hinauf in deine Glashütte. Aber komme wieder, ehe es Nacht wird, damit du die Sterne nicht über dir siehst.«
Da trugen sie die Kelche in die Glashütte hinauf, und der Glasschleifer setzte sich davor und wartete auf den Händler. Es kam ihm seltsam vor, nach so langer Zeit den grünen Tannengrund wiederzusehen, die Tiere, die Blumen und die Pilze, und wieder in der ärmlichen Glashütte zu sitzen, statt in dem Palast der gläsernen Frau. Er freute sich, das alles wiederzusehen, und freute sich doch nicht darüber.
Da kam eine kleine Elfe und guckte zum Fenster herein. »Das sind hübsch geschliffene Gläser, aber Kelche der Kunst sind es nicht. Wer aus ihnen trinkt, wird sich nicht nach einem weißen Elfenschleier sehnen. Uns hast du nicht damit erlöst.«
Auch die Tiere des Waldes kamen, wie früher, zur Glashütte und schauten sich die neuen Werke an.
»Kalte Kristalle sind das«, sagten sie, »aber Kelche des Lebens sind es nicht. Wer aus ihnen trinkt, wird die Tiere nicht lieben lernen und den grünen Tannengrund. Uns hast du nicht damit geholfen.«
Und ein Eichkätzchen warf ihm sogar eine hohle Nuß vor die Füße und lachte dazu.
Auch die Wurzelwatschel kam und besah sich alles genau von allen Seiten.

»Eine geschickte Arbeit«, sagte sie, »aber Meisterwerke sind es nicht, und du bist kein Meister geworden.«
Und die Tannenzweige rauschten dazu, die Blumen nickten im Winde, und die Pilze wackelten sehr bedenklich mit den Köpfen, denn alle waren der gleichen Meinung wie die alte Wurzelwatschel. Das verdroß den Glasschleifer, und er war traurig geworden.
Inzwischen kam der Händler mit seinem Wagen und besah sich die neue Ware. Sein Pferd aber wandte den Kopf weg, denn auch ihm gefielen die Kelche nicht.
»Das ist eine weit wertvollere Ware, als Ihr sie sonst gehabt habt«, sagte der Händler, »und ich kann Euch viel Geld dafür geben. Denn die Menschen suchen eifrig nach solchen Kelchen und sehnen sich sehr danach. Solche Kelche sind zwar nicht selten, aber da sie allzu leicht zerspringen, so brauchen die Leute immer wieder neue, weil sie so gerne daraus trinken. Ihr habt sonderbare Fortschritte gemacht in der Zeit, seit ich nicht hier war.«
»Sind es nun Meisterwerke und bin ich ein Meister geworden oder nicht?« fragte der Glasschleifer, denn hieran war ihm vor allem gelegen. Den goldenen Wein und alle Zauberpracht hatte er ja übergenug im Glaspalast der gläsernen Frau.
Der Händler bewegte den dicken Kopf hin und her und wog die geschliffenen Kelche in den Händen.
»Mir sind diese Kelche am liebsten von allen«, sagte er, »denn es sind die Kelche für die Vielen und nicht für die Wenigen, und ich verdiene das meiste Geld an ihnen. Die Vielen werden Euch alle Meister nennen, wenn sie aus Euren Kelchen den Zauber der Stunde trinken. So werdet Ihr Meister von heute auf morgen sein. Die Kelche gehen auch bald entzwei. Es ist gut für mich, daß sie so zerbrechlich sind.«
»Aber was werden die Wenigen sagen?« fragte der Glasschleifer, »ich will, daß auch sie mich Meister nennen sollen, und ich will, daß meine Werke dauern sollen, auch wenn ich einmal gestorben bin. Nur dann bin ich ein wirklicher Meister geworden.«
»Die Kelche der Wenigen sind es nicht und auch nicht die Kelche, die dauern«, sagte der Händler, »dann müßten die Gläser ganz anders beschaffen sein. Aber mir sind diese Kelche die liebsten, und Ihr findet mit ihnen, was ich auch finde,

Geld und den Ruhm des Tages. Was wollt Ihr noch mehr haben?«
»Ich will aber kein Händler, sondern ein wirklicher Meister sein«, rief der Glasschleifer.
»Dann müßt Ihr andere Kelche schleifen, doch das ist eine beschwerliche und oft sehr undankbare Sache«, sagte der Händler lächelnd und packte sorgsam die schimmernden Gläser ein. Dann zahlte er dem Glasschleifer seinen Lohn in lauter blanken Goldstücken auf den Tisch und fuhr in die Welt hinaus, um die Kelche der gläsernen Frau unter die Menschen zu bringen. Und alle Menschen, die daraus tranken, schauten in ihrer Seele den Glaspalast der gläsernen Frau mit all seiner Pracht und mit seinem Hofgesinde und lebten im Zauber der Stunde. Die Sterne über sich aber sahen sie nicht mehr.
Der Glasschleifer ging wieder in den Glaspalast der gläsernen Frau zurück und gab ihr das Gold, das ihm der Händler gezahlt hatte. Und als die gläserne Frau das Gold sah, an dem etwas von den Seelen der Menschen hing, da lachte sie, und es klang, als ob Glas zerspringt, feines, dünnes Glas.
Aber der Glasschleifer schliff nur noch ungern seinen Namen in die Kelche der gläsernen Frau, er blieb still und in sich gekehrt und dachte immer darüber nach, was ihm die Elfe, die Tiere und die Wurzelwatschel gesagt hatten.
»Ich will das Geheimnis von den Kelchen der gläsernen Frau ergründen«, sagte er, »vielleicht erfahre ich dann, wie es um die wirkliche Meisterschaft bestellt ist.«
Und eines Tages, als ihm die gläserne Frau den goldenen Wein aus ihrem geschliffenen Kelch kredenzte, da ergriff er ihn und leerte ihn bis auf die Neige. Kaum aber hatte er den letzten Tropfen getrunken und dem Kelch auf den Grund geschaut, so sah er, daß die gläserne Frau kein Herz voll Blut, sondern von kaltem, hartem, geschliffenem Glas hatte.
Da begriff er, daß er in die Irre gegangen war und geholfen hatte, auch die anderen Menschen in die Irre zu führen, wie es die gläserne Frau gewollt, so daß sie die Sterne nicht mehr über sich sahen. Und er erfaßte, daß er kein Meister geworden war, sondern nur einer von den vielen, die Händler sind mit den Seelen der Menschen.
Die gläserne Frau stand vor ihm und sah ihn mit schreckensweiten Augen an.

Da warf er ihr den geschliffenen Kelch vor die Füße, daß er in tausend Scherben ging.
Um die gleiche Stunde aber zersprangen alle die Kelche, die er aus dem Glaspalast der gläsernen Frau zu den Menschen hinausgesandt hatte. Die Menschen, die aus diesen Kelchen tranken, erwachten jäh aus dem Zauber der Stunde. Sie schauten sich tief in die gläsernen Herzen hinein und wandten sich voneinander ab. Die Sterne aber sahen sie wieder über sich. Denn alle dunklen und lichten Kräfte der Welt sind geheimnisvoll miteinander verwoben.
Der Glasschleifer saß wieder in seiner kleinen, ärmlichen Glashütte, einsam in einer einsamen Werkstatt. Um ihn herum war wieder der grüne Tannengrund, und über ihm standen die ewigen Sterne in der dunklen Nacht.
»Nun muß es Winter werden«, sagte die Wurzelwatschel, »ein langer Winter, bis der Frühling kommt.«
Und dann fror die Wurzelwatschel ein.
Es wurde Winter, ein langer, dunkler Winter in der Glashütte und im Tannengrund und in der Seele des Glasschleifers. Vielleicht waren es auch viele Winter, wer mag das wissen? Der Winter einer Seele ist nicht nach Monden zu messen.
Der Glasschleifer arbeitete still für sich, bescheidene, billige Ware, und lebte so zurückgezogen, daß er kaum noch des Sonntags ins Dorf ging, um zu feiern. Aber er horchte auf die rauschenden Zweige im grünen Tannengrund, er sprach in brüderlicher Liebe mit den Tieren und fertigte armen Kindern Murmeln aus blankem Glas. So grub seine Seele beharrlich nach den Wurzeln des Lebens.
Der Händler kam und ging und nahm die billige Ware. Doch wenn er wieder nach den schimmernden Kelchen fragte, dann schüttelte der Glasschleifer den Kopf.
»Solche Kelche will ich nicht wieder schleifen«, sagte er, »um alles Gold der Erde nicht mehr.«
Der Winter einer Seele ist nicht nach Monden zu messen, aber einmal geht er zu Ende und der Frühling kommt. Und auf einmal ergriff den Glasschleifer die Sehnsucht, doch noch ein wirkliches Meisterwerk zu schaffen. Da mischte er die Glasmasse sehr sorgsam und blies einen Kelch daraus, der anders gestaltet war als alle Kelche, die er bisher gesehen. Es war in einer jener dunklen und einsamen Stunden, wie so viele über

ihn gekommen waren seit jenem Augenblick, als er den Glaspalast der gläsernen Frau verlassen hatte. Und er nahm den Kelch und schliff ihn in vielen anderen einsamen und dunklen Stunden, und nur die Sterne standen über ihm. Es schien ihm aber, als habe der Kelch einen seltsamen Schimmer von durchlichtetem Blut, als wäre ein heller Rubin in das Glas gegossen worden. Das war das Herzblut dessen, der ihn geschaffen hatte.
Als der Kelch fertig war, war der Winter vergangen – oder waren es viele Winter, wer mag das wissen? Der Frühling kam, und die Wurzelwatschel taute wieder auf.
»Das ist ein Meisterkelch«, sagte sie, »und nun bist du ein wirklicher Meister geworden. Du bist zu den Wurzeln des Lebens gegangen und durch die dunklen und lichten Kräfte der Welt.«
Die Tannenzweige und Frühlingsblumen neigten sich bei diesen Worten, und die Pilze nickten zufrieden mit den Köpfen.
»Das ist der Kelch des Lebens«, sagten die Tiere, »wer aus ihm trinkt, der wird die armen Kinder und die Tiere lieben und den grünen Tannengrund. Du hast uns viel damit geholfen.«
»Das ist der Kelch der Kunst«, sagten die Elfen, »wer aus ihm trinkt, der wird sich nach den weißen Elfenschleiern sehnen, und du hast uns damit erlöst.«
Die ewigen Sterne aber standen am Himmel und spiegelten klar und makellos ihr Licht im geschliffenen Meisterkelch.
Da hatte der Glasschleifer den Frieden gefunden, den Frieden in seiner Seele und den Frieden in seiner Werkstatt.
Und er schuf noch manche solche Kelche, wenn es auch nur wenige sein konnten im Vergleich zu den vielen Kelchen der gläsernen Frau, welche von dunklen Kräften gegossen und von Menschen geschliffen werden, die nur Meister von heute auf morgen sind. Die Kelche der gläsernen Frau zerspringen ja auch immer wieder, wenn der Zauber der Stunde vorüber ist.
Die wirklichen Meisterkelche aber zerbrechen nicht, und wenn auch nur die Wenigen daraus trinken, so wird aus ihnen noch getrunken nach aber hundert Jahren. Und wenn man sie bis auf die Neige leert, so schaut man nicht in gläserne Herzen, sondern in den grünen Tannengrund mit den Elfen, den Tieren und Blumen und den ewigen Sternen darüber.

Aber die Meisterkelche sind selten. Denn es geben nicht viele ihr Herzblut darum.

Die geborgte Krone

Es war einmal ein Igel, der hatte seine Wohnung in einem hohlen Baumstamm an einem grünen Tümpel und hieß Schnäuzchen Piekenknäul. Es war ein schöner Sommermorgen, und Schnäuzchen Piekenknäul saß vor seiner Behausung, trank seinen Eichelkaffee und las die Wald- und Wiesenzeitung. Im Tümpel plätscherte ein kleiner grüner Frosch mit Namen Quellauge und quakte.

»Quake nicht so laut«, sagte Schnäuzchen Piekenknäul, »es stört mich beim Lesen.« Und dabei wippte er voller Ärger mit seinen Moospantoffeln.

Der Frosch Benjamin Quellauge machte den Mund noch einmal so weit auf und quakte noch lauter. Dabei spritzte er mit der nassen Hand Wasser in die große Kaffeetasse von Schnäuzchen Piekenknäul.

»Mach, daß du fortkommst, du grüner Lümmel«, fauchte Schnäuzchen Piekenknäul, »ich werde einen Moospantoffel nach dir werfen, daß er gerade in deinen großen Mund fliegt.«

»Ich bin kein grüner Lümmel«, sagte Benjamin Quellauge, »ich bin ein Frosch.«

»Das ist auch was Rechtes«, knurrte Schnäuzchen Piekenknäul.

Das durfte Schnäuzchen Piekenknäul natürlich nicht sagen, auch wenn man ihm Wasser in den Kaffee gespritzt hatte, denn ein Frosch ist, wie jeder weiß, eine sehr achtbare Person.

»Ich bin auch gar kein gewöhnlicher Frosch«, sagte Benjamin Quellauge, »ich bin ein gekrönter Frosch, und das ist mehr als ein dicker Igel, der bloß Zeitung lesen und Kaffee trinken kann.«

Das hätte nun wieder Benjamin Quellauge nicht sagen dürfen.

»In der Zeitung steht, daß Frösche quaken. Es steht nicht darin, daß sie Kronen tragen«, sagte Schnäuzchen Piekenknäul, denn er glaubte nur das, was in der Wald- und Wiesen-

zeitung stand, und so machen es viele Leute. »Wo ist denn deine Krone – hä, hä?« fragte Schnäuzchen Piekenknäul und trank Kaffee.
»Meine Krone ist eine heimliche Krone, man sieht sie nicht alle Tage«, sagte Benjamin Quellauge, »und dumme Leute, die bloß glauben, was in der Wald- und Wiesenzeitung steht, sehn sie überhaupt nicht.«
»Es gibt keine heimlichen Kronen, denn davon steht nichts in der Zeitung«, sagte Schnäuzchen Piekenknäul, »es gibt nur Kronen, die man sieht, und das steht dann auch in der Zeitung.«
»Du wirst schon sehen, daß ich einmal eine Krone trage und daß es in der Zeitung steht«, sagte Benjamin Quellauge und schwamm davon. Denn dieses Gespräch hatte ihn sehr aufgeregt und geärgert, wie jeder begreifen wird, der weiß, daß ein Frosch eine sehr achtbare Person ist und sich nicht solche herablassenden Dinge sagen läßt von jemand, der bloß Zeitung lesen und Kaffee trinken kann.
Aber wenn auch Benjamin Quellauge, wie alle Frösche, eine sehr achtbare Person war – eine Krone hatte er darum doch nicht, denn Kronen tragen lange nicht alle Frösche, und es ist mit den heimlichen Kronen überhaupt eine seltsame Sache. Es gibt schon heimliche Kronen in der Welt, und gar nicht so wenige, aber es tragen sie nur die, welche gut zu den Tieren und Blumen sind und die verstehen, in Gottes Schöpfung zu lesen – und das sind leider nur wenige, und so gibt es noch viele heimliche Kronen, die irgendwo liegen und nur darauf warten, daß sie jemand findet, der sie tragen darf. Es ist etwas sehr Schönes und Großes um solch eine heimliche Krone, aber die anderen sehn sie meist gar nicht, und am wenigsten die, welche nur immer die Wald- und Wiesenzeitung lesen und Kaffee dazu trinken.
Der Frosch Benjamin Quellauge aber wollte gar zu gerne eine heimliche Krone haben, und er dachte so sehr darüber nach, daß er noch einmal so grün wurde und daß ihm seine bedeutenden Augen noch bedeutender aus dem Kopfe quollen, was einen sehr übertriebenen Eindruck machte. Da fiel ihm ein, daß die kleine Elfe Silberkind, die unter den Marienblumen lebte, solch eine heimliche Krone trug, denn die Elfen sind gut zu den Tieren und Blumen, und darum tragen sie alle kleine,

heimliche Kronen. Silberkind aber hieß die kleine Elfe darum, weil sie ein silbernes Kleidchen und silberne Falterflügel hatte.
Benjamin Quellauge hupfte in großen Sätzen zu den Marienblumen, wobei er einige Blüten rücksichtslos mit dem Ellbogen anstieß – schon ein Beweis, daß er noch gar nicht reif war für die heimlichen Elfenkronen.
»Guten Tag, Silberkind«, sagte Benjamin Quellauge, »borge mir doch, bitte, deine Krone, ich möchte auch einmal damit spazierengehen.«
»Das ist noch zu früh für dich«, sagte die Elfe Silberkind.
Da weinte Benjamin Quellauge aus seinen bedeutenden Augen zwei ebenso bedeutende Tränen, denn es kränkte ihn sehr, daß er die Krone nicht kriegen sollte. Das rührte die Elfe Silberkind, und weil sie immer gut zu den Tieren und Blumen war, gab sie ihm ihre kleine Krone.
»Da hast du die Krone, Benjamin Quellauge«, sagte sie, »aber gehe vorsichtig damit um und bringe sie mir heute noch wieder. Du darfst auch beim Hupfen die Blumen nicht so mit dem Ellbogen anstoßen, denn das mögen sie nicht leiden. Nimm Rücksicht, Benjamin Quellauge.«
Benjamin Quellauge bedankte sich und bemühte sich, vorsichtig zu hupfen und niemand anzustoßen. Wie er aber wieder an seinem Tümpel angekommen war, da wurde er sehr großartig. Er stellte sich aufrecht auf die Beine, setzte die Krone auf den nassen, grünen Kopf, spazierte umher und quakte. Vor allem aber wollte er, daß Schnäuzchen Piekenknäul die Krone sehen sollte, denn Schnäuzchen Piekenknäul hatte ihn beleidigt und hatte gesagt, daß er ein grüner Lümmel wäre. Doch weil Schnäuzchen Piekenknäul gerade ausgegangen war, so behielt Benjamin Quellauge die heimliche Krone auch noch bis zum anderen Tage, und sie gefiel ihm so gut, daß er sie überhaupt nicht mehr hergeben wollte. Die kleine Elfe Silberkind aber weinte, und sie schwur es sich zu, ihre heimliche Krone nie wieder einem grünen Frosch zu borgen.
Endlich sah Benjamin Quellauge, wie Schnäuzchen Piekenknäul wieder vor seiner Wohnung saß, die Wald- und Wiesenzeitung las und seinen Eichelkaffee dazu trank. Da stellte er sich aufrecht hin und spazierte mit der Krone auf dem nas-

sen, grünen Kopf an Schnäuzchen Piekenknäul vorbei und quakte dazu.
»Siehst du jetzt, daß ich eine Krone habe?« fragte er großartig und sah Schnäuzchen Piekenknäul aus seinen quellenden Augen verachtungsvoll an.
Schnäuzchen Piekenknäul blieb der Kaffee in der Schnauze stecken.
»Wahrhaftig«, sagte er, »es steht auch in der Zeitung!«
Und richtig, so war es. In der Wald- und Wiesenzeitung stand es mit großen Buchstaben gedruckt, daß der Frosch Benjamin Quellauge mit einer Krone spazierengehe und quake. »Ehre ihm und allen solchen Fröschen!« hatte die Zeitung hinzugefügt, denn die Wald- und Wiesenzeitung, die niemals etwas von den heimlichen Kronen weiß, druckt es mit großen Buchstaben, wenn irgendwelche grüne Frösche mit geborgten Kronen spazierengehen und quaken.
Es ist aber eine eigne Sache mit einer heimlichen Krone. Es behält sie niemand, der sie nur geborgt hat, und sie kehrt immer zu dem zurück, dem sie gehört, wenn das auch die Wald- und Wiesenzeitung nicht merken kann.
Und plötzlich gluckste es schrecklich im Tümpel, und aus dem tiefen Wasser stieg eine grausige, große Person hervor, mit einem Krötenkopf und Krötenarmen und einer buntgetupften Schürze über dem dicken Bauch, und das war die Tümpeltante. Die Tümpeltante war die Gerechtigkeit in diesem Sumpf, an dem Schnäuzchen Piekenknäul und Benjamin Quellauge wohnten und an dessen Ufern die Wald- und Wiesenzeitung erschien.
»Uh-uh«, sagte die Tümpeltante und rollte mit den Krötenaugen, »uh-uh! Das ist nicht deine Krone, du grüner Lümmel, das ist die Krone der Elfe Silberkind, und Silberkind sitzt unter den Marienblumen und weint um ihre Krone. Willst du Silberkind gleich die Krone wiedergeben, Benjamin Quellauge?«
Benjamin Quellauge sprang vor Schreck in die große Kaffeetasse von Schnäuzchen Piekenknäul und ruderte angstvoll darin herum.
»Uh-uh«, sagte die Tümpeltante, »uh-uh. Und du, Schnäuzchen Piekenknäul, hast du nicht gesagt, daß es keine heimlichen Kronen gibt? Aber wenn ein grüner Frosch mit einer

geborgten Krone herumspaziert und quakt, dann glaubst du, das sei eine wirkliche Krone, bloß weil es in deiner dummen Wald- und Wiesenzeitung steht! Uh-uh, Schnäuzchen Piekenknäul, dafür werde ich dir deinen ganzen Kaffee austrinken!«
Die Tümpeltante näherte sich drohend. Schnäuzchen Piekenknäul verschwand so schnell in seinem Baumloch, daß er beide Moospantoffeln verlor. Die Tümpeltante fischte Benjamin Quellauge aus der Kaffeetasse und tat ihn unsanft wieder in den Tümpel zurück. Und die heimliche Krone wickelte sie in ihre Schürze, um sie Silberkind wiederzugeben. Vorher aber trank die Tümpeltante den ganzen Kaffee von Schnäuzchen Piekenknäul aus.
Es spazieren so viele in der Welt herum mit geborgten Kronen und quaken – und die Leute sehen gar nicht, daß es nur geborgte Kronen sind, weil sie nur das glauben, was in der Wald- und Wiesenzeitung steht. Wer aber eine geborgte Krone trägt, der fällt bestimmt noch einmal in eine fremde Kaffeetasse.
Von den heimlichen Kronen steht freilich nichts in der Wald- und Wiesenzeitung. Man muß schon selber richtig die Augen aufmachen in Gottes großer Schöpfung und die Tiere und Blumen lieben, dann wird man schauen, wo alle die heimlichen Kronen sind, und wird bald selbst eine tragen. Und der liebe Gott schenkt einem dann einmal zur heimlichen Krone noch ein silbernes Kleid und silberne Schwingen wie der Elfe Silberkind – und dann ist es einem ganz gleich, ob das in der Zeitung steht oder nicht. Macht man es aber wie Schnäuzchen Piekenknäul, dann kommt eines Tages die Tümpeltante und trinkt einem allen Kaffee aus!

Die getupften Teufelchen

Es waren einmal sieben kleine Teufelchen, eines kleiner als das andere, und das kleinste war so klein, daß man es nur durch ein Vergrößerungsglas sehen konnte – mit bloßem Auge überhaupt nicht. Es versteht sich von selbst, daß die sieben kleinen Teufelchen in der Hölle wohnten und alle sieben ganz schwarz waren.
Nun ist es für ein kleines Teufelchen ja nicht gerade schlimm,

sondern eigentlich ganz verständlich, daß es in der Hölle wohnt, aber so überaus erfreulich, wie sich manche das vielleicht denken werden, ist es auch nicht. Denn die großen Teufel sind doch sehr unangenehme Leute, und die Teufelchen merken das auch manchmal, solange sie noch klein sind. Erst später lernen sie all das dumme Zeug von den großen Teufeln und werden selbst große Teufel, und dann passen sie auch wirklich nur noch in die Hölle hinein.

Die sieben kleinen Teufelchen waren aber noch sehr klein und hatten noch nicht so viel dummes Zeug von den großen Teufeln gelernt, und darum fanden sie es oft gar nicht nett in der Hölle, und sie beschlossen einmal, aus dem Rauchfang herauszukriechen und sich die Welt anderswo zu besehen. Für die kleinen Teufelchen ist es ganz leicht, aus dem Rauchfang herauszukriechen, denn sie turnen ja auch so schon den ganzen Tag darin herum und machen allerlei schöne Übungen. Das größte der Teufelchen kletterte voran, und eines hing sich immer an den Schwanz des anderen. So ging es ganz einfach, und zum Schluß kam das kleinste Teufelchen, das so klein war, daß man es nur durch ein Vergrößerungsglas sehen konnte – mit bloßem Auge überhaupt nicht.

Der Rauchfang der Hölle aber, in dem die kleinen Teufelchen hochkletterten, war ein ganz besonders hoher Höllenschornstein, und sein Ende ragte bis in die Wolken. Als nun die Teufelchen eines nach dem anderen hinausgeklettert waren und sich vergnügt auf den Rand des Rauchfangs setzten, kam gerade eine Wolke vorbei und nahm die sieben Teufelchen mit. Eigentlich nur im Versehen, denn sie hatte gar nicht genauer hingeguckt, sondern war nur ganz eilig vorübergeflogen.

Die Wolke aber flog gerade auf die Himmelswiese, denn dort hatte sie einiges zu erledigen. Was, weiß ich eben nicht, und das ist auch ganz einerlei. Die kleinen Teufelchen freuten sich sehr, daß sie mitreisen durften durch die blaue Luft und den goldenen Sonnenschein, und als sie auf der Himmelswiese angekommen waren, stiegen sie alle miteinander aus und gingen spazieren. Auf der Himmelswiese aber spielten lauter kleine Englein in weißen Kleidern und mit silbernen Flügeln, und ihr könnt euch denken, daß die Englein große Augen machten, als sie plötzlich die kleinen schwarzen Teufelchen auf der Himmelswiese sahen. Den Teufelchen aber gefielen die wei-

ßen Englein über alle Maßen, und sie wollten gerne mit ihnen spielen.
»Wir sind sieben kleine Teufelchen aus der Hölle, und wir wollen gerne mit euch spielen«, sagten sie.
»Ihr seid so schwarz«, sagte ein kleiner Engel, »und ihr seid auch gar nicht sieben, sondern nur sechs. Im Himmel aber darf man nicht schwindeln.«
»Es ist wahr, daß wir sehr schwarz sind«, sagte ein kleines Teufelchen, »aber das tut doch nichts? Und geschwindelt haben wir gar nicht, denn wir sind sieben kleine Teufelchen. Das kleinste ist aber so klein, daß man es nur mit einem Vergrößerungsglas sehen kann – mit bloßem Auge überhaupt nicht.«
Da holten die kleinen Englein ein gewaltiges Vergrößerungsglas und besahen sich das kleinste Teufelchen, das so klein war, daß man es mit bloßem Auge nicht sehen konnte. Das erbarmte die Englein, daß das Teufelchen so klein war, und sie beschlossen, mit den sieben kleinen Teufelchen zu spielen, und die Sonne schien dazu auf die Himmelswiese und freute sich, daß die Englein mit den Teufelchen spielten, denn das ist etwas von der Welt, die einmal kommen soll, wenn alle wieder Kinder werden.
Als aber die kleinen Teufelchen eine Weile mit den Englein gespielt hatten, bekamen sie lauter weiße Tupfen auf ihrer schwarzen Haut, und das sah sehr spaßhaft aus.
»Ihr seid ja auf einmal ganz getupft«, sagten die Englein und lachten.
Die kleinen Teufelchen bespiegelten sich im Himmelsblau und fanden, daß sie sehr schön geworden wären durch die weißen Tupfen. Es war doch einmal etwas anderes. Auch das kleinste Teufelchen wurde durch das Vergrößerungsglas betrachtet, und richtig, es hatte auch lauter weiße Tupfen, sogar noch viel mehr als die anderen, und das kam daher, weil es so klein war.
»Das müssen wir unserer Großmutter erzählen«, riefen die kleinen Teufelchen, setzten sich auf die nächste Wolke, die gerade vorbeikam, und segelten wieder nach ihrem Höllenrauchfang ab. Sie rutschten darin hinunter, eines nach dem anderen und eines an den Schwanz des anderen angehakt, und so kamen sie wieder unten in der Hölle an.

»Großmama«, riefen die Teufelchen, »Großmama, sieh bloß, was wir für schöne weiße Tupfen bekommen haben!«
Des Teufels Großmutter machte Augen wie Suppenteller, und der Kochlöffel fiel ihr aus der Hand.
»Wo seid ihr gewesen?« schrie sie böse, »in der Mehlkiste oder auf der Himmelswiese?«
»Auf der Himmelswiese«, sagten die kleinen Teufelchen, »und es ist sehr schön dort, und die Englein haben mit uns gespielt, und dadurch haben wir die hübschen weißen Tupfen bekommen.«
»Ich werde euch lehren, euch wieder so hübsche weiße Tupfen zu holen«, sagte des Teufels Großmutter voller Ärger, »das geht sehr schwer wieder ab, ich kenne das.«
Und sie nahm die sieben Teufelchen beim Kragen und schrubbte sie mit einer ungeheuern Bürste ganz erschrecklich ab. Aber die weißen Tupfen blieben. Da schmierte des Teufels Großmutter die sieben kleinen Teufelchen mit Ofenruß und Stiefelwichse ein und putzte fleißig mit einem ledernen Lappen nach. Es half den Teufelchen gar nichts, daß sie schrien, sie wurden alle schwarz und blank geputzt, und dann steckte sie des Teufels Großmutter alle sieben in einen großen Kessel.
Auch das kleinste Teufelchen, das man mit bloßem Auge nicht sehen konnte, hatte sie mit hineingesteckt, denn des Teufels Großmutter hatte Augen wie Suppenteller und brauchte kein Vergrößerungsglas.
»Jetzt bleibt ihr schön in der Hölle«, sagte sie und machte den Deckel vom Kessel zu.
Den Teufelchen aber gefiel es gar nicht mehr in der Hölle, seit sie auf der Himmelswiese gewesen waren, und im dunklen Kessel gefiel es ihnen erst recht nicht, was jeder gut verstehen wird. Und als sie eine Weile im dunklen Kessel gesessen hatten, bekamen sie es so satt, daß sie alle zusammen versuchten, den Deckel aufzuheben. Sie bemühten sich sehr damit, und nur das kleinste Teufelchen bemühte sich nicht, denn das hätte doch keinen Zweck gehabt, weil es viel zu klein war. Endlich gelang es, den Deckel vom Kessel ein ganz klein wenig aufzuheben, und durch den Spalt schlüpften die sieben kleinen Teufelchen und kletterten durch den Schornstein wieder hinaus aus der Hölle, eines immer am Schwanz

des anderen angehakt. Und als sie oben waren, kam gerade dieselbe Wolke vorbeigesegelt, die sie damals auf die Himmelswiese mitgenommen hatte.
»Ach, bitte«, sagten die Teufelchen, »bringe uns doch wieder auf die Himmelswiese zu den weißen Englein.«
»Sehr gerne«, sagte die Wolke, denn sie war stets gefällig, und für eine Wolke ist das ja auch eine Kleinigkeit.
Die Englein freuten sich sehr, als die kleinen Teufelchen wieder angekommen waren, und sie holten auch schnell das gewaltige Vergrößerungsglas, um zu sehen, ob das kleinste Teufelchen, das man mit bloßem Auge nicht sehen konnte, auch wieder dabei wäre. Und die sieben Teufelchen freuten sich noch mehr als die Englein, daß sie nun wieder auf der Himmelswiese waren, und sie spielten alle miteinander, und die Sonne schien auf die Himmelswiese und freute sich, daß die Englein mit den Teufelchen spielten, denn das ist etwas von der Welt, die einmal kommen soll, wenn alle wieder Kinder werden.
Die sieben kleinen Teufelchen aber bekamen immer mehr weiße Tupfen, wie man sich das ja denken kann, und schließlich wurden sie alle ganz weiß und kriegten noch wunderhübsche Flügel dazu, so daß sie richtige Englein geworden waren und ganz auf der Himmelswiese geblieben sind.
Das ist die Geschichte von den sieben kleinen getupften Teufelchen, und es ist zwar nur eine kleine, aber eine sehr wichtige Geschichte. Denn einmal müssen auch alle die großen Teufel wieder Engel werden, wenn die Welt so sein wird, wie sie einmal werden soll. Und dann müssen die großen Teufel erst einmal wieder so werden wie die sieben kleinen getupften Teufelchen, denn ohne daß sie wieder Kinder werden, kommen die großen Teufel nicht in den Himmel. Es schadet auch nichts, daß sie schwarze Kinder sind und Schwänze haben, denn so waren ja auch die sieben kleinen getupften Teufelchen. Nur Kinder müssen sie werden, sonst lernen sie es nicht, aus der Hölle herauszukriechen und mit den Englein auf der Himmelswiese zu spielen. Und je größer ein Teufel ist, um so kleiner muß er wieder als Kind werden, das versteht sich von selbst. Und des Teufels Großmutter, die eine ganz große und fette, schwarze Person ist, die müßte schon so klein werden wie das kleinste von den sieben kleinen Teufel-

chen, so klein, daß man sie nur noch mit dem Vergrößerungsglas sehen könnte – mit bloßem Auge überhaupt nicht.
Aber ich fürchte, das dauert noch ein bißchen lange.

Tip-Tip-Tipsel

Der Regen rann an der grauen Mauer entlang und fiel in dicken, schweren Tropfen auf das Fenstersims, tip-tip, tip-tip, tip-tip. Der Maler in seiner Werkstatt hatte den Kopf in die Hand gestützt und schaute müde auf ein großes Bild, das vor ihm auf der Staffelei stand – es war eine graue, trübe Landschaft, ohne Farben und ohne Freude, genauso grau wie der Alltag draußen und der immer rinnende Regen an den Fenstern, tip-tip, tip-tip, tip-tip.
Diese Landschaft ist wie mein Leben, dachte der Maler, so grau, so öde und so farblos ist wohl ein jedes Dasein in der Werkstatt. Man müßte Liebe haben, Macht oder Geld.
»Tip-tip, tip-tip«, sagte der Regen und rann in dicken, schweren Tropfen auf das Fenstersims.
»Tip-tip, tip-tip. Tip-Tip-Tipsel«, sagte es plötzlich, und vor dem Maler saß ein kleines, zierliches Geschöpfchen in einem nassen grauen Regenmantel und sah ihn sehr vergnügt und freundlich an.
»Tip-Tip-Tipsel«, sagte das kleine Geschöpf noch einmal, gleichsam um sich vorzustellen, »ich heiße Tip-Tip-Tipsel.«
»Das freut mich sehr«, sagte der Maler höflich, »aber Tip-Tip-Tipsel ist ein etwas sonderbarer Name. Immerhin bin ich dankbar für die Gesellschaft, ich fühlte mich gerade sehr einsam und verlassen.«
»Das geht allen so, die in einer wirklichen Werkstatt schaffen«, sagte Tip-Tip-Tipsel, »mein Name ist aber gar nicht so sonderbar. Er kommt einfach davon her, daß ich sehr nahe mit den Regentropfen verwandt bin. Die sagen den ganzen Tag tip-tip, tip-tip, tip-tip, und darum heiße ich Tip-Tip-Tipsel.«
»Ich möchte gewiß niemand zu nahe treten, aber ich finde es sehr langweilig, immer bloß tip-tip, tip-tip, tip-tip zu hören. Das ist genauso grau und so langweilig und so öde wie das ganze Leben.«
»Das kommt ganz auf die Auffassung an«, meinte Tip-Tip-

Tipsel, »du weißt eben noch nicht, warum es in jeder wirklichen Werkstatt die grauen Regentage geben muß.«
»Nein, das weiß ich wahrhaftig nicht«, sagte der Maler und ärgerte sich, »ich kann mir nun wohl auch denken, warum du Tip-Tip-Tipsel heißt und mit den Regentropfen verwandt bist, denn du hast genauso ein nasses und graues Kleid an wie sie, aber es paßt gar nicht zu dir, denn du hast ein feines Gesicht und zierliche Glieder und siehst eigentlich sehr hübsch aus.«
»Du wirst schon sehen, wie gut das zu mir paßt und wie nötig die grauen Regentage für die wirkliche Werkstatt sind«, sagte Tip-Tip-Tipsel und lachte.
Dabei wiegte er sich auf der Staffelei hin und her und beguckte sich das Bild des Malers von oben herab. Tip-Tip-Tipsel konnte sich das leisten, er war kaum größer als eine Hand und so leicht wie die Regentropfen.
»Das ist ein schönes Bild, das du gemalt hast«, meinte Tip-Tip-Tipsel, »aber es ist sicher noch nicht fertig, mir scheint, es fehlt noch etwas daran.«
»Das Bild ist fertig«, sagte der Maler mürrisch, »aber du hast doch recht, es fehlt wirklich etwas daran, vielleicht sogar sehr viel. Das Bild ist so grau und so öde wie das Leben, und da fehlt vieles daran, Liebe, Macht und Geld, wer weiß, was alles. So ist es unerträglich.«
»Ich will dir sagen, was daran fehlt«, meinte Tip-Tip-Tipsel, »es fehlt eine Brücke auf dem Bilde.«
»Eine Brücke?« fragte der Maler erstaunt, »ich wüßte nicht, wozu hier eine Brücke stehen sollte. Es ist eine Stadt mit engen Gassen und Toren, in denen man sich müde herumdrückt, es ist keine Weite darin und es ist kein Fluß, auf dem man fortschwimmen könnte. Was soll da eine Brücke?«
»Ein Fluß ist gar nicht nötig«, sagte Tip-Tip-Tipsel, »wir brauchen auch nicht fortzuschwimmen, es ist doch ganz nett und heimlich in den engen Gassen und Toren, und es läßt sich gut darin eine wirkliche Werkstatt aufschlagen. Aber eine Brücke muß das Bild trotzdem haben, und zwar eine Brücke in die Luft hinein, in den Himmel und in die Ferne.«
»Ich wüßte nicht, wie man eine Brücke in die Luft bauen könnte«, sagte der Maler, »könnte man das, ich hätte es schon lange versucht, um aus diesen engen Gassen und Toren und aus dem gräßlichen Regengrau des Alltags herauszukommen.«

»Siehst du«, sagte Tip-Tip-Tipsel, »jetzt bist du ganz umsonst ärgerlich. Eine Brücke in die Luft kann man nicht bauen mitten aus der Sonnenlandschaft heraus, auch nicht von goldenen Thronen und aus den Geldpalästen. Man kann sie eben nur bauen aus dem grauen Regentag heraus, aus der wirklichen Werkstatt des Lebens, und da sitzt du doch mitten darin. Paß einmal auf.«

Als Tip-Tip-Tipsel das gesagt hatte, fiel ein Sonnenstrahl durch die Wolken, und mitten im Alltagsgrau der Werkstatt stand auf einmal ein Regenbogen und leuchtete in sieben Farben. Er stand gerade vor Tip-Tip-Tipsel und dem Maler, und sein anderes Ende führte weit hinaus, in den Himmel, in die Ferne, und verlor sich irgendwo, wo man ihn gar nicht mehr sehen konnte. Der Sonnenstrahl war auch auf Tip-Tip-Tipsel gefallen und hatte auch ihn in sieben leuchtende Farben getaucht, und nun sah er wunderschön aus und gar nicht mehr grau und naß. Aber man konnte es nun wohl verstehen, warum er den Regentropfen so nahe verwandt und so naß und grau sein mußte. Denn nur dadurch konnte sich der Sonnenstrahl in all seinen sieben Farben in ihm spiegeln.

»Das ist die Brücke in die Luft, in den Himmel und in die Ferne, und sie baut sich nur aus der wirklichen Werkstatt des Lebens und aus dem Regengrau des Alltags auf. Nur darin können sich alle die sieben Farben spiegeln«, sagte Tip-Tip-Tipsel, »und nun wollen wir beide aus den engen Gassen und Toren hinaus in das Tal der Träume gehen. Die Brücke der sieben Farben führt auch noch viel weiter, durch allerlei wundersame Gefilde, bis weit hinaus in das kristallene Land. Doch das ist für dich heute noch zu weit, dazu wird es Zeit für dich sein, wenn deine Sterbeglocke läutet. Aber in das Tal der Träume können wir ganz bequem wandern. Du brauchst nur auf die Brücke der sieben Farben zu springen, und in einem Augenblick sind wir drüben im Tal der Träume. Im Tal der Träume aber kannst du alles wünschen, was du nur willst. Da gibt es tausend Möglichkeiten, und du brauchst sie nur zu denken, schon sind sie da und stehen vor dir. Gib mir die Hand und komm mit auf die Brücke der sieben Farben und in das Tal der Träume.«

Da gab der Maler Tip-Tip-Tipsel seine Hand, und wie er das getan hatte, kam es ihm vor, als wäre er ebenso klein und zierlich geworden wie Tip-Tip-Tipsel, und in einem Nu stand er oben auf der Brücke der sieben Farben und glitt mit Tip-Tip-Tipsel zusammen so schnell auf den lichten Strahlen dahin, als habe er gar keine Beine mehr und als rutsche er ganz von selbst, wohin er nur wolle. Und ehe er sich's versah, waren sie beide auf einer weiten grünen Wiese, in einem tiefen Tal.

»Das ist das Tal der Träume«, sagte Tip-Tip-Tipsel, »und nun kannst du dir wünschen, was du nur willst. Du brauchst es nur zu sagen, dann wächst es ganz einfach aus dieser Wiese heraus. Ist das nicht eine feine Einrichtung?«

»Dann will ich mir wünschen, was ich im Leben immer wollte und niemals fand«, sagte der Maler.

»Das kannst du hier alles haben«, sagte Tip-Tip-Tipsel, »aber du wirst schon sehen, daß das alles ein bißchen anders aussieht, wenn man über die Brücke der sieben Farben gegangen ist und es vom Tal der Träume aus betrachtet.«

»Ich habe Liebe gesucht und habe sie nicht gefunden«, sagte der Maler, »ich will sie mir jetzt wünschen. Ich habe die Werkstatt und das ewige Regengrau des Lebens allzu satt.«

Da öffnete sich die grüne Wiese, und mitten aus ihr heraus wuchs eine Insel, von blauem Wasser umspült, und auf der Insel war ein kleiner Marmortempel in einem Rosengarten, und auf die Insel führte ein Steg von Rosenranken hinüber. Vom Gestade des Rosenufers aber winkten drei wunderschöne Frauen, eine mit schwarzem Haar, eine mit blondem Haar und eine mit rotem Haar.

Und als der Maler den Rosensteg überschritten und das Rosenufer betreten hatte, da küßten ihn die drei schönen Frauen und führten ihn mitten in den Rosengarten und in den Marmortempel hinein. Die Nacht sank über sie nieder mit ihren dunklen Schleiern, und in der warmen Sommerluft sangen die leisen Lieder lockender Lauten. Die Rosen dufteten, und an das Gestade des Rosenufers schlugen die Wellen des Wassers gleichmäßig, wie ein Wiegengesang, und warfen Perlen und schimmernde Muscheln an den Strand.

Der Maler wußte nicht mehr, wie lange er im Rosengarten und im Marmortempel verweilt hatte. Aber einmal schien es ihm, als sei es Morgen geworden. Die Rosen dufteten nicht mehr so wie in der blauen Sommernacht, die Saiten der lokkenden Lauten klangen ein wenig verstimmt, und die schönen Frauen sprachen von Dingen, die nicht mehr Priesterinnendienst im Marmortempel der Liebe waren. Und je mehr die schönen Frauen redeten, um so welker erschienen die Rosen und um so zerrissener klangen die Saiten der Lauten, bis sie ganz verstummten.

»Ich sehne mich nach meiner Werkstatt«, sagte der Maler, »mir ist, als habe ich noch vieles zu schaffen.«

»Sei nicht albern, Kleiner«, meinte die Frau mit den schwarzen Haaren, »komm, küsse mich und laß die dummen Gedanken fahren. Man muß nicht denken, wenn man liebt.«

»Du wirst doch nicht in eine Werkstatt gehen und dir die Hände schmutzig machen«, rief die Frau mit den blonden Haaren. »Wie kann man sich nach einer Werkstatt sehnen, wenn man im Tempel der Liebe ist?«

»Wenn du schon schaffen willst«, sagte die Frau mit den roten Haaren, »so sammle die Perlen am Strande und fasse sie zu einem Diadem.«

Und die drei schönen Frauen banden den Maler mit Rosenketten und wollten ihn nicht mehr fortlassen aus dem Marmortempel der Liebe und vom Gestade des Rosenufers. Eine Rosenranke nach der anderen flochten sie ihm um Hände und Füße, und dabei sprachen sie unaufhörlich.

Dem Maler schien es, als hätten die drei schönen Frauen gelbe Gänseschnäbel bekommen, und als er das zu sehen meinte, wünschte er sich weit fort vom Gestade des Rosenufers, und eine Sehnsucht, zu schaffen, überkam ihn, wie seit langem nicht.

Kaum aber hatte er das gewünscht, so versank die ganze Insel mit dem Rosengarten und dem marmornen Tempel der Liebe. Der Maler stand wieder neben Tip-Tip-Tipsel im Tal der Träume, und über die große grüne Wiese wanderten wackelnd und schnatternd drei weiße Gänse, eine hinter der anderen.

»War es schön?« fragte Tip-Tip-Tipsel.

»Ja, es war ganz schön«, sagte der Maler etwas gedehnt und schaute den drei weißen Gänsen nach, »aber auf die Dauer schien es mir doch nicht das Richtige zu sein. Die blauen Sommernächte sind so reizvoll im Rosengarten, mit den leisen Liedern lockender Lauten, aber es dürfte kein Morgen grauen über dem Tempel der Liebe.«

»Es gibt keine Liebe, über der niemals ein Morgen graut«, sagte Tip-Tip-Tipsel, »oder sie muß etwas von der großen Liebe in sich haben, die alle Menschen und Tiere umfaßt, und die gedeiht nur in der wirklichen Werkstatt des Lebens. Die andere aber bleibt am besten ein Ausflug ins Tal der Träume, denn wenn du sie auf der Erde suchst, so kannst du sie nicht wieder so bequem hinwegwünschen wie hier. Doch das war ja nicht alles, was du dir gewünscht hast. Du wolltest noch die Macht kennenlernen, als du einsam in deiner Werkstatt saßest und die Regentropfen an deinem Fenster herabrannen, tip-tip, tip-tip.«
»Ja, Ehre und Macht hätte ich wohl gerne einmal kennengelernt«, sagte der Maler.
Kaum hatte er das gesagt, so wuchs aus der Wiese ein prachtvoller Palast hervor, zuerst erschienen die Turmspitzen, dann die Söller und Erker und schließlich der ganze große Park des Kaiserschlosses in China. Und in einem Augenblick saß der Maler mitten auf dem goldenen Thron, in einem gelben Gewande, das mit lauter Gold und Edelsteinen besetzt war, mit einer Krone auf dem Kopf und mit einem Zepter in der Hand. Um ihn herum aber standen lauter fette Mandarine, die aussahen wie dicke gelbe Zitronen mit Zöpfen hintendran, und der Maler bemerkte mit Schrecken, daß er selbst einen langen Zopf trug, der ihm überaus unbequem war.
Die dicken gelben Zitronen mit Beinen warfen sich vor ihm auf den Bauch, machten Kotau und beteten seinen Zopf an. Denn dieser war für sie das Sinnbild der Macht.
»Bitte, hört doch auf, vor mir auf dem Bauch zu liegen«, sagte der Maler, »ich finde das unbeschreiblich langweilig und albern. Erzählt mir lieber etwas Lustiges und Unterhaltendes.«
Da standen die fetten Mandarine mit den Zöpfen auf und sagten: »Nenne uns diejenigen, denen wir den Kopf abschlagen können. Das ist lustig und das ist unterhaltend. Sssit – Kopf ab!«
»Es ist nichts Lustiges und nichts Unterhaltendes, einem Menschen den Kopf abschlagen zu lassen«, sagte der Maler, »ihr solltet euch schämen, wenn ihr nichts Besseres versteht.«
»Für uns ist das aber sehr lustig und unterhaltend, wenn wir jemand den Kopf abschlagen können«, sagten die dicken Zi-

tronen mit Zöpfen und Beinen, »das ist Sieg und Ehre und Macht.«

»Ist es denn auch für die lustig und unterhaltend, denen ihr den Kopf abschlagt?« fragte der Maler.

»Darauf haben uns die, denen wir den Kopf abgeschlagen haben, keine Antwort gegeben«, sagten die Mandarine, »wie kannst du denn überhaupt so etwas fragen, wozu trägst du denn einen Zopf und sitzt auf einem goldenen Throne? Du bist doch der Herrscher aller deiner Untertanen. Sage uns nur, wem wir den Kopf abschlagen dürfen, wir wollen das mit Vergnügen tun. Sssit – Kopf ab!«

Und alle fielen auf den Bauch vor ihm und machten Kotau.

Da riß der Maler seinen Zopf ab und warf ihn mit der Krone den fetten Mandarinen vor die Füße.

»Ich will euren Zopf nicht tragen und will eure Krone nicht haben«, sagte er, »schlagt euch selber den Kopf ab, ihr dicken, dummen Zitronen!«

Da machten die fetten Mandarine nicht mehr Kotau vor ihm, sie standen auf und waren sehr böse, denn so hatten sie das Kopfabschlagen nicht gemeint.

»Revolution, Revolution«, schrien sie, »wenn du den Zopf nicht trägst, darfst du auch keine Macht mehr haben. Wir werden dir selber den Kopf abschlagen. Paß du nur auf! Sssit – Kopf ab!«

Jetzt ist es aber die höchste Zeit, daß ich hier herauskomme, dachte der Maler, und kaum hatte er das gedacht, da versank der ganze Kaiserpalast mit all seinen spitzen Türmen, mit seinen Erkern und Söllern, mit dem großen Park und dem goldenen Thron und mit allen fetten Mandarinen. Der Maler aber stand wieder neben Tip-Tip-Tipsel, und auf der großen grünen Wiese kollerten ein paar dicke gelbe Zitronen mit Zöpfen und Beinen und schrien: »Sssit – Kopf ab.«

»War es schön?« fragte Tip-Tip-Tipsel.

»Nein, es war nicht schön«, sagte der Maler, »ich mag durchaus keinen Zopf tragen, und dicke gelbe Zitronen mit Zöpfen und Beinen sind keine passende Gesellschaft für einen anständigen Menschen. Es ist auch nicht schön, vor dem einen Kotau zu machen und dem anderen den Kopf abzuschlagen, das ist eine scheußliche Methode und nicht nach meinem Geschmack.«

»Es ist nur gut, daß du das im Tal der Träume erlebt hast und nicht auf der Erde«, sagte Tip-Tip-Tipsel, »auf der Erde hättest du deinen Zopf nicht so bald wegwerfen können und wärest nicht mit so heiler Haut davongekommen. Die Macht, die an den Zöpfen hängt, ist auch keine sehr sichere Sache, sie ist ein bißchen vergänglich. Die Macht, die im Schaffen und in der Werkstatt des Lebens liegt, ist sehr viel dauerhafter. Die lebt noch weiter, wenn den dicken gelben Zitronen schon lange die Köpfe abgeschlagen sind. Aber hattest du dir nicht auch Geld gewünscht? Das kannst du auch noch kennenlernen im Tal der Träume.«
»Eigentlich habe ich genug gesehen«, sagte der Maler, »und ich sehne mich zurück in meine Werkstatt. Aber schließlich könnte ich gerade die Werkstatt sehr schön gestalten, wenn ich viel Geld hätte.«
Kaum hatte er das gesagt, da wuchs aus der grünen Wiese eine große Stadt hervor, mit Fabriken und rauchenden Schloten, und der Maler saß auf einer gewaltigen Geldkiste in einem herrlichen Hause. Um ihn herum aber standen lauter Lakaien und warteten auf seine Befehle. Sie standen ganz steif und still da, und wenn er etwas von ihnen haben wollte, mußte er ihnen erst ein Goldstück in den Mund werfen. Sonst rührten sie sich überhaupt nicht. Der Mund eines jeden Lakaien aber war sehr groß und klappte immer auf und zu, so daß sie alle aussahen wie riesige Sparbüchsen, die nach einem gleichen Muster in der Fabrik gefertigt und aufgestellt waren.
Das war ja einigermaßen langweilig, aber der Maler meinte, daß es doch ganz schön wäre, so reich zu sein, und er dachte sich eine Menge Dinge aus, die er gerne kaufen wollte. Doch immer, wenn er nach etwas fragte, war es schon da, und es wurde ihm gleich gebracht, sobald er nur einem Lakaien ein Goldstück in das Sparkassenmaul steckte. So kam der Maler um die ganze Freude.
»Das ist ja das reine Warenhaus«, sagte er, »ich weiß nicht, was ich dann eigentlich hier noch suchen soll. Ich will wenigstens ein bißchen spazierengehen und mir überlegen, was ich vielleicht mit dem vielen Gelde anfangen könnte.«
»Das Spazierengehen kostet ein Goldstück«, sagte der Lakai und sperrte sein Sparkassenmaul auf, als der Maler die Hand auf die Türklinke legte, um ins Freie zu gelangen.

»Ich habe zwar Goldstücke genug in der Kiste«, sagte der Maler wütend, »aber es ist doch geradezu blödsinnig, daß ich für das Spazierengehen ein Goldstück bezahlen soll.«
Doch die Tür war nicht zu öffnen, und der Lakai stand davor und machte den Rachen überhaupt gar nicht mehr zu. Sein Kopf sah aus wie ein einziges großes Loch.
»Schön«, sagte der Maler, »wenn ich nicht spazierengehen darf, ohne zu bezahlen, dann gehe ich nicht spazieren. Es fällt mir nicht ein, jemand dafür ein Goldstück in den Rachen zu werfen. Ich bin nicht verrückt. Wenn ich nicht spazierengehen darf, will ich eben arbeiten. Ich will in meine Werkstatt und schaffen.«
Da aber war es, als ob alle die steifen und stummen Lakaien plötzlich Leben bekämen. Sie rissen die Sparkassenmäuler entsetzlich weit auf und schrien: »Was? Arbeiten will er? Schaffen will er? Wer soll denn dann auf der Geldkiste sitzen und uns die Goldstücke in den Rachen werfen? Nein, das gibt es nicht, hinein mit ihm in die Geldkiste!«
Und die Lakaien ergriffen den Maler, sperrten ihn in die große Geldkiste, machten den Deckel zu und setzten sich sogar noch darauf.
Wenn ich doch bloß aus dieser scheußlichen Geldkiste wieder heraus wäre! dachte der Maler, und kaum hatte er das gedacht, so versank die Stadt mit den Fabriken und rauchenden Schloten, und das herrliche Haus mit den vielen Lakaien und der gewaltigen Geldkiste war verschwunden. Der Maler aber stand wieder neben Tip-Tip-Tipsel, und aus der großen, grünen Wiese guckte noch ein Kopf hervor, mit einem Maul wie eine Sparbüchse, und klappte die Kinnlade voller Erbosung auf und zu.
»War es schön?« fragte Tip-Tip-Tipsel.
»Es war entsetzlich«, sagte der Maler, »ich möchte wahrhaftig nie wieder in einer Geldkiste eingesperrt sein. Es ist sehr dunkel darin, die Luft ist allzu schlecht, und es ist überhaupt ein recht enges Behältnis.«
»Ja, die Geldkiste darf eben nicht so groß sein, daß der ganze Mensch darin verschwindet«, sagte Tip-Tip-Tipsel, »auf der Erde wärest du auch nicht so bald wieder aus einer Geldkiste herausgekommen. Es ist nur gut, daß du das im Tal der Träume erlebt hast, da konntest du dich gleich wieder weg-

wünschen. Aber wie denkst du nun über die regengrauen Tage und über deine einsame Werkstatt?«
»Davon wollte ich gerade sprechen«, sagte der Maler, »ich möchte am liebsten gleich wieder dorthin zurück.«
Und als der Maler das gesagt hatte, glitt er über die Brücke der sieben Farben mit Tip-Tip-Tipsel zusammen auf die Erde zurück und saß in einem Augenblick wieder vor seiner Staffelei und vor dem Bilde mit der grauen Landschaft. Dann gab ihm Tip-Tip-Tipsel die Hand, sagte freundlich »Auf Wiedersehen!« und war verschwunden.
Der Maler aber nahm Pinsel und Palette und malte mit schönen, leuchtenden Farben einen großen Regenbogen in die graue Landschaft hinein, und der schimmerte wie ein Edelstein über den engen Gassen und Toren und über der Werkstatt des Lebens.
Tip-Tip-Tipsel ist noch oft zum Maler in seine Werkstatt gekommen, und sie sind beide noch oft zusammen auf der Brücke der sieben Farben in das Tal der Träume gewandert. Und der Maler malte noch viele farbenfrohe Bilder, und er malte das Tal der Träume in den Alltag des Daseins hinein. Er malte auch schöne Frauen mit Gänseschnäbeln, dicke, gelbe Zitronen mit Zöpfen und Beinen und Sparbüchsen mit gewaltigen Mäulern. Die vielen Menschen, die diese Bilder sahen, lachten darüber und fanden sie sehr komisch. Sie merkten aber gar nicht, daß gerade diese Bilder sie alle selber vorstellten.
Wie hätten sie das auch bemerken sollen? Sie schnattern in den Rosengärten, tragen ihre Zöpfe auf den Thronen oder sitzen eingesperrt in einer Geldkiste und sind niemals mit Tip-Tip-Tipsel auf der Brücke der sieben Farben aus der wirklichen Werkstatt des Lebens in das Tal der Träume gegangen.
Das ist die Geschichte von Tip-Tip-Tipsel.

Archibald Pickelbeul

In einem Blumentopf im Fenster lebte einmal ein Kaktus – dick, grün und beschaulich. Er setzte Pickel um Pickel, Beule um Beule an, und dieser Kaktus hieß Archibald Pickelbeul.

Neben ihm stand eine Rose und reckte duftende Blüten ins Sonnenlicht. Aber Herr Pickelbeul nahm kein Interesse an ihr, weder ein sachliches noch ein persönliches. Denn sachliche Interessen hatte er überhaupt nicht, und sein persönliches Interesse erschöpfte sich restlos darin, seinen fetten grünen Bauch in der Sonne zu wärmen und Pickel um Pickel und Beule um Beule anzusetzen, aber langsam und ohne Übereilung. Der Pickel, der heute nicht kommt, kommt morgen, und die Beule, die morgen nicht kommt, kommt übermorgen. Also war Archibald Pickelbeul.

»Dasein ist alles«, sagte Archibald Pickelbeul – und er war da.

»Herr Pickelbeul«, meinte die Rose und neigte verbindlich eine Blüte zu ihm hinüber, »wollen Sie nicht auch einmal blühen?«

»Wozu?« fragte Archibald Pickelbeul.

»Es ist Sommer, und die ganze Natur jubelt.«

»Soll sie ruhig tun«, sagte Archibald Pickelbeul.

»Sie verjüngt sich.«

»Das tu ich auch, Beule um Beule.«

»Ihre Beulen in Ehren, aber Sie sollten blühen«, sagte die Rose, »warum blühen Sie nicht?«

»Es juckt mich nicht«, sagte Archibald Pickelbeul unhöflich.

»Es juckt Sie nicht?« fragte die Rose enttäuscht. »Was hat denn das damit zu tun? Muß es Sie jucken, damit Sie blühen? Ist Blühen nicht Schönheit, die von selbst in der Sonne erwacht? Ein Mysterium?«

»Nun ja, dann juckt's doch«, sagte Archibald Pickelbeul.

Über die Scheiben seines Glases guckte der Laubfrosch Moritz Fingerfeucht. In der ihm eigenen pneumatischen Art klebte er an seiner Umgebung und blickte mit ebenso vorwurfsvollen als erheblichen Augen auf Archibald Pickelbeul.

»Sie sollten nicht davon reden, daß es Sie juckt«, sagte er, »man sollte viel eher meinen, daß es einen selbst jucken kann, wenn man Sie ansieht samt Ihren Haaren und Stacheln. Ich möchte mich nicht auf Sie setzen.«

»Dazu habe ich Sie auch nicht eingeladen«, sagte Archibald Pickelbeul nicht unrichtig.

»Herr Pickelbeul«, sagte Moritz Fingerfeucht, »Herr Archibald Pickelbeul, gerade wenn man so aussieht wie Sie, sollte man etwas für die Schönheit tun und wenigstens blühen.«

»Was tun denn Sie für die Schönheit?« fragte Archibald Pickelbeul geärgert.
Moritz Fingerfeucht machte mit dem schlüpfrigen Arm eine großartige Geste. »Ich singe – und auch wenn ich nicht sänge, ich bin schön an sich«, sagte er mit bescheidenem Selbstbewußtsein.
»Tun Sie Ihren großen Mund zu«, sagte Archibald Pickelbeul.
»Ich weiß, Herr Pickelbeul ist mehr für das Zweckmäßige«, sagte die Rose einlenkend, »aber, mein lieber Herr Pickelbeul, sehen Sie sich Frau Knolle im Garten unten an, eine brave Kartoffelmutter und eine hochachtbare Person. Sie übersieht keineswegs die Notwendigkeit der Beulenbildung in der Erde, aber auch sie blüht regelmäßig und ohne daß es sie juckt. Blühen ist Schönheit, die von selbst in der Sonne erwacht ...«
»Ich weiß schon«, sagte Archibald Pickelbeul.
»Ich nehme ein gewisses biologisches Interesse an Ihnen«, sagte Moritz Fingerfeucht, »wann juckt es Sie, und wann und wo blühen Sie?«
»Wenn's mich eben juckt«, sagte Archibald Pickelbeul, »irgendwann und irgendwo, wahrscheinlich auf dem Bauch.«
»Archibald«, flötete die Rose und streute eine duftende Blüte über ihn, »der Sommer ist da, die Sonne scheint, und alles blüht – Archibald, willst du nicht auch blühen?«
»Aber wenn's mich doch nicht juckt!« schrie Archibald Pickelbeul voll Erbosung.
Viele Leute heißen Archibald Pickelbeul oder so ähnlich. Pickel um Pickel und Beule um Beule setzen sie an, eine stacheliger als die andere. Sie blühen gar nicht oder selten einmal, irgendwann und irgendwo, meistens auf dem Bauch. Aber sonst – Sommer, Sonne, Schönheit – es juckt sie eben nicht!

Porzellan

Porzellan ist so rein, so weiß und kühl, und man sollte gar nicht glauben, wie lebendig es werden kann, und so ist vieles im Leben, das aussieht wie Porzellan. Am Tage steht es stumm und steif und zierlich da, aber wenn die Sonne gesunken ist und die letzten Lampen in der Dämmerung erlöschen, dann atmet das Porzellan tief auf im blauen Mondlicht und regt sich und redet. Und beim Porzellan ist es auch so, daß die größten Schnauzen am meisten reden. Aber das ist gar nicht immer gut.

»Der Mondschein ist heute so fade«, sagte eine alte Kaffeekanne, die eine große und spitze Schnauze hatte und zur Kritik neigte. Alte Kaffeekannen haben meistens spitze Schnauzen und neigen zur Kritik.

Die Kaffeetassen um sie herum klirrten leise Beifall. Sie hatten dasselbe Muster und richteten sich ganz nach der Kaffeekanne.

»Wir sind eben immer der gleichen Meinung, meine Damen«, sagte die Kaffeekanne befriedigt, »das kommt daher, weil wir alle aus derselben Familie sind und das gleiche vornehme, solide Zwiebelmuster haben, so gar nichts Leichtsinniges oder Selbständiges. Aber dort über uns, o du lieber Himmel, was ist das für eine bunte, gemischte Gesellschaft! Es ist mir, als stieße ich mich an eine scharfe Ecke, wenn ich daran denke, welch ein Gesindel über uns im Glasschrank steht.«

Die Kaffeekanne schlug die Augen in frommer Ergebung nach oben. Denn über ihr standen eine Nymphe und ein Mohr, eine Schäferin und ein Lautenspieler, und schließlich noch ein Chinese ohne Beine. Die alle konnten durch die Glasscheibe heruntergucken, und das taten sie auch. Es stand auch noch ein schwarzer Teufel dabei mit gruseligen, roten Augen und Hörnern auf dem Kopf. Aber über den sagte die Kaffeekanne grundsätzlich nichts Abfälliges, denn die Kaffeekannen mit der gespitzten Schnauze und der Teufel haben irgendwie gemeinsame Interessen.

»Sehen Sie nur, meine Damen«, sagte die Kaffeekanne, »diese entsetzliche Nymphe! Hat sie irgend etwas an? So gut wie nichts! Es ist unsagbar peinlich. Wenn man bedenkt, daß die kleinen, unschuldigen Mokkatassen das sehen könnten!«

Die Kaffeetassen klirrten, und die kleinen, unschuldigen Mokkatassen kicherten vor Vergnügen, denn sie hatten natürlich alles gesehen.

»Was sagen Sie dazu, liebe Kusine?« fragte die Kaffeekanne eine dicke Teekanne, die neben ihr saß, und stieß sie mit dem Henkel in die Seite, »ist es nicht empörend?«

Die Teekanne war rund, sanft und behaglich. Sie schlummerte beinahe immer und verstand niemals, wenn man sie etwas fragte. Als die Kaffeekanne sie anstieß, hob sie den Deckel ab und grüßte.
»Guten Abend«, sagte sie und schlief wieder ein.
»Haben Sie denn gar nichts anzuziehen?« rief die Kaffeekanne nach oben und schielte bedenklich nach der Nymphe, »in Griechenland ist es wohl sehr warm, Mademoiselle? Aber hier sind wir nicht in Griechenland, sondern woanders.«
Damit, daß man hier nicht in Griechenland war, sondern ganz woanders, hatte die Kaffeekanne nur allzu recht.
Die Nymphe sagte kein Wort und kehrte der Kaffeekanne einfach den Rücken zu. Sie war auf dem Rücken genauso nackt wie vorne.
»Entsetzlich, meine Damen«, sagte die Kaffeekanne, »und sehen Sie einmal den schwarzen Mohr an. Ist das nicht scheußlich? Wenn man so schwarz ist, soll man nach Afrika gehen. Hier bei uns ist das doch eine Blamage.«
Daß der Teufel auch so schwarz war, ja, noch schwärzer, darüber sagte die Kaffeekanne kein Wort.
»Pst, Sie! Schwarzer!« rief die Kaffeekanne nach oben, »warum gehen Sie nicht nach Afrika?«
Der kleine Mohr aber hatte ein anderes Temperament als die griechische Nymphe.
»Bäh!« sagte er und streckte der Kaffeekanne die Zunge heraus.
Als der Teufel sah, daß es Streit geben würde, rieb er sich die Hände vor Vergnügen, rollte die roten Augen und kokettierte mit den Hörnern. Er hatte Sympathien für die alte Kaffeekanne, denn sie sorgte immer dafür, daß es ihm erfreulich ging und daß er etwas zu tun hatte.
Der Chinese sagte nichts und nickte mit dem Kopf. Es war dies das einzige, was er wollte oder konnte. Er hatte keine Beine, sondern nur einen Bauch, gelb wie eine Zitrone, und auf dem Bauch einen Kopf, mit dem er wackelte. Mehr brauchte er nicht, denn er war ein Weiser aus China, und da genügt das. Die Kaffeekanne konnte ihn eigentlich auch nicht leiden, aber da er auf alle Beleidigungen, die sie ihm zugerufen hatte, nur immer freundlich mit dem Kopfe nickte, fand sie es langweilig und ließ ihn in Ruhe. »Wackelkopf«

war das letzte, was sie über ihn gesagt hatte, und das ist für einen Weisen aus China immerhin ein ziemlich starker Ausdruck. Aber auch dazu hatte er genickt, und seitdem hielt sie ihn für blödsinnig.
»Bäh!« sagte der kleine Mohr noch einmal und streckte die Zunge zum zweiten Male heraus. Es war eine lange, breite, rote und gesunde Zunge.
»Dieser schwarze Bengel ist abscheulich«, sagte die Kaffeekanne, »mein Himmel, was sind das für afrikanische Manieren mitten unter unserem vornehmen Zwiebelmuster! Aber diese nackte Nymphe und der eklige kleine Mohr sind noch lange nicht das Schlimmste. Das Schlimmste, meine Damen, ist das Liebespaar über uns, das sich nicht schämen wird, sich demnächst vor unseren Augen zu küssen!«
Die Kaffeetassen klirrten entrüstet und sahen neugierig nach oben. Dort saß eine niedliche kleine Schäferin mit einem Blütenkranz im Haar, und vor ihr kniete ein Pierrot mit einer Laute und sang für sie ein altes Liebeslied aus der Provence. Sie sah zu ihm hinunter und wippte mit dem zierlichen Fuße den Takt der Melodie, die schon so viele vor ihnen gesungen hatten, im blauen Mondlicht und mit dem Blütenkranz im Haar.
Der Teufel rollte mit den roten Augen, kokettierte mit den Hörnern und rieb sich die Hände vor Vergnügen. Auf dem Gebiet der Liebe waren die alten Kaffeekannen mit der spitzen Schnauze für ihn von unschätzbarer Bedeutung.
Die feine Porzellanuhr aber, die ganz oben auf dem Glasschrank über allen stand und allen ihre Stunden schlug, wollte auch wirklich gerade die Stunde schlagen, zu der die Schäferin und der Pierrot sich küssen sollten. Denn die Uhr geht ihren Gang, und sie nimmt keine Rücksicht auf die alten Kaffeekannen und ihre spitzen Schnauzen.
»Ja, das ist das Schlimmste«, sagte die Kaffeekanne, »aber das Allerschlimmste ist es noch nicht. Das Allerschlimmste, meine Damen, ist . . .«
Die Kaffeetassen zitterten vor Aufregung, und die unschuldigen, kleinen Mokkatassen kicherten vor Vergnügen.
»Liebe Kusine, hören Sie auch, was das Allerschlimmste ist?« fragte die Kaffeekanne und stieß die dicke Teekanne mit dem Henkel an.

Die Teekanne wachte auf, hob den Deckel ab und grüßte.
»Guten Abend«, sagte sie und schlief wieder ein.
»Das Allerschlimmste, meine Damen, ist, daß diese Liebenden, an denen wir mit Recht Anstoß nehmen, sich nicht einmal treu sind! Der Pierrot hat soeben mit der nackten Nymphe Blicke getauscht, und die leichtsinnige Schäferin hat ihren Blütenkranz dem schwarzen Negerscheusal geschenkt.«
Der Teufel rieb sich die Hände derartig vor Wonne, daß sie anfingen abzufärben und helle Flecken bekamen.
Es war aber gar nicht wahr, was die Kaffeekanne gesagt hatte. Denn die Nymphe hatte sich abgewandt, und auf dem Rücken hat auch eine Nymphe keine Augen, und der kleine Mohr hatte keinen Blütenkranz in der Hand, sondern ein großes Messer, wie das für einen Schwarzen aus Afrika einfach zur Garderobe gehört. Es war aber kein Mordmesser, sondern ein Messer für Butterbrote, denn der kleine Mohr war eine ganz harmlose Person und bloß aus Porzellan.
Die Lauten aber und die Herzen sind empfindliche Dinge, auch wenn sie nicht aus Porzellan sind, und sie fragen nicht immer, ob etwas wahr ist oder nicht. Und so geschah es, daß eine Saite auf der Laute des Pierrots zerriß und das Herz der kleinen Schäferin einen Sprung bekam. Das alte träumende Liebeslied aus der Provence verstummte, der Pierrot sah traurig zu Boden, und die kleine Schäferin sah traurig zur Seite. Die feine Porzellanuhr über ihnen schlug silbern die Stunde, da sie sich küssen sollten. Aber es war nicht mehr ihre Stunde, die ihnen schlug, und sie küßten sich nicht mehr. Es ist etwas Trauriges um einen Sprung im Herzen und um eine zerrissene Saite.
Der kleine Mohr aber war der Tapferste von allen. Er ergrimmte, als er das alles sah, so sehr, daß er sein Butterbrotmesser von sich warf und einen Putzlappen erwischte. Und mit diesem Putzlappen sprang er durch den schmalen Spalt zwischen den Fächern des Glasschrankes hindurch und stopfte der Kaffeekanne die spitze Schnauze, so daß sie nicht einmal mehr das Wort Kaffee aussprechen konnte.
Als aber der Teufel das sah, rieb er sich nicht mehr die Hände, sondern ihm wurde mit einem Male sehr flau zumute. Und dann fiel er um und zerbrach in lauter Scherben. Denn immer, wenn einer alten Kaffeekanne die spitze Schnauze gestopft

wird, wird einem Teufel flau, und er geht kaputt. Darum kann man das gar nicht oft und nachdrücklich genug besorgen.
Die Nymphe lachte, und der kleine Mohr strich sich ein Butterbrot mit dem großen Butterbrotmesser, und das hatte er gewiß reichlich verdient. Die Schäferin sah den Pierrot an, und der Pierrot sah die Schäferin an, und dann küßten sie sich doch noch. Die Uhr aber tat ihnen den Gefallen und schlug die Stunde, die ihnen bestimmt war und die sie verpaßt hatten, noch einmal.
Es geschieht nur ganz selten im Leben, daß eine Stunde, die einem bestimmt war und die man verpaßt hat, noch einmal wieder schlägt. Darum soll man sehr vorsichtig sein mit allem, was von Porzellan ist und was so leicht einen Sprung bekommt. Nachher ist es zu spät.
Es haben ja wohl alle irgendeinen Sprung im Herzen, und daran ist selten etwas zu ändern. Und man mag wohl einen Sprung im Herzen bekommen um eine zerrissene Saite und um ein verstummtes Lied, um einen Kuß, der nicht geküßt wurde, oder um eine Stunde, die einem niemals schlug – aber keinesfalls soll man einen Sprung bekommen bloß wegen der spitzen Schnauze einer alten Kaffeekanne. Die soll man tüchtig mit einem Putzlappen stopfen, wo man sie nur immer findet. Denn die ist keinen Sprung im Herzen wert.
Der Weise aus China ohne Beine und mit dem gelben Bauch meinte wohl ganz dasselbe, denn er nickte mit dem Kopfe dazu. Aber es ist freilich wahr, daß er auch vorher stets mit dem Kopf genickt hatte. Wahrscheinlich konnte er gar nicht anders, und dann darf man auch nicht allzuviel darauf geben. Vielleicht war er auch gar kein Weiser, denn eigentlich war er nicht aus China, sondern aus Meißen.
Die dicke Teekanne aber hatte die ganze Geschichte verschlafen, und sie wußte nichts von einem Sprung im Herzen. Nur als der Teufel in Scherben ging, wachte sie schnell ein bißchen auf, hob den Deckel ab und grüßte.
»Guten Abend«, sagte sie und schlief gleich wieder ein.

Mittsommernacht

Die hellblaue Dämmerung der Mittsommernacht hatte sich über Wald und Wiesen gebreitet, und die Fledermäuse waren fleißig umhergeflattert und hatten es überall gemeldet, daß heute zur Sonnenwende die Elfen im Elfenring tanzen würden. Und als die Nacht tiefblau geworden war und die Sterne über ihr hingen wie goldene Ampeln, da traten die Elfen in den Elfenring und faßten sich bei den Händen. Sie trugen Schleier von Spinnweb, und in ihren hängenden Haaren saßen Leuchtkäfer und bildeten smaragdene Diademe im Elfenhaar, wie sie kein Goldschmied der Welt hätte schmieden können. Die Leuchtkäfer aber taten das ganz ohne Mühe und aus lauter Gefälligkeit. Viele Tiere des Waldes, welche die Fledermäuse eingeladen hatten, waren gekommen, um zuzusehen, denn der Tanz der Elfen in der Mittsommernacht ist etwas ganz Besonderes. Die Welt harrt ja auf Erlösung, und zu jeder Sonnenwende fragt sie, ob es die große Sonnenwende ist und ob es Tag wird um Balders Bahre.

Es waren seltene Gäste unter den Tieren, und ein Einhorn und ein Bär wurden besonders bestaunt, die in grauen Zeiten hier im Walde gelebt hatten und nun im Geisterlande wohnten. Aber heute waren sie gekommen, denn in der Mittsommernacht verschwistern sich alle Welten, alle Geheimnisse von Gottes Schöpfung reden und werden sichtbar dem, der hören und sehen kann. Die Menschen können das nicht mehr, seit Balder von Loki getötet wurde, und seitdem sind die Menschen böse geworden zu den Tieren und zu den Märchenwesen. Aber es wird eine Wacht gehalten an Balders Bahre, und einmal wird er erwachen im Morgenlicht zur Sonnenwende, und darauf wartet die Welt.

Die Fledermäuse hatten sich, erschöpft von den vielen Einladungen, an den Ästen der Bäume aufgehängt, mit dem Kopf nach unten, so daß sie bequem zuschauen konnten. Auf der Spitze einer Tanne aber hockte ein Rabenrat von drei Raben, der immer »krah« sagte, und darum war er sehr beliebt, denn man hielt das stets für eine Zustimmung. Die Rabenräte, die nur »krah« sagen, sind ja auch anderswo eine sehr geschätzte Einrichtung. Die Pilze waren geradezu zahllos erschienen, denn die Pilze sind neugierig und erscheinen bei allen solchen

Festlichkeiten, obwohl es ihnen große Mühe macht, auf ihren kurzen Beinen heranzuwackeln. Sie stören eigentlich sehr, denn alle müssen darauf achten, sie nicht zu treten, weil sie so viele sind und einer kleiner ist als der andere.
»Du frierst doch nicht?« fragte eine Elfe einen alten Stein, der nahe am Elfenring stand und sich den Moosrock sorgsam enger zog.
»Nein, vielen Dank, ich friere nicht«, sagte der alte Stein, »wenn man viele tausend Jahre die Nebel der Erde um sich herum gehabt hat, friert man nicht mehr so leicht. Auch schaffen wir uns ja, wenn wir älter werden, die warmen Moosröcke an. Aber es krabbelt so sonderbar auf meinem Rücken und auf meinem Kopf, darum zog ich mir den Moosrock und die Moosmütze fester.«
Die Elfe guckte hin. Auf dem Kopf des alten Steines saß ein Igelkind und schnullte an der Pfote.
»Es ist bloß ein Igelkind«, sagte die Elfe, »tu die Pfote aus dem Mund, Kleiner.«
»Die Feier im Elfenring beginnt!« rief die Elfenkönigin und schwang eine blaue Glockenblume als Zepter.
»Krah«, krächzte der Rabenrat beifällig und putzte sich die Federn.
Das Igelkind sah die Elfenkönigin an. Sie gefiel ihm über alle Maßen, und es beschloß, sich bald mit ihr bekannt zu machen.
»Pfui«, sagte die Elfenkönigin, »wer ist denn das?«
»Pfui«, riefen die Elfen, »mit dem wollten wir nicht tanzen.«
»Den haben wir auch gar nicht eingeladen«, meinten die Fledermäuse und raschelten erbost mit den Flughäuten.
»Das ist der Zauberer Zitterzipfel«, sagte ein Eichhörnchen, »ich kenne ihn, denn ich werfe ihm manchmal Tannenzapfen auf den Kopf.«
Auf der grünen Wiese saß der Zauberer Zitterzipfel, ein langes, dürres, gelbes Scheusal mit einem hohen, lächerlichen Hut, und rührte mit dem Kochlöffel in einer Suppenschüssel.
»Zitterzipfel«, fragte die Elfenkönigin, »Zitterzipfel, was ist das für ein alberner Hut, den du auf dem Kopf hast?«
»Das ist der Hokuspokushut meiner Wissenschaft, und er ist bei den Menschen sehr geschätzt«, sagte der Zauberer Zitterzipfel.

»Zitterzipfel«, fragte die Elfenkönigin, »Zitterzipfel, was ist das für eine eklige Suppe, in der du rührst?«
»Das ist meine Giftsuppe, die ich immer rühre, und sie ist bei den Menschen sehr beliebt«, sagte der Zauberer Zitterzipfel.
»Zitterzipfel«, sagte die Elfenkönigin, »wir sind hier nicht bei den Menschen, und wir machen uns gar nichts aus dem Hokuspokus deiner Wissenschaft und aus deiner ekligen Suppe.«
»Immer wenn Sonnenwende gefeiert wird, kommt irgend solch ein Zauberer Zitterzipfel, wackelt mit seinem Hokuspokushut und rührt seine Giftsuppe dazu«, murrten die Tiere, »Zitterzipfel soll machen, daß er fortkommt. Hier geht es anständig zu, wir sind hier nicht unter Menschen.«
»Zitterzipfel«, sagte die Elfenkönigin, »du hörst, daß du hier nicht beliebt bist. Wir haben dich auch nicht eingeladen. Mach, daß du fortkommst.«
Aber der Zauberer Zitterzipfel blieb sitzen. Er wackelte mit dem Hokuspokushut seiner Wissenschaft und rührte emsig in seiner Giftsuppe herum. Die Zitterzipfels sind überaus zähe Leute. Es ist ihnen ganz gleich, ob man sie eingeladen hat oder nicht. Sie kommen überall hin und rühren ihre Giftsuppen.
Der Bär brummte, und das Einhorn bewegte sein Horn bedenklich hin und her.
»Wir wollen uns nicht um Zitterzipfel kümmern«, rief die Elfenkönigin, »mag er seine giftige Suppe rühren, wo er will. Kommt, wir wollen den Elfenring schließen und den Elfenreigen tanzen! Wer will heute mein König sein für eine blaue Mittsommernacht?«
Alle schwiegen, denn das war eine große Ehre, und es wagte sich niemand zu melden. Bloß dem Igelkind schien nun der richtige Augenblick gekommen, um sich mit der Elfenkönigin bekannt zu machen.
»Ich will dein König sein!« rief es und sah die Elfenkönigin aus seinen schlauen Äuglein liebevoll an.
Die Elfenkönigin schaute auf das Igelkind und lachte.
»Tu die Pfote aus dem Mund, Kleiner«, sagte sie.
»Dich werde ich gleich in meine Giftsuppe stopfen«, sagte der Zauberer Zitterzipfel und streckte den dürren, langen Arm nach dem Igelkind aus, »solche Versuche sind die vornehmste Beschäftigung der Zitterzipfels, und davon haben sie ihre große Hokuspokuswissenschaft.«

»Untersteh dich!« riefen die Elfen und stellten sich vor das Igelkind.
»Fort mit dem Zitterzipfel!« befahl die Elfenkönigin.
In demselben Augenblick stürzten sich der Bär und das Einhorn auf den Zauberer Zitterzipfel. Das Einhorn stieß ihn mit dem Horn vor den Bauch, daß er umfiel und die Giftsuppe verschüttete, und der Bär ohrfeigte ihn und drückte ihm mit den Tatzen den Hokuspokushut ein. Und als der hohe Hut in sich zusammenfiel, da sah man es deutlich, daß er eigentlich bloß eine künstlich aufgeblasene Zipfelmütze war, und das erlebt man bei allen Hokuspokushüten, wenn man sie bloß richtig anfaßt. Darum soll man das immer eifrig tun, denn wir haben viel zu viele aufgeblasene Zipfelmützen in der Welt.
Der Zauberer Zitterzipfel zitterte am ganzen Leibe vor Wut. Aber er setzte sich wieder auf die grüne Wiese vor dem Elfenring und blieb dort sitzen. Die Zipfelmütze blies er wieder sehr kunstvoll auf und stopfte den Kochlöffel in die Suppenschüssel. Bloß die Giftsuppe war ausgeronnen, und das tat ihm sehr leid. Er spuckte aber mit Überzeugung in die Schüssel, um das wieder zu ersetzen. Die Zitterzipfels sind überaus zähe Leute. Man kann sie vor den Bauch stoßen, wie oft man will, und man kann ihnen den hohen Hokuspokushut ihrer Wissenschaft eintreiben, sie bleiben sitzen und spucken und rühren weiter in ihrer ekligen Giftsuppe. Sie werden wohl erst verschwinden, wenn die große Sonnenwende kommt und Balder erwacht.
»Der Bär soll mein König sein!« rief die Elfenkönigin, »für die Ohrfeigen, die er Zitterzipfel gegeben hat, und weil er ihm seinen albernen Hut vom Kopfe schlug. Der Bär soll mein König sein für diese blaue Mittsommernacht!«
»Krah«, sagte der Rabenrat und schlug begeistert mit den Flügeln, und alle Pilze schrien: »Hoch!«
Der Bär lächelte, daß seine Mundwinkel bis an die Ohren reichten.
»Viel Ehre, viel Ehre«, murmelte er, »darauf habe ich nicht gerechnet, ich war ja eigentlich nur hierhergekommen, um mich ein wenig zu zerstreuen.«
»Komm zu mir, Meister Petz!« sagte die Elfenkönigin. Da trottete der Bär zur Elfenkönigin und setzte sich neben sie, und sie krönte ihn mit einer kleinen, goldenen Krone zu

ihrem König für eine blaue Mittsommernacht. Das Krönlein war so klein, daß es beinahe im Fell des Bären verschwand.
»Es wird schon halten in deinem dicken Pelz, Meister Petz«, sagte die Elfenkönigin und küßte den Bären mitten auf die Schnauze.
Der Bär beschnupperte sie voller Zärtlichkeit und flüsterte ihr Schmeicheleien ins Ohr, denn die hört auch eine Elfenkönigin gerne, und die versteht auch ein Bär in der Mittsommernacht zu sagen.
Da flammte ein Wetterleuchten auf in der Ferne, in grünen und blauen Flammen.
»Nun schlingt den Elfenreigen im Elfenring!« rief die Elfenkönigin und schwang ihr Glockenblumenzepter.
Die Elfen faßten sich bei den Händen und schlossen den Elfenring. Mit den funkelnden Diademen von Leuchtkäfern im hängenden Haar und im Wetterleuchten der grünen und blauen Flammen tanzten sie beim fernen Donnergrollen und sangen das uralte Elfenlied dazu:

»Sonnenwendesommernacht –
Habt auf seltne Wunder acht.
Silbern west im Mondenschein
Elfenring und Elfenreihn.
Aus vergeßner Modergruft
Blüht's hervor im Rosenduft,
Funkelt hier und leuchtet dort,
Grauer Zeiten goldner Hort.
Edelsteine, hell und klar,
Opferschalen am Altar,
Königskronen aus Kristall,
Blanke Waffen von Walhall.
Und die Sehnsucht bangt und fragt,
Ob's um Balders Bahre tagt.
Sonnenwendesegen spricht
Tief im Grund und hoch im Licht.
Tu uns dein Geheimnis kund,
Hoch im Licht und tief im Grund.
Habt auf seltne Wunder acht –
Sonnenwendesommernacht.«

Da lohte ein blendender Blitz auf, der Donner dröhnte, als ob Himmel und Erde bebten, der Waldgrund im Elfenring wurde

klar wie grünes Glas, und aus ihm leuchtete der heilige Hort aus dem Jugendland der Welt hervor, mit schimmernden Schalen von Edelsteinen und den blanken Waffen von Walhall.
Die Elfen verstummten, die Tiere neigten sich, und das Einhorn kniete nieder vor dem leuchtenden Hort.
»Vor abertausend Jahren habe ich diesen Schatz gesehen«, sagte es, »ich sah, wie sie die schimmernden Schalen füllten am Altar, und ich sah, wie sie diese Königskronen trugen und die blanken Waffen von Walhall. Balder starb, und die heiligen Horte versanken. Aber nun wird es wieder Licht werden um Balders Bahre.«
Der Zauberer Zitterzipfel war verschwunden. Er hatte sich in Dunst aufgelöst und mit ihm der Hokuspokus seiner Wissenschaft. Die Zitterzipfels sind überaus zähe Leute. Sie kommen überall hin, wo man sie nicht eingeladen hat, und wenn man sie auch vor den Bauch stößt und ihnen den Hokuspokushut vom Kopfe schlägt, daß er zur Zipfelmütze wird — sie bleiben ruhig sitzen und rühren weiter in ihrer Giftsuppe. Aber die schimmernden Opferschalen aus dem Jugendland der Welt und die blanken Waffen von Walhall können sie nicht ertragen. Dann lösen sie sich in Dunst auf, denn daraus sind sie geboren samt ihrer ganzen Hokuspokuswissenschaft.
Oben auf dem Gipfel des grünen Hügels aber stand Frau Freya. Sie breitete die Arme weit in die Mittsommernacht, und ihr zu Füßen saßen ihre wundervollen Katzen und schauten mit smaragdnen Augen auf den leuchtenden Hort aus dem Jugendland der Welt.
Die Elfenkönigin senkte ihr Zepter der blauen Glockenblume.
»Nun ist die große Sonnenwende gekommen«, sagte sie, »wir alle können erlöst werden, und die Menschen werden wieder zurückgerufen in das Jugendland der Welt, zur Geschwisterschaft mit den Tieren und Märchenwesen, zum Garten, der einmal war. Aber wer wird uns helfen, wer wird die Opferschalen füllen und die Waffen von Walhall wieder aufnehmen?«
»Es gibt noch Menschen, die Lichtwaffen tragen«, sagte der Bär. »Heute bin ich ja nur im Urlaub hierhergekommen, um mich ein wenig zu zerstreuen. Aber sonst geleite ich eine

Menschenseele, die Lichtwaffen führt, und helfe sie betreuen mit meinen Tatzen. Ich will gehen, um ihr von dieser Mittsommernacht zu erzählen und ihr zu sagen, daß sie nicht mehr so allein steht und daß die große Sonnenwende gekommen ist.«

Und der Bär küßte die Elfenkönigin und verschwand im Walde. Auch die anderen Tiere wandten sich langsam ab und wanderten hinaus in den Wald, um es überall zu erzählen, daß der heilige Hort aus dem Jugendland der Welt wieder emporgetaucht sei und daß es wieder Licht werde um Balders Bahre. Auch der Rabenrat sagte »krah« und löste sich auf. Der Morgen graute, die Leuchtkäfer erloschen im Elfenhaar, die Elfen schwebten in den grünen Tannengrund hinaus, und leise verklang ihr Lied in der Ferne:

»Habt auf seltne Wunder acht –
Sonnenwendesommernacht.«

Frau Freya aber stieg vom Hügel herab mit ihren Katzen. Sie stellte sich vor den heiligen Hort und wartete auf die Sonne.

Dem Igelkind gefiel Frau Freya über alle Maßen, und es beschloß, sich bald mit ihr bekannt zu machen.

»Nun kommt, die ihr berufen seid«, rief Frau Freya, »füllt wieder die Opferschalen und tragt die Waffen von Walhall!«

»Das will ich gern besorgen«, sagte das Igelkind und sah Frau Freya aus seinen schlauen Äuglein liebevoll an.

Frau Freya neigte sich tief zum Igelkind hinab.

»Tu die Pfote aus dem Mund, Kleiner«, sagte sie.

Da ging die Sonne auf, und Frau Freyas Katzen schnurrten.

Die Sonne durchlichtete den alten, heiligen Hort aus dem Jugendland der Welt mit ihren vergotteten Strahlen, und die Sonnenkräfte füllten die schimmernden Schalen von Edelstein und weihten die blanken Waffen von Walhall. Denn die Zeit der großen Sonnenwende ist gekommen, und es wird wieder Licht werden um Balders Bahre.

Aber erst wird ein Gewitter heraufziehen, um die Welt zu reinigen, mit Blitz und Donner, daß Himmel und Erde beben!

Schlafittchen

Bevor ich sage, wer Schlafittchen war, muß ich erst etwas von der Gletscherfrau erzählen. Die Gletscherfrau wohnte hoch oben in den Bergen auf einem Gletscher und war ganz aus Eis. Nur auf dem Kopf hatte sie ein bißchen Schnee, da, wo andre Leute die Haare haben. Das konnte nicht anders sein, denn sonst hätte sie nicht immer oben auf dem Gletscher leben können. Die Gletscherfrau war sehr alt und sehr dick und groß, denn jedes Jahr fror sie etwas dazu, und so war sie allmählich sehr umfangreich geworden. Dazu aß sie auch jeden Tag Kräutereis, das sie ganz vorzüglich zu bereiten verstand. Sie konnte das so schön machen, daß sie Köchin bei der Eiskönigin geworden war, und das will gewiß viel heißen, denn die Eiskönigin, die tief unten im blauen Gletschereis lebte, hatte eine Krone auf dem Kopf und war eine sehr anspruchsvolle Person. Es ist vielleicht nicht ganz richtig, wenn ich sage, daß die Gletscherfrau Köchin bei der Eiskönigin war, aber wie soll man das anders sagen? Kochen tat sie natürlich nicht richtig, denn heiße Sachen konnten die kalten Leute gar nicht vertragen, sondern nur Kräutereis. Wenn die Gletscherfrau oder die Eiskönigin, zum Beispiel, eine Tasse heißen Tee getrunken hätten, so wäre ihnen der ganze Magen weggeschwommen. Kräutereis aber aßen sie jeden Tag, und sie froren immer fester dadurch und wurden dick und gesund dabei. Die Leute sind eben verschieden.

Es war dies aber durchaus nicht die einzige Tätigkeit, welche die Gletscherfrau hatte, sie war eine sehr rührige alte Dame und war den ganzen Tag über beschäftigt. Sie fegte und putzte den Gletscher, und außerdem guckte sie eifrig nach, ob sich nicht irgendwo in den Gletscherspalten ein Eiskind bildete, so ein kleines Geschöpf, das einmal in vielen Jahren eine Gletscherfrau oder ein Gletschermann werden könnte. Meist wurden diese Eiskinder aber Gletscherfrauen, denn die Arbeiten auf dem Gletscher sind durchaus hausfraulicher Natur. Es war das so, daß sich erst einmal ein paar kleine Arme und Beine bildeten, grade aus dem blauen Eise heraus, und dann ein Kopf mit zwei runden und noch ein bißchen dummen Augen. Das sah sehr spaßhaft aus, und man kann es wohl verstehen, daß es der Gletscherfrau viel Freude machte, dabei

zuzusehen. Sie war auch sehr kinderlieb. Wenn nun solch ein Eiskind mit den kleinen Armen und Beinen und den runden, ein bißchen dummen Augen einigermaßen fertig war, dann brach es die Gletscherfrau aus dem Eise heraus und stellte es auf die Füße, so daß es laufen konnte. Erst tunkte sie es noch einmal in Gletscherwasser und putzte es tüchtig mit einem Schneetuch ab. Dann war das Eiskind fertig und konnte wachsen. Mittags fütterte die Gletscherfrau alle die vielen kleinen Eiskinder mit Kräutereis, und sie paßte auch sehr auf, daß keines von ihnen zuviel in die Sonne ging, damit es nicht zu schmelzen anfing, denn das wäre schade um alle die Mühe gewesen.
So hatte die Gletscherfrau schon viele, viele kleine Eiskinder abgebrochen, getunkt, geputzt und gefüttert, so daß der Gletscher geradezu von ihnen wimmelte. Das jüngste und kleinste der vielen Eiskinder aber hieß Schlafittchen. Selbstverständlich weiß ich auch, wie alle die anderen hießen, aber es hat keinen Sinn, daß ich es sage, und wir haben auch keine Zeit dazu, denn diese Geschichte ist die Geschichte von Schlafittchen, und das kommt daher, weil Schlafittchen etwas ganz Großes erlebte und die anderen Eiskinder nichts erlebten, sondern bloß umherliefen und weiterfroren. Warum, weiß ich nicht, und das ist auch ganz einerlei.
Eines Tages spielten die Eiskinder miteinander und warfen sich mit Schneebällen. Die Schneebälle flogen hin und her, und nachher liefen sie auf dem Gletscher immer weiter und sprangen über die Spalten, es sah sehr lustig aus. Denn es ist nicht so, daß die Schneebälle keine lebendigen Geschöpfe sind, sondern sie bekommen, wenn sie nur auf die Erde geworfen werden, sofort Augen, Mund und Nase und sehr viele kleine Beine, auf denen sie schrecklich schnell weiterlaufen, so daß es aussieht, als wenn sie rollten. Aber das ist nicht wahr, sie laufen auf den kleinen Beinen, und man kann sich denken, wie schnell das geht, denn sie haben die Beine überall, auf allen Seiten, oben und unten, auf der ganzen Schneekugel, und diese Kugel ist für sie der Kopf und der Leib zugleich. Ich muß das einmal sagen, weil darüber viele falsche Vorstellungen in Umlauf sind. Die Schneebälle sind meistens sehr frech, was leider wahr ist, und der kleinste war der frechste von allen.

»Tante Kühlkopf«, sagte der kleine Schneeball zur Gletscherfrau, »weißt du was? Ich werde eine Lawine werden und die Welt in Schrecken setzen.«
Es ist nicht wahr, daß die Gletscherfrau Tante Kühlkopf hieß, das sagte der Schneeball bloß, weil er frech war.
»Du hast den Größenwahn, Kleiner«, sagte die Gletscherfrau, »halte den Mund.«
»Tante Eisbein«, sagte der Schneeball, »ich habe neulich über den Gletscherrand geguckt, es ist eine grüne Wiese unten, dort blühen Alpenrosen, und die Sonne scheint darauf.«
Es ist auch nicht wahr, daß die Gletscherfrau Tante Eisbein hieß, das sagte der Schneeball bloß, weil er frech war.
»Sonne, Wiese und Alpenrosen sind schreckliche Vorstellungen für unsereinen«, sagte die Gletscherfrau, »halte den Mund.«
Mit diesen Worten ging die Gletscherfrau nach unten in die Tiefe des Gletschers auf einer schönen Eistreppe, um der Eiskönigin ihr Kräutereis zum Mittag zu bringen.
In Schlafittchens Seele aber war etwas Sonderbares vorgegangen, als es den Schneeball von der Wiese, der Sonne und den Alpenrosen sprechen hörte. Schlafittchens Seele war zwar eine kleine Eisseele, aber sie war um einige Grade wärmer als die der anderen Eiskinder, und das kommt auch auf einem Gletscher vor. So überkam Schlafittchens kleine Seele eine große Sehnsucht nach den Alpenrosen, und es kletterte auf seinen dünnen Beinen über den ganzen Gletscher, und am Ende rutschte es richtig auf die grüne Wiese hinunter mitten unter die blühenden Alpenrosen. Es war sehr schön dort, und die Alpenrosen steckten die Köpfe zusammen und wunderten sich über das kleine Eiskind, das auf einmal in ihre blühende Welt gekommen war. Es war aber viel zu heiß darin für Schlafittchen, und ehe sie sich's versahen, war Schlafittchen aufgetaut, und nur eine Pfütze war von ihm übriggeblieben, sonst gar nichts. Schlafittchen war das selbst sehr sonderbar vorgekommen, doch es ging so schnell, daß es nicht viel davon merkte, und das Sonderbarste war, daß es in der Pfütze weiterlebte, nur kam es sich jetzt den Alpenrosen und der grünen Wiese viel näher und verwandter vor. Es sah, wie die Alpenrosen die Köpfe nach der Sonne und nach den Wolken emporstreckten, die über sie hinzogen, und Schlafittchen war es, als

müsse es auch zu der Sonne und zu den Wolken hinaufgehen können. Und wie es das dachte, schien die Sonne immer stärker und stärker, und die Wolken kamen näher und näher, und ehe die Eidechse, die hinzugelaufen war, um sich Schlafittchen in der Pfütze zu betrachten, Zeit fand, es zu beaugenscheinigen, war Schlafittchen verdunstet, und eine Wolke hatte es mit hinaufgenommen. Und in der Wolke zitterte das Sonnenlicht.
»Wo ist Schlafittchen?« fragte die Gletscherfrau, als sie der Eiskönigin das Kräutereis gebracht hatte und die Treppe wieder hinaufgestiegen war. Denn sie sah gleich, daß eines ihrer Eiskinder fehlte.
»Schlafittchen ist auf die grüne Wiese zu den Alpenrosen gegangen«, sagte der Schneeball.
»Siehst du«, sagte die Gletscherfrau, »warum hast du davon erzählt? Das ist eine schreckliche Geschichte. Halte den Mund.«
Die Gletscherfrau machte sich sogleich auf die Eisfüße und begann Schlafittchen zu suchen, obwohl es ihr selbst erbärmlich warm wurde auf der Alpenwiese. Aber aushalten konnte sie es schon eine Weile, sie war kein Eiskind mehr, sondern eine dicke, vergletscherte Person, und bei solchen Leuten dauert es eine ganze Weile, bis die Sonne sie auftauen kann.
»Wo ist Schlafittchen?« fragte sie die Alpenrosen.
»Schlafittchen ist aufgetaut«, sagten die Alpenrosen und neigten die Köpfe, denn es tat ihnen sehr leid. »Schlafittchen ist eine Pfütze geworden.«
»Wo ist die Pfütze?« fragte die Gletscherfrau, »ich werde sie schon wieder zusammenfrieren.«
»Die Pfütze war hier«, sagte die Eidechse und wies mit der kleinen grünen Hand auf eine leere Stelle, »aber nun ist sie nicht mehr da. Schlafittchen ist verdunstet, und eine Wolke hat Schlafittchen aufgenommen und ist über die Berge gezogen ins Sonnenlicht hinein.«
Da wurde die Gletscherfrau sehr traurig und ging eilig wieder zurück zu der Eiskönigin.
»Schlafittchen ist verlorengegangen«, rief sie. »Schlafittchen ist aufgetaut.«
»Friere es wieder zusammen«, meinte die Eiskönigin.
»Das kann ich nicht«, sagte die Gletscherfrau, »Schlafittchen ist verdunstet.«

Dabei weinte sie zwei große, heiße Tränen, und das ist sehr seltsam bei einer Gletscherfrau, die doch kalt und aus Eis ist und sich von nichts als von Kräutereis nährt. Die Tränen waren so heiß, daß sie zwei Löcher in die weiße Tischdecke der Eiskönigin brannten, denn diese Tischdecke war aus Schneekristallen gewoben und vertrug keine Tränen.
Als die Eiskönigin die Gletscherfrau weinen sah, bekam sie ordentlich einen Knacks in ihrem Eisherzen, und ich glaube, wenn nicht dazwischen die kleinen Seelen aus der Gletscherwelt verschwinden würden, so würden alle die kalten Leute immer vergletschert bleiben. Es ist dies wohl auch ein Geheimnis der Welt, die wir nicht begreifen.
»Nimm die Tischdecke«, sagte die Eiskönigin, »und friere die beiden Löcher wieder hübsch zusammen. Aber ich will hinaufsteigen und mit den Wolken reden, daß sie Schlafittchen wieder hergeben.«
Da stieg die Eiskönigin hinauf in die Sternennacht, und die Sterne spiegelten sich in ihrem Diadem, und der Mond wob blasse Fäden um ihr blaues Königskleid. Die Eiskönigin aber breitete die Arme aus und rief die Wolken, daß sie alle kamen und sich über dem Gletscher zusammenballten. Es blitzte und donnerte in ihnen, es warf mit Hagel und Schnee und redete mit tausend Stimmen in der einsamen Bergeswelt.
»Wer von euch hat Schlafittchen in seinem Schoß?« fragte die Eiskönigin, »Schlafittchen ist aufgetaut, und Schlafittchen ist verdunstet, und die Gletscherfrau weint Tränen um Schlafittchen. Schlafittchen ist zu früh von hier fortgegangen, wir wollen es wiederhaben.«
»Wir geben sonst keiner Königin eine Seele wieder, nur weil sie es will«, sagten die Wolken, »aber weil die Gletscherfrau Tränen um Schlafittchen geweint hat, wollen wir ihr Schlafittchen wiedergeben.«
Da warfen die Wolken kristallenen Hagel auf den Gletscher hinab, und aus den Hagelkristallen bildete sich eine Gestalt mit kleinen Armen und Beinen und runden Augen, und das war Schlafittchen. Die Gletscherfrau nahm es eilig in die Arme und fror es zusammen, sie tunkte es in Gletscherwasser und putzte es noch tüchtig ab. Und sie war sehr froh, Schlafittchen wiederzuhaben.
Die Eiskönigin aber stieg die Treppen hinab, und der Schnee-

ball folgte ihr und sagte: »Ich werde keine Lawine werden, sondern ich werde dich heiraten.«
»Halte den Mund«, sagte die Gletscherfrau.
Die Eiskönigin lachte und nahm den Schneeball in die Hand. »Ich werde ihn als Reichsapfel benutzen«, sagte sie, »mein alter ist schon ein wenig verbraucht.«
»Nein, ich will heiraten«, sagte der Schneeball. Er wurde aber weder geheiratet noch konnte er als Reichsapfel benutzt werden, er war viel zu unruhig und rutschte auf seinen vielen Beinen so sehr in der Hand der Eiskönigin auf und ab, daß es sie kitzelte und sie den Schneeball wieder hinauswarf. Die Könige und die Königinnen können es nämlich nicht vertragen, wenn ihre Reichsäpfel unruhig werden und ins Rutschen kommen. Das ist ihnen eine zu kitzlige Sache. Der Schneeball hätte besser sitzenbleiben sollen, es war sehr dumm von ihm, und er hätte ganz zufrieden sein können, denn beim Heiraten hätte er noch viel ruhiger dasitzen müssen.
»Die Eiskönigin ist dumm«, sagte der Schneeball, »ich werde jetzt doch eine Lawine werden und auf die Wiese wandern, wo die Alpenrosen sind.«
»Dann wirst du auftauen und verdunsten wie Schlafittchen«, warnte die Gletscherfrau, »bleibe lieber da und halte den Mund.«
»Dann wirst du gehen, wohin ich gegangen bin«, sagte Schlafittchen, »ich habe so vieles erfahren an einem Tage. Es ist alles sehr wunderbar und gar nicht schlimm. Man war so, und man wird anders, aber man lebt immer, im Eis und in der Pfütze und in der Wolke, im Sonnenlicht und im Blitz und Donner. Es ist der Kreislauf des Lebens, und wir alle wandern ihn.«
»Das ist alles Unsinn«, sagte die Gletscherfrau, »iß Kräutereis und sieh, daß du wieder zu Kräften kommst. Friere tüchtig zu und halte den Mund.«
Auf dem Gletscher und auch anderswo müssen alle die kleinen Seelen, die etwas von den anderen Welten wissen, immer den Mund halten, und das ist nicht gut. Gut aber ist es, daß es solche kleinen Seelen gibt wie Schlafittchen, denn sonst würden die kalten Leute auf dem Gletscher und anderswo sich niemals aus Eis und Schnee heraussehnen, sie würden nur Kräutereis essen und niemals an die grüne Wiese mit den

Alpenrosen denken und niemals an die Wolken hoch über der Erde im Sonnenlicht. Das aber müssen sie tun, denn einmal werden sie alle den Weg gehen, den Schlafittchen ging.

Die neue Wohnung

Es war einmal ein Bär, der hieß Thaddäus Tatzentupf, und seine Frau hieß Thisbe Tatzentupf. Sie hatten zwei Kinder, die kleinen Tatzentupfs, und sie wohnten alle zusammen in einer Höhle im Walde. Es war eine sehr schöne und behagliche Höhle, wie ein jeder bestätigen konnte, der Tatzentupfs besuchte – denn Tatzentupfs hatten ein Schlafzimmer und ein Kinderzimmer, eine kühle Vorratskammer und einen Wohnraum mit einer schattigen und einer sonnigen Ecke. Thaddäus Tatzentupf hatte seine Wohnung auch immer sehr hübsch gefunden, nur in der letzten Zeit fand er allerlei daran auszusetzen. Sie gefiel ihm nicht mehr recht, er wußte selbst nicht, warum. Dann setzte er sich in die Ecke und brummte.

»Du bist angegriffen, Thaddäus«, sagte Frau Tatzentupf und wischte sich die Pfoten mit der Schürze ab, denn sie buk gerade Pfannkuchen, und die kleinen Tatzentupfs standen dabei und holten sich die Pfannkuchen mit den Krallen gleich von der heißen Pfanne weg, wenn die Mutter nicht aufpaßte.

»Ich bin nicht angegriffen, ich bin erbost«, sagte Thaddäus Tatzentupf und schnaufte durch die Nase, »diese Wohnung ist schrecklich. Was ist das wieder für ein Qualm von den Pfannkuchen, man kann ja gar nicht Atem holen, und der ganze Pelz riecht danach!«

»Das ist ein sehr lieblicher Duft«, sagte Frau Tatzentupf, »aber du bist angegriffen, du solltest ein wenig spazierengehen.«

»Ich bin nicht angegriffen, ich bin erbost«, sagte Thaddäus Tatzentupf und wanderte mit schlurfenden Schritten, wie auf Pantoffeln, in der Wohnung auf und ab. »Das Wohnzimmer ist viel zu heiß, die Sonne kommt den ganzen Tag durch die Fensterscheiben und brät einen förmlich.«

»Ich habe es gar nicht zu heiß, und dabei stehe ich hier und backe Pfannkuchen. Es ist doch schön, daß die Sonne scheint«, sagte Frau Tatzentupf, »aber du bist eben angegriffen, Thaddäus.«

»Ich bin nicht angegriffen, ich bin erbost«, sagte Thaddäus Tatzentupf, »was ist das für ein Kinderzimmer, es ist von oben bis unten zerkratzt, der Vorratsraum ist viel zu muffig, es ist unmöglich, daß sich die Nüsse darin halten können, und es gibt auch so wenig Nüsse in dieser Gegend, daß es gar nicht lohnt, hier zu leben. Das Schlafzimmer ist viel zu hell, das ist nichts für den Winterschlaf, auf den ich mich so freue, und überhaupt . . .«
»Die Wände im Kinderzimmer müssen zerkratzt sein, das tun Kinder nun einmal, wenn es richtige Bärenkinder sind«, sagte Frau Tatzentupf und stülpte den kleinen Tatzentupfs einen Pfannkuchen über die Nase, »die Nüsse in der Vorratskammer halten sich sehr gut, aber wir haben viele schon aufgegessen, und du solltest neue holen, Thaddäus. Es gibt auch viel Nüsse in dieser Gegend. Im Winter hast du fest geschlafen, daß ich dich kaum wecken konnte, als der Frühling kam. Aber du bist angegriffen, Thaddäus, setze dich in die kühle Ecke des Wohnzimmers und iß einen Pfannkuchen.«
»Ich bin nicht angegriffen, ich bin erbost«, sagte Thaddäus Tatzentupf, setzte sich in die kühle Ecke und aß einen Pfannkuchen.
»Es ist kalt hier«, meinte er nach einer Weile, als er den Pfannkuchen ganz heruntergeschluckt hatte, »es ist eine kalte und feuchte Wohnung, ich habe es immer gesagt, und wir werden uns hier alle noch den Rheumatismus holen.«
»Du hast doch eben gesagt, daß es zu heiß wäre«, sagte Frau Tatzentupf.
»Nein, es ist nicht zu heiß, es ist zu kalt«, sagte Thaddäus Tatzentupf, »man friert sogar in seinem dicken Pelz, wie soll das erst im Winter werden?«
»Du bist einfach angegriffen, Thaddäus«, sagte Frau Tatzentupf, »du mußt spazierengehen.«
»Ich bin nicht angegriffen, ich bin erbost«, sagte Thaddäus Tatzentupf, »ich werde auch nicht spazierengehen, aber ich werde ausgehen und uns eine neue Wohnung suchen.«
»Thaddäus!« rief Frau Tatzentupf entsetzt, »eine neue Wohnung, gerade jetzt, wo ich die schönen Pilze zum Winter eingemacht habe!«
»Die Pilze lassen wir da, es gibt anderswo viel mehr Pilze, hier gibt es gar nichts«, sagte Thaddäus Tatzentupf und schnaubte bösartig durch die Nase.

»Thaddäus, die Zeit der Pilze ist doch vorüber, wir müssen jetzt Nüsse ernten«, sagte Frau Tatzentupf. Aber Thaddäus Tatzentupf war bereits verschwunden und hatte sich auf die Suche nach einer neuen Wohnung begeben.
Am Abend kam er wieder.
»Thisbe«, sagte er, »ich habe jetzt eine wundervolle Wohnung entdeckt, eine Wohnung, die wirklich warm ist. Morgen ziehen wir um.«
Am anderen Morgen kramten Tatzentupfs ihre Küchensachen zusammen und zogen um. Thaddäus Tatzentupf schleppte die Pfanne für die Pfannkuchen und einige Vorräte, und Frau Tatzentupf führte die kleinen Tatzentupfs bei der Pfote, und in die Schürze hatte sie Nüsse gewickelt. Aber die schönen Pilze mußte sie dalassen.
Die wirklich warme Wohnung war eine enge Höhle, in die durch ein Loch von oben den ganzen Tag die Sonne schien, und es war so heiß, daß Tatzentupfs in der Nacht kein Auge zutun konnten.
»Es ist entsetzlich hier«, sagte Thaddäus Tatzentupf. Frau Tatzentupf sagte nicht mehr zu ihrem Manne, daß er bloß angegriffen sei. Denn sie war selbst sehr angegriffen.
»Hier kann ich keine Pfannkuchen backen, Thaddäus, sonst schmelze ich«, sagte sie und seufzte.
»Es gibt hier auch keine Haselnüsse«, sagten die kleinen Tatzentupfs. Frau Tatzentupf aber gab ihnen welche aus ihrer Schürze.
»Ich bin erbost«, sagte Thaddäus Tatzentupf, »ich werde eine neue Wohnung suchen, die nicht so heiß ist.«
Am Abend kam er wieder.
»Thisbe«, sagte er, »ich habe jetzt eine wundervolle Wohnung gefunden, die wirklich kühl ist. Morgen ziehen wir um.«
Am anderen Morgen kramten Tatzentupfs ihre Küchensachen zusammen und zogen um. Thaddäus Tatzentupf schleppte die Pfanne für die Pfannkuchen und einige Vorräte, und Frau Tatzentupf führte die kleinen Tatzentupfs an der Pfote.
Die wirklich kühle Wohnung war eine enge Höhle, in die niemals die Sonne schien, das Wasser lief von den Wänden herunter, und beim Erwachen waren Tatzentupfs so naß, als wenn sie gebadet hätten, und alle hatten einen gewaltigen Schnupfen.

»Es ist entsetzlich hier«, sagte Thaddäus Tatzentupf.
Frau Tatzentupf sagte nicht mehr zu ihrem Manne, daß er bloß angegriffen sei, denn sie war selbst sehr angegriffen.
»In dieser Nässe hier kann ich auch kein Feuer machen und Pfannkuchen backen«, sagte sie und seufzte.
»Ich bin erbost«, sagte Thaddäus Tatzentupf, »ich werde eine neue Wohnung suchen.«
»Es gibt auch keine Haselnüsse hier«, sagten die kleinen Tatzentupfs. Frau Tatzentupfs Schürze aber war leer, und so setzten sich die kleinen Tatzentupfs vor die nasse Höhle und weinten und niesten abwechselnd.
Da kam einer der Engel des Waldes, die den Tieren helfen und nachsehen, ob es ihnen gut geht, vorüber, und als er die kleinen Tatzentupfs sah und sie weinen und niesen hörte, fragte er, was ihnen fehle.
»Wir sind umgezogen und haben keine Nüsse mehr«, sagte der eine kleine Tatzentupf und weinte.
»Wir sind umgezogen und haben Schnupfen«, sagte der andere kleine Tatzentupf und nieste.
»Wir sind umgezogen und können keine Pfannkuchen bakken«, sagte Frau Tatzentupf und steckte eine geschwollene Nase zur Höhle hinaus.
Da schenkte der Engel des Waldes den kleinen Tatzentupfs Nüsse und half Frau Tatzentupf Feuer machen, so daß sie Pfannkuchen backen konnte.
Am Abend kam Thaddäus Tatzentupf wieder.
»Thisbe«, sagte er, »ich habe keine Wohnung gefunden, ich bin erbost!« und dabei nieste er dröhnend.
»Du suchst eine Wohnung, Thaddäus Tatzentupf, ich werde dir eine schöne Wohnung zeigen«, sagte der Engel des Waldes.
»Das wäre sehr nett von dir«, sagte Thaddäus Tatzentupf und bedankte sich viele Male. »Es sind heute wirklich schreckliche Zustände, du glaubst nicht, welche Mühe ich mir schon gegeben habe, und in der alten Wohnung war es einfach nicht mehr auszuhalten, ich war erbost.«
»Das kann ich mir gut vorstellen, Thaddäus Tatzentupf«, sagte der Engel des Waldes, »aber du wirst bald in einer sehr schönen Wohnung sein.«
Am anderen Morgen kramten Tatzentupfs ihre Küchensachen

zusammen und zogen um. Thaddäus Tatzentupf schleppte die Pfanne für die Pfannkuchen und einige Vorräte, und der Engel des Waldes ging neben ihm und war ihm behilflich. Frau Tatzentupf aber führte die kleinen Tatzentupfs an der Pfote.
Thaddäus Tatzentupf redete eifrig auf den Engel des Waldes ein. »Es sind heute wirklich schreckliche Zustände mit den Wohnungen, ich bin erbost«, sagte er und machte erbitterte Bewegungen mit der Pfote, in der er die Pfanne für die Pfannkuchen hielt.
Der Engel des Waldes sagte gar nichts dazu, aber er führte Thaddäus Tatzentupf und seine Familie auf vielen gewundenen Wegen zu einer wunderschönen Höhle.
»Das ist die Wohnung, Thaddäus Tatzentupf«, sagte er.
Frau Tatzentupf und die kleinen Tatzentupfs fühlten sich gleich zu Hause. Frau Tatzentupf buk Pfannkuchen, und die kleinen Tatzentupfs standen dabei und fuhren mit ihren Krallen in die heiße Pfanne hinein. Thaddäus aber wanderte mit schlurfenden Schritten, wie auf Pantoffeln, in der Wohnung auf und ab und beschnupperte sie von allen Seiten. »Thisbe«, sagte er und rieb sich die Pfoten vor Vergnügen, »solch eine schöne Wohnung habe ich noch niemals gesehen. Diese kühle Vorratskammer, dieses nette Kinderzimmer mit den reizenden Krallenzeichnungen an der Wand, dieses dämmerige Schlafzimmer für den Winterschlaf, auf den ich mich so freue, und im Wohnraum ist eine sonnige und eine schattige Ecke, und vor dem Hause stehen so viele Nußbäume, daß man reichlich Vorräte sammeln kann. Und dazu dieser liebliche Duft der Pfannkuchen, der einem in die Schnauze steigt.«
»Papa«, riefen die kleinen Tatzentupfs und kamen aus dem Kinderzimmer gelaufen, »wir haben auch die Pilze wiedergefunden, die Mama für den Winter eingemacht hat und die wir nicht mitnehmen konnten. Es ist doch schön, daß wir wieder in der alten Wohnung sind!«
Thaddäus Tatzentupf schnuffelte verlegen und kratzte sich den Kopf mit der Kralle.
»Ich hätte nie gedacht, daß das die alte Wohnung ist«, sagte er, »wie konnte ich das bloß nicht gleich sehen?«
»Ich habe dich von einer anderen Seite an die Wohnung herangeführt«, sagte der Engel des Waldes, »und wenn du wieder einmal umziehen willst, dann wende dich gleich an mich.

Du kannst dir viel Mühe damit ersparen, Thaddäus Tatzentupf.«
Thaddäus Tatzentupf ist niemals wieder umgezogen. Er blieb in seiner schönen Wohnung und aß Pfannkuchen. Wenn er aber einmal brummte, dann sagte Frau Tatzentupf: »Du bist angegriffen, Thaddäus, besieh dir die Wohnung einmal von der anderen Seite.«

Das Pantoffelmännchen

Es war einmal ein kleines Männchen, das war ganz klein, und außerdem war es unsichtbar, so daß man nicht einmal sehen konnte, wie klein es eigentlich war. Es hätte sich auch gar nicht gelohnt, es zu sehen, denn es war wirklich nichts weiter dran. Es lief nur immer herum und war eben da. Bloß so.
Das Grasweibchen, das ein bißchen zaubern konnte, das hatte es einmal gesehen, denn wenn man zaubern kann – es braucht gar nicht viel zu sein –, dann sieht man alle unsichtbaren Dinge.
»Es lohnt nicht, das Männchen zu sehen«, sagte das Grasweibchen, nachdem es ein bißchen gezaubert hatte, »es ist ganz klein, hat ein Köpfchen, dick und dumm wie eine Kartoffel, und dünne, lange Beinchen wie eine Heuschrecke. Sonst nichts. Es sieht aus wie dürres Holz, nicht so schön grün wie ich. Es läuft nur immer herum und ist eben da. Bloß so. Mehr kann ich nicht sagen.«
Das konnte nun auf sehr viele passen, und niemand beachtete das kleine Männchen, denn das lohnt sich nicht, und außerdem war es ja unsichtbar.
Das kleine Männchen aber ärgerte sich sehr, daß es von niemandem gesehen wurde, und es lief auf den Markt, wo eine dicke Marktfrau unter einem roten Schirm saß und mit Pantoffeln handelte. Es zog sich flugs ein Paar gewaltig große Pantoffeln an, in denen seine Heuschreckenbeinchen ganz versanken, und wanderte damit los.
Die Marktfrau hatte nichts bemerkt, nur so ein Rascheln gehört wie von Mäusen, aber auf einmal sah sie, wie zwei ihrer größten und schönsten Pantoffeln allein die Straße entlangliefen, und der Atem stockte ihr vor Entsetzen. Drei Kannen

sehr heißen Kaffee hat sie austrinken müssen, bis ihr wieder gut wurde.
»Seht, die wandernden Pantoffeln!« riefen die Leute und blieben stehen, denn so etwas hatten sie noch nie gesehen.
Nun ist es zwar wahr, daß auch viele Menschen gerne auf großen Füßen wandeln und man sie gar nicht beachten würde, wenn sie nicht so gewaltige Pantoffeln durchs Leben trügen. Denn was drinsteckt, lohnt sich auch nicht immer zu sehen, sondern es läuft nur so herum und ist eben da. Bloß so. Aber daß große und schöne Pantoffeln – die besten, welche die Marktfrau hatte – ganz allein auf der Straße wanderten, eilig und geschäftig, als hätten sie etwas zu versäumen, das war schon über alle Maßen erstaunlich, und alles wunderte sich sehr.
»Da sieht man es einmal deutlich«, sagte der weise Kater Muffi Schnuffelbart, der sich auf der Fensterbank sonnte, »daß die großen Pantoffeln eigentlich die Hauptsache an den Leuten sind, denn nun wandern sie ganz allein davon. Es muß aber doch irgendein kleiner, unverschämter Kerl darin stecken, und wenn ich ihn sehen könnte, würde ich ihn aufessen, denn so etwas sollte nicht erlaubt sein, wo unsereiner, der klüger ist als alle die dummen Leute, auf anständigen und bescheidenen Pfoten einhergeht.«
Die Katzen sind eben überaus kluge Geschöpfe, und der Kater Muffi Schnuffelbart war ein ganz besonders erfahrener Herr.
Das Männchen aber freute sich gewaltig über das große Aufsehen, das es erregte.
»Jetzt sieht man doch, wer ich bin, und alle Leute staunen über mich«, sagte es und drehte den dicken Kartoffelkopf geschmeichelt nach allen Seiten.
Aber die Leute sahen das Männchen gar nicht, sondern nur die großen Pantoffeln, und das ist oft so im Leben.
Und das Männchen lief immer schneller und schneller, daß die Pantoffeln nur so an den dürren Heuschreckenbeinen herumschlappten, und es ging auch wunderschön auf der breiten und bequemen Straße, auf der alle in großen Pantoffeln und gewaltigen Stiefeln herumlaufen. Wie es aber an eine Wiese kam, wo die Blumen blühten und der Holderbaum duftete und wo die große Straße aufhört, da wurde es sehr bedenklich, und es schien ihm, als ob es da nicht recht weiter-

ginge, so gerne es nun auch hier gesehen und bewundert werden wollte. Denn die großen Füße und die großen Pantoffeln passen nur für die breite Straße, auf der alle Leute herumlaufen, aber nicht mehr in den Gottesgarten, wo die Blumen blühen und der Holderstrauch duftet, wo das Märchenland beginnt und wo man auf leisen Sohlen geht wie der Kater Muffi Schnuffelbart.
Wie nun das Männchen mit einem großen Satz auf seinen großen Pantoffeln mitten in das Märchenland hineinsprang, da verlor es beide Pantoffeln auf einmal und fiel kopfüber in ein Maulwurfsloch. Es dauerte eine ganze Weile, bis das Grasweibchen und sein Vetter, der Wiesenfrosch, die sich gerade sehr belehrend über heilsame Kräuter unterhielten, dem kleinen Männchen wieder heraushalfen. Das war nur gut, denn der Maulwurf hätte sich sehr über diese Sache geärgert, weil auch unsichtbare Leute einen erheblich stören können, wenn sie einem die Haustüre verstopfen.
Das Männchen pilgerte ins grüne Gras hinein, und von nun an hat es niemand mehr gesehen, es war wieder ganz unsichtbar, und es lohnte sich auch gar nicht, es zu sehen. Es war wirklich nichts weiter dran, denn es lief nur immer herum und war eben da. Bloß so.
Die Pantoffeln aber fand es nicht wieder. Die waren in einen solchen Schwung geraten, daß sie allein bis an den Waldrand weiterliefen, und dort fanden zwei Eulen sie und brachten sie zu sich nach Hause in ein Baumloch. Sie stellten sie nebeneinander auf und benutzten sie als Betten, und die waren so weich, so warm und bequem, wie Herr und Frau Käuzchen noch nie welche gehabt hatten.
Herr und Frau Käuzchen litten seit dieser Zeit auch niemals wieder an Krallenreißen, weil sie sich ganz tief in die Pantoffeln steckten und es überaus behaglich hatten. Die Federbetten dazu hatten sie ja selbst an sich, und Herr Käuzchen konnte sogar abends in seinem Pantoffelbett lesen, wobei ihm seine Laternenaugen selbsttätig und sehr angenehm leuchteten. Er las die Zeitung, die alle Eulen lesen, und die heißt »Das kakelbunte Ei«.
Die dicke Kröte aber, die im Erdgeschoß des Baumes wohnte und sich gerade eine Moosjacke strickte, die sagte, das habe sie alles schon vorher gewußt, daß das mit dem Männchen so

enden müsse, und so weiter – denn das Märchenland sei eben keine breite Straße, auf der man wie alle Leute in großen Pantoffeln herumlatschen könne.
Die Unken haben nämlich immer schon alles vorher gewußt, aber sie sagen es erst nachher – und das kann jeder!

Der Drache mit dem Kaffeekrug

In einem großen, tiefen Walde lebte einmal ein schrecklicher Drache, der spuckte Gift und pustete Feuer aus seinen Nasenlöchern und verspeiste Menschen und Tiere, so daß es wirklich sehr bedauerlich war. Drachen sind ja meist sehr unfreundliche Leute, die Gift spucken und Feuer pusten und Menschen und Tiere verspeisen, und so ist es kein Wunder, daß es auch dieser Drache tat, denn er hatte eben keine andere Erziehung als eine Drachenerziehung genossen, und das ist nicht ausreichend für eine anständige Lebensführung. Es war gar nicht nett, wie er so dasaß und alles auffraß mit Haut und Haaren, was ihm nur in den Weg kam. Nur die Knochen spuckte er wieder aus und ließ sie noch dazu überall unordentlich umherliegen. Es sah scheußlich aus, und alle waren sehr unzufrieden mit ihm.
Eines Tages war ein kleines Mädchen in den großen, tiefen Wald gegangen, um Beeren zu suchen, und die schönen Beeren hatten es immer weiter in den Wald hineingelockt, so daß es Abend wurde, als sich das kleine Mädchen darauf besann, heimzukehren. Die Dämmerung spann ihre seltsamen Schatten um die Kronen der Tannen, und aus der Ferne sang die Glocke der Dorfkirche das Ave-Maria. Da erschrak das kleine Mädchen und beschloß, eilig heimzugehen. Aber es hatte so viele Umwege gemacht und sich so weit von der sicheren Straße entfernt, daß ihm nur ein einziger gerader Weg übrigblieb, den es gehen mußte, wenn es vor Einbruch der Nacht noch zu Hause sein wollte. Doch an diesem Wege lauerte der Drache, und das kleine Mädchen wußte das, und es wußte auch, daß Menschen und Tiere diesen Weg vermieden, wenn sie nur irgend konnten. Im Walde allein zu nächtigen, war ihm aber zu grauenvoll, und es fürchtete auch, daß die Eltern sich sorgen würden, und so beschloß es, den Weg zu gehen, an

dem der Drache lauerte, und es bat seinen Schutzengel, es zu behüten und gut nach Hause zu geleiten.
Kaum aber hatte das kleine Mädchen diesen Gedanken gehabt, so stand sein Schutzengel neben ihm.
»Guten Abend«, sagte er, »das ist der Weg, an dem der Drache lauert.«
»Das weiß ich«, sagte das kleine Mädchen, »ich weiß auch, daß er sehr unfreundlich ist und Menschen und Tiere verspeist und daß er Gift spuckt und Feuer pustet. Das ist nicht schön, aber ich muß den Weg gehen, sonst komme ich zu spät nach Hause. Ich habe mir auch gedacht, daß du mich schon behüten wirst.«
»Das werde ich gewiß tun«, sagte der Engel, »ich werde gut aufpassen, und der Drache wird dich nicht fressen können. Aber sehen wirst du ihn auf diesem Wege, und er wird dich erschrecken. Darum wäre es mir lieber, wenn du einen anderen Weg gehen würdest.«
»Ich möchte aber gerne vor der Nacht zu Hause sein, und wenn du mich behütest, wird es schon gehen«, sagte das kleine Mädchen, »vielleicht ist der Drache auch gerade spazierengegangen, und ich sehe ihn gar nicht.«
»Das sagen viele, wenn sie einen Drachenweg gehn«, meinte der Engel, »aber der Drache ist nicht spazierengegangen, er sitzt, wo er immer sitzt, und du wirst ihn sehen müssen.«
»Das ist sehr schauerlich«, sagte das kleine Mädchen, »was soll ich da bloß machen?«
»Du mußt an deinen Engel denken und darfst keine Angst haben«, sagte der Engel, »siehst du, mein Kind, mit den Drachen ist es so, daß man keine Angst vor ihnen haben darf, und wenn man keine Angst hat, dann werden sie ganz klein, und es nützt ihnen auch gar nichts, daß sie Gift spucken und Feuer pusten.«
»Das will ich versuchen, ich werde an dich denken und will keine Angst haben«, sagte das kleine Mädchen und wanderte tapfer mit seinem Korbe den Weg ins Tannendunkel hinein.
Der Engel verschwand vor den Augen des kleinen Mädchens. Aber in Wirklichkeit blieb er da, er ging nur hinter dem kleinen Mädchen den gleichen Weg, denn es war ja sein Schutzengel.

Es dauerte gar nicht lange, so hörte das kleine Mädchen in einer sehr lauten und unmanierlichen Weise husten und niesen. Das war der Drache, der Gift spuckte und Feuer pustete, und als das kleine Mädchen um eine dunkle Felsenecke bog, sah es den Drachen mit einem Male leibhaftig vor sich sitzen. Der Drache sah wirklich gräßlich aus, mit seinem riesigen langen Leib lag er auf dem Boden und schlug die Erde mit dem grünlichen Schuppenschwanz. An seinen kurzen, krummen Tatzen waren schreckliche Krallen, und spitze Dornen an seinen gezackten Flügeln, er spuckte Gift aus seinem Rachen und pustete Feuer aus seinen Nasenlöchern, und um ihn herum lagen lauter Knochen. Es war wirklich scheußlich.

Das kleine Mädchen erschrak sehr, aber es dachte an seinen Schutzengel und versuchte keine Angst zu haben, obwohl ihm das nicht so gut gelingen wollte.

»Es ist nicht schön, wie du dich benimmst«, sagte das kleine Mädchen, »laß mich vorübergehen.«

»Das werde ich nicht tun«, sagte der Drache und legte sich gerade vor den Weg, den das kleine Mädchen gehen mußte.

Ich will ein bißchen mit ihm reden, dachte das kleine Mädchen, vielleicht wird er dann netter und läßt mich vorbei. Er darf mir ja auch nichts tun, weil es mein Engel gesagt hat.

»Sage mal, warum ißt du Menschen und Tiere?« fragte das kleine Mädchen. »Ist das denn schön, wenn alle dich fürchten? Ich möchte nicht so leben. Kannst du nicht Kartoffelsuppe essen? Du brauchst den Kochtopf doch bloß auf deine Nasenlöcher zu stellen, und in einer halben Stunde ist die Suppe gar. Du hast nicht einmal die Mühe, die wir damit haben.«

»Kartoffelsuppe?« fragte der Drache und lächelte dabei in einer greulichen Weise, so daß er all seine spitzen Zähne zeigte, von denen einer genügt hätte, das kleine Mädchen zu zerreißen. Kartoffelsuppe hatte ihm noch niemals jemand angeboten.

»Ja, Kartoffelsuppe«, sagte das kleine Mädchen, »Kartoffelsuppe ist etwas sehr Schönes. Es ist sehr dumm von dir, wenn du das nicht magst. Du kannst auch Kaffee trinken und Zwieback dazu essen. Ich will dir von meinem Kaffee und meinem Zwieback geben. Ich habe noch Kaffee in meinem Krug und Zwieback in meinem Korbe. Ich stelle dir beides hin, und du darfst essen. Aber du mußt mich vorüberlassen.«

»Ich werde dich auffressen«, sagte der Drache.

»Untersteh dich«, sagte das kleine Mädchen, »das darfst du gar nicht tun, das wird dir mein Engel niemals erlauben.«
»Ich werde deinen Engel nicht fragen«, meinte der Drache.
Am Ende fragt er wirklich nicht, dachte das kleine Mädchen und bekam nun doch große Angst.
»Sieh, wie ich mit den Flügeln schlage«, rief der Drache, »ich packe dich und zerreiße dich in der Luft.«
»Du kannst ja gar nicht richtig fliegen«, sagte das kleine Mädchen, »um richtig in die Sonne fliegen zu können, muß man ein Vogel sein oder ein Engel mit silbernen Schwingen. Deine Flügel sind viel zu kurz, um in die Sonne zu fliegen, die sind bloß so da und nicht einmal schön.«
Das Herz schlug dem kleinen Mädchen wie ein Hammer in der Brust, aber es wollte nicht zeigen, daß es Angst hatte, denn das hatte der Engel ihm so gesagt.
»Sieh, wie ich mit den Tatzen den Boden stampfe«, sagte der Drache, »ich mache nur einen einzigen Satz, und du bist in meinen Krallen.«
Da preßte das kleine Mädchen beide Hände aufs Herz und rief nach seinem Schutzengel. Kaum aber hatte es das getan, als es den ganzen Wald voller Licht sah. Und vor ihm stand sein Schutzengel, und um den Schutzengel herum standen lauter andere Engel mit Schwertern aus blauen Flammen in den Händen, und damit versperrten sie dem Drachen den Weg. Da war die ganze Angst des kleinen Mädchens verflogen, und der große Drache kam ihm mit einem Male sehr klein und sehr lächerlich vor, so ungefähr wie ein Dackel.
»Ach, du mit deinen Dackelbeinen«, rief es, »du bist ja zu dumm! Siehst du denn nicht, daß lauter Engel um mich herumstehen und dir den Weg versperren? Wie willst du denn da herankriechen, um mir etwas zu tun? Trinke lieber Kaffee und iß Zwieback.«
Als das kleine Mädchen das gesagt hatte, verschwanden die Engel, und das Licht im Walde erlosch wieder. Der Drache aber war ganz klein geworden. Er hatte sich an den Krug des kleinen Mädchens gesetzt und trank daraus und stippte Zwieback in den Kaffee. Er sah jetzt auch wirklich beinahe aus wie ein Dackel, und das kleine Mädchen mußte lachen.
»Schmeckt es dir?« fragte das kleine Mädchen, »der Kaffee ist leider kalt geworden, aber du brauchst ja bloß einmal aus

deiner Nase ein bißchen Feuer hineinzupusten, dann wird er wieder warm.«
Das tat der Drache, und als er fertig war, nahm das kleine Mädchen seinen Krug und seinen Korb wieder auf, sagte dem Drachen guten Abend und ging nach Hause.
Die Glocke der kleinen Dorfkirche sang noch immer das Ave-Maria, denn es war nur eine ganz kleine Weile gewesen, daß das kleine Mädchen mit dem Drachen geredet hatte. Und das ist immer so bei allen Erlebnissen, die zwischen dieser und jener Welt liegen. Menschen und Tiere im Walde aber waren von nun an von diesem Drachen errettet, denn er blieb klein wie ein Dackel und aß nur noch Kartoffelsuppe.
Es gibt so manche Wege im Leben, die an einem Drachen vorbeiführen, und sehr oft sind es die Wege, die am allergeradesten nach Hause führen. Das kleine Mädchen aber hatte nun keine Angst mehr davor, und es erzählte diese Geschichte überall.
»Wenn man einem Drachen begegnet«, sagte es, »dann muß man an seinen Engel denken und darf keine Angst haben. Dann wird der Drache auf einmal ganz klein. Er setzt sich sanft und sittsam auf seine Dackelbeine und stippt Zwieback in den Kaffee.«
Und das, was das kleine Mädchen sagte – das ist wahr.

Der Mausball

Es war einmal ein alter Keller, und in dem alten Keller wohnten fleißige und friedliche Mäuse. Diese Mäuse führten ein mustergültiges Familienleben und teilten alles miteinander. Eines Tages aber fanden sie ein Fäßchen mit Butter, und es war eine große piepsende Freude unter ihnen, und sie beschlossen, ein Butterfest zu feiern und einen Mausball zu veranstalten.
»Wenn nur der Kater dabei nicht einen von uns erwischt«, meinte eine kleine und etwas ängstliche Maus, »es wäre dann doch gleich einer weniger beim Tanzen, und es wäre auch schade.«
»Ich werde das schon besorgen«, sagte eine alte, sehr erfahrene Maus, die vielfache Urgroßmutter war und von allen Mäusen

hoch geachtet wurde, »ich werde mit dem Kater sprechen und ihm die Sache vorstellen.«
Sie kletterte auf das Kellerfenster, das gut vergittert war, und draußen sah sie den Kater in der Sonne sitzen und sich die Pfoten putzen.
»Guten Tag, lieber Herr Kater«, sagte die alte Maus.
»Guten Tag«, sagte der Kater.
»Lieber Herr Kater«, sagte die alte Maus, »wir haben ein Fäßchen mit Butter gefunden, und wir sind arme Mäuse und wollen uns auch einmal etwas zugute tun. Wir wollen ergebenst bitten, daß Sie heute nacht nicht in den Keller kommen. Vielleicht gehen Sie draußen spazieren, es ist so schöner Mondschein, und Ihre Frau Gemahlin wird sich sicher auch einfinden. Wir wollen gerne ein wenig für uns sein, wir sind dann ruhiger, wie Sie gewiß verstehen werden. Wir wollen einen Mausball veranstalten, einen Maushausball.«
»Da muß man ja die Pfoten auf den Bauch halten und lachen«, sagte der Kater.
»Dabei ist nichts zu lachen, verehrter Herr«, meinte die alte Maus, »ein Mausball ist eine sehr feierliche Angelegenheit. Wir sind nicht schlechter als andere Leute.«
»Diebsgesindel seid ihr, Butter wollt ihr stehlen«, sagte der Kater.
»Ach, lieber Herr, was sind das für Ausdrücke«, klagte die alte Maus und wischte sich eine Träne der Kränkung mit der Pfote ab, »wir stehlen niemals etwas, und was wir heute nacht essen wollen, das ist ehrlich erschnupperte Butter.«
»Wir wollen Butter essen und den Reigen der Schönheit tanzen«, piepste eine kleine, freche Maus, die hinter der Alten aufgetaucht war, und schlug dabei sehr leichtfertig einen Trommelwirbel mit dem Schwanze.
»Sei still«, sagte die alte Maus besorgt.
»Graue Mäuse, graue Mäuse und der Reigen der Schönheit – da muß man ja die Pfoten auf den Bauch halten und lachen«, sagte der Kater.
»Bitte, bitte, lieber Herr«, sagte die alte Maus, »dabei ist nichts zu lachen. Heute nacht sind wir auch keine grauen Mäuse. Das graue Kleid ist unser Alltagskleid und gewiß sehr zweckmäßig, wie Sie zugeben werden. Heute nacht aber tanzen wir in bunten Kleidern – im Kostüm. Es ist doch ein Mausball, ein Maushausball.«

»Im Kostüm?« fragte der Kater und machte noch rundere Augen, als er sie sonst schon hatte, »da möchte ich aber gerne zusehen.«
»Wie es beliebt, lieber Herr, wie es beliebt«, flötete die alte Maus verbindlich, »es wird uns eine Ehre sein, wenn Sie zusehen, aber bitte nur von außen durch das Kellerfenster. Es ist nur wegen der Sicherheit, lieber Herr, wie Sie gewiß verstehen werden.«
»Ich würde auch sonst niemand verspeisen, wenn ich es verspreche«, sagte der Kater, der, wie alle Katzen, eine sehr vornehme Denkungsart hatte, »wann ist denn der Maushausball?«
»Zu gütig, zu gütig«, sagte die alte Maus und verneigte sich mehrfach, »der Mausball ist um Mitternacht, um Mitternacht, lieber Herr, wenn Sie uns schon die Ehre antun wollen.«

Um Mitternacht saß der Kater am Kellerfenster und sah mit kreisrunden Augen in den Keller hinein.
»Graue Mäuse, graue Mäuse – und dazu bunte Kleider und der Reigen der Schönheit, es soll mich wundern, wie das alles zusammenkommt«, murmelte der Kater, und es hätte sich gewiß ein jeder gewundert, wenn er so etwas hätte sehen sollen.
Aber es war ja Mitternacht, und um Mitternacht sieht alles ganz anders aus, als es sonst aussieht, und das kommt daher, weil das Märchen feine silberne Fäden spinnt von seiner silbernen Spindel, um Berg und Tal und Haus und Hof, so daß alles mit einem schimmernden Silbernetz umsponnen ist – und wer da hineinguckt, der schaut Dinge, die er noch niemals gesehen. Man muß aber gerade im richtigen Augenblick aufpassen, in dem das Märchen seine silberne Spindel zur Hand nimmt – und das verstehen nicht alle. Sonst sieht man nämlich gar nichts, auch wenn es um Mitternacht ist.
Und das Märchen spann feine silberne Fäden in den alten Keller hinein, und an den silbernen Fäden kletterten lauter sehr kleine und sehr spaßhafte Heinzelmännchen in den Keller hinab und brachten den Mäusen die schönsten Kleider, bunte Fräcke für die Mausherren und bunte Röcke für die Mausdamen, und sie halfen sogar allen beim Anziehen. Es war das, weil Mitternacht war und das Märchen feine silberne Fäden spann . . .

Und jeder Mausherr nahm eine Mausdame bei der Pfote, und sie verneigten sich und begannen zu tanzen, immer um einen runden Tisch herum, so daß es wirklich sehr feierlich aussah, und der Mond beschien den Mausball mit einer ganz besonderen Sorgfalt. Dazu pfiffen die Mäuse eine gefühlvolle Melodie, und zwei Mäuse, die besonders schön singen konnten, sangen mit großer Rührung das berühmte Mauslied:

»Sieben Mäuse – sieben Mäuse –
knusper – knusper – im Gehäuse.
Tief im Keller – tief im Keller –
tanzen sie um einen Teller.
Knusper – knusper – im Gehäuse –
sieben Mäuse – sieben Mäuse.«

Es war wirklich sehr wunderbar, zu sehen, wie die kleinen, grauen Mäuse bei ihrem Mausball den Reigen der Schönheit tanzten in ihren bunten Fräcken und bunten Kleidern. Wie sie aber gerade alle mittendrin waren, kamen noch eilig zwei kleine Mausmädchen gelaufen, die hießen Lieschen und Lenchen Leckerlein, und sie waren so spät gekommen, weil sie schon in der Butter gesessen und sich dick und voll gegessen hatten. Nun wollten sie auch noch tanzen und hatten dabei Fettpfoten und Butterbeine, und so rutschten sie immer auf ihren Butterbeinen aus, wenn sie tanzen wollten, und die alte Maus war sehr ärgerlich über dieses Betragen. Denn das paßt nicht zu einer so feierlichen Angelegenheit, wie es ein Mausball ist.

Als aber der Kater Lieschen und Lenchen Leckerlein auf ihren Butterbeinen rutschen sah, konnte er es nicht mehr am Kellerfenster aushalten. Er schlich durch ein heimliches Loch, das er kannte, in den Keller und sprang mit einem gewaltigen Satz mitten in den Maushausball hinein.

Die Mäuse liefen entsetzt auseinander, so daß die bunten Fräcke und bunten Kleider flogen. Nur Lieschen und Lenchen Leckerlein konnten nicht so schnell entwischen, weil sie immer wieder auf ihren Fettpfoten und Butterbeinen ausrutschten, und der Kater hätte sie bestimmt verspeist, wenn er es nicht versprochen hätte, das heute nicht zu tun. Denn der Kater war ein hochanständiger Herr mit einer sehr vornehmen Denkungsart, und das war ein großes Glück.

Lieschen und Lenchen Leckerlein rutschten noch viele Male

aus, bis sie glücklich bei ihrer Familie angekommen waren und alle Mäuse zusammen im Butterfaß saßen und Butter aßen.
»Da muß man ja die Pfoten auf den Bauch halten und lachen«, sagte der Kater, und das tat er. Und das taten auch die Heinzelmännchen, als sie die bunten Fräcke und die bunten Kleider wieder schön einsammelten. Denn das Märchen spann seine silbernen Fäden wieder zurück auf die silberne Spindel, und Mitternacht war vorüber. Es war alles wie sonst, und kleine graue Mäuse saßen im Butterfaß und aßen Butter.
Aber es ist hübsch, daß wir das alles erlebt haben. Denn nun wissen wir, daß auch die kleinen, grauen Mäuse in bunten Fräcken und bunten Kleidern den Reigen der Schönheit tanzen können. Nur Fettpfoten und Butterbeine dürfen sie nicht dabei haben, wie Lieschen und Lenchen Leckerlein. Denn Fettpfoten und Butterbeine darf niemand haben, wenn er den Reigen der Schönheit tanzen will, sonst rutscht er dabei aus – und es wäre nur gut, wenn sich recht viele das merken wollten.

Der Garten der Welt

Am Himmel stand die silberne Sichel des Mondes und schaute mit den Sternen der Nacht hinab auf einen kleinen Garten. In jeden Garten, auch in den allerkleinsten, schauen die Sterne der Nacht und die silberne Sichel, und auf ihren lichten Strahlen verschwistern sich die Geheimnisse der Erde und des Himmels. Die ganze Welt ist ja ein Garten, und jeder Garten ist ein Garten der Welt.
In dem kleinen Garten aber wohnten friedlich beieinander eine Kröte, ein Frosch, eine Kartoffel und eine Lilie. Es lebten auch noch viele andere Leute darin, aber diese vier Bewohner standen unter sich in angenehmen, nachbarlichen Beziehungen.
»Guten Abend, liebe Tante«, sagte der Frosch und küßte der alten Kröte die Hand.
Als die Kartoffel sah, daß der Frosch der Kröte die Hand küßte, mußte sie so lachen, daß ihr die Stengel zitterten.
»Das ist kein Grund zum Lachen, gnädige Frau«, sagte die

Kröte, »wenn mein Neffe gut erzogen ist und den Warzen meines Alters die schuldige Ehrfurcht bietet. Unterschätzen Sie nicht die glatten Umgangsformen eines Frosches. Die Etikette ist etwas sehr Wichtiges, meine Liebe, aber Sie denken zu wenig nach und lachen zuviel. Sie sind etwas primitiv. Nehmen Sie sich die weiße Lilie zum Beispiel – kaum daß ihr schlanker Stengel im Nachtwinde schwankt. Das ist Grazie, gnädige Frau, das ist Kultur.«
»Ich liebe diese Lilie, Tante«, sagte der Frosch, und die Augen traten ihm schwärmerisch aus dem Kopfe.
»Du bist zu romantisch, mein Kind«, sagte die Kröte, »das ist keine Liebe für einen Frosch. Suche dir eine Froschjungfrau, so braun und so schlüpfrig wie du, das ist für den Froschlaich das einzig Richtige, und darauf kommt es vor allem an im Leben. Die Liebe der weißen Lilie ist nichts für einen Frosch, mein nasser Neffe. Davon würdest du gar nichts haben. Höre auf eine alte Frau, die in Ehren ihre Warzen bekommen hat. Wenn du eine weiße Lilie liebst, so wirst du vielleicht ein Dichter werden, aber gewiß kein richtiger Frosch.«
»Ein Dichter wäre ja entsetzlich«, sagte die Kartoffel.
»Wenn auch nicht entsetzlich, gnädige Frau«, meinte die Kröte, »aber jedenfalls sehr traurig für die Familie.«
»Solch eine Lilie ist auch etwas sehr Vergängliches«, sagte die Kartoffel, »sie tut mir eigentlich leid, die arme Person, obwohl sie entschieden einen zu großen Aufwand treibt. Ich kannte schon mehrere, und alle verwelkten sie in einigen Tagen. Eine Kartoffel ist dauerhafter und lebt in ihren Knollen weiter.«
Die weiße Lilie neigte sich freundlich zur Kröte, zum Frosch und zur Kartoffel und wiegte den schlanken Stengel im Wind. Unsichtbar den anderen aber stand in ihrem Kelche auf dem Goldgrund der kühlen weißen Blütenblätter der Lilienelf und breitete sehnsuchtsvoll die Arme aus ins Sternenlicht, empor zur silbernen Sichel. Leise regte er die feinen Falterflügel, als wolle er den Flug wagen in die Unendlichkeit hinaus, zu den lichten Strahlen, auf denen sich die Geheimnisse der Erde und des Himmels verschwistern. Die silberne Sichel und die Sterne der Nacht schauen ja immer hinab und warten darauf, daß sich ihnen die Arme der Sehnsucht entgegenstrecken, wenn es dunkel wird im Garten der Welt. Aber das tun nicht viele, und es leben nicht alle in weißen Lilienkelchen.

Der Frosch hatte sich an den Fuß der Lilie gesetzt und seufzte quakend.
Auf dem breiten Mittelweg des Gartens aber kam ein sehr seltsames und lächerliches Geschöpf herangekrochen, ein kleines Menschlein, von der Größe und der Dürre einer Spinne, mit einer überaus dicken Brille auf der Nase und mit einem schweren Buch, das die schwachen Ärmchen kaum schleppen konnten. Das war ein Brillenmännchen, wie es so viele gibt auf den breiten Mittelwegen im Garten der Welt.
Als die Kartoffel das Brillenmännchen sah, mußte sie so lachen, daß die Knollen unter ihr wackelten.
»Sie sind ein wenig primitiv, gnädige Frau«, sagte die Kröte, »wie ich Ihnen schon einmal erklärte, aber diesmal lachen Sie wenigstens nicht ohne jede Ursache, wie neulich, als mein Neffe mir die Hand küßte. Wenn man weise wird und seine Warzen in Ehren bekommen hat, lacht man überhaupt nicht mehr, man lächelt nur.«
Und die Kröte lächelte.
»Im übrigen«, fuhr sie fort, »sind diese Brillenmännchen wohl ungeheuer lächerlich, aber leider auch sehr schädlich. Sie verstauben den ganzen schönen Garten der Welt, denn sie kriechen überall umher und suchen nach Sandkörnchen, die sie in ihrem albernen Buch einfangen wollen. Man sollte sie auffressen, und ich sprach schon mit verschiedenen Interessenten darüber, auch mit dem Maulwurf, der wahrhaftig nicht wählerisch ist. Aber auch ihm sind die Brillenmännchen zu eklig, und so leben sie weiter.«
»Sie tun so, als hätte ich noch nie ein Brillenmännchen gesehen«, sagte die Kartoffel, »Ihr Alter und Ihre Warzen in Ehren, aber Sie müssen nicht immer so belehrend sein. Eine Kartoffel hat auch ihre soliden Kenntnisse, und außerdem lebt sie in ihren Knollen weiter.«
»Dann verstehe ich nicht, warum Sie so unbeherrscht gelacht haben, gnädige Frau«, sagte die Kröte beleidigt, »ich sage Ihnen das alles doch nur aus nachbarlicher Gefälligkeit. Schon im Interesse Ihrer Knollen sollten Sie das Bedürfnis haben, sich weiterzubilden.«
»Zurück von dieser Lilie!« quakte der Frosch und richtete sich hoch vor dem Brillenmännchen auf, ein Held vom Kopf bis zu den nassen Füßen.

»Ich weiß nichts von einer Lilie«, sagte das Brillenmännchen, »von Lilien steht auch nichts in meinem Buche. Ich suche ein Sandkorn, verstehen Sie, ein ganz bestimmtes Sandkorn, wie es meine Kollegen noch nicht gefunden haben. Stören Sie mich nicht.«

Und das Brillenmännchen schnüffelte unangenehm und streckte den kleinen Kopf mit der großen Brille bedrohlich nach allen Seiten.

»Ich liebe diese Lilie! Ich stelle mich mit meiner ganzen Feuchtigkeit vor die Dame meines Herzens!« quakte der Frosch und tat den Mund unbeschreiblich weit auf.

»Hindern Sie meine wissenschaftlichen Beobachtungen nicht, und machen Sie kalte Umschläge«, sagte das Brillenmännchen.

»Ist es nicht eine Taktlosigkeit, einem Frosch zu sagen, daß er kalte Umschläge machen soll?« fragte die Kröte, »ein Frosch ist froschkalt, und was sollen da die kalten Umschläge? Ist ein Frosch aber einmal warm geworden und liebt er eine weiße Lilie, dann ist er kein Frosch mehr, sondern ein Dichter, und das ist sehr traurig für die Familie. Oh, mein armer, nasser Neffe! Doch diese ekligen Brillenmännchen sollte nun endlich der Maulwurf fressen.«

Die Kartoffel wußte nicht, ob sie etwas sagen oder ob sie lachen sollte. Die kalten Umschläge erschienen ihr zu kompliziert.

Der Frosch sagte gar nichts mehr. Aber er handelte. Er packte das Brillenmännchen und warf es drei Beinlängen von sich und der weißen Lilie fort. Das schwere Buch warf er hinterdrein. Und dazu lachte er laut und quakend. So heldenhaft macht die Liebe zu einer weißen Lilie einen feuchten Frosch, und das ist schon etwas wert, wenn es auch nicht das Richtige ist für den Froschlaich und so weiter.

Das Brillenmännchen aber machte sich gar nichts draus.

»Hurra«, schrie es, »jetzt habe ich das richtige Sandkorn gefunden!«

Und kaum hatte es das gesagt, so fiel es in ein Mauseloch. Die Kröte krabbelte eilig darauf zu, um dem Brillenmännchen behilflich zu sein. Sie war eine sehr gutmütige alte Dame, und die Weisheit des Lebens hatte sie gelehrt, auch denen behilflich zu sein, die eklig sind.

»Darf ich Ihnen nach oben helfen?« fragte sie teilnahmsvoll und guckte in das Mauseloch hinab.
»Ich bin gar nicht nach unten gekommen, sondern nach oben«, sagte das Brillenmännchen aus dem Mauseloch heraus, »ich habe das richtige Sandkorn gefunden und bin am Ziel meiner Forschungen angelangt. Hier sind auch schon zwei andere Kollegen, und wir gründen zusammen eine Akademie.«
Die Brillenmännchen fallen nämlich alle zuletzt in ein Mauseloch, nur bilden sie sich ein, daß sie dabei nach oben gekommen sind, und wenn sie andre Brillenmännchen darin finden, dann gründen sie eine Akademie. Das ist ein wahres Glück für uns, denn wenn die Brillenmännchen nicht in die Mauselöcher fielen, sondern alle oben blieben, dann wäre es im Garten der Welt überhaupt nicht mehr auszuhalten.
»Oh, du weißes Lilienwunder!« quakte der Frosch und sank vor der Lilie in die schlüpfrigen Knie.
Als die Kartoffel hörte, wie der Frosch von einem weißen Lilienwunder quakte, mußte sie so lachen, daß die Erde um sie herum locker wurde. Die Kröte glättete ihr den Boden wieder, so wie man jemand auf die Schulter klopft, der sich verschluckt hat.
»Sie sind wirklich zu primitiv, gnädige Frau«, sagte sie. »Gewiß ist das ein etwas überschwenglicher Ausdruck, und ich fürchte beinahe, daß mein armer Neffe ein Dichter werden wird und kein richtiger Frosch, und das wäre sehr traurig für die Familie. Aber es ist doch etwas Seltsames um die Lilien, die so weiß sind und so schnell verwelken. Und wenn man so bedenkt, daß sie unsere nächsten Nachbarn gewesen sind und wir eigentlich nicht viel davon gemerkt haben. Sehen Sie nur, es ist bald aus mit ihr – oh, du mein armer, nasser Neffe!«
Die Kröte atmete voller Erregung und machte glucksende Bewegungen mit der Kehle.
»Ja, sehr bedauerlich«, sagte die Kartoffel, »nun ist der ganze Aufwand umsonst gewesen. Eine Kartoffel ist doch dauerhafter und lebt wenigstens in ihren Knollen weiter.«
Die Lilie hatte die welken Blütenblätter gesenkt. Aus dem verglimmenden Gold ihres weißen Kelches aber schwebte der Lilienelf auf feinen Falterflügeln zum Flug in die Unendlichkeit – empor zu den Sternen der Nacht und zur silbernen Sichel.

Es blühen so viele weiße Lilienwunder im Garten der Welt. Nur die Brillenmännchen merken nichts davon, und die Kartoffeln lachen darüber. Vielleicht ahnen sie die Kröten, wenn sie alt und weise werden, und die Frösche, wenn sie jung sind und lieben. Aber schauen kann man sie nur, wenn man die lichten Strahlen sucht, auf denen die Geheimnisse des Himmels und der Erde sich verschwistern, und wenn man sehnsuchtsvoll die Arme ausbreitet nach den Sternen der Nacht und nach der silbernen Sichel.
Und dazu muß es dunkel werden im Garten der Welt.

Schloß Elmenor

Irgendwo – auf einer weiten, menschenleeren Heide liegt Schloß Elmenor. Graue Nebel kriechen langsam um graue Mauern, an denen viele Geschlechter gebaut haben, auf den trotzigen Türmen knarren die Wetterfahnen, und die alten Bäume im Park neigen ihre Kronen und flüstern im Abendwind. Ein grüner, sumpfiger See schließt Schloß Elmenor ein wie ein smaragdener Ring, und in seinem farbigen Glase spiegeln sich die alten Tore und Türme wie ein Schatten ihrer selbst. Um die verfallenen Bogenfenster aber ranken sich wilde Rosen. Niemand schaut mehr aus diesen Fenstern hinaus, es ist ganz still und einsam geworden auf Schloß Elmenor, noch viel stiller und einsamer als auf der weiten, menschenleeren Heide.
Nur um Mitternacht huscht ein scheuer Schein von flackernden Kerzen von Fenster zu Fenster – es ist nicht geheuer darin, sagen die Leute, die ferne davon auf der weiten Heide wohnen – das sind die irren Lichter von Elmenor. Aber es weiß niemand Bescheid darum, denn es mag niemand hineingehen, und Schloß Elmenor schläft einen langen Schlaf, schon weit über hundert Jahre.
Das ist nicht immer so gewesen. Einmal war junges Leben in den verlassenen Hallen, Musik und Tanz in den Sälen und Blumenduft und leises Lachen in den verschwiegenen Kammern. Das war bis zu jener Nacht, als der schwarze Kavalier auf Schloß Elmenor kam und sich ungebeten an den Tisch setzte. Von jener Nacht will ich erzählen, weil das eine merk-

würdige Geschichte ist – merkwürdig schon darum, weil eine solche Geschichte sich oft begeben hat und sich immer wieder begeben kann.

Denkt daran, ihr Heutigen und ihr Kommenden. Denn es gibt überall so viele alte, dunkle Häuser, und es gibt in ihnen so viele flackernde Kerzen um Mitternacht – wie die irren Lichter von Elmenor.

Jene Nacht aber, in welcher der schwarze Kavalier nach Schloß Elmenor kam, war eine kalte, düstere Herbstnacht, und es war am Vorabend von Allerseelen. Der Regen hing an den nassen Mauern und weinte in langsam fallenden Tropfen von den welken Blättern im Park. Ein dicker grauer Nebel lag auf der Heide draußen, und das alte Schloß stand mitten darin wie eine verschwimmende Schattenzeichnung aus einem wirren Traumland.

Drinnen aber, im Saal neben der Schloßkapelle, saßen Damen im Reifrock und gepuderter Perücke und Kavaliere in seidenen Kniehosen, den Galanteriedegen durch den Rock von buntem Samt gesteckt. Das waren die Gäste der Marquise von Elmenor.

Die feinen Möbel mit den zierlich geschweiften Beinen und den goldenen Beschlägen nahmen sich ein wenig sonderbar aus zwischen den dicken, plumpen Mauern – wie ein lockeres Liebeslied in einem Gefängnis. Die Zeit der Aufklärung war gekommen, die grauen Wände von Elmenor hörten nicht mehr Beten und Schwören und Fluchen wie einst, sondern weiches, girrendes Frauenlachen und die spitzen Bonmots aus der Residenz.

»Mon Dieu, was ist das für eine Nacht«, sagte der alte Graf und humpelte auf dürren, gichtigen Beinen an den Kamin, um das Feuer mit der Ofenzange anzufachen, »der Sommer ist vorüber, im nassen Park kann man keine Pfänderspiele mehr aufführen. Überall welke Blätter, es erinnert sehr peinlich an die Auflösung.«

»Trinken Sie Burgunder«, sagte die Marquise von Elmenor gleichgültig, »es ist gut für Ihr Alter. Unser Sommer ist auch vorüber, mon ami.«

»An so etwas denkt man nicht, meine Liebe«, sagte der Graf, »und wenn man es bedenkt, so redet man besser nicht davon. Wir müssen nach Paris, ma chère, hier ist es wenig amüsant

geworden. Ich glaube, wir sehen noch Gespenster in dem alten Kasten, wenn wir hierbleiben.«
»Es spukt nicht im Zeitalter der Aufklärung, Monsieur«, sagte die Marquise gelangweilt, »das sollten Sie doch eigentlich wissen. Unsere Philosophen schreiben gelehrte Exkurse über die Vernunft, und Sie reden von Gespenstern. Das ist ennuyant, mein Herr.«
»Es soll ein Mann hier umgehen, mit dem Kopf unter dem Arm, aus der Zeit der Kreuzzüge«, sagte eine junge Dame vorlaut.
»Hören Sie. Das ist ein Urahn von Ihnen, Marquise«, sagte der alte Graf bedenklich. »Sie verleugnen Ihre eigne Familie, das ist nicht nett von Ihnen, Madame.«
»Pas grande chose, ich habe noch heute Kavaliere ohne Kopf im Hause«, sagte die Marquise maliziös.
»Sie werden bissig, teure Freundin«, sagte der Graf, »das sollten Sie nicht sein. Als Sie jung waren, haben Sie mich nicht so behandelt. Mon Dieu, die Zeit vergeht. Womit habe ich das verdient? Ich, der Ihnen immer zu Füßen lag, Marquise?«
»Als Sie jung waren, hatten Sie noch keine Gicht und sprachen nicht so dégoûtant von Auflösung und von Gespenstern, sondern von angenehmen Dingen, die durchaus anderer Art waren.«
»Ich kann es übrigens gut verstehen, daß der Mann ohne Kopf herumgeht. Wahrscheinlich hat er den Verstand verloren«, sagte der alte Graf und seufzte, »als Sie noch jung waren, liebe Freundin, und noch nicht Rouge auflegten . . .«
»Wie ungalant!« sagte die Marquise und klappte verärgert mit dem Fächer.
Die jungen Damen lachten.
»Was ich eigentlich sagen wollte, Marquise, ist aber viel galanter. Ich wollte sagen – als Sie noch jung waren und noch nicht Rouge auflegten, habe ich auch um Ihretwillen den Verstand verloren.«
»Kleinigkeiten verliert man leicht«, sagte die Marquise, und diesmal lachten die Kavaliere.
Der Graf lenkte ab. »Der Mann ohne Kopf ist aus Ihrer Familie, also seien Sie nicht so herzlos. Auch war er ein Kreuzfahrer, und Sie sollten mehr Respekt davor haben, Madame!« sagte er.

»Unter einem Kreuzzug kann ich mir heute nicht viel mehr vorstellen«, sagte die Marquise, und ihr Reifrock raschelte kokett und sündig, »wenn ich mir, par exemple, denken soll, daß Sie, lieber Graf, sich heute zu einem Kreuzzuge rüsten wollten – incroyable, nicht wahr?«
»Sie haben recht, liebste Freundin«, sagte der Graf, »ich trage zwar seidene Wäsche, aber bei einem Kreuzzug würde ich mir ganz bestimmt den Schnupfen holen.«
»Wir wollen die arme Seele schlafen lassen und ihr angenehme Ruhe wünschen«, sagte jemand, »auch wenn sie so taktlos ist, dazwischen mit dem Kopf unter dem Arm unter uns spazierenzugehen.«
»Wir wollen an sie denken, morgen ist Allerseelen«, sagte das Fräulein von Elmenor leise, und irgendwie war es ihr, als liefe ein Schauer über sie.
»Mon Dieu, mein Kind«, sagte die Marquise, »du wirst sentimental. Allerseelen ist für arme Leute, die noch daran glauben. Es gibt keine Seele, ma chère, bloß die Vernunft, den esprit. Voilà tout. Man lebt und man liebt. Nachher ist es aus. Je mehr man liebte, um so mehr hat man gelebt. Der Tod versteht nicht zu küssen.«
»Die Lehre von der Seele ist Spielzeug«, sagte der Graf, »aber sehr brauchbar pour la politique, sehr nötig für die canaille. Wenn die canaille nicht daran glauben wollte, so würde sie uns alle über den Haufen rennen. Ein Schafott ist schnell gebaut.«
»Fi donc«, sagte die Marquise, »wie unappetitlich!«
»Wenn eure Seelen Spielzeug sind, verpfändet sie!« rief jemand, aber es war eine fremde Stimme, und man wußte nicht, wer diese Worte gesagt hatte. Das war auch gleichgültig, der Gedanke war hübsch.
»Ja, ein Pfänderspiel!« riefen die Damen und Kavaliere.
»Wofür verpfänden Sie Ihre Seele, Marquise?« fragte der alte Graf.
»Für eine Stunde der Jugend«, sagte die Marquise und lächelte mit geschminkten Lippen, »und Sie, mon ami?«
»Einstmals für ein Strumpfband von Ihnen, teure Freundin. Aber das ist nun impossible. Heute, vielleicht, um eine Flasche Burgunder. Vielleicht auch nicht. Kann man überhaupt etwas verlangen, wenn das Pfand nichts wert ist? Pour une bagatelle?«

»Würden Sie auch Ihre Seele verpfänden, Monsieur?« fragte das Fräulein von Elmenor den Kavalier, der neben ihr saß.
»Zehnmal, mein Fräulein«, sagte er, »um die Rose von Ihrer Brust.«
»Das ist sehr kühn, mein Herr. Wissen Sie nicht, was das bedeutet?«
»Das bedeutet einen Kuß in einer verschwiegenen Kammer«, sagte der Kavalier und neigte sich nahe zu ihr.
»Sie sind sehr dreist, und ich habe nicht gefragt, um eine Antwort zu bekommen. Auf solche Fragen antwortet man nicht. Sie sind ein Fant, mein Herr, ich habe keine Lust, Ihnen meine Rose zu schenken. Et puis – wenn die Seele nur eine bagatelle ist, so bieten Sie ja auch nichts für einen Kuß. Und ist eine Liebe ohne Seele überhaupt eine Liebe?«
»Wenn die Seele aber doch eine bagatelle ist«, sagte der Kavalier, »was soll sie dann bei der Liebe, mein Fräulein?«
»Ich weiß es nicht«, sagte das Fräulein von Elmenor und lachte, »vielleicht haben Sie recht. Mama sagt es ja auch. Ich werde es mir überlegen. Wir wollen sehen – nach Mitternacht.«
»Oh«, sagte er beglückt, »nach Mitternacht?«
»Wer weiß, was nach Mitternacht sein wird«, sagte das Fräulein von Elmenor, »Mitternacht ist bald.«
»Es wird kalt im Salon«, sagte die Marquise und fröstelte, »es zieht so abscheulich aus der alten Kapelle nebenan. Die Tür muß sich geöffnet haben. Diese düstere Kapelle chokiert mich überhaupt schon seit langem.«
»Vielleicht sitzt der Mann ohne Kopf darin«, sagte der Graf, »wir wollen die Türe schließen, wir wollen sie ganz schließen – pour toujours. Wir brauchen die alte Kapelle mit dem ungesunden Grabeshauch nicht so nahe an unserem eleganten Salon. Wir echauffieren uns nicht mehr um unser Seelenheil. Voilà!«
Er schloß die Tür zur Kapelle, öffnete das Fenster, an das der Regen schlug, und warf den Schlüssel in weitem Bogen hinaus in den dunklen, schlammigen See.
Die Damen und Kavaliere klatschten Beifall.
»Nun wollen wir ein Menuett tanzen!«
»Die Flöte liegt auf dem Spinett. Wer von den Herren spielt uns auf?«

Als der Graf sich umwandte, schien es, als wenn das Zimmer dunkler geworden wäre. Die Kerzen flackerten ängstlich, Schatten huschten an den Wänden, und die kunstvolle Pendüle auf dem Kaminsims schlug mit feinen, silberhellen Schlägen Mitternacht.
Am Platz des Grafen aber, ganz oben am Tische, saß der schwarze Kavalier.
Er war ungewöhnlich groß und hager und ganz in Schwarz gekleidet. Die dürren, langen Beine steckten in schwarzseidenen Kniehosen, ein schwarzer Rock umschloß eine Gestalt, die mehr einem Gerippe als einem menschlichen Körper glich, und auch sein Degen lag in schwarzer Scheide. Aus den zarten Spitzen der Ärmel ragten magere Hände hervor, knochig und von einer beinahe weißen Blässe. Die gleiche Farblosigkeit zeigte sein Gesicht, das fast an einen Totenkopf erinnerte. Die Augen ruhten tief in ihren Höhlen und waren groß und sehr ausdrucksvoll. Eine unheimliche Erscheinung war dieser ungebetene Gast.
Sogar die Marquise fühlte etwas wie Furcht in sich aufsteigen. Aber sie beherrschte sich.
»Monsieur«, sagte sie, »wollen Sie mir erklären, wie Sie an diesen Platz kommen? Ich habe nicht die Ehre Ihrer Bekanntschaft. Man pflegt sich der Dame des Hauses vorzustellen, mein Herr.«
Der schwarze Kavalier verbeugte sich.
»Mein Name dürfte Ihnen unwillkommen sein, Madame.«
»Wenn Sie schon ein Anonymus bleiben wollen«, sagte der Graf amüsiert, »so gestatten Sie, daß wir Ihnen eine Rolle in unserem Cercle zuweisen. Wenn Sie nicht reden wollen, wie wäre es, wenn Sie spielten? Die Flöte liegt auf dem Spinett, mein Herr. Wir wollten gerade ein Menuett tanzen.«
»Sehr gern, Monsieur«, sagte der schwarze Kavalier und lächelte. Die dünnen Lippen verzerrten sich und ließen große Zähne sehen. Es war mehr ein Grinsen als ein Lächeln.
»En avant, meine Damen und Herren«, rief die Marquise, »treten Sie an zum Tanz. Wir haben einen fremden Ritter als Spielmann – wie geheimnisvoll und romantisch, nicht wahr? Ein Menuett, Monsieur, wenn es Ihnen beliebt!«
Sie lachte, aber sie war blaß geworden unter der Schminke.
»Zu Ihren Diensten, Madame!«

Der schwarze Kavalier erhob sich. Er sah nun noch weit größer und dürrer aus als vorher und überragte alle um eine reichliche Kopflänge. Man spöttelte, aber eigentlich nur, um ein Grauen zu ersticken.
Der schwarze Kavalier trat ans Spinett, nahm die Flöte und schlug den Deckel des Klaviers hastig zu. Die Saiten gaben einen wimmernden Ton von sich, der langsam verhallte.
»Soll man Sie nicht akkompagnieren, Monsieur?« fragte die Marquise.
»Nein, Madame. Es werden alle tanzen müssen. Auch Sie, Madame, wenn es beliebt.«
Mechanisch, willenlos, wie eine Puppe, stand die Marquise auf, und die Paare ordneten sich zum Tanz. Niemand sprach ein Wort.
Der schwarze Kavalier setzte die Flöte an die dünnen Lippen und begann zu spielen. Es war ein Menuett, und die Paare tanzten. Aber es war eine fremde Melodie, die keiner kannte. Sie war bar aller Harmonien, sie war so gräßlich, so über alle Begriffe entsetzlich, daß jedem die Lust am Tanzen verging. Und doch bewegten sich alle weiter, puppenhaft und taktmäßig nach diesem Menuett des Grauens.
»Das ist ein schrecklicher Scherz, Monsieur, c'est abominable«, sagte die Marquise atemlos, mit einem letzten Rest ihrer Kräfte, »machen Sie ein Ende!«
»Das tue ich, Madame«, sagte der schwarze Kavalier und setzte die Flöte von den Lippen.
»Meine Damen und Kavaliere, mein Auftrag war, Sie in jene Kapelle zu führen. Doch Sie haben sie verschlossen und den Schlüssel im See versenkt. Das ist schlimm für Sie, aber – que faire?«
»Und wohin führen Sie uns nun?« fragte der alte Graf, »unsere Geduld ist zu Ende.«
Der schwarze Kavalier lachte leise und häßlich.
»Lassen Sie den Degen stecken, echauffieren Sie sich nicht. Wohin ich Sie führe, meine Damen und Herren? Hat Ihnen mein Menuett das nicht verraten? In die Totengruft!«
Jemand schrie auf, leer und blechern, mit einer irren, ihm selber vollkommen fremden Stimme.
»Ist das etwas Besonderes?« sagte der schwarze Kavalier. »Pas grande chose, n'est-ce pas, Madame? Ihre Seelen leben doch

weiter, oder haben Sie keine Seelen? Sie sprachen ja schon davon, was die Seele ist – ein Spielzeug, une bagatelle, nicht wahr? Nous verrons. Sie wollten nicht in die Kapelle. Eh bien, es ist auch hier sehr angenehm. Bleiben Sie hier, meine Damen und Kavaliere.«
»Was ist das für ein Spiel, Monsieur?« flüsterte die Marquise, »das ist entsetzlich.«
»Das Spiel ist aus, Madame«, rief der schwarze Kavalier und warf ihr die Flöte vor die Füße. Die Flöte zerbrach. Das Menuett des Grauens war ihr letztes Menuett gewesen.
Da erloschen die Kerzen und der Sturm riß heulend die Fenster auf. Der schwarze Kavalier war verschwunden.

Die Chronik ließ es im ungewissen, wie der schreckliche Zufall zu erklären sei, daß der ganze kleine, intime Cercle der Marquise von Elmenor in einer Nacht verschieden war. War es ein plötzlicher, furchtbarer Schreck, der alle tödlich ergriffen hatte, oder war eine unbekannte Seuche durch eine der alten Türen geschritten und hatte den lebensfrohen Kreis mit ihren kalten Krallen dahingerafft? Der Chronist begnügte sich damit, aufzuzeichnen, daß man die Damen und Kavaliere im Salon neben der Kapelle am Morgen nach jener Novembernacht, die dem Tage Allerseelen voranging, verblichen aufgefunden habe, mit einem schwer zu beschreibenden Ausdruck des Entsetzens in den Zügen. Die Bestattung sei unter diesem unheimlichen Eindruck in großer Eile und ohne die besonderen, sonst üblichen Förmlichkeiten erfolgt. Begreiflich war es auch, daß niemand mehr nach diesem schrecklichen und geheimnisvollen Ereignis auf dem Landsitz der Marquise wohnen wollte. Schloß Elmenor war verlassen und lag in tiefem Schlafe.
Die Toten aber, die alle zusammen im Salon der Marquise gestorben waren um jene Mitternacht, als der schwarze Kavalier ihnen das Menuett des Grauens auf der Flöte gespielt hatte, die Toten von Elmenor schliefen nicht.
Sie saßen weiter auf den feinen, zerbrechlichen Stühlen mit den geschweiften Beinen und den goldenen Beschlägen, elegant und vornehm wie damals, aber mit blassen Gesichtern und, wie es ihnen selber schien, mit sehr schattenhaften Leibern und spinnwebdünnen Kleidern. Sie wußten nicht, waren

sie tot oder lebendig. Sie lebten, und lebten doch nicht wie einst, sie lebten gleichsam ein feineres Dasein, ein Dasein in den Seelen. Aber gab es Seelen? Das alles war unklar, seltsam gedämpft und sehr qualvoll, wenn man versuchte, es zu begreifen. Wie ein Schleier lag es um sie, und nur eines erschien ihnen notwendig und unvermeidlich: den Schlüssel zur Kapelle wiederzufinden. Es war dies wie ein Gebot an ihnen hängengeblieben von den Worten des schwarzen Kavaliers. Alles andre war wesenlos geworden, nicht mehr zu ihnen gehörig, wie ihre irdischen Körper, die sie forttragen sahen nach der Totengruft von Schloß Elmenor.
Hier, im Salon, wo der schwarze Kavalier gestanden, war das Letzte geschehen, was noch faßbar war. Alles andere griff irgendwie ins Leere, war mehr erträumt, als es gelebt war. So wiederholten sie Nacht für Nacht die Bewegungen und Reden der letzten Stunde, um vielleicht von hier aus, von jenem Augenblick, bevor ein dunkler Schleier auf sie alle fiel, den neuen Boden für ein neues Dasein zu finden. Aber das fühlten sie deutlich: Das alles war nichts, wenn sie nicht den Schlüssel zur Kapelle wiederfanden. Denn in die Kapelle sollten sie geführt werden, die sie sich selbst verschlossen hatten. Dies war ja der Auftrag des schwarzen Kavaliers gewesen.
So saßen sie beisammen und suchten den Schlüssel Nacht für Nacht, weit über hundert Jahre. Aber sie hatten kein Zeitempfinden mehr, und die kunstvolle Pendüle auf dem Kaminsims war stehengeblieben, nur wenige Minuten nach Mitternacht, als sich der schwarze Kavalier an den Tisch gesetzt hatte.
Über hundert Jahre vergingen, und Schloß Elmenor verfiel. Graue Nebel krochen langsam um graue Mauern, an denen viele Geschlechter gebaut hatten, auf den trotzigen Türmen knarrten die Wetterfahnen, und die alten Bäume im Park neigten ihre Kronen und flüsterten im Abendwind. Rundum war weite, menschenleere Heide.
Nur um Mitternacht huschte ein scheuer Schein von flackernden Kerzen von Fenster zu Fenster – das waren die irren Lichter von Elmenor.

Es war schon in der heutigen Zeit, als einmal ein Hirtenknabe auf der weiten, menschenleeren Heide war mit seinem Hunde

und mit seinen Schafen. Es war Nacht geworden, eine weiche Sommernacht. Die Schafe hatten sich gelagert, Leuchtkäfer schwirrten durch die blaue Dämmerung, und ein Duft von Blüten hing über der Heide wie ein Märchentraum. Es war stille und friedvoll, und nur Schloß Elmenor stand drohend da wie ein dunkler Schatten. Es ging auf Mitternacht.
Der Hirtenknabe stützte den Kopf in die Hände und seufzte.
»Ich möchte mehr sein als nur ein Schäfer«, sagte er.
Der Hund wedelte freundlich und beruhigend mit dem Schwanz und legte sich zu Füßen seines Herrn auf die Heide.
»Es ist etwas sehr Großes um einen wirklichen Hirten«, sagte er, »nur sind die guten Hirten sehr selten. Wir alle aber, ich und die Schafe, wissen es und werden es zu jeder Zeit bezeugen, daß du ein echter Hirtenknabe bist.«
»Ich möchte ein Sieger sein und kein Hirte«, sagte der Knabe.
»Die wahren Sieger waren alle auch Hirten«, sagte der Hund. Die Schäferhunde wissen so sehr viel.
»Vielleicht hast du recht«, sagte der Knabe, »es ist eine sonderbare Nacht heute, und es mag sein, daß ich darum so viel über alles nachdenken muß. Es rief mich zweimal heute abend mit einer inneren Stimme, und nun, wo es auf Mitternacht geht, ruft es mich zum dritten Male. Mir ist, als wäre es Schloß Elmenor, von wo ich gerufen werde.«
»Wenn es so ruft mit einer inneren Stimme, dann ist es eine Schwesterseele, die dich ruft, weil sie in Not ist«, sagte der Hund, »dann mußt du gehen, wohin es dich ruft.«
Die Tiere sind so viel klüger als die Menschen, denn sie sind oft in Not und rufen nach einer Schwesterseele, aber das werden die Menschen erst verstehen, wenn sie Hirten und Sieger geworden sind, und dann wird die Erde erlöst werden durch den heiligen Gral, denn Hirten und Sieger zu rufen, ist seine Sendung.
»Es ist nicht geheuer in Elmenor«, sagte der Hirtenknabe, »ich fürchte mich ein wenig, dort hineinzugehen. Es huscht ein scheuer Schein von Fenster zu Fenster, und es flackern darinnen Kerzen um Mitternacht.«
»Ich würde dich gerne begleiten«, sagte der Hund, »aber ich muß deine Schafe bewachen, damit du in Frieden gehen kannst. Du brauchst dich auch nicht zu fürchten, denn du bist

ein Hirte mit Waffen und Wehr. Du behütest, und du wirst selber behütet von anderen Hirten. Ihr seid eine geweihte Ritterschaft, und auf euch hoffen Menschen und Tiere.«
Da ging der Hirtenknabe hinaus nach Schloß Elmenor.
Als er den Saal betrat, in dem die flackernden Kerzen brannten, schlug die kunstvolle Pendüle auf dem Kaminsims Mitternacht, und das hatte sie nicht mehr getan seit über hundert Jahren. Um den Tisch herum aber saßen die Damen und Herren in den alten, verblichenen Gewändern, genauso wie in jener schauervollen Nacht, als ihnen der schwarze Kavalier erschienen war. Sie flüsterten miteinander und schienen etwas zu suchen.
Der Hirtenknabe sah sie nur durch einen Schleier, wie Schattenrisse mit blassen Farben, alten Gemälden ähnlich, die nachgedunkelt sind. Nur eine Gestalt hob sich leuchtender aus den anderen hervor, und sie kam langsam und zögernd auf ihn zugeschritten. Das war das junge Fräulein von Elmenor, und dem Hirtenknaben schien es, als erkenne er jemand in ihr, den er lange vergessen und doch lange gesucht hatte.
»Bist du es, den ich gerufen habe, schöner Knabe?« fragte sie und lächelte, ein weiches, verlorenes und verträumtes Lächeln, so wie alte Pastellbilder lächeln in alten, verfallenen Häusern.
Und der Hirtenknabe sah, daß sie sehr schön war.
»Bist du es, die mich gerufen hat?« fragte er, »dann bist du wohl meine Schwesterseele und bist in Not gewesen, weil du mich riefst.«
»Wir alle hier sind in Not«, sagte das Fräulein von Elmenor, »die anderen fühlen es nur noch nicht so tief wie ich. Wir suchen einen Schlüssel, den wir verloren haben, schon über hundert Jahre. Es ist so mühsam, hundert Jahre lang zu suchen. Es ist der Schlüssel zu jener Türe, den wir verloren haben. Sie führt in die Kapelle, und es steht ein Kreuz darin auf einem Altar. Wir haben uns selber die Türe verschlossen, und dann kam der schwarze Kavalier und setzte sich an unseren Tisch. Die anderen träumen immer noch und wissen nicht, ob sie leben oder ob sie gestorben sind, aber ich wurde wacher und wacher, und ich weiß es nun, daß wir nur durch das Kreuz auf dem Altar aus dieser Mitternacht wieder herausfinden können. Da rief ich in meiner Not nach meiner Schwe-

sterseele, daß sie uns den Schlüssel zur verschlossenen Türe suchen helfe.«
»Ich brauche euren Schlüssel nicht zu suchen und nicht zu finden, ich bin ein Hirtenknabe, und zum Kreuz auf dem Altar steht mir jede Tür offen. Wenn die Sonne aufgeht, will ich dich dorthin geleiten.«
Das Fräulein von Elmenor sah den Hirtenknaben lange an, und ihre Augen wurden tief und lichtvoll.
»In jener Nacht, bevor der schwarze Kavalier gekommen war«, sagte sie leise, »wollte ich die Rose an meiner Brust verschenken. Aber ich tat es nicht, und ich bin froh, daß ich es nicht getan habe. Es ist nichts um eine Liebe ohne Seele. Aber heute habe ich meine Schwesterseele gefunden, und heute will ich dir meine Rose schenken. Weißt du, was das bedeutet, schöner Knabe?«
»Vielleicht weiß ich es, schöne Dame«, sagte der Hirtenknabe, »vielleicht war das schon viele Male, daß du mir deine Rose schenktest, vielleicht wird es wieder einmal sein. Wir kennen uns ja schon so lange, viele tausend Jahre.«
»Die Rose von der Brust bedeutet einen Kuß in einer verschwiegenen Kammer«, sagte das Fräulein von Elmenor und lachte. Sie lachte zum ersten Male wieder seit über hundert Jahren.
Irgendwo in der Ferne der Heide hörte der Hirtenknabe den Schäferhund bellen, und er dachte an seine Herde.
»Ich werde dich einmal wieder küssen«, sagte er, »aber heute bin ich in dieser Welt, die mich ruft, und du in jener. Ich darf dich heute nur geleiten, wenn die Sonne aufgeht, nicht mehr. Dann muß ich zurück zu meiner Herde.«
»Noch ging die Sonne nicht auf – und sind wir nicht Schwesterseelen, in dieser und in jener Welt?«
»In kaum einer Stunde ist Sonnenaufgang«, sagte er.
»Auch eine Stunde kann eine Ewigkeit sein«, sagte sie, und sie nahm die Rose von ihrer Brust und reichte sie dem Hirtenknaben. Und sie küßte ihn lange, lange – eine Stunde, die eine Ewigkeit war.
Dann ging die Sonne auf über der weiten Heide und über Schloß Elmenor.
Lautlos öffneten sich die verschlossenen Türen zur Kapelle, und der Hirtenknabe führte das schöne Fräulein von Elmenor

an den Altar mit dem Kreuz darauf. Hier küßten sie sich zum letzten Male auf der Schwelle von dieser zu jener Welt.
Um sie herum standen Damen und Herren aus jener Nacht, als der schwarze Kavalier nach Schloß Elmenor gekommen war, und wie sie mit den träumenden Schattenaugen die Sonne über dem Kreuz erblickten, war es, als ob sie sich langsam auflösten und in klaren, durchleuchteten Gestalten über eine Brücke von Rosenranken am Fenster hinaufschritten, ins Morgenlicht hinein. Ihnen allen voran aber schritt der schwarze Kavalier – friedvoll und freundlich und in einem Kleide von Sonnengold.
Die letzte Gestalt, die der Hirtenknabe im Morgenlicht verschwinden sah, war das schöne Fräulein von Elmenor. Sie wandte sich noch einmal nach ihm um und sah ihn lange an mit den Augen der Schwesterseele.
Dann stand er allein in der alten Kapelle. Die Sonne spielte um Altar und Kreuz, und er hielt eine rote Rose in der Hand. In weiter Ferne läutete eine Glocke. Da ging der Hirtenknabe zu seiner Herde zurück.
Der Hirtenknabe hat niemals gefreit. Aber er wurde aus einem Hirtenknaben ein großer Hirte und ein Sieger, und er hütete die Seelen der Menschen und der Tiere. Er wanderte stille und einsame Wege, die sehr beschwerlich waren. Aber die rote Rose von Elmenor trug er immer auf seinem Herzen. Und er harrte geduldig auf den Tag, an dem dieses Pfand wieder eingelöst würde von seiner Schwesterseele in einem anderen Land.
Das ist die Geschichte von Schloß Elmenor.

Ihr Heutigen und ihr Kommenden, hütet die Seelen der Menschen und die Seelen der Tiere, sucht auf allen Wegen die Schwesterseelen und baut ihnen Sonnenbrücken zwischen dieser und jener Welt.
Und wenn ihr den Toten begegnet, ihr Heutigen und ihr Kommenden, und sie haben sich die Türen zum Heiligtum verschlossen – seid ihnen friedvolle Hirten und führt sie behutsam aus den verfallenen Mauern und den Schatten vergangener Zeiten zum Kreuz auf dem Altar und über die Rosenranken ins Morgenlicht hinein.
Die Welt ist so sehr verworren. Es gibt überall so viele alte,

dunkle Häuser, und es gibt in ihnen so viele flackernde Kerzen um Mitternacht, wie die irren Lichter von Elmenor.
Ihr Heutigen und ihr Kommenden, werdet Hirten und werdet Sieger, auf daß die Erde erlöst werde durch den heiligen Gral. Denn Hirten und Sieger zu rufen, ist seine Sendung.

Der Königsgaukler

Ein indisches Märchen

Die Geburt Mantaos in der Lotosblume

Ich will euch erzählen die Geschichte von Mantao, dem Königsgaukler, und ich will erzählen, wie er in einer Lotosblume geboren wurde, als die Nacht ihren Sternenteppich breitete über das heilige Land von Indien. Viele, viele tausend Jahre ist es her, und wenn ich euch das sage, so wird es euch erscheinen, als seien viele, viele tausend Jahre eine lange Zeit. Aber das müßt ihr nicht denken. Viele, viele tausend Jahre ist eine ganz kurze Spanne Zeit, es ist eigentlich gar keine Zeit – viele, viele tausend Jahre, das ist so, als sei es eben erst geschehen, daß Mantao, der Königsgaukler, in einer Lotosblume geboren wurde. Ihr müßt euch nur denken, ihr säßet selber in einer Lotosblume darin, ihre feingliedrigen kühlen Blütenarme hüllten euch ein und in ihren weit geöffneten Kelch schauten die Sterne. Der Kelch der Lotosblume ist ein Wunderkelch, vergeßt das nicht – und nun beginnt sich der Wunderkelch zu drehen und ihr seid darin. Erst dreht er sich langsam, dann schneller und immer schneller – es ist, als ob die Sterne um euch kreisen und bunte Bilder in endloser Reihe an euch vorüberziehen, Bilder vom Leben der Geister, Menschen und Tiere, vom Wachstum der Pflanzen und Funkeln der Edelsteine, endlose Leben, seltsam ineinander verschlungen und mit feinen Fäden mit euch verbunden, als gehörten sie zu euch, und doch wieder von euch getrennt, denn ihr schaukelt euch ja im Schoß der Lotosblume und schaut darauf mit Augen, die zeitlos geworden sind. Seht ihr, so müßt ihr denken – was sind dann viele, viele tausend Jahre? Vergangenheit, Gegenwart und Zukunft gehen leise und unmerklich in eines über, und es ist euch, als wäre es erst heute geschehen, daß

Mantao, der Königsgaukler, in einer Lotosblume geboren wurde.
Denkt euch, es wäre heute. Die Nacht breitete ihren Sternenteppich aus über Indiens heiliges Land, und auf dem Teppich der Sterne stieg langsam und feierlich ein Engel auf die Erde nieder, und dieser Engel trug Mantaos kleine Seele in den Armen, um sie behutsam und liebreich in den Kelch der Lotosblume zu legen. Wenn ich sage, daß er Mantaos kleine Seele trug, so müßt ihr das nicht so verstehen, als wenn Mantao eine kleine Seele gehabt habe, arm an Tiefe des Gefühls und schwach an geistigen Kräften. Mantaos, des Königsgauklers, Seele war groß und stark und reich, und wenn sie oben über den Sternen ihre Schwingen regte, dann klang es, als wenn Glocken läuteten in Frieden und Feierabend. Aber es war doch nur eine Menschenseele – und seht ihr, wenn der Engel, den jede Menschenseele zum Hüter hat, seine anvertraute Menschenseele aus der Welt über den Sternen hinabträgt auf diese Welt, dann wird die Menschenseele schwach und müde, wie ein kleines Kind, denn es ist ein weiter Weg und es dauert lange, bis sich die Menschenseele an die Erde gewöhnt und an den fremden Boden, der mehr Dornen als Rosen trägt. Ihr alle kennt das, denn ihr alle seid geboren auf dieser Erde und euer Engel hat euch auf dem Sternenteppich hinabgetragen, wenn ihr es auch vergessen habt. Aber ihr werdet euch gewiß erinnern, wenn ich es euch wieder beschreibe. Es ist, als wäre man sehr schwer geworden, als habe man Flügel gehabt, klingende tragende Schwingen – und diese seien einem genommen worden, so daß man nicht weiß, wie man sich bewegen soll. Es ist, als sei die Luft dick und trübe geworden und man könne nicht mehr gut sehen und hören, man müsse das alles noch einmal ganz von neuem lernen – man müsse von neuem atmen und leben lernen, aber langsamer, schwerer und schleppender. Es ist wie ein dickes Kleid, das man angezogen hat, die geschmeidigen Glieder sind wie in Watte gewickelt, und man ist müde, müde und benommen. Die Lotosblume aber dreht sich, dreht sich immer schneller und schneller, so daß man ganz schwindlig wird – und viele feine Fäden spinnen sich vom Kelch der Blume zu dem Boden hinüber, auf dem wir nun leben sollen und der mehr Dornen als Rosen trägt. Die Fäden halten immer fester

und fester, und man fühlt nun deutlich, daß man sie alle erst wird lösen müssen in einer langen mühseligen Arbeit, ehe man wieder aufsteigen darf zu den lichten Fernen, aus denen man gekommen, zu der Welt über den Sternen. Nicht wahr, ihr erinnert euch jetzt und werdet nun auch verstehen, warum Mantaos Seele so klein war, daß es aussah, als trüge der Engel ein kleines Kind auf den Armen.
Leise und behutsam legte der Engel Mantaos Seele in den Kelch der Lotosblume. Er sah ernst und traurig dabei aus, denn er wußte, daß er Abschied von ihm nahm, wenn er auch stets unsichtbar um ihn sein würde, und er wußte, daß Mantao, der Königsgaukler, einen schweren und einsamen Weg wandern würde, ehe er wieder heimfand in die Welt über den Sternen. Es ist kein leichter Gang für einen Engel, wenn er seine anvertraute Menschenseele zur Erde geleitet, besonders wenn es eine starke und große Seele ist, an die sich die anderen anklammern – die ihren Weg nicht nur für sich, sondern auch für andere geht und die den Schild halten soll über allem, was atmet. Es ist schon schöner, diese Seele wieder zu empfangen, wenn sie heimkehrt in die Welt über den Sternen.
»Der Erhabene segne deinen Pfad«, sagte der Engel, »und er segne deinen Pfad allen, für die du ausgegangen bist, Menschen, Tieren und allem Leben. Ich werde für dich auf die Kette der Dinge achten, ich werde den Fäden deines Lebens folgen und deinen Stern über dir halten im Tempel Brahmas und im Schmutz der Gosse. So werde ich immer bei dir sein, und doch ist es eine Trennung, denn Himmel und Erde sind ineinander verflochten und doch getrennt. Nun nehme ich Abschied von dir. Es ist ein harter Weg, den du wandern wirst. Nicht oft werden solche Seelen in den Kelch der Lotosblume gesenkt. Denn du wirst ein Königsgaukler sein, und du wirst sehr, sehr traurig werden, wenn du das begreifst, und doch wirst du sehr froh werden, denn dein Weg ist ein Weg, auf dem die Dinge ineinander übergehen. Der Erhabene segne deinen Pfad. Mehr als andere braucht dein Pfad den Segen des Erhabenen, denn er ist der Pfad der Königsgaukler.«
Die Lotosblume drehte und drehte sich. Zahllose Fäden kamen aus ihr hervor und klammerten sich immer fester und fester an den Boden der Erde, der mehr Dornen als Rosen

trägt und auf dem Mantao nun leben und seinen Pfad wandern sollte.
Da neigte sich der Engel und nahm Abschied von Mantao, dem Königsgaukler.
Einer der vielen Fäden aber, die sich von der Lotosblume zur Erde spannen, zog Mantao zu seinem Elternpaar hin. Es waren arme Leute, und sie gehörten zur verachteten Kaste der Paria. Aber seine Mutter glaubte, daß sie einen Königssohn geboren habe.
»Als ich diesen Knaben gebar«, sagte sie zu ihrem Manne, »war es mir, als sähe ich eine der Lotosblumen, in deren Schoß die Engel die Seelen der Kinder tragen, und mir war, als sei die Lotosblume dieses Kindes größer und schöner, als sonst die Blüten der Kinderseelen sind. Es ist ein Königssohn, den ich geboren habe.«
»Das meinen alle Mütter«, sagte der Mann und lachte, »ich bin kein König und du bist eine Paria. Vielleicht wird er ein Gaukler werden an einem Königshof.«
Bald darauf kam die Pest in den kleinen Ort, in dem Mantaos Eltern lebten. Sie war ein grausiger Gast. Dürr und hager wie ein Gerippe ging sie mit hüpfenden Schritten durch die Gassen und rief die Menschen zum Totentanz mit ihrer wimmernden Flöte. Alles versteckte sich vor ihr, denn wen sie ansah aus ihren hohlen Augen, der mußte ihr folgen, bis er leblos niederfiel. Sie sah nicht alle an, denn auch sie ist ein Gesandter des Erhabenen und sieht nur jene, die sie sehen darf. Als ihr aber gar zu viele folgen mußten, da sammelten sich die Letzten und verließen das Dorf und gingen hinaus auf die Landstraße, viele, viele Tage weit, um einen Ort zu suchen, durch dessen Gassen die Pest nicht tanzte. Unter diesen Letzten waren auch Mantaos Eltern. Der Mann schob einen kleinen Karren vor sich her mit seinen wenigen Habseligkeiten, und die Frau trug das Kind auf den Armen, von dem sie glaubte, daß es ein Königssohn wäre. Aber die Pest tanzte ihnen nach und rief zuerst den Mann, bis er ihr folgte und leblos niederfiel. Da ließ die Frau den Karren stehen und ging allein weiter mit ihrem Kinde. Am Tage darauf aber sah die Pest sie an und sie setzte sich an den Grabenrand, um zu sterben. Sie drückte ihr Kind noch einmal an sich und bat die anderen, sie mögen es mit sich nehmen und pflegen. Aber

alles fürchtete sich vor der Pest und der Frau, die sie gezeichnet hatte, und sie ließen die Sterbende allein mit dem Kind in ihren Armen.
Da streckte die arme Frau flehentlich ihre Hände der Pest entgegen und bat: »Nimm mich dem Kinde nicht weg, das ohne mich verhungert, laß mich leben.«
Die Pest sah plötzlich anders aus als sonst. Sie war kein dürres, hageres Gerippe mehr mit hohlen Augen – und sie neigte sich freundlich zu der Frau im Straßengraben.
»Das kann ich nicht«, sagte sie traurig, »ich muß rufen, wie es mir befohlen wurde. Aber dein Kind wird nicht verhungern, du wirst es noch lebend einem anderen in die Arme geben. Dich aber werde ich dann rufen, so sanft wie ich noch niemand gerufen habe.«
Und die Pest neigte in Liebe und Frieden ihr Haupt und ging von dannen. Seht ihr, Leben und Tod haben oft ein verschiedenes Angesicht und die Pest war barmherziger als die Menschen. Als die Frau aber wieder aufsah, da erblickte sie auf jener Stelle, auf der die Pest gestanden hatte, einen alten Mann in der ärmlichen Kleidung der Bettelmönche und mit einem spitzen sonderbaren Hut auf dem Kopf, wie ihn die Lamas in Tibet tragen.
»Gib mir dein Kind«, sagte er, »ich will es in meine Heimat, in die heiligen Berge von Tibet tragen und will es großziehen in aller Weisheit des Erhabenen.«
Da gab ihm die Frau ihr Kind.
»Es ist ein Königssohn«, sagte sie.
»Das weiß ich«, sagte der Mann aus Tibet.
»Wenn du das weißt, will ich dir gerne mein Kind geben«, sagte die Frau, »und die guten Götter unseres Hauses mögen es schützen. Unser Haus ist verlassen, aber es waren freundliche kleine Götter, die darinnen lebten, und sicher sind sie mit uns gezogen und stehen neben meinem Kinde.«
»Siehst du nicht, daß ein großer, schöner Engel neben deinem Kinde steht?« fragte der alte Mann aus Tibet.
Aber die Frau hatte die Augen geschlossen und atmete nicht mehr. Die Pest hatte sie gerufen, ganz so wie sie es versprach, so sanft, wie sie noch niemand gerufen hatte.
Der alte Mann aber nahm das kleine Kind auf seine Arme und trug es so behutsam und vorsichtig, wie nur je eine Mut-

ter ein Kind im Arm getragen hat, in seine einsame Heimat, in die heiligen Berge von Tibet.
Sie wanderten Tage und Nächte, und neben ihnen ging der Engel, der die Seele des Kindes über den Sternenteppich zur Lotosblume getragen hatte.
Und der alte Mann aus Tibet und der Engel redeten miteinander über Mantao, den Königsgaukler.

Die Königin der Ferne

Nun müßt ihr euch denken, ihr habet viele Jahre mit Mantao und dem alten Manne zusammen gelebt, oben auf der Hochebene von Tibet, die nur selten eines Menschen Fuß betritt. Es ist ein rauhes einsames Land, Eis und Schnee kommen und gehen auf ihm, und die wilden Winde singen ihre Klagelieder in seinen Klüften. In die kleine Hütte der beiden Menschen aber schauten keine Augen als die Augen der Sonne, des Mondes und der Sterne und keine anderen Gäste sahen sie um sich als die Tiere der Wildnis, die Mantaos Jugendgespielen waren. Die Bergziegen schenkten ihnen ihre Milch und die Waldbienen ihren Honig, aus Brüderlichkeit und um den Segen Brahmas. Keine Menschen hatte Mantao kennengelernt, aber in alle Tiefen der Natur hatte ihn der alte Mann aus Tibet eingeführt, er kannte den mühsamen Gang der pilgernden Käfer, deren schwachen Beinen ein Sandkorn groß und erhaben schien, und er kannte den Flug der Adler, die im gleitenden Schlag ihrer Schwingen die Berge umkreisten, so hoch, daß ihre Gipfel ihnen klein und gering vorkamen.
»Brahma ist in beiden«, sagte der alte Mann aus Tibet und nahm seine sonderbare spitze Mütze ab vor den Käfern im Staube und vor den Adlern im Äther, »siehe, beider Weg mußt du kennen und lieben und beider Wege wirst du wandern auf dem Pfad deines Lebens: den Weg der Mühsamen und den Weg der Großen, die über den Bergesgipfeln kreisen. Denn du bist Mantao, der Königsgaukler, und wirst wandern den Weg des Erhabenen.«
Mantao schaute auf die Käfer und auf die Adler, und er sah, wie die Sandkörner klein waren und groß erschienen und wie die Berge groß waren und klein erschienen, und er lernte erkennen, wie die Dinge ineinander übergehen dem, der auf

Großes und Kleines schaut mit den gleichen Augen der Andacht.

Als nun Mantao ein schöner Jüngling geworden war, ohne noch zu wissen, was Schönheit ist, und ohne noch zu ahnen, was es heißt, anders als ein Kind zu sein, da rief ihn der alte Mann zu sich und sagte zu ihm:

»Siehe, du bist nun groß und schön geworden, ich aber bin sehr alt und sehr müde. Es ist nun an der Zeit, daß du deinen Weg wanderst und daß ich von dir gehe.«

Da erschrak Mantao, denn er liebte den alten Mann über alles.

»Laß mich mit dir gehen«, bat er, und zum ersten Male überkam ihn das Gefühl, was es heißt, kein Kind mehr zu sein. »Nimm mich mit dir dahin, wo du hingehst.«

»Dahin, wo ich hingehe, kann ich dich nicht mitnehmen«, sagte der alte Mann, »denn, siehst du, ich gehe fort von dieser Erde.«

»Soll das heißen, daß du sterben mußt?« fragte Mantao.

»Nein, ich muß nicht sterben«, sagte der alte Mann und lächelte, »Sterben ist ein Wort der Täler, ich aber gehe in die Berge. Siehe, alle Namen der Berge um dich herum habe ich dich gelehrt in den Jahren deiner Kindheit – Brahma segne deine Kindheit, sie war ein Gnadengeschenk für mich alten Mann –, alle Berge haben wir miteinander gekannt und geliebt, wir haben die Stunden gewußt, wann die Sonne über ihren Riesenleibern aufging und wann sie sie im Sinken vergoldete. Wir haben die seltsamen Gestalten beobachtet, die das Mondlicht um ihre weißen Firnen wob, wir haben sie gekannt, wie wir die Käfer und die Adler kannten. Von allen Bergen aber kannte und liebte ich am meisten den Lischanna – nicht weil sein Gipfel einer Krone gleicht, nicht weil seine massigen Glieder schön sind wie ein Tempelgebäude, auch nicht weil er groß und keiner gewaltiger als er. Ich habe ihn gekannt und geliebt vor allen, weil ich wußte, daß ich einmal auf ihm den großen Heimweg antreten würde zum Erhabenen, von dem ich kam. Ich werde oben nicht sterben, sage das ja nicht, du, der auch nie sterben darf. Ich werde meinen alten müden Körper ablegen, wie ich es jede Nacht tat, wie ich es oft im Wachen getan habe, wenn mein Geist sich von seinen Fesseln lösen durfte und ich mit inneren Augen über Berge

und Täler schaute und auf die wirren Wunder dieser Erde. Nun laß uns auf den Lischanna steigen, daß ich meinen Körper für immer ablege wie ein altes Gewand und den Erhabenen schaue von Angesicht zu Angesicht.«
Mantao schwieg. Der alte Mann aber streckte noch einmal seine Hände über die Halde aus, auf der seine Hütte stand, und segnete die Käfer und die Adler und die Bergziegen und Waldbienen, die ihn genährt hatten, mit dem Segen Brahmas. Dann ging er mit leuchtenden Augen seinen letzten Gang und Mantao folgte ihm.
Auf halber Höhe des Berges blieb der alte Mann stehen und wandte sich zu Mantao.
»Siehe«, sagte er, »unter dir die Täler im Abendsonnenschein, dahin mußt du nun gehen, denn jetzt ist dein Weg der Weg zu den Tälern der Menschen, bis du einst wieder zurückfindest auf deinen heiligen Berg. Diese Täler sind das heilige Land von Indien, das voll wirrer Wunder ist. Bunte Lampen brennen sie in den Tälern, aber es sind Lampen, die bald erlöschen. Du wirst ihnen fremd sein, den Menschen in den Tälern, sie werden dich vielleicht für einen Bettler halten, für einen Gaukler, du aber vergiß nicht, daß du ein König der Berge bist. Nun laß uns Abschied nehmen, Mantao, mein Königsgaukler, laß uns Abschied nehmen für dieses Leben – und ich danke dir für deine Kinderjahre, die meine Seele durchsonnt haben. Mir danke nicht, diesen Dank statte ab allem, was atmet, statte ihn denen ab, deren Lampen erlöschen. Der Erhabene segne dich, der du nicht mein Kind warst und doch mein Kind warst, das Kind meiner Seele und meines Geistes für eine Zeit, die nun zu Ende ist.«
Mit diesen Worten nahm der alte Mann seine Mütze ab, jene sonderbare spitze Mütze, die immer noch dieselbe war seit dem lange vergangenen Tage, da der alte Mann das kleine Kind auf der Landstraße in seine Arme genommen hatte. Die Mütze war um vieles schmutziger und unscheinbarer geworden in den vielen Jahren, aber Mantao erschien es, als wäre es eine Krone, die der alte Mann abnahm, um sein Haupt zum Abschied zu entblößen vor dem, den er als ein kleines Kind in seine Berge getragen hatte.
Da fiel Mantao, der Königsgaukler, in die Knie und weinte bitterlich.

Der alte Mann aber ging mit festen und geraden Schritten weiter auf seinen geliebten Berg Lischanna hinauf und sein weißes Haar flatterte im Abendwind.
Mantao sah ihm nach, bis er ihn nicht mehr sehen konnte. Da sank die Sonne über den Gipfeln der Berge von Tibet.

Nun schlief Mantao die letzte Nacht in der Hütte seiner Kindheit. Ihm war sie ein königlicher Palast gewesen, geschmückt mit den bunten Bildern seiner Kinderseele und der Seele des alten Mannes, der auch eine Kinderseele hatte und der nun von ihm gegangen war. Zum ersten Male sah Mantao, daß der königliche Palast seiner Kindheit eine ärmliche Hütte war, und er schlief einsam und traurig ein. Am anderen Morgen aber wollte er, wie es ihm der alte Mann zum Abschied gesagt hatte, von den Bergen in die Täler niedersteigen zu den wirren Wundern Indiens, zu denen seine Seele ihn zog, ohne daß er es wußte.
Um Mitternacht erwachte er, und da erschien es ihm, als seien die Wände seiner Hütte seltsam verändert, als seien sie feingliedrige Blütenblätter einer Lotosblume geworden, in deren Kelch die Sterne schauten. Von der Lotosblume aber spannen sich lauter feine, feste Fäden weit, weit hinaus und hinunter in die Täler Indiens – und ihm war, als müsse er diesen feinen Fäden folgen, mit denen er sich verkettet fühlte, er wußte nicht, wie.
»Das ist die Kette der Dinge«, sagte eine leise Stimme, »ich will auf deine Kette der Dinge achten, wie ich es dir versprochen habe, Mantao, mein Königsgaukler.«
Es war die Stimme seines Engels, der zu seinen Häupten stand und auf ihn niederschaute. Mantao aber sah ihn nicht.
Mantao sah in die Sterne. Und ihm war, als formte sich vor seinen Augen aus dem blauen golddurchwirkten Schimmer der Nacht die Gestalt einer Frau von unsagbarer Schönheit – so unerreichbar göttlich und erhaben und doch so seltsam vertraut mit allem, was in ihm war, als sei alle Liebe, die er je empfunden für die mühseligen Käfer und die kreisenden Adler, für den alten Mann mit der spitzen Mütze und für die Bergziegen und Waldbienen, eins geworden in dieser Frauengestalt über den Sternen.
»Ich bin du, wenn ich auch jetzt von dir getrennt bin«, sagte

die Frau über den Sternen und lächelte. »Siehe, meine weißen Glieder werden gebaut von deinen Gedanken, mein Gewand wird gewirkt von deinen guten Werken und alle Liebe und alle Sehnsucht, die in dir atmen, sind mein Diadem. Ich bin du, und einmal wirst du ganz mit mir vereinigt sein. Baue meine Glieder, wirke mein Gewand und durchleuchte mein Diadem mit den Edelsteinen deiner Liebe. Je mehr du mich schmückst, um so mehr werde ich dich lieben, Mantao, mein Liebster, mein Königsgaukler.«
»Wann werde ich mit dir vereinigt sein?« rief Mantao, und ihm war, als stünde sein ganzes Wesen in Flammen, die er noch nie gekannt.
»Wenn du ganz du sein wirst, Mantao, mein Liebster. Wenn du durch die Täler Indiens gegangen bist und durch ihre wirren Wunder, wenn du die Stadt der bunten Lampen kennst und die Stadt der erloschenen Lampen, wenn du wieder heimkehrst über den heiligen Berg in Tibet in das Königreich der Ferne. Denn siehe, ich bin die Königin deiner Ferne, die du suchen wirst auf allen deinen Wegen, bis du sie gefunden.«
»Wie aber soll ich das Königreich meiner Ferne finden und dich in ihm, Königin der Ferne?« fragte Mantao.
»Du mußt einen Schild, ein Schwert und eine Krone tragen, und die will ich dir geben. Dies Schwert soll dich schützen und die, für die du deinen Weg wanderst. Diesen Schild sollst du halten über allem, was atmet und dich um Hilfe ruft. Deine Krone aber wirst du unsichtbar tragen und niemand wird sie sehen auf dieser Erde. Deine Krone wirst du selbst erst sehen im Königreich der Ferne. Ein König wirst du sein mit einer unsichtbaren Krone, und sie werden dich für einen Gaukler halten. Der Erhabene segne dich, Mantao, mein Liebster, mein Königsgaukler. Denke an deine Königin der Ferne.«
Mantao schlief wieder ein, und als er am Morgen erwachte, lagen ein Schild und ein Schwert von einfacher Arbeit und ärmlichem Aussehen neben ihm. Eine Krone aber konnte er nicht an sich entdecken.
Da nahm er den Schild und das Schwert auf, segnete die Käfer und die Adler, die Bergziegen und die Waldbienen, nahm Abschied von der Hütte seiner Kindheit und stieg langsam die Berge hinunter zu den Tälern Indiens.

Der Kleine mit den Elefantenohren und das Äffchen

Als Mantao zu den Tälern Indiens gekommen war, da staunte er über die Pracht und den Reichtum an Leben, den Brahma über dieses Land der Wunder ausgegossen hatte aus seiner göttlichen Schöpferschale. Blumen von solcher Farbe und solchem Duft und Tiere von so seltsamer Gestalt hatte er oben in den einsamen Bergen Tibets nicht gesehen, und er ahnte nicht, daß viele dieser herrlichen Blüten ein tödliches Gift enthielten und manche dieser schönen Tiere wild und reißend waren. Er segnete sie mit dem Segen des Erhabenen, und die Giftblumen neigten ihre Kelche vor ihm, um ihm ihren tödlichen Hauch zu verbergen, und die wilden Tiere dankten ihm für seinen Segen und gaben ihm den Weg frei. Sogar die Schlangen rollten ihre schimmernden Leiber vor ihm zu gefälligen Mustern zusammen und der Tiger, Indiens Königskatze, schnurrte so laut, daß selbst seine Frau und die kleinen Tigerkinder einstimmig versicherten, so herrlich hätten sie ihn noch nie schnurren gehört, obwohl er ein Meister im Schnurren war wie nur sehr wenige.
Als nun Mantao die ganze Wildnis durchwandert hatte, da erblickte er eines Tages eine sonderbare Gestalt, die gerade auf ihn zukam und sonderbarer war als die Merkwürdigkeiten, die er bisher gesehen. Es war ein ganz kleines Männchen mit gewaltig großen Elefantenohren, und die Ohren waren so groß und das Männchen so klein, daß es ganz in den Ohren eingehüllt war. Ja, wenn es ging, so schleiften die Ohren noch ein wenig auf der Erde, und der Kleine nahm sie dann auf wie eine Schleppe, um sie zu schonen. »Heil dir, König Mantao«, sagte der Kleine und neigte sich so tief, daß die Elefantenohren den Staub auf dem Erdboden aufwirbelten.
»Woher weißt du, wie ich heiße«, fragte Mantao, »und daß ich ein König bin?«
»Ich habe das gehört«, sagte der Kleine mit den Elefantenohren, »denn mit diesen Ohren höre ich alles.«
Er richtete sich wieder auf und ordnete die Ohren in hübschen Falten auf seinem Rücken wie einen Mantel.
»Ich kann mir schon denken, daß du mit diesen Ohren vieles hören kannst«, sagte Mantao, »aber ist es nicht seltsam, daß

ein so kleiner Mann solche große Ohren trägt und noch dazu Elefantenohren? Ist es nicht sehr beschwerlich, solche Ohren zu tragen?«

»Sage das nicht«, erwiderte der Kleine, »siehe, es ist eine gewaltige Gnade, daß ich diese Ohren habe. Der alte und weise Elefant Mammamutra hat sie mir geschenkt. Ich habe ihm einmal eine Wunde verbunden. Man lernt besser hören, wenn man anderen die Wunden verbunden hat, sagte der Elefant Mammamutra und gab mir aus lauter Gefälligkeit diese Ohren, die er, dank einem leichten Zauber, aus seiner eigenen Haut geschneidert hat. Er hatte viel Haut übrig, selten habe ich jemand gesehn, dem die Haut so in unzähligen Falten am Leibe hing wie Mammamutra, dem alten und weisen Elefanten. Er hatte es wirklich übrig, aber doch war es eine sehr große Gnade, denn seit ich diese Ohren habe – der Erhabene segne Mammamutra und seine Kinder und Kindeskinder –, seit der Zeit höre ich so leise Dinge, wie wenn der Keim einer Pflanze seine Hülle bricht im Schoß der Erde. Ich höre die Gedanken der Guten und die Ränke der Bösen, und so hörte ich, daß Mantao, der Königsgaukler, in die Täler von Indien gekommen ist.«

»Wie hast du das gehört?« fragte Mantao, »klingt nicht ein Schritt wie der andere, wenn er dir nicht seit Jahren vertraut ist?«

»Siehe, ich hörte eine Lotosblume wachsen«, sagte der Kleine mit den Elefantenohren, »und ein Engel legte die Seele eines Kindes in ihren Kelch. Es war deine Seele, Mantao, mein Königsgaukler. Ich hörte, wie die Lotosblume sich drehte, und hörte, wie sich viele feine Fäden aus ihr spannen zu den Bergen von Tibet und den Tälern von Indien. Deine Schritte brauche ich nicht zu hören; denn du wandelst den Fäden nach, die dich zu sich ziehen.«

»Gehe ich denn nicht mit festen Schritten auf dieser Erde, wie ich will und wohin es mir beliebt?« fragte Mantao stolz und schlug an das Schwert an seiner Hüfte.

»Das hört sich so äußerlich für menschliche Ohren an«, sagte der Kleine und raschelte vergnügt mit seinen Elefantenohren, »aber wenn man mit Mammamutras Ohren hört – der Erhabene segne ihn und seine entferntesten Verwandten –, dann hört man, wie die Fäden gesponnen werden, die die

Schritte nach sich ziehen. Siehe, die ganze Erde ist mit solchen feinen Fäden durchwirkt. Von den einen bist du frei, die anderen ziehen dich an, und du folgst ihnen, ohne zu wissen, warum. Das ist die Kette der Dinge, und du bist mit ihr verbunden aus früheren Leben, da du schon in anderer Gestalt auf dieser Erde wandeltest, oder aus deinem innersten Wesen heraus, das der Engel mit allem, was du warst und sein wirst, in den Kelch der Lotosblume senkte. So ist das ganze Leben wie ein Teppich, kunstvoll aus feinen Fäden gewoben, und du bist mitten darin, um sein Muster auszuwirken, Fäden zu lösen und zu verbinden, bis du frei bist von allen Fäden, die dich halten, und dein fertiges Muster heimtragen kannst in dein Königreich der Ferne.«

»Gerade in dieses Königreich der Ferne will ich«, sagte Mantao, »seit ich meine Königin der Ferne sah in der letzten Nacht, die ich in der Hütte meiner Kindheit schlief. Kannst du, der alles hört, mir nicht sagen, wo jetzt meine Königin der Ferne weilt?«

»Deine Königin der Ferne ist in ihrem und deinem Königreich über den Sternen, und sie wartet darauf, daß du ihr noch heute einen Edelstein schenkst, den sie sich ins Diadem flechten kann.«

»Wie soll ich hier in der Wildnis einen Edelstein finden?« fragte Mantao.

»Geh und wirke deinen Teppich«, sagte der Kleine mit den Elefantenohren, »wirke deinen Teppich, Mantao, mein Königsgaukler. Ich aber will mich in meine Elefantenohren hüllen und schlafen, denn auch dazu sind diese herrlichen Ohren gut. Wenn ich mich in diese Ohren wickle, so ruhe ich wie in einer Bettdecke, die mich wärmt und schützt, daß kein Schlangenzahn hindurch kann, kein nasser Regen und kein kalter Morgentau. Dank diesen Ohren, und der Erhabene segne Mammamutra und seine Kinder und Kindeskinder und die kleinsten Säuglinge seiner ganzen Elefantensippe.«

Mit diesen Worten wickelte sich der Kleine in seine Elefantenohren hinein, so daß er völlig darin verschwand, denn Mammamutra hatte diese Ohren überaus reichlich bemessen.

Mantao war seinen Weg weitergegangen und dachte darüber nach, wie er wohl den Teppich seines Lebens wirken könne

und wie es ihm gelingen möge, noch heute einen Edelstein für das Diadem seiner Königin der Ferne zu finden.
Da hörte er, abseits von seinem Wege, ein schwächliches Klagen im Gebüsch, ähnlich dem Weinen eines kleinen Kindes. Er ging den Klagelauten nach und fand ein Äffchen, das wimmernd und jammernd neben seiner toten Affenmutter hockte und ihn flehentlich aus seinen Kinderaugen ansah. Mantao brachte ihm Früchte und Wasser, aber das Äffchen aß und trank nichts. Es blieb auf dem Boden kauern und jammerte.
»Sein Leib hungert nicht, aber seine Seele hungert«, dachte Mantao, und er wußte nicht, wie er dem kleinen Geschöpf helfen sollte. Da hörte er eine Stimme neben sich reden.
»Denke an eine kranke Frau, die im Straßengraben starb«, sagte die Stimme neben ihm, »es war eine Paria, und die Pest hatte sie angesehen aus ihren hohlen Augen. Sie hielt ein Kind auf den Armen, und sie flehte die Menschen an, sich ihres Kindes anzunehmen, aber niemand half ihr. Da kam ein alter Mann und nahm das kleine Kind in seine Arme und trug es in die Berge von Tibet. Denke daran, Mantao, mein Königsgaukler.«
Es war sein Engel, der neben ihm stand und redete. Mantao hörte seine Stimme, aber er sah seinen Engel nicht.
Da gedachte er der Königin der Ferne und seines Schildes, und er erhob seinen Schild und hielt ihn über dem kleinen Affen. Es war das erste Geschöpf, über dem Mantao, der Königsgaukler, seinen Schild hielt.
Der kleine Affe aber hörte auf zu jammern. Er ließ sich von Mantao aufnehmen und schlang die dünnen, schwachen, befellten Arme um seinen Hals.
»Dieser Schild von einfacher Arbeit und geringem Ansehn muß eine seltsame Zauberkraft enthalten«, dachte Mantao, und eine Ahnung stieg in ihm auf, welch eine heilige Aufgabe es ist, solch einen Schild zu tragen und ihn zu halten über allem, was atmet.
Nun hatte Mantao seinen Weggenossen gefunden, und er ging mit dem kleinen Affen seinen Pfad weiter.
Der Engel ging unsichtbar neben ihnen.
»Ein kleiner Affe ist dein Begleiter«, sagte er, »siehe, nun werden die Menschen über dich lachen und sagen, daß du ein Gaukler bist, wenn du Schild und Schwert trägst und ein Affe

dich geleitet. Laß es die Menschen sagen. Du bist doch ein König, größer als alle ihre Könige, Mantao, mein Königsgaukler.«
Über den Sternen reichten sich eine Menschenmutter und eine Affenmutter die Hände, ein alter Mann mit einer sonderbaren spitzen Mütze freute sich, und die Königin der Ferne flocht sich einen funkelnden Edelstein in ihr Diadem.
Mantao, der Königsgaukler, aber verließ die Wildnis und trat mit dem kleinen Affen hinaus auf die Straße des Lebens.

Die Stadt der bunten Lampen

Die Straße des Lebens, die Mantao, der Königsgaukler, betreten hatte, war staubig und häßlich für einen, der vom samtenen Pflanzenteppich der indischen Wildnis kam und von den schneegewaschenen Bergwegen Tibets. Zögernd setzte Mantao seinen Fuß auf den Pfad, den Tausende und Abertausende vor ihm gegangen waren und den er nun ging, selber nur einer von Tausenden. Fast sehnte er sich nach der reinen Einsamkeit der Berge, aber er war jung, und das Leben auf der Straße war bunt, lärmend und farbenfroh, und seine Jugend spann Fäden in dieses fremde Leben hinein. Das Äffchen lief neugierig und ein wenig ängstlich neben ihm her.
Immer bunter und gedrängter wurde die Straße des Lebens, je weiter die beiden Weggenossen wanderten. Sauberer und schöner wurde sie nicht, aber man gewöhnte sich nun allmählich daran. Unzählige Menschen, Männer, Frauen und Kinder, liefen durcheinander, alle verschiedenartig gekleidet und geartet. Es waren viele darunter von Mantaos Bronzefarbe, die still ihres Weges gingen und selten und leise sprachen, das waren die Menschen Indiens. Gelbe kleine Menschen mit kurzen Beinen und geschlitzten Augen waren dabei, die schrien und schwatzten, und schöne ruhige Gestalten von weißlich schimmernder elfenbeinerner Hautfarbe ritten auf geschmückten Dromedaren, deren Köpfe bei jedem Schritt nickten, so daß die kleinen silbernen Glocken am Halfter zusammenklangen. Das waren fremde Reisende aus den fernen Ländern um Samarkand. Zwischen all der schweigenden und schwatzenden Menge aber zog sich wie eine endlose Kette die Reihe von Ochsenkarren, die, mit allerlei Warenballen be-

laden, langsam und bedächtig die knarrenden und quietschenden Räder durch den Staub der Straße schoben. Einige trugen bunte Zelte mit flatternden Wimpeln, mit Teppichen verhangen, aus denen zuweilen ein verschleierter Frauenkopf hervorschaute, um schnell wieder zu verschwinden, oder ein Papagei mit einem Gefieder von grellem Grün, Gelb und Rot erschien und ärgerlich und erbost auf die Vorübergehenden schimpfte. Das freute das kleine Äffchen, so daß es grinste und sich die Hände rieb vor Vergnügen. Aber bald wurde es müde, und Mantao nahm es auf den Arm.

»Seht den Gaukler!« schrieen die Leute, »er trägt Schild und Schwert und einen Affen auf den Armen!«

Das waren die ersten Worte, die Mantao von den Menschen hörte.

»Seht den Gaukler, Gaukler, Gaukler!« kreischte ein bunter Papagei und wackelte spaßhaft mit dem Kopfe hin und her, wie ein Gelehrter, der seinen Tadel und sein Mißfallen zum Ausdruck bringt.

»Könnt ihr so genau Könige und Gaukler unterscheiden?« fragte Mantao und lächelte. Sein Lächeln aber war nicht das Lächeln eines Gauklers.

»Selten haben Gaukler so schöne Züge und so ebenmäßige Glieder«, sagte eine Frau aus Samarkand und lugte aus ihrem Zeltteppich hervor.

»Er redet sonderbar, und er ist seltsam gekleidet, ähnlich wie die einsamen Weisen von Tibet«, sagte jemand aus dem Volkshaufen, »laßt ihn in Ruhe seinen Weg wandern, vielleicht ist er ein Heiliger und sein Fluch kann euch treffen.«

»Mir scheint, er ist kein Heiliger«, sagte die Frau aus Samarkand und zog den Teppich ihres Zeltes wieder zu.

»Ich fluche euch nicht«, sagte Mantao, »wie soll ich euch fluchen, da ihr nicht wißt, ob einer ein König, ein Gaukler oder ein Heiliger sei? Aber sagt mir, wohin führt diese breite und staubige Straße, auf der sich so viele Menschen drängen, als gelte es ein herrliches Ziel zu erreichen?«

»Fragst du, wo du doch selbst diese Straße wanderst?« rief ein Krämer, der seine reichbeladenen Ochsenkarren führte, du bist doch wohl ein Gaukler, daß du eine Straße gehst ohne Zweck und Ziel und ohne zu wissen, wohin dich dein Weg führt.«

»Viele glauben ein Ziel und einen Zweck zu haben, aber des

Lebens Zweck und Ziel liegt nicht in deinen beladenen Ochsenkarren, viele glauben ihren Weg zu gehen und ihren Weg zu kennen und wandern doch nur dahin, wohin die Fäden sie ziehen«, sagte ein armer alter Bettelmönch und murmelte Gebete vor sich hin.
Ein kleines Mädchen spielte mit einem Ball und warf ihn gerade vor Mantaos Füße.
»Es ist die Stadt der bunten Lampen, wohin wir wandern«, sagte es.
Da tauchte ein violetter Schein ins verglimmende Abendrot, immer dunkler und dunkler hasteten die Schatten der Dämmerung über das Land, und in der Ferne der breiten Straße lohten die ersten Lichter auf von der Stadt der bunten Lampen.

Es war Nacht geworden, als sie in der Stadt der bunten Lampen anlangten. Aber in der Stadt der bunten Lampen feierte man keine Nachtruhe. Durch die krummen engen Gassen fluteten die Menschen mit festlichen Lichtern in den Händen, die sie auf hohen Stangen trugen, und hoch über der drängenden Menge schwankten Baldachine von Samt und Seide auf den breiten Rücken geschmückter Elefanten. Es war, als sei die ganze breite Straße des Lebens in einen wirren Knäuel zusammengeworfen worden und strahlte all die zuckenden Lichter ihrer vielartigen Wesenheit aus.
Vor den kunstvoll geschnitzten hölzernen Toren der Häuser brannten bunte Lampen in allen Farben, und aus den verhangenen Fensteröffnungen drang ein mattes verschleiertes Licht und der gedämpfte Klang leiser Saiteninstrumente.
Mantao irrte ratlos mit dem kleinen Affen im Arm durch all die unbekannte Wirrnis in der Stadt der bunten Lampen. Niemand beachtete ihn hier, und er wagte niemand um eine Herberge anzugehen, denn alle die Menschen erschienen ihm voller Unrast, er aber suchte Ruhe und ein Dach, unter dem Stille und Frieden war.
Schon wollte er die Stadt der bunten Lampen verlassen und draußen auf dem Felde schlafen, als er ein junges Mädchen erblickte, das vor seinem Hause unter einer bunten Lampe stand und ihn aus neugierigen Augen musterte. Ihre bronzenen Glieder waren mit goldenem Schmuck und zierlichen Ketten

behangen, und im kunstvoll geflochtenen Haar trug sie einen Kranz von roten Blüten, die Mantao nicht kannte und die einen betäubenden Duft ausströmten. Der goldene Schmuck und die Ketten klirrten, wenn das Mädchen sich regte, und schon wollte Mantao sich abwenden und weitergehen, denn die Fremde erschien ihm so fremd wie die anderen in der Stadt der bunten Lampen. Da schaute er ihr in die Augen und sah, daß diese Augen, so laut auch alles um sie war, still und ruhig und tief waren, ähnlich den Bergseen in Tibet.
»Willst du mir eine Herberge geben?« fragte Mantao, »mir und dem Affen auf meinem Arm?«
»Gerne«, sagte das Mädchen und lachte, »tritt ein in mein Haus. Ich bin Myramar, die Tänzerin, und habe nichts gelernt als lachen und die bunten Lampen in meinem Hause anzünden.«
»Einmal wirst du weinen lernen, und deine bunten Lampen werden erlöschen«, sagte Mantao, »siehe, ich bin Mantao, ein König aus den Bergen von Tibet, aber die Menschen auf der Straße haben mich einen Gaukler genannt. Ich danke dir für deine Herberge, aber ich habe keinen Lohn dafür zu geben als den Segen Brahmas.«
»Ich will keinen Lohn von dir«, sagte die Tänzerin, »denn ich liebe dich, Mantao, mein Königsgaukler.«
Da war es Mantao, als habe die Tänzerin etwas in ihm erkannt, was in ihm war, als sie ihn mit diesem Namen nannte, und er folgte ihr in ihr Haus. Seidenweiche Teppiche lagen darinnen ausgebreitet auf dem Fußboden, so daß man darüber hinwegschritt auf lautlosen Sohlen, Brot und Früchte lagen auf einem kleinen Tischchen aus vergoldetem Rosenholz, und an der Wand stand, von einem schweren Vorhang halb verborgen, eine purpurrote Lagerstatt, überstreut mit den gleichen roten Blumen, die das Mädchen im Haar trug. Über allem aber lag das matte Licht einer Ampel aus Alabaster.
»Willst du dem Affen die gleiche Herberge geben wie mir?« fragte Mantao.
Da lachte die Tänzerin, daß ihre weißen Zähne zwischen den dunklen Lippen blitzten, nahm den kleinen Affen auf den Schoß und fütterte ihn mit den Früchten von dem Tisch aus Rosenholz.
»Dafür will ich einmal meinen Schild über dir halten, wenn

deine Lampe erloschen ist«, sagte Mantao, der Königsgaukler.
»Rede nicht von erloschenen Lampen«, sagte die Tänzerin, »siehe, dies ist die Stadt der bunten Lampen, und über sie herrscht Prinzessin Amaranth. Wir dürfen lachen, tanzen, und unsere bunten Lampen brennen Nacht für Nacht, aber wir dürfen nicht von erloschenen Lampen reden, das hat Prinzessin Amaranth verboten in ihrem Reich.«
»Einmal müssen alle die bunten Lampen erlöschen«, sagte Mantao, »es ist besser, davon zu reden, als zu schweigen. Wohin gehen denn die von euch, deren Lampen erloschen sind?«
»Es gibt noch eine Stadt der erloschenen Lampen«, sagte die Tänzerin, »aber Prinzessin Amaranth hat verboten, davon zu reden. Ich will auch nicht davon reden, denn meine bunten Lampen brennen, und ich will tanzen und lachen, denn etwas anderes habe ich nicht gelernt.«
Sie setzte den kleinen Affen mitten zwischen lauter seidene gestickte Kissen und begann zu tanzen, erst langsam, dann immer schneller und schneller, daß der goldene Schmuck und die feinen Ketten an ihren bronzenen Gliedern klirrten und die duftenden Blüten eine nach der anderen aus ihren Haaren fielen. Das Äffchen freute sich und schlug den Takt mit dem langen Schwanz dazu, den es wechselnd auf- und zusammenrollte, je nach den Klängen der Melodie. Die Melodie aber war die eines uralten indischen Liebesliedes.
Immer leiser und leiser wurden die Klänge des alten indischen Liebesliedes, das die Tänzerin vor sich hinsummte, und als es zu Ende war, da neigte sich Myramar und küßte Mantao, den Königsgaukler. Über ihnen brannte die Ampel von Alabaster, und um sie war die Nacht, Indiens weiche samtene Nacht mit ihren tausend Träumen und abertausend Wundern ...

Gegen Morgen erwachte Mantao von einem Rascheln in der Ecke des Zimmers, wie wenn große Elefantenohren sich bewegen. Da stand der Kleine mit den Elefantenohren, bewegte seine Ohren hin und her und raschelte vernehmlich damit.
»Siehe«, sagte der Kleine mit den Elefantenohren, »ich hörte mit meinen Elefantenohren – der Erhabene segne Mammamutra und seine Kinder und Kindeskinder –, ich hörte, wie

deine Lotosblume feine Fäden spann zu diesem Mädchen in der Stadt der bunten Lampen. Es ist nur eine Tänzerin, keine Königsgenossin, aber sie hat dir Herberge gegeben aus Liebe, sie hat deinen kleinen Affen in seidene Kissen gebettet. Zerschneide ihren Faden nicht ganz mein Königsgaukler.«
Mantao schaute auf die schlafende Tänzerin.
»Ich will meinen Schild über ihr halten, wenn ihre Lampe erloschen ist«, sagte er.
Der Kleine mit den Elefantenohren raschelte und verschwand auf die gleiche rätselhafte Weise, wie er gekommen war.
Die Sonne ging auf, und die Stadt der bunten Lampen erwachte zu neuem Leben.

Prinzessin Amaranth

Um diese Zeit begab es sich, daß Prinzessin Amaranth in ihren Zauberspiegel schaute, um zu erkunden, welche Fremdlinge wieder in ihre Stadt der bunten Lampen gekommen wären. Denn Prinzessin Amaranth war eine Zauberin, und den Spiegel hatte sie von ihrem alten Oheim geerbt, der ein so böser Zauberer war, daß er schließlich vor lauter Bosheit zerplatzt war und nichts mehr von ihm übriggeblieben war als nur dieser Spiegel. Der Spiegel aber war aus feinstem blankgeschliffenem Silber, mit allerlei seltsamen Zeichen versehen, und wenn Prinzessin Amaranth hineinschaute, so erblickte sie darin alles, was es Neues gab in der Stadt der bunten Lampen und was für sie wert war, es zu wissen oder gar zu besitzen. Das alles sah sie in kleinen scharfen Bildern und in allen Farben des Lebens.
Als nun Prinzessin Amaranth wieder in ihren Zauberspiegel schaute, sah sie alle die vielen Menschen, Dromedare und Ochsen, die in die Stadt der bunten Lampen gekommen waren, aber es war nichts darunter, was sie zu besitzen wünschte. Größere und klügere Menschen beherrschte sie als jene, die gekommen waren, und ihre Zugochsen und Reittiere waren schöner und edler als die anderen von Hindostan und von Samarkand. Schließlich aber erblickte sie Mantao, den Königsgaukler, in ihrem Spiegel. Sie sah ihn auf seinem purpurnen Ruhebett liegen, und neben ihm an die Wand gelehnt standen sein Schild und sein Schwert.

»Diese Waffen muß ich besitzen!« rief Prinzessin Amaranth und erblaßte vor Erregung. »Wenn ich diesen Schild habe, wird er nicht mehr über allem gehalten, was atmet, und seine Schützlinge gehören mir, und mit diesem Schwert weise ich selbst die letzten Engel hinweg von der Stadt der bunten Lampen. Wenn ich aber den Mann beherrsche, der beides trägt, dann will ich stolzer sein als alle Königinnen von Hindostan bis Ophir.«

Da rief Prinzessin Amaranth ihr Gesinde und sandte Boten aus, zu erkunden, wer jener Mann wäre, der im Hause der Tänzerin Herberge genommen und so kostbare Waffen führe.

Die Boten kamen wieder, lachten und berichteten, es wäre ein Gaukler mit einem Äffchen und seine Waffen wären schmucklos und einfach und keines Königs Wehrgehänge. Der Gaukler aber hieße Mantao.

Prinzessin Amaranth hatte diesen Namen schon lange in ihren geheimen Büchern gelesen, und sie wußte seine Deutung.

»Narren seid ihr«, rief sie, »es ist kein Gaukler, sondern ein König, und mit königlichen Ehren will ich ihn empfangen. Meine vornehmsten Ritter sollen ihn vor meinen Thron bitten, holt allen Reichtum meines Palastes, den seine Gewölbe bergen, herbei, ich will mich schmücken für ihn, wie ich mich noch niemals für jemand geschmückt habe!«

Da gingen die Ritter, um Mantao, den Königsgaukler, zu holen. Prinzessin Amaranth aber kleidete sich in ihr herrlichstes Gewand, das über und über mit Perlen bestickt war, und setzte sich ein Diadem von Opalen aufs Haupt.

Als nun die Gesandten Amaranths zum Hause der Tänzerin kamen, verneigten sie sich viele Male und baten Mantao, er möge ihnen zum Throne der Prinzessin folgen.

»Ich muß Abschied von dir nehmen«, sagte Mantao zur Tänzerin, »Prinzessin Amaranth ruft mich zu sich an ihren Thron. Habe Dank für deine Herberge und deine Liebe.«

Da weinte die Tänzerin Myramar, die gestern noch gelacht hatte.

»Siehe«, sagte Mantao, »ich darf keinem und keiner gehören. Ich bin ein Schildträger Brahmas und muß meinen Pfad wandern als ein Einsamer, um meinen Schild zu halten, über

allem, was atmet Wir folgen alle den Fäden, bis wir sie gelöst haben. Aber den Faden, den deine Seele zu meiner Seele spann, will ich nicht zerreißen. Der Erhabene segne dich. Ich will meinen Schild über dir halten, wenn deine Lampe erlöscht.«
Da nahm Myramar, die Tänzerin, Abschied von Mantao, dem Königsgaukler.
Mantao aber nahm seinen Schild und sein Schwert, hob den kleinen Affen auf seine Arme und folgte den Gesandten zum Palast der Prinzessin Amaranth.
Als Mantao den Königssaal betrat, stieg Prinzessin Amaranth die Stufen ihres Thrones herab und neigte sich vor ihm.
»Noch niemals hat ein so königlicher Mann diesen Saal betreten«, sagte sie, »aber mich dünkt, deine Waffen sind nicht eines Königs Waffen, sondern die Waffen eines Gauklers. Lege sie ab und wähle dir aus meiner Waffenkammer das, was dir am schönsten erscheint.«
Mantao sah um sich und erblickte zu seinen Füßen die herrlichsten Waffen, Schilde und Schwerter von solchem Glanz und von so kunstvoller Arbeit, wie er sie noch nie gesehen. Der kleine Affe aber wimmerte leise und verkroch sich unter Mantaos Schild. Mantao faßte seinen Schild und sein Schwert fester.
»Diese Waffen gebe ich nicht her«, sagte er, »es sind heilige Waffen, wenn sie dir auch als eines Gauklers Waffen erscheinen.«
»Ich will mich gerne von dir belehren lassen«, sagte Prinzessin Amaranth, »behalte deine Waffen, wie es dir beliebt, aber bleibe bei mir in meinem Königsschlosse und sei mein Gemahl. Alle Macht, die in meinen Händen ist, will ich dir schenken und dir dienen, und du sollst die Stadt der bunten Lampen noch bunter und lachender gestalten als jetzt.«
Die Minister machten noch dümmere Gesichter als sonst, als sie hörten, der Gaukler im seltsamen, ärmlichen Gewand solle ihr König werden. Nur ein Minister, ein häßlicher dürrer Mann mit einem einzigen Auge auf der Stirn, lächelte listig und wandte sich zu Prinzessin Amaranth.
»Es nützt dir nichts«, flüsterte er, »wenn er auch dein Gemahl wird. Seine Waffen werden herrschen über dich und über die Stadt der bunten Lampen. Du mußt ihn von dem Affen tren-

nen, über den er zuerst seinen Schild gehalten hat. Dann hast du ihn entwaffnet, und du wirst herrschen über ihn und über ganz Indien.«

Mantao sah die Königin an, und er sah, daß sie sehr schön war. Er wußte auch, daß es eine große Macht war, die ihm angeboten wurde.

»Siehe, wie ich mich für dich geschmückt habe«, sagte Prinzessin Amaranth und lächelte demütig. »Mein schönstes Diadem habe ich für dich angelegt, und in mein herrlichstes Perlengewand habe ich mich gekleidet. So habe ich mich noch niemals für jemand geschmückt, Mantao, mein König!«

»Prinzessin Amaranth«, sagte Mantao, »die Opale deines Diadems sind kalte Steine, in denen sich kein Sonnenlicht verfangen. Sie sind matt und schillernd wie Schlangenleiber. Ich habe schönere Diademe als dieses gesehn.«

Da nahm Prinzessin Amaranth das Diadem aus ihren Haaren und legte es vor sich in den Staub.

»Prinzessin Amaranth«, sagte Mantao, »mir scheint, die Perlen deines Gewandes sind Tränen, die geweint wurden. Prinzessin Amaranth, du redest nur von einer Stadt der bunten Lampen. Gibt es nicht auch eine Stadt der erloschenen Lampen in deinem Königreich?«

»Ich weiß es nicht«, sagte Prinzessin Amaranth und erblaßte, »aber wenn du die Stadt der erloschenen Lampen findest – siehe, sie soll dir gehören, wie die Stadt der bunten Lampen, und du magst sie so glücklich machen, daß sie wieder eine Stadt der bunten Lampen wird.«

Mantao zauderte und überlegte.

»Nur um eines bitte ich dich«, flüsterte Prinzessin Amaranth, und ihre Lippen bebten, denn sie wußte, daß alles für sie von der Gewährung dieser Bitte abhing.

»Was ist es, worum du mich bittest, Prinzessin Amaranth?«

»Trenne dich von dem Affen. Siehe, es ist ein kleines häßliches Tier, und ich will nicht, daß die Gassenkinder meinem königlichen Gemahl nachlaufen, daß ihn das Volk einen Gaukler nennt und ihn verachtet.«

Mantao erblaßte bis in die Lippen. Er sah den kleinen Affen auf seinem Arm an, und dann schaute er Prinzessin Amaranth lange und tief in die Augen.

»Mir scheint, in des Affen Augen ist Brahmas ewiges Leben,

das keine Verachtung kennt. Mir scheint, des Affen Augen sind schöner als deine Augen, Prinzessin Amaranth.«
So wandte sich Mantao, der Königsgaukler, und verließ den Palast der Prinzessin Amaranth und die Stadt der bunten Lampen. Und niemand wagte, ihn zu halten.

Prinzessin Amaranth aber raste vor Wut und Enttäuschung und sie bot ihr ganzes Heer auf gegen Mantao und seinen Affen.
»Bringt mir beide, den Gaukler und seinen Affen, tot oder lebendig, daß ich meine Schmach in seinem Blute abwaschen kann!«
Da brachen Reiter und Fußvolk auf und eilten Mantao nach und sie erreichten ihn in einer öden Gegend, die zwischen der Stadt der bunten Lampen und der Stadt der erloschenen Lampen lag. Es war Nacht, und die Trompeten Amaranths riefen gellend zum Kampf gegen den Gaukler und seinen Affen.
Da wandte sich Mantao, der Königsgaukler, und hielt seinen Schild über dem kleinen Affen. Sein Schwert aber erhob er zum ersten Male hoch über sein Haupt, und aus dem Schwert sprangen furchtbare Flammen, denen keiner zu nahen wagte. Ein namenloses Grauen ergriff das ganze Heer, und Reiter und Fußvolk jagten in wilder Flucht zurück zum Palast der Prinzessin Amaranth.
Mantao, der Königsgaukler, stand noch lange und ruhig und unbeweglich da. Er hielt seinen Schild über dem kleinen Affen, und die furchtbaren Flammen seines Schwertes lohten durch die dunkle Nacht.

Zur selben Stunde aber, als Mantao, der Königsgaukler, die Stadt der bunten Lampen verlassen hatte, erlosch die Lampe der Tänzerin Myramar.

Die Stadt der erloschenen Lampen

Mantao, der Königsgaukler, ging seinen Pfad weiter, und je näher er der Stadt der erloschenen Lampen kam, um so mehr Menschen gingen mit ihm den gleichen Weg. Es waren stille traurige Menschen, und in ihren Händen hielten sie erloschene Lampen.

»Wohin führt dieser Weg, den ihr alle so still und traurig geht?« fragte Mantao seine stummen Begleiter, aber niemand antwortete ihm.
Endlich gesellte sich ein kleines Mädchen zu ihm, das eine zerbrochene Puppe trug und leise weinte. Es deutete mit der Hand auf graue Tore und Mauern, die in dickem Nebel lagen, und sagte: »Das ist die Stadt der erloschenen Lampen.«
Da wußte Mantao, der Königsgaukler, daß er den richtigen Weg ging, wohin die feinen Fäden seiner Lotosblume ihn zogen.
Als sie nun in der Stadt der erloschenen Lampen angekommen waren, suchte Mantao eine Herberge für sich und seinen Affen. Eine solche war leicht zu finden, denn es war viel Raum in der Stadt der erloschenen Lampen, verfallene Paläste und Tempel, morsche Häuser und Hütten und tiefe, leere Kellergewölbe, in denen einstmals reiche Schätze gelagert haben mochten.
Mantao brachte sich und den kleinen Affen in einer alten Tempelhalle unter, deren Säulen morsch und geneigt dastanden, als trügen sie eine schwere Schuld vergangener Tage, und in deren dunkler Nische ein Bildnis Brahmas stand. Es war ein schönes vergoldetes Bildnis, aber das Gold war matt und verblichen und die Spinnen spannen ihre Netze um den Gott Indiens. Mantao störte die Spinnen nicht, denn Brahma selbst erlaubte es ihnen ja, ihre Silberfäden um das erloschene Gold seines Hauptes zu weben.
Keine Lampe brannte in der Stadt der erloschenen Lampen, still und traurig gingen die Menschen ihrer Arbeit nach, und bedrückt suchten die Tiere ihre wenige Nahrung. Auch sie waren ja mit ihren menschlichen Brüdern verbunden mit feinen Fäden, denn es ist alles verkettet in der großen Kette der Dinge und alles miteinander versponnen im Teppich des Lebens.
Mantao aber ging durch die erstorbenen Gassen und tröstete die stillen und traurigen Menschen und redete mit ihnen von ihren erloschenen Lampen und wie man sie einmal wieder zum Brennen bringen könne. Er redete auch mit den Tieren, er half ihnen ihre Nahrung suchen und erzählte ihnen von einem schönen Garten, in den sie einmal wieder kommen würden. Den Kindern aber fertigte er Spielzeug aus Scherben und kleinen Steinen und lehrte sie damit zu bauen.

Seit der Zeit wurde weniger geweint in der Stadt der erloschenen Lampen. Der kleine Affe aber wanderte getreulich mit Mantao und redete auch in seiner Weise mit den Menschen und Tieren, eifrig und mit erläuternden Bewegungen seiner Arme, seiner Beine und seines Schwanzes. Da geschah es, daß zum ersten Male wieder ein Kind lachte in der Stadt der erloschenen Lampen. Der Erhabene aber segnete Mantao, den Königsgaukler, um die verminderten Tränen und den kleinen Affen um ein wiedererwecktes Lachen. Denn es war beides eine göttliche Aufgabe.

Die Häscher der Prinzessin Amaranth aber durchzogen häufig die Straßen, quälten und peinigten die Menschen und drohten ihnen, daß sie ja nichts verlauten lassen sollten von ihrer Stadt und ihren erloschenen Lampen, daß ja keine Klagen und keine Tränen in die Stadt der bunten Lampen hinüberdrängen und zum Palast der Prinzessin. Wenn sie aber jemand fanden, von dem sie glaubten, daß er die Stadt der erloschenen Lampen verraten und die Kunde von ihr hinaustragen könne, dann banden sie ihn und warfen ihn ins tiefste Verlies, aus dem keine Tränen und keine Klagen mehr den Weg finden konnten. Denn es war ein Geheimnis um die Stadt der erloschenen Lampen und niemand sollte darüber reden.

Eines Tages aber geschah es, daß die Häscher wieder jagten, und sie hatten eine junge Frau ergriffen, die mit ihrer erloschenen Lampe durch die Gassen irrte, und wollten sie fesseln vor der alten Tempelhalle, in der Mantao mit seinem Affen lebte. Mantao trat herzu und hielt seinen Schild über sie, und die Häscher flohen.

Da schaute die Frau mit der erloschenen Lampe Mantao ins Gesicht und der Königsgaukler erkannte sie.

»Nun ist deine Lampe auch erloschen, Myramar, meine kleine Tänzerin«, sagte er.

»Meine Lampe ist erloschen, als du aus der Stadt der bunten Lampen hinweggingst«, sagte die Tänzerin und neigte sich vor ihm.

Der kleine Affe aber rieb sich die Hände und freute sich sehr, denn er hatte es nicht vergessen, daß er vom Tische der Tänzerin gegessen und auf ihren seidenen Kissen geschlafen hatte.

»Sagte ich dir nicht, daß du weinen lernen würdest und daß deine Lampe erlöschen würde?« fragte Mantao. »Nun komm zu mir in meine Herberge, wie ich einmal zu dir in deine Herberge kam.«
»Ich will dir dienen«, sagte die Tänzerin Myramar, und ihre Augen leuchteten.
»Mir kann keiner und keine dienen«, sagte Mantao, »siehe, ich bin ein Schildträger Brahmas und ich darf keinem und keiner gehören. Diene nicht mir, aber diene mit mir meiner Aufgabe in der Stadt der erloschenen Lampen.«
Da reichte ihm die Tänzerin Myramar beide Hände.
Mantao, der Königsgaukler, aber küßte sie auf die Stirne und führte sie über die Schwelle seines verfallenen Tempels.
Seit jener Stunde kamen die Häscher der Prinzessin Amaranth nicht mehr in die Stadt der erloschenen Lampen.

Myramar, die Tänzerin, folgte von nun an Mantao, dem Königsgaukler, auf allen seinen Wegen zu Menschen und Tieren und abends, wenn die Schatten der Dämmerung die Halle des verfallenen Tempels füllten, kauerte sie zu seinen Füßen und hielt den kleinen Affen auf ihrem Schoß. Sie redeten im Dunkel miteinander, denn es brannte kein Licht in der Stadt der erloschenen Lampen.
»Mantao, mein Liebster, Mantao, mein Königsgaukler«, sagte die Tänzerin, »werden wir immer im Dunkeln miteinander reden? Werden die Lampen niemals wieder brennen in dieser Stadt der erloschenen Lampen?«
»Siehe, Myramar, meine kleine Tänzerin«, sagte Mantao, »dies ist eine Frage, die du nicht mich, sondern deinen Gott fragen mußt. Brahmas Bildnis steht vor dir. Frage es.«
»Darf eine Tänzerin einen Gott fragen?« erwiderte Myramar.
»Es ist gleich, ob du eine Tänzerin oder eine Heilige bist, wenn du deinen Gott fragen willst«, sagte Mantao. »Jeder darf ihn fragen, dessen Lampe erloschen ist. Ich aber will gehen und dich allein lassen in dieser Nacht, in der du deinen Gott fragen willst.«
Und Mantao, der Königsgaukler, nahm den kleinen Affen auf den Arm und ging von ihr und ließ sie allein.
Die Tänzerin aber kniete nieder vor Brahmas Bildnis und

fragte ihren Gott. Stunde um Stunde verrann, doch es kam keine Antwort. Die Nacht wurde dunkler und immer dunkler, und ihre grauenhafte Schwärze verschlang das verblichene Gold auf dem göttlichen Bildnis, und die Tänzerin Myramar sah nichts als Finsternis um sich herum. Stunde um Stunde verrann in Nacht und Dunkel. Endlich aber fiel das Mondlicht in die verfallene Tempelhalle und enthüllte der Tänzerin ihren Gott.
Da schaute sie auf und sah, daß die Augen in Brahmas Bildnis zu leben begannen und daß seine Lippen lächelten.

Viele Jahre waren vergangen, und Mantao war alt und müde geworden. Auch der kleine Affe spielte nicht mehr wie sonst, durch sein braunes Fell zog sich das Silber des Alters, und seine Augen hatten einen matten Schein.
Da raschelte es in der Luft und vor ihnen stand der Kleine mit den Elefantenohren.
»Der Erhabene segne Mammamutra und seine Kinder und Kindeskinder«, sagte der Kleine, »Mantao, mein Königsgaukler, du bist alt und müde geworden, und der Affe neben dir sehnt sich nach dem Paradies der Affen in Brahmas Schoß. Siehe, ich klappte meine gewaltigen Elefantenohren auf und ich hörte, wie die Fäden deiner Lotosblume sich sanft und leise zurückspannen von dieser Erde. Der Teppich deines Lebens ist ausgewirkt, gehe nun heimwärts auf deinen heiligen Berg, von dem du gekommen bist.«
Da atmete Mantao tief auf und dankte dem Kleinen mit den Elefantenohren für seine Botschaft.
»Ich will noch eine Nacht in der Stadt der erloschenen Lampen bleiben und Brahma für sie bitten«, sagte Mantao, »morgen aber will ich mich aufmachen und meinen heiligen Berg suchen.«
»Siehe, ich hörte mit meinen Elefantenohren, daß du durch eine Wüste hindurchschreiten mußt, ehe du zu deinem heiligen Berge gelangst. Häßliche Dämonen hausen darin, höchst unangenehme und unerfreuliche Leute, und ich möchte nicht mit ihnen zu tun haben. Aber du bist ja stark, Mantao, mein Königsgaukler. Brahma sei mit dir und mit deinem Affen, wenn du die letzten Fäden am Teppich deines Lebens wirkst. Ich aber will mich in meine Elefantenohren hüllen und schla-

fen. Weich und warm sind diese Ohren – der Erhabene segne Mammamutra und seine Kinder und Kindeskinder, seine entferntesten Verwandten und die kleinsten Säuglinge seiner ganzen Elefantensippe!«
Mit diesen Worten verschwand der Kleine mit den Elefantenohren raschelnd in der Luft.
Am anderen Morgen aber nahm Mantao, der Königsgaukler, Abschied von der Tänzerin Myramar.
»Siehe, ich muß Abschied von dir nehmen«, sagte er, »und es ist ein Abschied für dieses Leben. Denn ich muß auf meinen heiligen Berg wandern und die letzten Fäden am Teppich meines Lebens wirken.«
»Darf ich nicht mit dir gehen?« fragte die Tänzerin.
»Deine Zeit ist noch nicht gekommen«, sagte Mantao, »siehe, du mußt warten, bis deine Lampe wieder brennt, und mußt den vielen anderen in dieser Stadt von der Flamme deiner Lampe geben. Mich aber und meinen kleinen Affen wirst du einmal wiedersehen im Königreich der Ferne. Der Erhabene segne dich, Myramar, meine kleine Tänzerin und meine große Heilige.«
Das war das erste Mal, daß Mantao sie so genannt hatte, und er neigte sich zu ihr und küßte sie viele Male zum Abschied.
Dann nahm er Schild und Schwert, hob den Affen auf seine Arme und verließ die Stadt der erloschenen Lampen.
Von einem hohen Hügel vor der Stadt hielt er noch einmal seinen Schild über sie. Dann wandte er sich und verließ Indien, das Land der wirren Wunder, so wie er es einstmals betreten hatte: mit einem Schild und einem Schwert, mit einer unsichtbaren Krone und einem kleinen Affen auf dem Arm – und ging in die Wüste.

Die Tänzerin aber lag auf den Knieen vor Brahmas Bildnis in namenloser Sehnsucht und weinte jammervoll.
Da lohte eine kleine, klare Flamme auf in der erloschenen Lampe der Tänzerin Myramar.

Das Königreich der Ferne

Als Mantao, der Königsgaukler, in die Wüste gekommen war, da heulte es grauenvoll in der Luft und drei scheußliche Dä-

monen tauchten vor ihm auf. Der erste hatte einen Riesenkopf ohne Gliedmaßen und glotzte mit hundert gierigen Augen nach allen Seiten. Der zweite hatte hundert Füße und hastete mit gräßlicher Geschwindigkeit über den Sand, der dritte aber hatte hundert Hände, die in die leere Luft griffen.
»Folge mir«, sagte der erste, »dann siehst du alles, was im Himmel und auf der Erde ist.«
»Hundert äußere Augen sehen nicht das, was das innere Auge sieht«, sagte Mantao.
»Gehe mit mir«, sagte der zweite, »dann erreichst du alles, was deine Augen von ferne schauen.«
»Alle Füße wandern nur dorthin, wohin die Fäden der Lotosblume sie ziehen«, sagte Mantao.
»Gib mir die Hand«, sagte der dritte, »dann hast du hundert Hände und kannst alles greifen, wonach du begehrst.«
»Ich begehre nichts als eine unsichtbare Krone«, sagte Mantao.
Da erkannten die Dämonen, daß es Mantao, der Königsgaukler, war und daß er die Geheimnisse des Lebens in sich trug. Und sie heulten vor Wut und vergruben sich in den Sand ihrer Wüste.
Nun war Mantao, der Königsgaukler, allein in der grenzenlosen Wüste mit seinem kleinen Affen und er kannte die Grenzen dieser Wüste nicht. Er wußte nicht, welchen Weg er nun gehen solle, eine unnennbare Einsamkeit war um ihn, und er senkte ergeben seine Waffen. Als er aber aufsah, um einen Weg zu suchen, erblickte er vor sich einen Engel – und zum ersten Male auf dieser Erde schaute Mantao, der Königsgaukler, seinen Engel von Angesicht zu Angesicht.
»Ruhe dich aus, Mantao, mein Königsgaukler«, sagte der Engel, »du bist müde von einer langen Wanderung. Morgen ist dein letzter Tag auf dieser Erde und du mußt deinen heiligen Berg suchen.«
»Wie werde ich den Weg finden?« fragte Mantao.
»Ich werde dich führen«, sagte der Engel.
Da legte sich Mantao, der Königsgaukler, auf den Sand der Wüste und schlief ein. Sein Engel stand neben ihm und hielt Wache bei ihm und bei dem kleinen Affen.
Aber im Traumbild dieser letzten Erdennacht schaute Mantao,

der Königsgaukler, nach langen Jahren wieder zum ersten Mal die Königin der Ferne.

Am anderen Tage führte der Engel Mantao und seinen Affen auf die Hochebene von Tibet und es war Abend geworden, als sie oben angelangt waren.
»Siehe, es ist Abend geworden, Mantao, mein Königsgaukler«, sagte der Engel, »und du stehst wieder vor der Hütte deiner Kindheit. Sie ist zusammengesunken und verfallen im Wandel der Jahre, aber ich will gehen und sie dir oben über den Sternen wieder aufbauen.«
Damit schied der Engel von ihm.
Mantao aber neigte sich zur Erde Tibets und trank aus dem klaren Bergquell, aus dem er als Kind getrunken hatte, und der Affe mit ihm. Die Hütte seiner Kindheit war verfallen, aber der Quell seiner Kindheit rann so klar, so rein und unwandelbar wie einstmals von den Bergen Tibets.
Als Mantao sich satt getrunken hatte an der Quelle seiner Kindheit, da wandte er sich von dieser Erde und wanderte seinen heiligen Berg Lischanna hinauf, den gleichen Weg, auf dem er einmal dem alten Mann mit der sonderbaren spitzen Mütze das letzte Geleit gegeben hatte. Er stieg höher und immer höher, auf dem Gipfel des heiligen Berges aber lag Eis und ewiger Schnee und alles Land unter ihm war verhüllt im Nebel. Da fühlte Mantao, wie ihn seine Kräfte verließen, und der kleine Affe in seinem Arm fror und jammerte leise.
»Nun wollen wir zusammen sterben, mein kleiner Bruder«, sagte Mantao, »wie wir zusammen gelebt haben und zusammen gewandert sind auf dieser Erde.«
»Sterben ist ein Wort der Täler, ihr aber seid in den Bergen«, sagte eine Stimme neben ihm.
Da raffte sich Mantao auf und hielt zum letzten Male seinen Schild über dem kleinen Affen.
Aus Schnee und Eis aber blühte eine große Lotosblume auf und umfing mit ihren weichen Blütenblättern Mantao, den Königsgaukler, und seinen kleinen Affen. Schmerzlos und lautlos sanken ihre irdischen Körper in den Kelch der Blume und wandelten sich in ihre Wesenheit. In neuen leuchtenden Leibern schritten die beiden über den Sternenteppich der Nacht, und ihre inneren Augen schauten hoch über allem, was

lebt und atmet, die topasenen Tore und Türme der ewigen Stadt des Erhabenen.
Noch einmal blickte Mantao auf die verlassene Erde zurück. Da sah er tief unter sich die Stadt der erloschenen Lampen. Er hörte, wie die Menschen unten seinen Namen nannten, und er sah kleine, klare Flammen aufleuchten in ihren erloschenen Lampen. Am schönsten aber brannte die Lampe der Tänzerin Myramar und einer nach dem anderen entzündete seine erloschene Lampe an ihrer Lampe vor dem Bildnis Brahmas. Auch die Tiere hatten kleine Lichtlein in sich, und es war, als trügen sie bläuliche Leuchtkäfer in Fell und Gefieder.
Da kniete Mantao, der Königsgaukler, nieder auf dem Sternenteppich der Nacht und betete den Erhabenen an.
Zwischen dem Sternenteppich der Nacht und der ewigen Stadt des Erhabenen aber tauchten leuchtende Ufer auf – das war das Königreich der Ferne. An seinem Eingang stand der Engel und baute Mantao die Hütte seiner Kindheit wieder auf, und ein alter Mann mit einer sonderbaren spitzen Mütze half ihm dabei. Eine Menschenmutter, die einst auf der Erde eine Paria war und mit der niemand Erbarmen hatte als die Pest, wartete auf ihr Kind – und eine Affenmutter winkte von der höchsten Spitze einer Palme.
Die Königin der Ferne aber harrte in unsagbarer Schönheit ihres Königs in einem heiligen Hain von Lorbeer und Rosen.
»Mantao, mein Liebster, Mantao, mein Königsgaukler«, sagte sie, »du hast meine weißen Glieder mit deinen Gedanken gebaut, du hast mein Gewand mit deinen Werken gewirkt und hast mein Diadem mit Edelsteinen geschmückt auf deiner einsamen Wanderung. Nun sind wir vereint auf eine lange Zeit, bis du wieder einmal ausziehst, deinen Schild zu halten über allem, was atmet, und um wiederum zu mir zurückzukehren in Ewigkeit. Nun will ich dir deine unsichtbare Krone aufsetzen, die keiner auf Erden sah. Siehe, es ist meine Krone, die du geschmückt hast, denn ich bin du, Mantao, mein Liebster, mein Königsgaukler.«
Da lehnte Mantao seinen Schild und sein Schwert an den Altar Brahmas zwischen Lorbeer und Rosen. Die Königin der Ferne aber küßte ihn mit ihrer und seiner Krone. Die Tränen, die er gemindert, waren Diamanten darin, das Blut, über dem

er seinen Schild gehalten, hing in roten Rubintropfen an seinem Diadem, und in ihm funkelten die Lichter der erloschenen Lampen, die er wieder entzündet hatte. Den schönsten Edelstein aber in seiner Krone hatte ein kleiner Affe gespendet, der wieder in junger Kinderfreude zu seinen Füßen spielte. Da erfaßte Mantao, der Königsgaukler, was Seligkeit ist, und er barg das Haupt im Schoße seiner Königin der Ferne.

Seht ihr, das ist die Geschichte von Mantao, dem Königsgaukler. Es ist eine alte und feierliche Geschichte, und es ist viele, viele tausend Jahre her, daß sie geschehen ist. Aber ihr müßt nicht denken, daß das eine lange Zeit ist. Ist es euch nicht, als wäre Mantao, der Königsgaukler, erst heute in einer Lotosblume geboren? Ist es nicht heute gewesen, daß er niederstieg von den Bergen Tibets in das Wunderland von Indien, in die Stadt der erloschenen Lampen – daß er sein flammendes Schwert erhob gegen das Heer der Prinzessin Amaranth und seinen Schild hielt über der Tänzerin Myramar und seinem kleinen Affen? Ist es nicht heute, daß ihm sein Engel die Hütte seiner Kindheit wiedererbaute über den Sternen und daß er sein Haupt barg im Schoß der Königin der Ferne?
Denn noch heute und immer wieder sendet der Erhabene seine Schildträger aus, daß sie ihren Schild halten über allem, was atmet, und den gleichen einsamen Weg wandern wie Mantao, der Königsgaukler.

rororo großdruck

Fesselnde Lebensgeschichten und Unterhaltung mit Niveau: lesefreundlich in großer Schrift

Maria Frisé
Eine schlesische Kindheit
3-499-33187-X

Hans Gruhl
Liebe auf krummen Beinen
Roman 3-499-33195-0

Elke Heidenreich
Also ... Die besten Kolumnen aus «Brigitte»
3-499-33144-6

James Herriot
Der Doktor und das liebe Vieh
Roman 3-499-33185-3

P. D. James
Eine Seele von Mörder
Roman 3-499-33183-7

Ulla Lachauer
Paradiesstraße
Die Lebenserinnerungen der ostpreußischen Bäuerin Lena Grigoleit 3-499-33143-8

Familie Mann. Ein Lesebuch
Ausgewählt von Barbara Hoffmeister 3-499-33193–4

Petra Oelker
Das Bild der alten Dame
Roman 3-499-33189-6

Rosamunde Pilcher
Sommergeschichten
3-499-33163-2

3-499-33172-1

B 28/1

Foto: Isolde Ohlbaum

Elke Heidenreich

«Literatur hat mich Toleranz und Gelassenheit gelehrt.»

Kolonien der Liebe
Erzählungen
3-499-13470-5
Neun ironische, zärtliche, melancholische Geschichten über die Liebe in unserer Zeit. «Kolonien der Liebe», das sind die zufälligen Orte auf dieser Welt, die, vorübergehend, ein wenig Wärme ausstrahlen, aber es sind auch die Orte, an denen Leid, Hass und Kälte die Liebe totschlagen.

Wörter aus 30 Jahren
30 Jahre Bücher, Menschen und Ereignisse
3-499-13043-2
Mit ansteckender, nie nachlassender Begeisterung und Leidenschaft schreibt Elke Heidenreich seit drei Jahrzehnten über die Dinge und Menschen, die sie faszinieren: Literatur, Städte, Reisen, Schriftsteller, Zufallsbekanntschaften und Berühmtheiten.

Best of also ... *Die besten Kolumnen aus «Brigitte»*
Lockere, mit klugem Witz geschriebene und ironisch pointierte Texte über scheinbar banale Alltagsthemen, immer mit einem überraschenden Moment, das uns mitten im Lachen einhalten lässt.

3-499-23157-3

Abb.: Archiv für Kunst und Geschichte, Berlin/Alma Tadema

Historische Unterhaltung bei rororo:
Große Liebe, unvergleichliche Schicksale, fremde Welten

Charlotte Link
Wenn die Liebe nicht endet
Roman 3-499-23232-4
Bayern im Dreißigjährigen Krieg: Charlotte Links großer Roman einer Frau, die ihr Schicksal selbst in die Hand nimmt.

Charlotte Link
Cromwells Traum oder
Die schöne Helena
Roman 3-499-23015-1

Magdalena Lasala
Die Schmetterlinge von Córdoba
Roman 3-499-23257-X
Ein Schmöker inmitten der orientalischen Atmosphäre aus 1001 Nacht.

Fidelis Morgan
Die Alchemie der Wünsche
Roman 3-499-23337-1
Liebe, Verbrechen und die geheime Kunst der Magier im England des 17. Jahrhunderts.

Daniel Picouly
Der Leopardenjunge
Roman 3-499-23262-6
Das große Geheimnis der Marie Antoinette. Ein historischer Thriller voller Charme und Esprit.

Edith Beleites
Die Hebamme von Glückstadt
Roman
Das Schickal einer jungen Hebamme im Kampf gegen Angst und Vorurteile.

3-499-22674-X